# 《最高人民法院关于审理掩饰、隐瞒犯罪所得、犯罪所得收益刑事案件适用法律若干问题的解释》理解与适用


主　　编／黄尔梅
执行主编／周　峰　党建军
执行副主编／陆建红
编　　委／杨　华　张　剑　张　勤
杜军燕　曹东方　肖林玲



中国法制出版社
CHINA LEGAL PUBLISHING HOUSE

# 编写说明

《最高人民法院关于审理掩饰、隐瞒犯罪所得、犯罪所得收益刑事案件适用法律若干问题的解释》已于2015年5月11日由最高人民法院审判委员会第1651次会议通过，并于6月1日起实施。由于掩饰、隐瞒犯罪所得、犯罪所得收益刑事案件伴随着盗窃、抢劫、抢夺、诈骗等侵财型案件的上升也呈逐年上升趋势，且犯罪形式、犯罪手段日趋多样化，司法实践中遇到的新情况、新问题层出不穷。为此，我们邀请了一批专家型法官编写本书，期望为办案人员带来方便。

本书由最高人民法院副院长黄尔梅为主编，最高人民法院审判委员会委员、刑事审判第四庭庭长周峰，最高人民法院刑事审判第四庭副庭长、第三届全国审判业务专家、法学博士党建军为执行主编，最高人民法院刑事审判第四庭审判长、第二届全国审判业务专家陆建红为执行副主编。编委全部为最高人民法院从事刑事审判的同志。本书由基本理论、理解与适用、案例选编与裁判指引、法规汇编、新闻报道与答记者问等五部分组成。本书不仅是广大刑事司法工作人员案头工具用书，也是广大律师、法学教学人员以及法学院系学生的有益资料用书。

本书中恐有疏漏之处，敬请读者批评指正。

本书编写组

二〇一五年十月

# 目　录

Contents

## 第一编　基本理论



## 第二编　理解与适用

## 第三编 案例选编与裁判指引

# 第一编　基本理论

## 第一章　掩饰、隐瞒犯罪所得、犯罪所得收益罪的历史沿革和比较研究

掩饰、隐瞒犯罪所得、犯罪所得收益罪，也即传统意义上的赃物犯罪[①]，只是由于我国现行刑法同时还有洗钱罪和窝藏、转移、隐瞒毒品、毒赃罪等特别条款的规定，所以事实上掩饰、隐瞒犯罪所得、犯罪所得收益罪的外延要小于赃物犯罪，或者可以说掩饰、隐瞒犯罪所得罪是普通赃物犯罪，洗钱罪和窝藏、转移、隐瞒毒品、毒赃罪是特殊赃物犯罪。赃物犯罪是自古以来就有的一种传统犯罪类型，从有盗窃罪等基本的犯罪类型出现开始，就自然伴随着对赃物的处理，由于人们很早就认识到了帮助他人处理赃物这类行为的社会危害性，特别是在助长上游犯罪势头方面的作用，从古至今各国刑法无不将其作为犯罪来严厉打击。本章对我国赃物犯罪的历史沿革进行必要的梳理，并借鉴国外赃物犯罪立法和司法的经验，有助于我们加深对掩饰、隐瞒犯罪所得、犯罪所得收益罪的认识和理解。

### （一）我国古代刑法史上赃物犯罪的沿革

在我国古代刑法史上，赃物犯罪经历了一个从事后共犯到被规定为单独犯罪类型、从不完善到逐步完善的过程。

根据现存史料的记载，我国掩饰、隐瞒赃物犯罪可以追溯到春秋战国

① 以下为表述的方便，用“赃物”来代替“犯罪所得及其收益”。

时代，当时基本上是一句话概括：“掩匿盗赃与盗同罪”，如《左传·昭公七年》中有：“先君王作仆区之法曰：盗所隐藏器，与盗同罪。”到了秦朝，留存至今有据可查的法律文件相对全面了一些，在《睡虎地秦墓竹简》中的《法律答问》中记载了有关赃物犯罪的内容，如“甲盗，直（值）千钱，乙智（知）其盗，受分赃不盈一钱，问乙何论？同论”，即对乙以盗窃罪共犯论；“甲盗不盈一钱，行乙室，乙勿觉，问乙论何也？毋论”，即对乙不以犯罪论；“甲盗钱以买丝、寄乙，乙受，弗知盗，乙论何也？毋论”。即行为人只有在对上游犯罪知情的情况下才作为犯罪处理，将那些主观上对上游犯罪并不知情的行为排除出去，这反映出中国古代刑法中就孕育了一定的责任主义的思想。“与盗同论”这种将赃物犯罪与上游犯罪视为共同犯罪的处理模式，一直沿用到南北朝时期，北朝《北魏律》中规定“知人掠盗之物而故买者，以随从论”。

及至唐朝，立法相对更为完备。《唐律》中《贼盗律》规定：“诸知略、和诱及强盗、窃盗而受分者，各计所受赃，准窃盗论减一等。知盗赃而故买者，坐赃论减一等。知而为藏者，又减一等。”《诈伪律》规定：“知情而取者，坐赃论；知而买者，减一等，知而为藏者，减二等。”《唐律》承袭了《秦律》的规定，继续强调赃物犯罪应以知情为前提，如果行为人不知道财物是犯罪而得，就不应作为犯罪。《唐律》对于赃物犯罪的量刑相较于之前更为缜密，在刑罚幅度方面以赃物的价值为准，在刑罚体系方面体现出层级，尽管窝赃、分赃、买赃都论罪受罚，但分赃犯最重，买赃犯次之，窝赃犯最轻，表明了中国古代极为朴素的刑罚观，付出对价的买赃犯罪责要相对轻于无偿分赃者。

宋、元、明、清诸朝大都沿用《唐律》有关赃物犯罪惩治的规定，将赃物犯罪分为分赃、买赃和窝赃三种情况。如宋《刑统赋》规定：“若买人盗、诈、枉法赃者，杖一百。知而为藏者，杖九十。其余之赃，知而故买及为之藏者，律无别条，从不应为律科罪；流以上从重，徒以下从轻。”《明律》规定：“若知强窃盗赃而故买者，计所买物坐赃论。知而为藏者，减一等。其不知情误买及受寄者，俱不坐。”

以上观之，清末以前我国的刑法中一直把赃物犯罪作为事后从犯，系共犯的一种，定罪上基本上是以“坐赃论”，罪名与本犯是一样的，量刑时考虑到其危害性毕竟相较于本犯来说要小一些，故相对减轻处罚，即“减等”处理。

1911 年正式颁布的《大清新刑律》是中国近代第一部专门的刑法典，分总则、分则 2 篇，分则共有 53 章，其中第 35 章专门规定了赃物犯罪，改变了整个封建时代赃物犯罪一直规定在贼盗篇中的体例，其位置居于强盗及窃盗、诈欺、侵占罪之中，前后皆是侵犯财产权的犯罪，该章第三百九十七条规定：“受人赠与赃物者处四等以下有期徒刑、拘役或 300 元以下罚金。搬运、受寄、故买或为牙保者，处二等至四等有期徒刑。”《大清新刑律》的起草者已经认识到赃物犯罪既与财产犯罪紧密相关，同时又具有自身相对的独立性，在定罪量刑上值得独立出来，这种对于赃物犯罪二重性的认识，摒弃了事后共犯的思想，不再将赃物犯罪以“准窃盗论”减等处罚，或“坐赃论”，而是认为赃物犯罪与侵财犯罪并列而不依附于后者，意义极为重大，被学者高度评价为“因而完成了总结赃物罪的历史任务。”①

1912 年北洋政府颁布的《中华民国暂行新刑律》沿用了《大清新刑律》，在第三十五章作了同样的规定。新中国成立之前，1939 年《陕甘宁边区抗战时期惩治盗匪条例》（草案）规定：“窝藏或表分赃物者，视其情节轻重，判处有期徒刑或死刑，并没收本犯之全部财产或处以罚金。”

### （二）新中国刑法中赃物犯罪的演变

新中国建立后，我国对赃物犯罪的刑事立法经历了一个演变过程，光是该罪的罪名就经历了三次变化，从 1979 年《刑法》确定为“窝赃、销赃罪”后经改变为“窝藏、转移、收购、销售赃物罪”，再到现行的“掩饰、隐瞒犯罪所得、犯罪所得收益罪。”

---

① 蔡枢衡：《中国刑法史》，中国法制出版社 2015 年版，第 137 页。

1949 年中华人民共和国成立后到 1979 年《刑法》颁布之前，司法实践中处理赃物犯罪的法律依据主要是最高人民法院、司法部于 1957 年 5 月 24 日联合发布的《关于城市中当前几类刑事案件审判工作的指示》，其中规定“在处理窝赃、销赃问题时，首先应当区别是否知情窝赃、销赃，对不知情窝赃、买卖赃物的，不应当作犯罪处理。其次对知情窝赃、销赃的，应按偷窃罪的共犯处理，其中坐地分赃、大量窝赃、销赃的分子，应依法从严惩处。对事先无通谋而知情窝赃、销赃的属一贯或大量窝赃、销赃的，应依法惩处；情节较轻的不必处刑，建议有关部门处理。”从这一规定看来，当时对于事先无同谋而事后帮助窝赃、销赃的，以上游犯罪的共犯处理，同时限定了作为犯罪处理的条件是“一贯或大量窝赃、销赃”，并反向规定“情节较轻”的不构成犯罪，控制了刑事打击的范围。

经过很长一个时期的实践经验积累及立法过程，1979 年《刑法》第一百七十二条对窝赃、销赃罪作了明确规定：“明知是犯罪所得的赃物而予以窝藏或者代为销售额，处三年以下有期徒刑、拘役或者管制，可以并处或者单处罚金。”该法条只是列举了“窝赃”和“销赃”两种行为方式。实际上，在起草过程中的草案稿中曾经规定了“收买”的行为方式，但审议过程中，立法机关认为把收买赃物列为犯罪，打击面过大，也未必行得通，故将刑法草案第 33 稿中的“收买”改为“予以窝藏”。[①] 1979 年《刑法》的上述立法规定对于打击司法实践中的赃物犯罪发挥了其应有效用，但随着社会情势的变化，这种立法规定与现实需要相矛盾的一面日渐凸显，司法实践中发现该罪的客观行为种类很多，如转移、保管、搬运、收购等，而刑法条文的列举不够全面。有学者评价“1979 年《刑法》第 172 条规定的行为方式较少、犯罪对象较窄，不能涵盖社会生活中所有赃物犯罪行为”。[②] 为了弥补这一立法缺陷，最高人民法院、最高人民检察院于 1992 年 12 月 11 日通过《关于办理盗窃案件具体应用法律的若干问题的

---

① 高铭暄：《中华人民共和国刑法的孕育和诞生》，法律出版社 1981 年版，第 232 页。

② 黄京平：《妨害证据犯罪新论》，中国人民大学出版社 2007 年版，第 343 页。

解释》，对“窝藏”和“代为销售”做了扩大解释，规定“窝藏，既包括提供藏匿赃物的场所，也包括为罪犯转移赃物；代为销售，既包括把赃物卖给他人，也包括以低价买进、高价卖出的行为。买赃自用，情节严重的，也应按销赃罪定罪处罚。”这种扩大解释来解决立法疏漏的方式很不规范，而且存在严重的问题，如关于“代为销售”的理解，已经大大超出了其字面含义可能包含的范围，将单纯购买、先购买再销售、代上游犯罪人销售三种类型全部涵盖进来，既引人诟病，也解决不了根本问题，因为现实中还是会出现越来越多的情形不能解释为“窝藏”和“代为销售”。

针对赃物犯罪表现出的新情况、新问题，立法机关在制定 1997 年《刑法》时，参考外国立法例并结合我国惩治赃物犯罪的实践经验，对 1979 年《刑法》的相关立法规定进行了修订，将“窝藏、销售”扩大为“窝藏、转移、收购、销售”四种行为方式，将“可以并处或者单处罚金”修改为“并处或者单处罚金”，从行为方式和法定刑两方面加大了对赃物犯罪的惩治力度。特别是罚金刑从选择适用到必需适用，符合赃物犯罪具有的侵财属性，只有从经济上对犯罪人予以处罚，使其在经济上占不到便宜，能够更有效地打击此类犯罪。① 罪名也相应调整为“窝藏、转移、收购、销售赃物罪”。②

1997 年《刑法》实施后，对于“窝藏、转移、收购、销售赃物罪”无论是理论上还是实践中都还存在一些争议，如有观点提出窝藏、转移、收购、销售赃物罪的犯罪对象是否包括赃款不明确，有的部门提出考虑到《刑法》第一百九十一条对洗钱罪的上游犯罪的范围虽然进行了一些扩大，但根据国际公约的规定，凡是掩饰、隐瞒所有犯罪所得的财物及其收益的行为都应当作为犯罪处理，在法律上也应当明确。面对赃物犯罪逐年上升的趋势，为了更好地遏制侵财犯罪激增的势头，2006 年 9 月 26 日公布的

---

① 参见张军主编：《中国刑法罪名大全》，群众出版社 1997 年版，第 713 页。

② 《最高人民法院关于执行〈中华人民共和国刑法〉确定罪名的规定》（1997 年 12 月 11 日，法释〔1997〕9 号）根据 1997《刑法》第 312 条规定，确定了“窝藏、转移、收购、销售赃物罪”的罪名。

《刑法修正案（六）》第十九条将《刑法》第三百一十二条修改为："明知是犯罪所得及其产生的收益而予以窝藏、转移、收购、代为销售或者以其他方法掩饰、隐瞒的，处三年以下有期徒刑、拘役或者管制，并处或者单处罚金；情节严重的，处三年以上七年以下有期徒刑，并处罚金。"罪名也调整为"掩饰、隐瞒犯罪所得、犯罪所得收益罪"。[①] 将该罪的犯罪对象由原来的"犯罪所得的赃物"扩大为"犯罪所得及其产生的收益"；将行为方式由"窝藏、转移、收购、销售"四种扩大到"以其他方法掩饰、隐瞒的"；增加"情节严重"的规定，增设了三年以上到七年以下有期徒刑的法定刑幅度。此后，2009 年 2 月 28 日公布的《刑法修正案（七）》第十条又进一步规定："单位犯前款罪的，对单位判处罚金，并对其直接负责的主管人员和其他直接责任人员，依照前款的规定处罚。"

### （三）国外赃物犯罪立法概况

赃物犯罪在现代各国的刑法中均是独立的罪种，只不过由于各国法律文化传统以及具体国情的不同，各国刑法有关掩饰、隐瞒赃物犯罪的具体罪名、种类以及构成要件均有所不同。

在外国刑法历史上，赃物犯罪曾经也是作为事后共犯来处理的。罗马法中，就有"crimen receptatorum"的概念，包含着收受、隐匿由犯罪所得到的物及藏匿行为人的行为，可见对于人和物的藏匿是不分的。《十二铜表法》第十五条规定："搜查时，物件在某人处找到，或当该物件被带到窝藏处时又在该处寻到者，处以该物件价值之 3 倍的罚款。"[②] 在中世纪的德国，法律上并没有将赃物犯罪作为一种独立的犯罪，仅对该类型为准用窃盗等有关规定予以处罚。直到 19 世纪以后，随着人们日益认识到赃物犯罪具有妨碍司法和侵犯财产的双重性质，赃物犯罪独立的倾向才越来越明确。

---

① 《最高人民法院、最高人民检察院关于执行〈中华人民共和国刑法〉确定罪名的补充规定（三）》（2007 年 9 月 7 日，法释〔2007〕16 号）根据《刑法修正案（六）》第十九条将"窝藏、转移、收购、销售赃物罪"修改为"掩饰、隐瞒犯罪所得、犯罪所得收益罪"。

② 参见《外国法制史资料选编》，北京大学出版社 1982 年版，第 152 页。

1. 英国

1692 年英国一项法律规定，明知是赃物而接受或购买者是盗窃罪的事后从犯。1827 年英国法律将收受赃物行为升格为一个独立的犯罪，其刑罚相当于偷盗罪、诈骗罪。英国没有成文的刑法典，现行法律中关于赃物犯罪的规定是在《1968 年盗窃罪法》中，该法第二十二条规定："一个人如果在知道或相信某财物为赃物的情况下，为了或根据他人的利益，不诚实地接受了该财物，或者不诚实地实施了或帮助实施了对该财物的存放、转移或变卖，或者如果他准备实施上述行为，那么他就触犯了销赃罪。对销赃罪惩处的最高刑期是 14 年监禁。"同时，该法第二十四条第二款对"赃物"的概念作了比较宽泛的规定："除了被盗的原物及其组成部分（不论是否保持了其本来状态）之外，还包括：（1）作为处理或变卖被盗物品的整体或其他组成部分所得到的收益，直接或间接体现为盗贼手中赃物的任何其他物品，以及（2）作为处理或变卖被盗物品的整体或其组成部分所得到的收益，直接或间接体现为买卖赃物者手中赃物的任何其他物品。"

2. 美国

《美国模范刑法典》第 223.6 条规定了收受被盗财产罪："（1）收受。明知是他人偷来的或有充分理由相信可能是偷来的动产，行为人仍蓄意收受、保留、处分的，除行为人的目的是为了将其返还给所有权人的外，均成立盗窃。'收受'，指获得财产的占有、控制或者所有权，或者以财产为担保进行借贷。（2）存在下列情形时，推定交易人具有构成本罪所必需的明知或者相信：（a）占有或者控制分别偷自二人或者多人的财产；（b）在被指控的交易发生以前的一年时间里，曾在另一交易中收受被盗财产；（c）作为与收受的财产同各类的财产的交易人，以其明知远低于合理价格的价格取得财产。交易人，指包括当铺经营人在内的从事货物买卖的人。"比较值得借鉴的是以上规定对于行为人主观心态的定义及认定方法。在主观心态的内容上表述为"明知是他人偷来的"或"有充分理由相信可能是偷来的"，意味着对财物系犯罪所得这个事实并不需要行为人明确、清楚的知晓，只要内心对于财物系犯罪所得的可能性有一定程度的认知和判断就可以了，不一定是百分之百的确信，这实际上减轻了证明行为人主观心态的难度，而且该规定还针对所谓“交易人”进一步明确了推定明知的几个表征。交易人，实际上指的是以职业为掩护实施收受赃物犯罪的行为人，由于职业的原因，他们接触赃物的机会远大于普通人，他们对于赃物的认知的能力也远大于普通人，如果机械地要求有充分证据证明其明知财物系犯罪所得是非常困难的，为此，可以根据特定的情况推定行为人在主观上具备知情的要件。这一规定有利于对那些经常收受、转手倒卖赃物的不法商人给予法律的制裁。需要说明的是，《美国模范刑法典》将“赃物”的范围限定在动产，其合理性值得探讨，不动产也存在成为“赃物”而被掩饰、隐瞒的可能。

3. 德国

1975 年《德国刑法典》第二十一章“包庇及窝藏犯罪”的第二百五十九条窝赃罪规定：“为自己或他人利益，购买、出售或帮助出售犯罪分子盗窃或其他财产犯罪所得赃物的，处 5 年以下自由刑或罚金。”第二百六十条规定：“犯职业性窝赃罪的，处 6 个月以上 10 年以下自由刑。窝赃犯罪未遂的，也应处罚。”依法条可知德国的窝藏罪共有三种行为：知情而购买、销售或者帮助销售。

4. 日本

日本现行刑法在分则中专设一章规定“赃物罪”，规定：“收受赃物，处 3 年以上惩役；搬运、窝藏、故买赃物以及代为销售的，处 10 年以下惩役及 1000 日元以下罚金。”并规定亲属之间（直系血亲、配偶、同居亲属以及这些人的配偶之间）犯赃物罪的，免除其刑罚。

5. 俄罗斯

1996 年 5 月 24 日通过并自 1997 年 1 月 1 日起产生法律效力的《俄罗斯刑法典》在第八编“经济领域的犯罪”第二十二章“经济活动领域的犯罪”第一百七十五条规定：“1. 并无事先许诺而取得或销售明知是犯罪赃物的财产的，处数额为最低劳动报酬 50 倍至 100 倍或被判刑人 1 个月以下的工资或其他收入的罚金，或处 180 小时至 240 小时的强制性工作，或处 1 年以上 2 年以下的劳动改造，或处 2 年以下的剥夺自由。2. 上述行为，有下列情形之一的：（1）有预谋的团伙实施的；（2）对汽车或其他巨额财产实施的；（3）具有侵占财产罪、勒索罪、取得或销售明知是犯罪赃物的财产罪前科的人员实施的，处 3 年以下的限制自由，或处 4 个月以上 6 个月以下的拘役，或处 5 年以下的剥夺自由，并处数额为最低劳动报酬 50 倍以下或被判刑人 1 个月以下的工资或其他收入的罚金。3. 本条第 1 款、第 2 款规定的行为，由有组织的集团实施的或犯罪人利用自己职务地位实施的，处 3 以上 7 年以下的剥夺自由，并处数额为最低劳动报酬 100 倍以下或被判刑人 1 个月以下的工资或其他收入的罚金。”之后，修订后的《俄罗斯刑法典》（2008 年 2 月 13 日第 61 次修订文本）第一百七十五条之规定将该罪修订为：“1. 无事前承诺购买与销售明知为犯罪所得赃物的，应当判处数额为四万卢布以下或者被判刑人三个月以内工资或其他收入罚金，或为期一百八十个小时以上二百四十个小时以下义务性劳动刑，或为期一年以上两年以下矫正性劳动刑，或为期两年以下剥夺自由。2. 上述行为，有下列情形之一的：（1）由事前同谋的犯罪团伙实施的；（2）专对原油及其转加工产品、汽车或其他大额财物实施的，应当判处三年以下限制自由，或为期四个月以上六个月以下拘禁刑，或为期五年以下剥夺自由刑，应当附加判处数额为八万卢布以下或者被判刑人六个月以内工资或其他收入罚金刑。3. 本条文第一条款或第二条款规定行为，为有组织犯罪团伙或行为人利用自身职务地位实施的，应当判处三年以上七年以下剥夺自由刑，应当附加判处数额为八万卢布以下或者被判刑人六个月以内工资或其他收入罚金刑。”俄罗斯将赃物犯罪归属于经济类犯罪，认为赃物犯罪的本质是对经济活动正常秩序的破坏。

6. 韩国

韩国 1988 年修订的《韩国刑法典》在分则第四十一章设立了“赃物罪”，该章的位置处于盗窃、诈骗、侵占等侵财类犯罪之后。其中第三百六十二条规定“取得、让与、运输或者保管赃物的，处七年以下劳役或者二百万以下罚金。介绍前项行为的，处罚同前项。”第三百六十三条规定

“常习性地犯前条之罪的，处一年以上十年以下劳役。前项情形下，可以并处十年以下停止资格或者二百万元以下罚金。”第三百六十四条规定“由于业务上的过失或者重大过失，犯第三百六十二条之罪的，处一年以下徒刑或者六十万元以下罚金。”

纵观古今中外立法对掩饰、隐瞒赃物犯罪的处理是从不完善到逐步完善，从不独立到独立，从单一的盗窃犯罪赃物到其他侵财案的赃物，从简单的窝藏到销售、收购，从赃物到犯罪所得及收益。各国在掩饰、隐瞒赃物犯罪的立法上存在一些区别，甚至可以说差异很大。如在主观故意方面，一般国家以及中国历代都是以故意才处罚，但也有少数国家如韩国等，除了故意以外，过失也可以构成赃物类犯罪。在赃物的含义、范围方面，大部分国家限定为财产犯罪所得之财物，也有一些国家则未加限制，即一切犯罪所得的财物都可以成为掩饰、隐瞒赃物犯罪的对象。在对掩饰、隐瞒赃物犯罪的行为种类方面各国的规定不尽一致，我们可以看出少的只规定一、二种行为大多数为三种以上的行为，美国规定了六种行为，即“窝藏、转移、受寄、故买、销售和受质”。我国规定为“窝藏、转移、收购、代为销售或者以其他方法掩饰、隐瞒”，应该说是迄今为止关于掩饰、隐瞒赃物犯罪的行为种类最为全面的规定。

# 第二章 掩饰、隐瞒犯罪所得、犯罪所得收益罪的本质

在我国传统刑法学理论中，犯罪客体是犯罪构成四要件之一，是受我国刑法所保护而为犯罪行为所侵犯的社会关系。犯罪客体是否为犯罪构成的要件，也即在司法认定中是否系判断成立犯罪所必需的一个要件，存在很大争议，但是即使是否认犯罪客体是犯罪构成要件的学者，在对于犯罪的论述中也会用到“法益”这样的概念，“法益”即刑法所保护的利益。某种程度上说，刑法所保护的法益和犯罪行为所侵犯的社会关系是一体两面的关系。抛开犯罪客体与犯罪成立条件的关系不论，至少可以说作为反映某一种或某一类犯罪本质的“犯罪客体”的概念是有意义的，其价值在于说明犯罪的社会危害性的内容，解决“立法者为什么要把某种行为规定为犯罪”的问题。换言之，有助于我们更好地理解刑法条文的真实含义，探究刑法分则中具体各罪的规范目的和本质特征。就掩饰、隐瞒犯罪所得、犯罪所得收益罪而言，本罪具有依附性和独立性的二重性，既依附于上游犯罪，没有上游犯罪所得之财物，就没有本罪；又具有自身的独立性，是对上游犯罪财产违法状态的巩固和延伸。站在不同的立场和角度，会对赃物犯罪的客体得出不同的认识，在日本刑法中，赃物罪被认为是独立的财产罪，明显侧重于赃物相对独立的财物价值以及彰显对个人利益的保护。在德国刑法中，赃物犯罪则是和窝藏包庇罪这种妨害司法性质的犯罪并列在一起的，明显突出了赃物犯罪依附于上游犯罪的一面，侧重于对社会整体法益的保护。理论上对赃物犯罪的本质认识不清，会导致司法实

践中在疑难案件的定罪量刑上产生分歧。对比我国和美国、德国、日本、韩国等国家的相关立法，各国刑法在认定赃物也即犯罪所得的具体内涵、犯罪客观方面的表现形式及行为人主观方面的认识因素等方面都各有不同，归根结底是因为各国对此类犯罪的本质认识不同所造成的。明确掩饰、隐瞒犯罪所得、犯罪所得收益的犯罪客体，对于司法实践中的疑难复杂问题有着十分重要的指导意义。

### （一）国外关于赃物犯罪本质的学说

1. 事后从犯说。该说认为赃物犯罪的本质在于帮助上游犯罪人实现对赃物的利用，是对上游犯罪人的事后帮助行为，应认定为上游犯罪人的事后从犯来处罚。但是根据现代刑法原理，共同犯罪具有整体性，所有共同犯罪人的行为与结果之间须具有物理或心理因果关系，要求共同犯罪人之间在主观上具有意思联络，在犯罪时即认识到自己不是在孤立地实施犯罪，而是在和他人一起犯罪，明知共同犯罪行为的内容、社会意义与危害结果，并且希望或者放任危害结果的发生。事后帮助行为显然不具有共同犯罪的以上特征，赃物犯罪以行为人与上游犯罪人没有通谋为前提，难以用共同犯罪理论来解释。当然，如果事先通谋、允诺他人犯罪后予以帮助，实际上属于共同犯罪的协作分工，也对他人的犯罪起着精神上的帮助，就属于共同犯罪而不成立赃物犯罪。事后从犯说的观点把握了赃物犯罪与上游犯罪紧密联系的一面，但是欠缺对赃物罪自身独立地位和价值的认识，在当今世界上大多数国家都将赃物犯罪作为一种单独的犯罪来打击的情况下，事后从犯说已经明显丧失合理性，基本已经被抛弃。

2. 参与不法利益说。也即收益说，认为赃物犯罪之本质在于参与分享了上游犯罪行为人犯罪所得之不法利益，处罚基础在于赃物犯罪行为人对不法利益的追求和享受。这种学说要求赃物犯罪行为人获取不法利益，存在明显的缺陷，不符合赃物犯罪的立法和司法实践。因为该学说只认识到了部分赃物犯罪所具有的利欲犯的一面，但并非所有赃物犯罪行为人都具有获取利益的目的，或实际上获得利益，很多国家的赃物犯罪立法中都规定无偿收受赃物的情形也应当作为犯罪处理。在司法实践中，很多行为人是出于亲属、朋友关系而没有任何获利意图和行为。应当说，赃物犯罪之所以具有刑法上的可罚性，不在于行为人一定能从掩饰、隐瞒行为中得到利益，而在于帮助上游犯罪人对赃物进行事后处理的行为本身具有特定的社会危害性，值得对其单独处罚，所以掩饰、隐瞒犯罪所得的行为即使是无偿的，也应给予处罚。而且即使就行为人实际获利的那部分赃物犯罪而言，参与他人不法利益也不能揭示赃物犯罪的本质。犯罪的本质在于犯罪是对法所保护的利益的侵害或者引起危险威胁，即刑法要处罚的是法益侵害而不是获得利益。如果一个获利行为不被刑法所允许，则必然是因为其获利行为同时对他人或社会造成了侵害，与其用参与获得利益来解释某种犯罪的本质，不如进一步探究犯罪行为人获得利益的同时侵害了何种利益。

3. 财产追求权妨碍说。也即追求权说，该说从保护财产法益的角度出发，认为赃物犯罪使上游犯罪中的被害人对自己的财产难以或者无法行使返还请求权或恢复所有权。上游犯罪行为使被害人非基于自己真实意思丧失了对财产的占有，被害人有权行使返还请求权，然而由于赃物犯罪行为人对赃物予以窝藏、转移、收购、代为销售或其他手段使得被害人对其财产的追求权造成困难。这种学说侧重于对个人财产权的保护。日本的判例及通说均持此种立场，因此日本《刑法》将赃物犯罪纳入侵犯财产罪中，并认为非财产犯罪的犯罪所得不属于赃物。日本刑法明文规定赃物是“盗窃的物品及其他财产犯罪行为所得之物”，据此，贿赂罪的贿赂、走私物品罪中的物品、伪造的文书等不是赃物。[①] 追求权说遭遇的主要质疑有：第一，坚持追求权说会导致刑法调整的赃物犯罪范围过于狭窄，将赃物的范围限制在财产犯罪、经济犯罪所得到的财物，排斥非财产犯罪作为赃物犯罪之上游犯罪的可能性，在惩罚犯罪、保护法益时具有一定的局限性。第二，该学说强调对私法上返还请求权的保护，但某些特殊的犯罪所得却

① 张明楷：《外国刑法纲要》，清华大学出版社 2007 年版，第 628 页。

不涉及返还请求权问题。如以违禁品为对象的财产犯罪中，不存在被害人或者被害人对失去的违禁品并没有返还请求权。行为人违反狩猎法规在禁猎区、禁猎期或使用禁用的工具、方法进行狩猎所得到的猎物，可以认定为犯罪所得，收购或代为销售这些猎物的行为构成掩饰、隐瞒犯罪所得罪，但是不存在被害人的返还请求权。再如，在犯罪所得系不法原因给付物的场合，因为上游犯罪被害人没有返还请求权，追求权说也欠缺说服力。典型的不法原因给付物如赌博获利，赌博参与人之间的行为都是非法的，参与人各方都没有对赌资的追求权，行为人明知是犯罪所得的赌博获利而予以窝藏、转移、收购、代为销售，依照追求权说就不能作为赃物犯罪处理。将不法原因给付物一概排除在赃物犯罪的对象之外是不合理的，在赃物为不法原因给付物的场合，被害人虽没有民法上的返还请求权，但仍侵犯国家机关对上游犯罪所得之物的司法查处活动，仍应成立赃物犯罪。即使在尊奉追求权说的日本，也很难做到单纯采取保护财产法益的立场，所以日本国内当前的学说不再单纯地从追求权的角度来把握，而是认为赃物犯罪的“性质复杂，诸说都只把握了某一方面的特征，孤立地看，无论哪一学说，其本身都不能说是充分的。毋宁说，通过对它们都加以考虑，才能正确地理解该犯罪的性质。”①

4. 违法状态维持说。该说认为，赃物犯罪是以使上游犯罪行为所造成的违法的财物状态得以维持、巩固、存续为内容的犯罪，致使该法益遭受侵害的状态一直持续难以恢复。这种学说注重财物状态的违法性。上游犯罪行为使特定财物处于违法状态，因赃物犯的参与使得这种违法财物状态能够持续，以至于要回复到合法状态深受妨碍，必须予以排除，这就是处罚赃物罪的规范目的。根据违法状态维持说，赃物罪不是严格的财产罪，上游犯罪的范围不局限于财产犯罪，因其他犯罪而侵害财产法益者也构成赃物罪。所以赌博的赌资、伪造的货币或有价证券、非法偷猎行为取得的

---

① ［日］大塚仁:《刑法概说（各论）》，冯军译，中国人民大学出版社 2003 年版，第 319 ~ 320 页。

野生动物、甚至盗墓得到的文物、尸体等犯罪所得之物，以及其他在民法上没有追求权的物，都可以成为本罪的对象，被害人是否有返还请求权在所不问。德国的判例和学说主要持此种立场。与追求权说不同，违法状态维持说认为本罪的违法性并不取决于民法，而是从刑法的立场进行独立的判断。与追求权说侧重保护个人法益不同，违法状态维持说更侧重保护社会法益和国家法益，保护社会公共秩序。因此违法状态维持说对赃物犯罪的本质具有更强的解释力，其合理成分应该为我国刑法所借鉴。

### （二）我国关于本罪犯罪客体的争议

目前国内学者对本罪的犯罪客体，主要有以下三种观点。

第一种观点，也是通说，认为本罪侵犯的客体是国家司法机关的正常活动；[①] 第二种观点认为本罪侵犯的客体是社会管理秩序和国家司法机关的正常活动；[②] 第三种观点认为本罪侵犯的客体是双重客体，即国家司法机关的正常活动和被害人的财产追求权。[③] 以上三种观点各有不妥之处，均没有正确阐释本罪的罪质。

第一种观点的不妥之处在于：首先，认为本罪侵犯的是司法机关正常活动，内容不够明确。因为司法机关的活动是一个涉及面很广的概念，既包括司法机关对民事案件的处理活动也包括对行政、刑事案件的处理活动，对民事案件的处理活动显然不能成为本罪的法益。其次，难以与其他妨害司法罪区别开来，因为伪证罪、妨害作证罪、帮助毁灭、伪造证据罪等妨害司法罪在不同程度上都妨害了司法机关的正常活动，无法说明本罪的本质特征。

第二种观点明显的不妥之处在于：社会管理秩序是刑法分则第六章的同类法益，将社会管理秩序作为本罪的罪质过于宽泛，不够具体。此外，

---

① 参见高铭暄、马克昌主编：《刑法学》，北京大学出版社 2005 年版，第 616 页。

② 参见郭立新：《刑法分则适用典型疑难问题新译新解》，中国检察出版社 2006 年版，第 341 ~ 342 页。

③ 参见何秉松主编：《刑法教科书》，中国法制出版社 1997 年版，第 916 页。

司法机关的正常活动秩序是社会管理秩序的一个方面，二者之间是包含关系而非并列关系，将两者并列起来作为本罪的罪质在逻辑上就存在不妥之处。

第三种观点的不妥之处在于：一方面，从逻辑上说，被害人的财产追求权之所以被妨害，主要是因为司法机关的正常活动被犯罪行为所破坏，被害人的财产追求权相对于司法机关的正常活动的破坏而言是间接的，派生的；另一方面，并非任何赃物之上都存在追求权，而作为刑法所保护的法益，应当是某种犯罪行为所必然直接侵犯的社会关系，如果刑法将赃物犯罪规定为财产罪，那么将被害人的财产追求权作为本罪的次要客体还有一定道理，但我国刑法并非如此，所以不存在适用追求权说的基础。掩饰、隐瞒犯罪所得、犯罪所得收益罪的上游犯罪中有很大一部分是不存在被害人财产追求权。而且仅就涉及被害人财产权的那部分财产犯罪而言，法益侵害的结果是上游犯罪行为人单独造成的，赃物犯罪的行为人只是在其基础上起了一定的巩固和维持作用，国家司法机关对赃物的追缴实际上还是立足于上游犯罪行为人和被害人的关系上，是恢复被上游犯罪所侵害的社会关系，因此，被害人对财物的追及权也难言是赃物犯罪的客体，与其说掩饰、隐瞒犯罪所得、犯罪所得收益的行为侵犯了上游犯罪被害人对财物的追及权，还不如说掩饰、隐瞒行为侵犯的是刑法关于追缴违法财物、剥夺犯罪人既得利益之规范的实效性。

### （三）本书的观点

我国刑法中的掩饰、隐瞒犯罪所得、犯罪所得收益罪被置于刑法分则第六章“妨害社会管理秩序罪”中“妨害司法罪”一节，属于妨碍司法秩序类的犯罪，当然侵犯了国家司法机关的正常活动。但是本罪的犯罪客体却不能简单归结为国家司法机关的正常活动，其内涵需要做进一步的揭示，以下从掩饰、隐瞒犯罪所得、犯罪所得收益的行为以何种方式侵犯了国家司法机关的哪些正常活动来分析。

第一，掩饰、隐瞒犯罪所得、犯罪所得收益罪是着眼于对犯罪所得之

"物"的隐匿侵犯了国家司法机关的正常活动。《刑法》第三百一十条第一款窝藏、包庇罪规定:"明知是犯罪的人而为其提供隐藏处所、财物,帮助其逃匿或者作假证明包庇的,处三年以下有期徒刑、拘役或者管制;情节严重的,处三年以上十年以下有期徒刑。"窝藏、包庇罪与掩饰、隐瞒犯罪所得、犯罪所得收益罪同属于妨害司法罪,区别在于前者是对犯罪之"人"的隐匿,后者是对犯罪之"物"的隐匿,从法定最高刑来看,立法者认为对"人"的隐匿比对"物"的隐匿的社会危害性更大。德国刑法专设了"犯罪庇护与赃物罪"一章,认为赃物罪与庇护犯人罪、隐匿犯人罪具有相同性质,规定了三种类型的事后从犯:一是对人的庇护,如隐匿犯人、毁灭证据;二是对物的庇护,即确保、增加本犯犯罪所得的财产性利益;三是狭义的赃物罪,不是为了本犯,而是为了自己或者第三人的利益而实施的间接得到赃物的犯罪。[①] 我国刑法上的掩饰、隐瞒犯罪所得、犯罪所得收益罪实际包含了德国刑法中后两种类型。

第二,掩饰、隐瞒犯罪所得、犯罪所得收益罪侵犯了国家刑事司法机关查处犯罪的正常活动。掩饰、隐瞒犯罪所得、犯罪所得收益行为对司法的妨害主要体现在该行为给公安、检察、审判等司法机关以犯罪所得为线索查处和破获上游犯罪的活动,以及以犯罪所得为证据证明上游犯罪事实的活动都制造了极大的困难,妨害了刑事侦查、起诉、审判活动的正常进行。俗话说"捉贼捉赃",犯罪所得及其收益既是盗窃、诈骗、抢劫等犯罪所追求的目标,也是证实这些犯罪的主要证据之一,对司法机关侦破、揭露、惩罚犯罪起着十分重要的作用。司法机关最后要对犯罪分子作出恰当处理,保证定罪量刑具有扎实的证据基础,就必须要查明其犯罪所得的性质、种类、数量、去向等内容,并尽可能地将犯罪所得及其收益追回。而掩饰、隐瞒犯罪所得、犯罪所得收益罪的行为人替上游犯罪人窝藏、转移、收购或销售赃物,人为地制造障碍、设置困难,使司法机关难以及时查获案件,并且可能因证据缺乏而难以对犯罪分子正确定罪量刑,刑事司

① 张明楷:《外国刑法纲要》,清华大学出版社 2007 年版,第 626 ~627 页。

法活动无法正常进行，其本质是为上游犯罪人逃避法律制裁创造了有利条件，直接或者间接的帮助了犯罪人，对打击犯罪产生十分不利的影响。但是刑法分则中“妨害司法罪”一节针对证据有单独的帮助毁灭、伪造证据罪，与掩饰、隐瞒犯罪所得、犯罪所得收益罪既有共性的一面，也有本质的区别，若是仅仅强调犯罪所得之物对于查处上游犯罪的证据价值，还无法全面揭示掩饰、隐瞒犯罪所得、犯罪所得收益罪的社会危害性的特点。

第三，犯罪所得之物虽然具有证据的属性，但绝不仅仅只是证据，还应当对犯罪所得自身的财物属性加以重视。犯罪所得之物不仅对查处上游犯罪有证据价值，而且其本身具有“物”的价值，也即上游犯罪行为人是通过对该物的占有和控制，从而满足其需要或实现某利益。这也就将犯罪所得之物与犯罪所形成之现象区别开来。举例来说，甲杀害了乙，丙知情后将乙的尸体隐藏在自己家的地窖里，乙的尸体是甲故意杀人犯罪所形成的，但无论如何也不能说乙的尸体是甲故意杀人的犯罪所得，不仅仅是将尸体作为犯罪所得有违社会一般观念，而且关键是甲实施犯罪追求的是乙死亡的结果，而绝不是要得到乙的尸体这个“物”，此时，丙的行为可能构成包庇罪或者帮助毁灭证据罪，但不构成掩饰、隐瞒犯罪所得、犯罪所得收益罪。换一个案例，如果甲系受雇于他人而杀害了乙，事后从他人处得到了巨额佣金，丙知情后帮助甲保管这笔钱，那么这里的巨额佣金就是甲故意杀人犯罪所得到的金钱利益，系犯罪所得，丙的行为构成掩饰、隐瞒犯罪所得、犯罪所得收益罪。甲故意杀人所得的佣金也是证实犯罪事实的证据之一，但实际上其作为证据的价值并不大，对丙掩饰、隐瞒的行为要予以处罚，其规范目的在于使甲通过犯罪获得的利益无处遁形。

我国对于上游犯罪的范围虽然没有设置任何限定，不局限于侵财犯罪，但是赃物作为上游犯罪人犯罪活动所得到的东西，对于上游犯罪人一定是有某方面的价值的，只是不一定表现为客观经济价值而已。从犯罪所得作为上游犯罪人既得利益的角度，掩饰、隐瞒犯罪所得、犯罪所得收益罪可以说是一个堵截性的条款。严厉打击掩饰、隐瞒犯罪所得、犯罪所得收益罪，有利于剥夺上游犯罪取得之利益、切断了上游犯罪行为人将所得之物变现或利用、享受其利益的途径，具有其自身独特的价值，这也是本罪规范目的的应有之意。刑法设立赃物犯罪的目的，已不仅仅是从证据的角度来认识，而是为了通过禁止在上游犯罪发生后其他人对上游犯罪行为人的协力、援助行为，使上游犯罪孤立化，进一步而言，有助于消除财产犯的诱因。联系上文提到的各种学说，事后共犯说根本没有意识到赃物犯罪的这种独立价值。参与不法利益说将赃物犯罪可罚性立足于下游行为人参与上游犯罪人的利益，恰恰是搞反了方向，实际上本罪主要是剥夺上游犯罪人享受其犯罪取得之物的利益。追求权说体现了对犯罪所得“物”的属性的足够重视，很多情况下，掩饰、隐瞒犯罪所得，犯罪所得收益罪也侵害了上游犯罪受害人追索其财物的权利，致使国家、集体和个人的财产难以追回；追缴或查处赃物及其收益，是国家刑事司法的一项重要内容，财产犯罪发生以后，司法机关要追缴赃物及其收益，依法将其没收或发还给被害人，但由于赃物犯罪，司法机关追缴赃物及其收益的规范难以取得实效。违法状态维持说中的“违法状态”则可以解释为上游犯罪人通过下游行为人的掩饰、隐瞒活动对犯罪之利益的享受和占有之状态。

综上所述，本书的观点认为掩饰、隐瞒犯罪所得、犯罪所得收益罪的犯罪客体是国家刑事司法机关查处犯罪活动并剥夺犯罪人既得利益（铲除犯罪诱因）的正常活动。这一表述精确地反映了本罪法益与其他罪名的法益的不同之处，而且突出表明了现代社会里掩饰、隐瞒犯罪所得、犯罪所得收益罪对于上游犯罪活动具有重要的遏制和预防作用，服务于整体法秩序。赃物犯罪与上游犯罪密切联系，相互依存。赃物犯罪以上游犯罪为前提，没有上游犯罪就不会有赃物犯罪可言，同时赃物犯罪又是上游犯罪的进一步延伸，正是由于赃物犯罪的推波助澜，才使得上游犯罪的利益最终得以实现。不断加大对于赃物犯罪的监测和查处力度，从犯罪所得的流向上堵截上游犯罪，有助于上游犯罪的及时发现和侦破，同时对上游犯罪也是一种有力的震慑，从而起到刑事司法的一般预防作用。

# 第三章 犯罪构成具体内容的认定

## （一）“犯罪所得、犯罪所得收益”的理解

我国《刑法》第三百一十二条规定掩饰、隐瞒犯罪所得、犯罪所得收益罪的行为对象是“犯罪所得及其产生的收益”，即上游犯罪行为人通过实施犯罪活动所获得的一切物。准确理解“犯罪所得、犯罪所得收益”这一概念的内涵和外延，需要明确两个层次的问题：一是“犯罪所得、犯罪所得收益”本身的属性；二是对于这里的“犯罪”该如何把握。

1. “犯罪所得、犯罪所得收益”本身的属性

《最高人民法院关于审理掩饰、隐瞒犯罪所得、犯罪所得收益刑事案件适用法律若干问题的解释》（以下简称《解释》）中指明犯罪所得是指犯罪行为直接得到的赃款、赃物，其中赃款实际上属于赃物的范畴，只是为了明确赃款属于犯罪所得而与赃物一起列举。我国《刑法》第三百一十二条在描述“犯罪所得”时没有对犯罪所得本身的属性进行任何限制，其范围是非常宽泛的。与日本等一些国家把赃物犯罪归入财产罪不同，我国《刑法》把掩饰、隐瞒犯罪所得、犯罪所得收益罪置于妨害司法罪中，从理论上说，只要是犯罪所得之物，均可以成为本罪的犯罪所得。既包括金条、首饰、机动车、笔记本电脑等普通财物，也包括客观上经济价值不大或无法简单衡量其价值的物品，如非法获取国家秘密罪中的国家秘密，伪造、变造、买卖国家机关公文、证件、印章罪中的国家机关公文、证件、印章，等等。某些犯罪所获得的物品虽然无法简单衡量其经济价值，但仍然对上游犯罪行为人或者其他人来说有其利用价值或交换价值，上游犯罪

行为人通过对该物的占有和控制，从而满足其需要或实现某利益，行为人知情而帮助掩饰、隐瞒这类物品的行为，既妨害了司法机关查处犯罪的正常活动，也对上游犯罪人保有和享受其犯罪活动取得之利益提供了协助和支持，应当作为掩饰、隐瞒犯罪所得罪来处罚。

具体需要研讨的问题有：

（1）犯罪所得既可以是有体物，也可以是无体物。有观点认为，窝藏、转移、收购或者代为销售行为只能针对有形物品才可以实施，无体物或者不具有载体的财产上利益不能被窝藏、转移、收购或者代为销售，因此不能成为本罪对象。我们认为犯罪所得应当包括有体物和无体物，因为我国的刑事立法早已承认无体物可以成为盗窃罪等的犯罪对象。如根据《刑法》第二百六十五条的规定，以牟利为目的，盗接他人通信线路、复制他人电信号码或者明知是盗接、复制的电信设备、设施而使用的，构成盗窃罪，盗接他人通信信号，与窃电行为一样，都是非法取得他人无体物的行为。又如根据《最高人民法院关于审理扰乱电信市场管理秩序案件具体应用法律若干问题的解释》第七条、第八条的规定，电信卡信息、他人公共信息网络上网账号、密码等可以成为盗窃罪犯罪对象。既然电力、煤气、天然气、通信信号、上网账号、密码等无体物可以成为盗窃罪等的犯罪对象，没有任何理由否定上述无体物也可以成为掩饰、隐瞒犯罪所得罪的犯罪对象。从本罪行为方式来看，部分无体物尽管不能成为窝藏、转移行为的对象，但是可以成为收购或者代为销售等行为的对象。《最高人民法院、最高人民检察院关于办理危害计算机信息系统安全刑事案件应用法律若干问题的解释》第七条规定："明知是非法获取计算机信息系统数据犯罪所获取的数据、非法控制计算机信息系统犯罪所获取的计算机信息系统控制权，而予以转移、收购、代为销售或者以其他方法掩饰、隐瞒，违法所得五千元以上的，应当认定为刑法第三百一十二条第一款规定的'情形严重'"。该条文已经直接明确了计算机信息系统数据、计算机信息系统控制权这种无体物可以成为掩饰、隐瞒犯罪所得、犯罪所得收益罪的犯罪对象。除了物可以构成本罪的犯罪对象外，财产上利益也可以成为本罪犯罪对象。而且，基于同理，犯罪所得也不仅限于物化的财产上利益，即使没有物化的财产上利益也可以成为本罪的犯罪对象，财产性利益完全可以作为收购或代为销售的对象。

（2）人一般不能作为犯罪所得来看待，在侵犯人身权利的犯罪中，人是犯罪行为的对象，而不是犯罪所得。比如，甲收买了被拐卖的妇女、儿童后，乙为了帮助甲避免妇女、儿童被国家机关解救，而窝藏、转移妇女、儿童的，无论如何也不能认定妇女、儿童是犯罪所得。再如，甲杀害了乙，丙知情后将乙的尸体隐藏在自己家的地窖里，乙的尸体是甲故意杀人犯罪所形成的，但无论如何也不能说乙的尸体是甲故意杀人的犯罪所得。但某些特殊情况下，人的尸体又具备“物”的价值和属性，可以作为犯罪所得，如甲为了制作标本贩卖牟利而盗窃尸体后，构成盗窃尸体罪，乙事后知情而帮助甲窝藏该尸体的，可以成立掩饰、隐瞒犯罪所得罪。

（3）犯罪所得既可以是动产，也可以是不动产。既然不动产能够作为诈骗、受贿等犯罪的对象，当然也属于犯罪所得，只是不动产成为本罪犯罪对象会受到一定的限制。限制不动产成为本罪犯罪对象的因素主要是不动产一般难有位置移动，而本罪行为类型中有些行为类型如窝藏、转移，自然要以能够进行位置移动的动产为犯罪对象。对于收购和代为销售行为，犯罪对象可以是不动产。

（4）实践中，容易出现的争议是，违禁品能否成为犯罪所得？理论上讲，枪支、弹药及毒品等违禁品也可以成为掩饰、隐瞒的对象，说它们是犯罪所得也有一定道理。但是，一般不将这些违禁品作为普通赃物对待，主要理由有二：一是《刑法》对掩饰、隐瞒违禁品的行为，一般有专门的条文规定，如窝藏毒品罪、私藏枪支罪，按照特别法优于一般法的原则，应当适用特别规定；二是司法实践以及群众一般观念中，违禁品与一般的赃款、赃物是有质的区别的，一般的赃款、赃物，除非有证据证明是赃款、赃物，否则，持有人可以拥有合法的使用权，而违禁品不同，除非法律特别授权的组织和人员，否则持有违禁品本身就是违法甚至犯罪行为。因此，对违禁品进行掩饰、隐瞒的行为，如果我国《刑法》中有相关的规定将其列为独立的罪名，应以这种独立的犯罪定罪处罚；如果没有规定，则应当具体问题具体分析，某些禁止公民随意持有的物品也可能成为掩饰、隐瞒犯罪所得、犯罪所得收益罪的犯罪对象。最典型的是例子是收购非法狩猎的野生动物的行为。全国人大常委会 2014 年 4 月公布的《关于〈中华人民共和国刑法〉第三百四十一条、第三百一十二条的解释》规定，知道或应当知道是国家重点保护的珍贵、濒危野生动物及其制品，为食用或者其他目的而非法购买的，属于《刑法》第三百四十一条第一款规定的非法收购国家重点保护的珍贵、濒危野生动物及其制品的行为。知道或者应当知道是《刑法》第三百四十一条第二款规定的非法狩猎的野生动物而购买的，属于《刑法》第三百一十二条第一款规定的明知是犯罪所得而收购的行为。非法收购国家重点保护的珍贵、濒危野生动物及其制品的行为，有单独的罪名来规制，而对于非法狩猎的普通野生动物，则可以成为掩饰、隐瞒犯罪所得、犯罪所得收益罪的对象。

（5）犯罪所得经加工、处理后仍然属于犯罪所得。例如，把盗窃来的汽车分拆后重新组装，仍然是犯罪所得。把盗来的棉花加工成棉布，虽然改变了原物的性质，仍然是犯罪所得。因为棉花是有经济价值的，棉布所包含的棉花的价值与加工前棉花的价值是一致的，只不过从一种物质存在方式转换成另一种物质存在方式。明知是盗窃犯用盗来的棉花加工成的棉布而进行收购，仍构成掩饰、隐瞒犯罪所得罪。

（6）关于犯罪所得收益。犯罪所得收益是基于犯罪所得的获益，包括直接孳息和间接孳息，具体如对犯罪所得进行处理而得到的增值、租金、利息及投资、经营的收益等等。对犯罪所得的处理可以是合法的投资、经营活动，也可以是非法的高利贷等形式，只要它们与犯罪所产生的利益存在因果关系即可。《刑法修正案（六）》明确将“犯罪所得收益”列为掩饰、隐瞒的对象，是基于对犯罪所得产生的收益予以掩饰、隐瞒，同掩饰、隐瞒犯罪所得本身一样，都属于严重妨害国家司法作用的行为。将本罪的犯罪对象扩大到犯罪所得收益，既是刑事政策上的需要，也是打击与防范此类行为的必然要求，同时也有利于国际间打击赃物犯罪的合作。认定犯罪所得收益时，要注意两点：一是犯罪所得收益的数额以上游行为人对犯罪所得进行处理后得到的收益为标准。如果犯罪所得、犯罪所得收益在掩饰、隐瞒行为人手中又产生了新的收益，则不能认定为犯罪所得收益的数额。此部分收益可以非法所得论，予以追缴。二是“犯罪所得收益”是间接获益，包括对犯罪所得进行处理而得到的增值、租金、利息及投资、经营的收益，对犯罪所得的处理可以是合法的投资、经营活动，也可以是非法的高利贷等形式，只要它们与犯罪所产生的利益存在因果关系即可。但是，具体认定收益数额上，应当扣除行为人投入的合法因素，如将犯罪所得进行投资，所获得的利益应当扣除其所付出的劳动价值。

2. “犯罪所得”的来源“犯罪”如何理解？

（1）关于上游犯罪的范围问题。其范围既包括财产犯罪、经济犯罪，也包括其他可能获得财物的一切犯罪。我国《刑法》第三百一十二条所规定的赃物犯罪的对象是犯罪所得及其产生的收益，并没有限制是什么犯罪所得的财物，也没有限制必须是以什么方式所得的财物，因此对上游犯罪的范围作限制性解释没有法律依据。有的观点提出“这里的犯罪应局限于财产性质的犯罪，主要是侵犯财产权利的犯罪以及一般地、类型化地能够取得犯罪所得及其收益的犯罪，而对于危害国家安全罪、危害公共安全罪、侵犯公民人身权利、民主权利罪、妨害社会管理秩序罪中例如像故意杀人、故意伤害取得佣金等之类的犯罪，以及毁坏公私财物的财产犯罪，由于这些行为不能一般地、类型化地取得犯罪所得及其收益，因此，很多具体犯罪难以成为本罪上游犯罪的范围。”[①] 此种观点与我国立法和司法实践不符。类比来说，洗钱罪与掩饰、隐瞒犯罪所得、犯罪所得收益罪同属于赃物犯罪，洗钱罪的上游犯罪如恐怖活动犯罪、黑社会性质组织犯罪本身都不是财产性质犯罪，在其自身犯罪构成中没有体现出该犯罪有得到之物，也不符合所谓“一般地、类型化地能够取得犯罪所得及其收益”的特

① 杨金彪：《掩饰、隐瞒犯罪所得及其产生收益罪的罪质》，载《长春工业大学学报》（社会科学版），2007 年第 4 期。

点，但是有很大一部分恐怖活动犯罪、黑社会性质组织犯罪的背后是利益驱动的，犯罪分子通过犯罪可能获得大量的佣金或其他利益，这当然属于其犯罪所得，洗钱罪将其作为规制的犯罪对象。同样的道理，危害公共安全犯罪、侵犯公民人身权利犯罪等案件中，如果犯罪人系受人所雇佣、指使而得到佣金，则佣金当然应该是犯罪所得。对于犯罪的性质，不应作过多限制，可以是任何犯罪。

这里我们主张上游犯罪的范围并不局限于财产犯罪，是指罪状表述上没有特别的限制，并不是说任何犯罪都有犯罪所得。上游犯罪包罗万象，受其自身性质的限制，某些上游犯罪不可能有犯罪所得，如丢失枪支不报罪、重大飞行事故罪、危险驾驶罪，不涉及任何财物，也不可能通过犯罪行为从他人处获得金钱等任何利益，当然也就不存在掩饰、隐瞒犯罪所得的问题。过失犯罪不可能存在犯罪所得及其产生的收益。过失犯罪构成后，如果行为人又实施取得财物行为的，这种行为也往往又构成了其他独立的故意犯罪，因而这些财物也不属于先前过失犯罪所得的财物。

（2）所谓“犯罪所得”必须以上游犯罪成立为前提，如果无“犯罪”，当然也就谈不上“犯罪”之所得。司法实践中经常会遇到两个问题：

第一个问题是，上游犯罪的行为没有达到司法解释所要求的数额，不符合犯罪构成的要求，能否认定为掩饰、隐瞒犯罪所得、犯罪所得收益罪里的“犯罪所得”。我们认为，既然上游犯罪不成立，则不能认定犯罪所得。有人提出这种处理存在不公平问题。比如，由于上游犯罪定罪数额标准的差异，行为人窝藏他人盗窃所得价值 4000 元的财物构成掩饰、隐瞒犯罪所得罪，而窝藏他人职务侵占所得价值 8000 元的财物却不构成掩饰、隐瞒犯罪所得罪。对于上游犯罪成立犯罪的数额差异性导致处理结果“不公平”问题，我们认为，这种“不公平”是由上游犯罪数额标准不一造成的。掩饰、隐瞒犯罪所得罪与上游犯罪紧密相关联，依附于上游犯罪，如果上游行为不构成犯罪，则无掩饰、隐瞒所得可言，从行为的社会危害性上，后续的掩饰、隐瞒行为当然因其上游犯罪行为类型的不同而有所区别，行为受刑事处罚必要性的强弱有本质上的差异。既然上游犯罪行为人不成立犯罪，那么窝藏、转移、收购或代为销售该行为所取得之财物的行为，就没有妨害司法机关查处犯罪的正常活动，而只是妨害了行政执法活动或者治安管理处罚活动。

第二个问题是，数人单独盗窃均未达到盗窃罪所要求的“数额较大”的标准，但收购者总共收购的数额超过盗窃罪“数额较大”的起点，能否在单个上游行为不构成犯罪的情况下认定下游构成掩饰、隐瞒犯罪所得罪。肯定的观点经常拿一些专门收受违法物品的废品回收站来举例，认为虽然单个上游行为没有构成犯罪，但这种废品回收站的职业收赃行为极大地激励了不法分子从事危害社会秩序的行为，仍应认定构成掩饰、隐瞒犯罪所得罪。我们认为此种观点违反了罪刑法定原则。罪量因素是我国刑法的一大特色，对大部分犯罪都有数额或情节、程度等的要求，从而将一般违法行为与犯罪行为区分开来。依照文理解释，法律明文规定为“犯罪行为”所得，无论如何也不能解释为“一般违法行为”所得。常见的废品回收站收受违法行为所得物品的行为完全可以采用行政监管和行政处罚方式解决，对有此类违法行为的单位或个人处以较重的罚款和吊销营业执照可以较快较好地打击此类行为。收赃人明知是盗窃的自行车而收购，所收购的赃车来自于100名上游犯罪行为人，这100名上游犯罪人均没有达到盗窃罪的数额要求，则下游的收赃人不构成掩饰、隐瞒犯罪所得罪。必须再次重申，不管在何种情况下，都要坚守上游犯罪必须是犯罪行为，才可能追究下游掩饰、隐瞒行为的责任。

（3）认定犯罪所得，必须以上游犯罪事实成立为前提，但是并不要求必须满足犯罪构成的全部要件，也不一定要求必须给予给予现实的处罚。根据《最高人民法院关于审理洗钱等刑事案件具体应用法律若干问题的解释》第四条规定，掩饰、隐瞒犯罪所得、犯罪所得收益罪，应当以上游犯罪事实成立为认定前提。上游犯罪尚未依法裁判，但查证属实的，不影响掩饰、隐瞒犯罪所得、犯罪所得收益罪的审判。上游犯罪事实可以确认，因行为人死亡等原因依法不予追究刑事责任的，不影响掩饰、隐瞒犯罪所得、犯罪所得收益罪的认定。《解释》再次重申了该处理原则，并进一步指明上游犯罪事实经查证属实，但因行为人未达到刑事责任年龄等原因依法不予追究刑事责任的，也不影响掩饰、隐瞒犯罪所得、犯罪所得收益罪的认定。

依照德日刑法三阶层理论，此处犯罪所得的“犯罪”只要求上游犯罪人的行为具有构成要件符合性与违法性即可，而不必要求具有有责性。依据我国犯罪构成四要件体系，也能对“犯罪”作出与德日三阶层理论一致的结论，即刑法中的“犯罪”一语，并不一定是指完全具备某个犯罪构成四个方面要件的概念，只需要具备犯罪客观层面的要件，一旦行为对刑法所保护的法益造成了实际损害或者现实威胁即可构成，至于行为人是否具有刑事责任能力则在所不问。犯罪概念在不同情况下具有不同的含义，完整的犯罪的概念是主客观相统一的，但是在很多情况下可以区分出客观层面和主观层面，在有的情况下，“犯罪”的概念是在客观层面上来使用的。在刑法对某一行为同时既规定故意犯罪又规定过失犯罪的场合，大量存在把犯罪划分为客观层面和主观层面的情形。如《刑法》第一百一十五条第一款规定了放火、决水、爆炸、投放危险物质及以其他危险方法危害公共安全罪之后，在第二款接着通过用“过失犯前款罪的”这种表述，规定了相应的过失犯罪。很明显，这里的犯“前款罪”只能是本条第一款故意犯罪的客观层面。回到掩饰、隐瞒犯罪所得、犯罪所得收益罪上来，如果行为人因为其主观方面的原因而无需现实的承担刑事责任，并不推翻前述客观层面犯罪事实的成立。在上游犯罪行为人因死亡或不符合刑事责任年龄等原因，并不意味着这一客观行为不是犯罪，其所得的财物也并不丧失其赃物性，司法机关也要依法追缴这些物品。掩饰、隐瞒这些赃物，对司法机关依法追缴犯罪所得制造了障碍。同时，行为人是否具备刑事责任能力，也只有在司法机关进行调查后才能认定，在正式确定之前，司法机关还是需要将案件作为刑事案件进行侦查、办理。因此，对这种行为所得财物进行掩饰、隐瞒，对司法机关正常的司法活动也会造成妨害，其实质与其他赃物犯罪没有本质差别，其对社会所造成的危害性并不因上游犯罪行为人无责任能力而减小。国家对无责任能力者不予处罚，主要是基于行为人主观上缺乏认识和控制自己行为的能力，而这一情节对掩饰、隐瞒者来说却并不存在，因而对后者也就不存在免除刑事责任的问题。

对掩饰、隐瞒犯罪所得、犯罪所得收益罪事实的认定，原则上应当在对上游犯罪依法裁判确定后进行。《解释》第八条规定“上游犯罪尚未依法裁判，但查证属实的，不影响掩饰、隐瞒犯罪所得、犯罪所得收益罪的认定”，只能作为一种例外，也即只有极少数情况下，由于上游犯罪人还有其他犯罪事实一时难以查清或者因为其他原因尚未依法裁判，为依法及时审判掩饰、隐瞒犯罪所得及其收益案件，才在上游犯罪查证属实的情况下先行认定本罪。

### （二）“掩饰、隐瞒及其他方法”的认定

我国《刑法》第三百一十二条规定的赃物犯罪在行为方面表现为：行为人实施了窝藏、转移、收购、代为销售，以及以其他方法掩饰、隐瞒犯罪所得及其产生的收益的行为。我国《刑法》的列举较为详尽，除了列举出常见的几种行为方式外，还采用了兜底式规定。这种“具体+抽象”的列举方式，既可以有效地打击几种常见的赃物犯罪，同时又有效地防止了犯罪者钻法律空子的图谋，堵塞了立法上的漏洞。关于掩饰与隐瞒，尽管行为方式上存在差异，但不同的行为方式都具有同一的本质属性。从语词的含义上说，掩饰与隐瞒有一定区别，掩饰行为相对于隐瞒行为更具有主动进行的意味，即行为人主动采取各种方式进行遮掩、粉饰，而隐瞒行为则是一种相对被动性的行为。但在个案中实际上很难区分的那么清楚，掩饰、隐瞒实质上都是帮助犯罪分子实现对物的隐匿。某种程度上讲，掩饰也是一种隐瞒。

对掩饰、隐瞒犯罪所得、犯罪所得收益的方法具体分析如下：

1. 窝藏

窝藏是指接受上游犯罪行为人的委托藏匿和保管犯罪所得，使司法机关不能或难以发现犯罪所得的行为。开始不知道是犯罪所得而加以受领，后来在保管过程中知道了是犯罪所得，却继续为保管的行为，也是窝藏。

窝藏是一种典型的隐瞒，是以作为的方式来实现对犯罪所得的隐瞒，单纯的知情不举不能认定为窝藏。举例而言，张某盗窃财物价值1万元，藏于家中，张某的父亲事后得知张某盗窃犯罪。后公安机关询问张某的父亲是否知道此事，张某的父亲称不知情，未见到张某盗窃的财物。张某的父亲隐瞒了张某的犯罪所得藏于家中的事实，仅仅属于知情而不举，不构成掩饰、隐瞒犯罪所得罪。

2. 转移

转移是指改变赃物存放地的行为。从空间位置上看，转移赃物包括从上游犯罪既遂后的隐藏地向窝赃地的转移以及从一个窝赃地向另一个窝赃地的转移。行为人可以自己转移，也可以同上游犯罪行为人一起转移，还可以通过指挥毫不知情的第三人搬运、转移。对行为人而言，不论其转移赃物是否有偿，转移的距离远近如何，以及行为人在转移过程中是否紧随赃物，这些因素均不影响转移赃物罪的构成。在同一房间内转移，也可能因妨害司法机关的正常活动而属于本罪所指的转移，真正起决定作用的是行为妨害司法的本质，而不是物理上的距离间隔。

3. 收购

关于收购的理解，存在一定的争议。有的观点认为收购应当是从不特定的人处大量购买，从亲属处购买、偶尔购买的一般不构成犯罪；有的观点认为收购应当是以卖出获利为目的，故买赃自用的一般不构成犯罪。关于“收购”，在《现代汉语词典》中的解释是“从各处买进”，主要的词条是“收购粮食”“完成收购计划”等，强调物品来源的广泛性和扩张性。如果严格按照语义解释的话，单独一次的收赃行为或者固定地从同一个来源收赃的行为就应排除在犯罪圈以外了，这明显与立法原意产生矛盾，从法理上无法对收赃行为要附加一个来源广泛的要求进行解释。所以，此处应当进行限缩解释，“收”和“购”两个字之间是语义的重复，应当解释为“购买”就可以了。同时也无须对“收购”附加“为了销售营利”的目的，单纯为了自用目的而收购的，也是掩饰、隐瞒行为。“收购”的行为类型中包含着“先购后卖”这种情况，根据掩饰、隐瞒犯罪所得罪的立法旨意，法律在这时惩罚的侧重点仍在于“购”，因为明知是他人犯罪所得及其收益而仍购买，不管是否用于再卖出，购买行为都体现出行为人为上游犯罪人掩饰、隐瞒的主观故意，可能是直接故意，也可以是间接故意，这是本罪打击的重点，后面再卖出的行为就只是其个人利益的变现而已，所以刑法条文在这里没有列举“销售”一项而是在“收购”之后列举了“代为销售”。所谓的大量和经常，只是衡量购买行为严重与否的因素，偶尔的买赃自用行为不构成犯罪，不是因为不属于“收购”的范畴，而是因为根据《刑法》第十三条但书，属于“情节显著轻微，危害不大的”。收购的形式主要是买卖，但也不局限于买卖，只要是提供代价而取得即可，民法上的债务清偿、抵销等都可以构成实质上的收购。仅仅成立了购买的契约还不够，需要现实地进行了赃物的接受，才是收购赃物行为。反之，只要现实地接受了赃物，只是尚未支付对价，或者还没有决定赃物的具体数量和价格，也不妨碍本罪的成立。收购赃物的成立不以行为人从上游犯罪行为人那里直接购买取得为必需，明知是赃物而从其他人处接受转卖的，也是收购赃物。

4. 代为销售

所谓“代为销售”，是指行为人代犯罪分子出售犯罪所得的行为，“代为销售”与“收购”不同，它是替犯罪分子销售犯罪所得，中间过程中并没有以自有资金取得对犯罪所得的所有权，“代为销售”既可以表现为行为人以卖主身份替上游犯罪人销售犯罪所得的行为，同时应包括在犯罪分子与购赃人之间进行居间介绍的行为，将居间介绍的行为解释为“代为销售”没有突破语词可能的文义范围。行为人先将犯罪所得进行窝藏，然后以卖主身份寻找买赃人售出的行为，仍是一种代为销售行为。这里需要说明的是《最高人民法院、最高人民检察院关于办理盗窃案件具体应用法律的若干问题的解释》（已废止）中，对窝藏和代为销售作了扩大解释，“窝藏，既包括提供藏匿赃物的场所，也包括为罪犯转移赃物；代为销售，既包括把赃物卖给他人，也包括以低价买进、高价卖出的行为。买赃自用，情节严重的，也应按销赃罪定罪处罚。”这种扩大解释虽然在当时起到了填补法网疏漏的作用，但是很不规范，存在严重的问题，突破了“代为销售”的字面含义，将单纯购买、先购买再销售、代上游犯罪人销售三种类型全部规定为“代为销售”，完全脱离了立法文本的限制。立法完善之后，单纯购买和先购买再销售的行为已经从“代为销售”中剥离出去。

5. 其他方法

随着经济的快速发展，掩饰、隐瞒赃物的犯罪手段也越来越多，详细列举难度很大，为了严密刑事法网，《刑法修正案（六）》对本罪增加了“其他方法”的规定，将前述四种行为方式之外的所有方式都概括性地予以涵摄，作为兜底条款，有利于打击社会生活中的非典型行为，也符合反洗钱国际公约的要求。这一兜底条款的设计可以说是立法技术的一大进步，是掩饰、隐瞒犯罪所得、犯罪所得收益罪完善的标志之一，表明我国司法机关对于掩饰、隐瞒其他方法采取的是无论行为人采用任何方式、方法，只要使司法机关难以发现赃物或者难以分辨赃物性质，就应认定为以其他方法掩饰、隐瞒犯罪所得的方法。同时，在司法实践中也要注意，“其他方法”是立法机关在不得已的情况下使用的兜底性条款，仍然要考虑罪刑法定原则对法的明确性的内在要求，不能任意解释“其他方法”的范围。

关于掩饰、隐瞒的“其他方法”的认定，必须坚持以下几点：一是行为人的目的是为了掩饰、隐瞒上游犯罪人的犯罪所得及其收益，有替上游犯罪人掩饰、隐瞒的意思，以此来防止把针对他人犯罪所得而实施的盗窃、诈骗等犯罪行为也错认为是掩饰、隐瞒的“其他方法”，这类犯罪行为不是对上游犯罪行为人的事后帮助，而是基于独立的非法占有的目的而实施的犯罪；二是这些方法在客观上扰乱了司法秩序，妨害了司法机关对上游犯罪行为的追究；三是这些方法与窝藏、转移、收购和代为销售在罪质上应当具有相当性，兜底性条款所不能一一列举出来的内容与之前的列举项之间是同类、同级、同质的关系，在理解兜底性条款时，应当以前述列举项为参照，与其基本相当的情形才符合该兜底性条款。

《最高人民法院、最高人民检察院关于办理与盗窃、抢劫、诈骗、抢夺机动车相关刑事案件具体应用法律若干问题的解释》规定了针对机动车的各种掩饰、隐瞒行为方式，如明知是盗窃、抢劫、诈骗等犯罪所得的机动车而予以典当、拍卖、抵债的，或者拆解、拼装、组装的，或者修改发动机号、车辆识别代号的，或者更改车身颜色或者车辆外形的，或者提供或出售机动车来历凭证、整车合格证、号牌以及有关机动车的其他证明和凭证的，或者提供或出售伪造、变造的机动车来历凭证、整车合格证、号牌以及有关机动车的其他证明和凭证的。

《解释》中进一步列举了掩饰、隐瞒的方式方法。如居间介绍买卖，收受，持有，使用，加工，提供资金账户，协助将财物转换为现金、金融票据、有价证券，协助将资金转移、汇往境外等，应当认定为《刑法》第三百一十二条规定的“其他方法”。

以收受为例，指无偿取得赃物的行为，不管是直接从本犯人手中取得还是间接从第三人手中取得。有反对观点提出，根据罪刑法定原则，我国刑法中没有收受犯罪所得，对于实践中发生的收受行为，就不能按犯罪处理，也即无偿收受犯罪所得的行为社会危害性不足以动用刑罚手段来规制。对此，我们认为没有任何根据表明无偿收受犯罪所得的行为社会危害性就更小，既然付出代价的购买行为构成本罪，举轻以明重，无偿收受的行为当然也能构成本罪。从本质上说，无偿收受的行为也妨害了司法机关查处犯罪和追缴赃物、剥夺上游犯罪人既得利益的正常司法活动，与窝藏、收购等行为是相当的。又如提供资金账户、协助将财产转换为现金或者金融票据的、协助将资金汇往境外，也系掩饰、隐瞒犯罪所得、犯罪所得收益的方法。这是《刑法》第一百九十一条洗钱罪中规定的几种行为方式，行为的本质是对赃款的转移。刑法所指的转移不仅包括物理空间上位置的移动，而且包括虚拟空间里的移动及形式的转换。如果上游犯罪是洗钱罪所规定的上游犯罪，如毒品犯罪、黑社会组织犯罪、恐怖组织犯罪、走私犯罪等，则这种转移赃款的行为构成洗钱罪。如果上游犯罪不是上述的几种特殊犯罪，则通过金融机构转移赃款的行为，构成掩饰、隐瞒犯罪所得、犯罪所得收益罪。

### （三）明知的认定

掩饰、隐瞒犯罪所得、犯罪所得收益罪是故意犯罪，包括直接故意和间接故意，要求行为人必须明知行为对象是犯罪所得及其产生的收益，仍然实施掩饰、隐瞒。在明知是犯罪所得及其产生收益的情况下，行为人认识到自己的窝藏、转移、收购、代为销售等掩饰、隐瞒行为，会发生妨害司法机关查处犯罪的正常活动，会对犯罪分子保有其犯罪利益提供帮助，并且希望或放任这种结果的发生。

1. 明知的内容

对于犯罪所得，只要认识到是某种犯罪所取得的财物即可，无需知道犯罪所得的具体种类、数量等详细情况；只要认识到上游犯罪是犯罪就够了，不要求很清楚地知道具体是哪一种犯罪、行为人和被害人是谁、实施的具体时间和情节如何，等等。尤其值得说明是，掩饰、隐瞒犯罪所得、犯罪所得收益罪只要求行为人知道所掩饰、隐瞒的物品系犯罪所得即可，对上游犯罪的具体性质所不问。这一点决定了本罪与洗钱罪之间存在一定的交叉。由于洗钱罪的上游犯罪是特定的犯罪，故洗钱罪对“明知”的要求较高，要求行为人明知自己所掩饰、隐瞒的是毒品犯罪、黑社会性质的组织犯罪等特定犯罪的犯罪所得及其收益。因此，即使事实上，行为人掩饰、隐瞒的是洗钱罪上游犯罪的犯罪所得及其收益的来源和性质，但是其对该上游犯罪是特殊犯罪确实不知情，而只是以为是普通犯罪，那么只能定掩饰、隐瞒犯罪所得、犯罪所得收益罪。

2. 明知的程度

明知既包括明知肯定是赃物，也包括明知可能是赃物。明知肯定是赃物，即对赃物性质的确定性认识，是指行为人根据有关事项，判断出自己所掩饰、隐瞒的肯定是犯罪所得及其产生的收益，不会是其他性质的财物，这种认识可能是由他人明确告诉，也可能是行为人自己耳闻目睹，还可能是根据财物的品种、数量、价格、特点交易手续、售物人的表现等情况自我确定，最终事实上确认赃物、赃款的不法性。明知可能是赃物，即对赃物性质的可能性认识，是指行为人根据有关事项，认识到赃物的来源不清，可能是犯罪所得及其产生的收益，但又不能充分地肯定其为赃物。确定性与可能性的认识只是认识程度上的差别，均属于“明知”的范围。也正是在可能性认识的情况下才存在本罪的间接故意形态。行为人已经认识到赃物的不法可能性，就已经预见到自己的掩饰、隐瞒行为可能会给司法机关的正常活动造成困难，可能会帮助犯罪分子享受其犯罪利益，却心存侥幸，仍然实施掩饰、隐瞒行为，放任危害结果的发生，依法构成掩饰、隐瞒犯罪所得、犯罪所得收益罪。

3. 明知的时间

对财物系犯罪所得这一赃物属性的认识主要发生在掩饰、隐瞒行为实行之时，但是由于掩饰、隐瞒行为包括了窝藏、转移、收购、代为销售等不同的行为类型，对不同类型还是有不同的要求。具体地说：（1）在窝藏、转移的场合，对财物之赃物性的认识可以发生在窝藏、转移行为的着手，一直持续到窝藏、转移行为的结束，只要在这个过程中发觉是赃物，而没有停止其行为的，即使先前不知道是赃物，仍然成立本罪。（2）在收购的场合，对财物之赃物性的认识必须在实施赃物罪的实行行为之时存在，在买到财物的事后才知道是赃物的，欠缺替上游犯罪行为人掩饰、隐瞒赃物的意思，不能成立掩饰、隐瞒犯罪所得罪。此时，至多是知情而不报，而难以对其收购行为进行否定性评价。但是，在不知道是赃物的情况下订立了买卖合同，后来于知情的情况下继续受领财物，则此时仍然处于掩饰、隐瞒犯罪所得罪的行为实行过程之中，仍构成本罪。

4. 明知的证明

“明知”是犯罪的主观认识要素，是司法证明活动的客体，在司法审判过程中需要运用证据来证明。不能运用证据证实犯罪嫌疑人、被告人的主观心理状态，则不能证实其构成犯罪。但是“明知”属于犯罪嫌疑人、被告人的心理活动，若非自己言明，一般难以为外界所直接认知，所以司法过程中只有根据犯罪嫌疑人、被告人的供述结合其表现于外的行为过程来判断其是否“明知”。实践中，掩饰、隐瞒犯罪所得、犯罪所得收益的行为人与上游犯罪行为人互相勾结，在归案后一般都会尽可能地矢口否认赃物性质，双方心照不宣、互有默契，给追诉和审判活动造成了极大的困难，如果依赖于犯罪嫌疑人、被告人的供述来认定其是否明知，可能会造成大量地放纵犯罪。因此，在犯罪嫌疑人、被告人不承认明知的情况下，司法机关可以根据案件事实中的具体情况分析，从犯罪嫌疑人、被告人已经实施的行为及其相关情节中，综合判断论证其是否明知，只要有充分的间接证据能够证实其知道，或者不可能不知，否则不会实施特定的客观行为，仍然可以认定"明知"。为了系统性地解决证明"明知"这种主观心理事实的困难，相关司法解释对司法实践进行总结，对明知的认定做出了某些指导。

《最高人民法院关于审理破坏森林资源刑事案件具体应用法律若干问题的解释》第十条规定："刑法第三百四十五条规定的'非法收购明知是盗窃、滥伐的林木'中的'明知'是指知道或应当知道。具有下列情形之一的，可以视为应当知道。但是有证据表明确属被蒙骗的除外：（一）在非法的木材交易场所或者销售单位收购木材的；（二）收购以明显低于市场价格出售的木材的；（三）收购违法规定出售的木材的。"

《最高人民法院、最高人民检察院关于办理与盗窃、抢劫、诈骗、抢夺机动车相关刑事案件具体应用法律若干问题的解释》第六条规定，有以下两种情形之一的，应当认定行为人主观上"明知"机动车系犯罪所得：(1）没有合法有效的来历凭证；(2）发动机号、车辆识别代号有明显更改痕迹，没有合法证明的。机动车买卖和拆解都有严格的法律程序和规定，行为人不能随意买卖和拆解，涉机动车犯罪的行为人如果不能提供合法来历凭证或合法更改证明，则有理由认为其实施了对非法车辆进行违法交易或私自改装等掩饰、隐瞒犯罪所得的违法犯罪行为，除非其本人能提出反驳的证据证明其确实不知道，或者确实被蒙骗。

《最高人民法院关于审理洗钱等刑事案件具体应用法律若干问题的解释》中对洗钱罪和掩饰、隐瞒犯罪所得、犯罪所得收益罪的"明知"作出了具体的规定，认为应当结合被告人的认知能力，接触他人犯罪所得及其收益的情况，犯罪所得及其收益的种类、数额，犯罪所得及其收益的转换、转移方式以及被告人的供述等主、客观因素进行认定。具有下列情形之一的，可以认定被告人明知系犯罪所得及其收益，但有证据证明确实不知道的除外：（1）知道他人从事犯罪活动，协助转换或者转移财物的；（2）没有正当理由，通过非法途径协助转换或者转移财物的；（3）没有正当理由，以明显低于市场的价格收购财物的；（4）没有正当理由，协助转换或者转移财物，收取明显高于市场的“手续费”的；（5）没有正当理由，协助他人将巨额现金散存于多个银行账户或者在不同银行账户之间频繁划转的；（6）协助近亲属或者其他关系密切的人转换或者转移与其职业或者财产状况明显不符的财物的；（7）其他可以认定行为人明知的情形。

一般来说，帮助判断行为人是否“明知”的间接证据，包括行为人实施掩饰、隐瞒行为的时间、地点、数量、价格、品种、行为人与上有犯罪行为人之间的关系、了解程度等。行为人与他人商定在秘密地点交付物品，说明有意躲避；以明显低于市场价格收购他人物品的，或者对方交付的是个人不可能持有的公用设施器材或其他零件而没有单位证明的物品，足以说明该物品来路不明。需要明确的是，司法解释的规定并没有扩大明知的范围，而只是明确了判断“明知”的一些客观情节方面的表征而已，根据逻辑法则和经验法则，由以上具体情节一般可以推断行为人“明知”是赃物，这种依靠间接证据的证明过程和结论在大多数情况下是合理、真实的，但是不能保证绝对的正确，不排除特殊情况下的虚假性和出错。允许犯罪嫌疑人、被告人反驳，如果其能够举出反驳的证据来证实自己确实不知情，系被蒙骗、陷害，则不能认定“明知”。作为判断根据的各种情节也不是绝对的，在一个合法的汽车销售市场手续齐全地购买了一辆价格明显低于其他销售市场价格的汽车，不构成收购赃物罪，即使这辆价格极其低廉的汽车实际上是盗来贩卖赃物。但是，在一个非法的汽车销售市场手续不全地购买了一辆价格明显低于其他销售市场价格的汽车，就可能构成收购赃物罪。这是因为，在这种手续不全的情形下购买汽车，就应该承担认识所购买的汽车是盗来贩卖的赃物之危险，除非有证据证明自己确属被蒙骗。

# 第四章　掩饰、隐瞒犯罪所得、犯罪所得收益罪的罪量要素

## （一）罪量要素概念的提出——本罪构罪与行政违法行为的界限

1. 我国法律规定中犯罪行为与行政不法行为构成类型之间存在着大量重叠的现实

对比我国刑法典与行政处罚法性质的法律，可以发现，刑法规定的犯罪构成要件与行政法规规定的违法行为构成要件之间存在着重叠现象，对某种利益的侵害，可能同时被认定为刑事不法行为和行政不法行为。例如《刑法》第一百四十条规定了生产、销售伪劣产品罪，与《产品质量法》第五十条规定的生产、销售伪劣产品行政违法行为的构成差别仅在于刑法第一百四十条有“销售金额五万元以上”的规定。再如，《刑法》第一百九十八条关于保险诈骗罪规定了五种行为，而《保险法》第一百七十四条关于保险欺诈的行政违法行为所规定的三种行为实际上是对《刑法》第一百九十八条一种行为的合并，二者在行为构成要件的描述上几乎完全吻合，二者之间的差别仅在于，《刑法》第一百九十八条中增加规定了“数额较大”。又如，《刑法》第三百五十九条规定了引诱、容留、介绍卖淫罪，而《治安管理处罚法》第六十七条用完全相同的语言文字，表述了引诱、容留、介绍卖淫的治安处罚规定，前者为引诱、容留、介绍卖淫罪的构成要件，后者为行政不法构成要件；对前者处五年以下有期徒刑、拘役或者管制，并处罚金，对后者则适用行政拘留和罚款等行政处罚。同样，根据《治安管理处罚法》第六十条规定“明知是赃物而窝藏、转移或者代

为销售的"，"处五日以上十日以下拘留，并处二百元以上五百元以下罚款"，该条规定与《刑法》第三百一十二条"明知是犯罪所得及其产生的收益而予以窝藏、转移、代为销售或者以其他方法掩饰、隐瞒的"的构成要件的规定存在很大程度的重合。

2006 年 6 月 29 日出台的《刑法修正案（六)》、2009 年 2 月 28 日出台的《刑法修正案（七)》两次对《刑法》第三百一十二条做了重大修改，不能不说从行为方式、法定刑幅度、单位犯罪等各方面都体现出立法者从严打击此类犯罪的决心。但是，司法实践中，在适用本条规定时，却存在以罚代刑，或者将只需要治安处罚的行为予以定罪处罚的现象。根本原因即在于，法律规定中犯罪行为与行政不法行为构成类型之间存在着大量重叠，带来司法与行政权力在处理具体案件时的冲突现象[①]。对同一构成要件类型的行为，原则上司法机关与行政机关都拥有追诉权与处罚权。根据《行政处罚法》第三十八条第四款的规定，行政机关在行使行政权力的时候较先获得对不法行为的调查权与处罚权，在此过程中当发现行为的不法因素达到刑法要求的程度时，才将案件移送至司法机关进行刑事追诉。由于司法工作者对于掩饰、隐瞒犯罪所得、犯罪所得收益罪与收赃的行政违法行为的界限把握不清、存在模糊地带，某些应该作为犯罪处理的案件进入不了司法程序，而一些可以不以犯罪处理的收赃行为，一旦起诉到法院，法院没有明确的依据不敢轻易认定为无罪。

上述立法模式受到部分学者的批判，认为导致行政不法与刑事不法之间界限模糊，刑法的价值淡化，提倡引入德国学界的主流观点，承认行政违法行为与刑法的核心区域的犯罪行为之间的区别是质的区别。例如谋杀、绑架之类的传统犯罪，只可能是由刑法规制的刑事不法行为，而不可能是行政违法行为。刑法核心区域的目的与任务是保护对于共同体的生活具有重要意义的价值，侵犯这些核心价值的行为是刑事不法，其中反映出

---

① 正如行政法规中大量的"……构成犯罪的，追究刑事责任"法条所显示的那样，上述特点充分反映出，我国立法者从社会防卫的角度出发，希望通过《行政处罚法》与《刑法》的平行立法实现公权力制裁的无缝隙对接。

社会伦理的无价值判断和强烈的谴责。这个核心区域不是立法者可以任意划定的，而是由立法者所处的社会群体的价值形成所决定的。而在刑法的边缘区域，主要是一些违反经济、卫生、环保等行政制度的损害集体法益的犯罪方面，刑事不法与行政不法之间存在的只是量的区别，在此立法者可以决定，对一种行为是运用刑法的手段，还是行政法的手段加以遏制。

2. 罪量要素概念引入的必要性

本书不拟评价现行立法模式的好与坏，而希望在现行法律框架内为掩饰、隐瞒犯罪所得、犯罪所得收益罪与相应的行政违法行为找到较为明确、易于司法实践操作的界限。要分清两者的界限，首先需要明确我国刑法规定的犯罪的概念。按照刑法理论界的一般观点，我国《刑法》总则第十三条后半段所规定的但书是该条前半段规定的一种例外、限制、补充或附加说明，是我国刑法犯罪立法定义的必要组成部分。第十三条“但书”的规定表明，我国刑法的犯罪定义不同于外国刑法“立法定性 + 司法定量”二元化定罪模式，而采取了“立法定性 + 定量”的一元化定罪模式①。根据这种一元化定罪模式，立法者不仅应当设定犯罪化的不法行为类型（定性描述），以确定刑法评价和干预不法行为的范围边界，而且应当限定刑事可罚的不法行为的危害程度（定量标准），以确定刑法评价和干预不法行为的程度边界②。司法者在解释、适用刑法分则构成要件时，不仅应当判定行为是否符合刑法分则规定的该不法行为定型的类型特征，而且应当具体认定行为是否达到法定的情节（情节犯）、后果（结果犯）或者数额（数额犯）等体现定量要求的罪量标准。原则上，只要行为符合不法行为定型的类型特征，又达到法定的罪量标准，即得予以定罪处罚。

我们认为，在我国刑法的框架内探讨掩饰、隐瞒犯罪所得、犯罪所得收益罪的成立与否，就必须搞清本罪的罪量标准。此处的罪量标准是指，刑法条文在某些犯罪构成中不仅对犯罪行为的类型进行规定，即某种具有

---

① 参见储槐植：《我国刑法中犯罪概念的定量因素》，载《法学研究》1988 年第 2 期。

② 参见梁根林：《刑事法网：扩张与限缩》，法律出版社 2005 年版，第 29 页。

社会危害性行为的性质特点，也对罪量做出一定要求，即要求行为的社会危害性需要达到一定程度，才能构成该条文规定的犯罪。根据罪量要素是否被刑法分则明文规定，可以区分为法定罪量要素与涵摄罪量要素。法定罪量要素是刑法分则在罪状中明文规定的罪量要素。我国刑法分则三分之二以上的条文，根据不同犯罪侵犯法益的性质、方式等不同情况，以“数额较大”“情节严重”“情节恶劣”或者“严重后果”等形式，明文规定了构成犯罪必须达到的罪量要求。涵摄罪量要素是刑法分则虽然在罪状中没有明文规定，但根据但书的规制机能，以隐藏的方式被涵摄在罪状之中的罪量要素。涵摄的罪量要素虽然不在表述罪状的语言文字的通常字面文义之内，但可以根据但书以及表述罪状的分则条文的规范保护目的予以涵摄，并且实际发挥的只是限缩处罚范围的机能，因而仍然是判断行为是否符合构成要件的重要依据。《刑法》关于掩饰、隐瞒犯罪所得、犯罪所得收益罪的规定就属于涵摄罪量要素。根据法律的字面规定，明知是赃物而窝藏、转移或者代为销售的行为，文义上既符合行政不法的构成要件，亦符合掩饰、隐瞒犯罪所得罪的构成要件。在解释论上，不能将一个不法行为同时作为行政违法行为与犯罪予以双重评价，并同时给予行政处罚和刑事处罚，或者至少应将刑事处罚中与行政处罚竞合的部分按照重法优于轻法的原理予以吸收。因此，该罪的犯罪构成要件中必定存在未被刑法明文规定但为但书所涵摄的罪量要素，即涵摄罪量要素。此时，唯一的选择只能是将“情节显著轻微危害不大”因而不具有刑事可罚性的窝藏、转移、代为销售赃物等行为解释为行政不法并予以行政处罚，而将《刑法》第三百一十二条的规定解释为排除了“情节显著轻微危害不大”的情形。对符合行政不法构成要件，综合案件全部情况认为尚属“情节显著轻微危害不大”的，仅认定为行政违法，予以行政处罚；对排除“情节显著轻微危害不大”、符合犯罪构成要件定性描述的行为，则因涵摄罪量要素的存在，升高其不法程度，具有刑事可罚性，认定为犯罪。由此可见，罪量要素实际上就隐藏在《刑法》第三百一十二条的规定之中，司法适用者应当将未被明文规定但涵摄在法条中的罪量要素解读出来。

3. 本罪的罪量要素内容

《解释》出台的一个重要目的即在于厘清掩饰、隐瞒犯罪所得、犯罪所得收益罪的罪量要素。如前所述，虽然《刑法》第三百一十二条并未以“数额较大”“情节严重”“情节恶劣”或者“严重后果”等形式明确规定该罪的罪量要素，但要划清该罪与行政违法行为的界限，仍然需要排除一些情节显著轻微危害不大、不认为是犯罪的行为，即将所谓的涵摄罪量要素提炼出来，使司法实践更易于操作。

一般认为，对罪量的考察是一个多维的全面性的考察过程，衡量罪量大小的因素也是多方面的，既包括行为客观方面的社会危害性程度，也包括对行为人主观方面的考量。具体可考虑从行为的方法、行为的对象、行为的结果、行为人的故意内容、动机与目的等方面进行综合性的考量。在《解释》第一条和第二条的规定中，体现了上述宗旨。《解释》第一条、第二条将掩饰、隐瞒犯罪所得、犯罪所得收益罪的罪量要素明确为以数额为主兼顾其他因素的综合体，其中第一条第一款第一项“掩饰、隐瞒犯罪所得及其产生的收益价值三千元至一万元以上的”，规定的是数额要素；第二项“一年内曾因掩饰、隐瞒犯罪所得及其产生的收益行为受过行政处罚，又实施掩饰、隐瞒犯罪所得及其产生的收益行为的”，是对累受行政处罚者的入罪规定，相当于是对行为人主观方面的考量，由于累受行政处罚者较之一般违法者，具有更深的主观恶性和更大的人身危险性，单纯依靠行政处罚手段已难以达到惩戒与教育的目的，必须采用更为严厉的处罚手段；第三项“掩饰、隐瞒的犯罪所得系电力设备、交通设施、广播电视设施、公用电信设施、军事设施或者救灾、抢险、防汛、优抚、扶贫、移民、救济款物的”，是行为对象要素，即掩饰、隐瞒的犯罪所得系特殊对象的；第四项“掩饰、隐瞒行为致使上游犯罪无法及时查处，并造成公私财物损失无法挽回的”，是行为结果要素，即掩饰、隐瞒行为造成了相应的严重后果；第五项“实施其他掩饰、隐瞒犯罪所得及其产生的收益行为，妨害司法机关对上游犯罪进行追究的”是兜底条款。《解释》第二条第二款“行为人为自用而掩饰、隐瞒犯罪所得，财物价值刚达到本解释第一条第一款第（一）项规定的标准，认罪、悔罪并退赃、退赔的，一般可不认为是犯罪”的规定，则是综合考虑行为人的动机、主观恶性及行为的数额等要素后作出的出罪规定。应当说，对该罪的罪量要素作出上述解释是较为全面、科学的，使司法实践中对该罪与行政违法行为的划分较为容易，既能够突出打击构成犯罪的行为，又能确保惩治的准确性，避免以罚代刑的现象，使打击犯罪的依据明确化、统一化，避免随意性和不公平现象。

## 二、关于本罪的数额标准问题

1. 现行观点

有关本罪是否应有数额限制的问题，我国刑法学界主要存在以下五种不同的意见：

第一种观点认为，本罪既然是独立的罪种，有自身的法定刑，就应该有自身的起算数额标准，不论赃物来自何种犯罪，只要达到本罪的数额起点，就应构成犯罪①。

第二种观点认为，本罪是一种派生性的犯罪，总是与先前之经济财产犯罪有联系，有联系就要有比较，因此要参照前罪的起算数额标准加以考虑，一般来说应相当于或大于前罪的数额标准②。

第三种观点认为，上述第二种观点强调本罪对前罪的独立性，但由于前罪的性质多种多样，前罪的起算数额标准各有差异，必然会对本罪产生影响；第三种观点强调本罪对前罪的依附性，在司法实践中较为通行，但在前面数个本犯之行为不构成犯罪，而本罪的犯罪数额较大，或者数个本犯之行为不构成犯罪，本罪的数额标准又难以确定。因此提出，在认定本罪时，要从行为对司法机关的追查活动的实际妨害出发，结合其所犯之罪的数额及前罪的性质，予以全面的衡量③。

---

① 参见宋振海、刘峰：《应制定窝赃、销赃罪的数额标准》，载《人民检察》，2004 年第 2 期。

② 参见刘银昌：《论窝藏、转移、收购、销售赃物罪》，载《法学研究》1985 年第 4 期。

③ 参见陈兴良：《共同犯罪论》，中国社会科学出版社 1992 年版，第 474 ~ 475 页。

第四种观点认为，对于赃物犯罪的构成标准问题，应当将赃物数额、情节和危害程度等结合起来进行全面分析，不能只看其中某一点。一般说来，窝藏、转移、收购、销售赃物必须达到“数额较大”，才能构成犯罪。但对于那些经常窝藏、收买或者介绍买卖“赃物”并从中渔利，或帮助未成年人窝藏、转移、销售赃物的，以及窝藏、转移、收购、销售赃物情节恶劣，严重干扰司法机关正常活动的，尽管窝藏、转移、收购、销售赃物数额不够“较大”标准，也应依法予以惩处①。

第五种观点认为，本罪主要是妨害司法机关正常活动的行为，而不是对财产权利的侵犯，因此本罪的构成，应以行为人之行为对司法机关正常活动的危害程度为出发点，犯罪的数额只能是参考。从赃物的范围上看，刑法中赃物犯罪之赃物不仅仅限于由财产、经济犯罪所得的可以计价的财物，由其他犯罪所得之物（如印章、公文等）也可视为赃物，这样，如单纯以数额确定本罪与非罪的标准，势必将一部分无法计价的赃物排除出去，其结果自然与立法原意相悖。鉴于此，本罪应以情节是否严重为标准，对于无法计价的赃物犯罪，应根据其犯罪情节综合判断其危害性；对于可以计价的赃物犯罪，则可以将数额的大小视为情节是否严重的一个重要因素②。

2. 本罪中引入数额标准的必要性

我们认为，从法理上来讲，如前所述，《刑法》第三百一十二条“明知是犯罪所得及其产生的收益而予以窝藏、转移、收购、代为销售或者以其他方法掩饰、隐瞒的”规定中已经隐含了本罪的罪量要素，而数额是罪量要素的不可或缺的内容，此处不再赘述。下面主要从司法实践的角度论述数额标准问题：

虽然有学者认为“明知是犯罪所得及其产生的收益而予以窝藏、转移、收购、代为销售或者以其他方法掩饰、隐瞒的”行为属于典型的行为

---

①　参见赵廷光主编：《中国刑法原理（各论卷）》，武汉大学出版社1992年版，第101页。

②　参见赵秉志主编：《最新刑法典分则实用丛书：妨害司法罪》，中国人民公安大学出版社2003年版，第289～290页。

犯，但是目前司法实践通行的做法是将本罪作为结果犯予以认定，即行为人实施掩饰、隐瞒行为并达到一定数额标准后才被作为犯罪处理，通过分析此类案件判决结果不难发现，针对本罪的量刑问题，法院在审判过程中亦将涉案数额多少作为评定罪行轻重的重要标准。

因此，数额对本罪的影响是不可否认的：一方面，数额是量刑的主要考虑因素，另一方面，修改后的赃物犯罪的法定刑升高了，增加了“情节严重”的规定，而数额无疑是认定情节轻重的关键之一。根据罪刑相适应原则，本罪的定罪、量刑应以行为人实施的掩饰、隐瞒行为对司法管理秩序的侵害程度为直接标准，但在实践中上述标准执行时存在较大问题。一方面，行为人实施掩饰、隐瞒行为时所采用的方式多种多样，且部分案件中行为人为实现目的，接连实施多个行为，对于这些不同行为危害程度的认定难以形成较为统一的标准。另一方面，对于行为危害性的评价本身就不可避免包含过多的主观判断，且将直接决定着行为人罪与非罪及罪行的轻重，显然存在自由裁量权过大的问题。因此，以行为的侵害程度作为定罪、量刑的评价标准，实践中可操作性不强。为了使这一问题能够妥善解决，应当引入数额标准对行为的危害程度加以区分，这样不但能够应对行为方式多样化的问题，同时也能使涉案数额与量刑幅度相互对应，为司法人员在量刑时提供依据，从而使定罪与量刑更为客观、统一。因此，在本罪中引入数额标准确有必要。

当然，虽然本罪的上游犯罪大部分属于财产犯罪和经济犯罪，这些犯罪一般都以数额为成立要件之一，但不受数额影响的犯罪还是很多的，这些犯罪往往也有犯罪所得及其收益，对此，我们就不能从数额的角度进行认定了。另外，对赃物无法估价的情况也是存在的，如果将这部分犯罪排除在外，也是不符合立法原意的。

3. 本罪数额标准的具体确定

那么，本罪的数额标准应该如何确定呢？我们认为，上述关于数额标准问题之争，归根结底是掩饰、隐瞒犯罪所得、犯罪所得收益罪与本犯之间的依附性与独立性的关系问题，是本罪本质问题的延伸。

上述第一种观点强调本罪对上游犯罪的独立性，主张本罪是刑法确立的独立的罪种，自身应有不以上游犯罪（本犯）为转移的数额标准。但问题是，上游犯罪的性质是多种多样的，且上游犯罪的犯罪所得不仅可以是动产、违禁品，还可以是表现为记载或证明权利或者利益的证件或者文书，如银行存折、邮局汇款单、股票、债券、支票、借据等，所以数额起算标准各有差异，若制定统一标准，实践中也难以操作。上述第二种观点强调对上游犯罪（本犯）的依附性，而认为本罪的独立性相对处于从属地位，认为上游犯罪的社会危害性程度是决定一般赃物犯罪的社会危害性的主要因素，且存在相互制约关系，故主张一般赃物犯罪的数额标准应该以上游犯罪（本犯）的数额确定。尽管该观点有合理之处，但缺陷也是显而易见的。例如，行为人分别掩饰、隐瞒了盗窃、诈骗和抢劫分子的犯罪所得物品，由于上游犯罪性质各不相同，如何依各上游犯罪的数额确定行为人掩饰、隐瞒行为的性质？

因此，上述第一、第二种观点都有失偏颇，而第三、四、五种观点在表述上虽然均有不同，但在本质上并无差异，即均建立在掩饰、隐瞒犯罪所得、犯罪所得收益罪对上游犯罪的依附性与独立性的辩证统一性的基础上。我们认为，本罪既然规定在《刑法》第六章第二节“妨害司法罪”当中，那么本罪行为对司法机关正常活动的妨害程度就是需要考察的重要因素，本罪的独立性不容忽视。同时，也不能否认本罪对上游犯罪的依附性，因为本罪的成立原则上是以上游犯罪的成立为要件的，对于那些将数额作为成立要件的上游犯罪，在本罪的认定中应将数额作为重要考量因素；对本罪的数额问题，正确的做法应当是坚持有数额论但不唯数额论，注意派生关系但不主张依附关系，考虑独立性但不脱离前罪。

在司法实践中处理本罪时，要综合考虑掩饰、隐瞒犯罪所得及其收益的数额、行为次数、上游犯罪的犯罪性质，掩饰、隐瞒行为对司法机关的正常活动的妨碍程度等情节。《解释》第一条、第三条的规定正体现了上述原则。《解释》第一条第一款第一项将本罪的基本数额标准设置为“三千元至一万元”，第三条第一款第一项将“情节严重”的基本数额标准设置为“十万元”，上述标准主要考虑司法实践中本罪的上游犯罪有90%均为盗窃罪，其余10%以诈骗罪、抢夺罪、职务侵占罪等为主，因此数额仍然是本罪罪量要素中最重要的内容。结合关于上游犯罪的司法解释将诈骗罪的构罪数额标准提高到3000元至1万元，将盗窃罪的构罪数额标准提高到1000元至3000元；同时，盗窃罪、诈骗罪均以“三万元到十万元以上”为“情节严重”的基本数额标准，抢夺罪以“三万元至八万元以上”为“情节严重”的基本数额标准，在三到十年有期徒刑之间量刑；职务侵占罪以10万元以上为“情节严重”的基本数额标准，在五年有期徒刑以上量刑的情况。本罪作为盗窃、诈骗等犯罪的下游犯罪，其构罪数额不应低于上游犯罪的构罪数额标准，并基于本罪法定刑均轻于上游犯罪，体现了本罪的社会危害性一般要小于上游犯罪的原则，确定了本罪的基本数额标准为“三千元至一万元”，“情节严重”的基本数额标准为“十万元以上”。而第一条第一款、第三条第一款的第二项规定则包括了掩饰、隐瞒行为的次数，次数与数额相结合，上游犯罪性质，掩饰、隐瞒行为对司法追诉活动的妨害程度等罪量要素，上述规定中既重视数额标准，又不唯数额论，既考虑到本罪妨害司法机关追诉犯罪的独立性，又考虑到本罪与上游犯罪的紧密联系，应当说上述标准充分体现了本罪与上游犯罪的依附性与独立性的辩证统一性。

此外，在起草《解释》的过程当中，还有人提出，掩饰、隐瞒犯罪所得、犯罪所得收益罪在国际上属于洗钱罪的大范畴，对本罪的数额问题需要兼顾国内和国际因素，主要以英美国家法律实践为基础的相关国际公约文件对于本罪定罪不要求数额标准，而国际反洗钱组织在国内立法合规方面的审查极为严格，采取的是零容忍态度。我们认为，如前所述，我国刑法立法采取的是定罪加定量的模式，这与英美刑法采取的立法定性的模式不同，而且我国对不构成掩饰、隐瞒犯罪所得、犯罪所得收益罪的轻微行为仍然会予以行政处罚，符合国家公约对于洗钱行为广泛开展打击的要求，《解释》明确本罪的数额标准与国际公约并不矛盾。

## 三、本罪犯罪数额的计价方式

1. 基本计价方式

财产型犯罪的数额计算问题，直接关系到是否构成犯罪、适用何量刑幅度、量刑轻重等问题。掩饰、隐瞒犯罪所得及其产生的收益的行为，虽然主要是破坏司法秩序，但也侵害了财产权益，因此，数额计算仍然是很重要的问题。对本罪犯罪数额的认定，一般情况下是依照上游犯罪的数额就可以解决。但在上游犯罪较多难以全部查证，或者上游犯罪的数额应当与掩饰、隐瞒犯罪所得、犯罪所得收益的数额有所区别的情况下，如盗窃犯将所盗物品毁损后交由行为人窝藏、转移、收购、销售时，本罪的数额就不应按上游犯罪的标准计价。在对本罪可计价的赃物进行计算数额时，可参照2013 年4 月4 日施行的《最高人民法院、最高人民检察院关于办理盗窃刑事案件适用法律若干问题的解释》中关于盗窃罪中赃物计价原则，并结合赃物犯罪的特点进行估价。具体来讲，可按以下标准掌握：

（1）所掩饰、隐瞒的财物有有效价格证明的，根据有效价格证明认定；无有效价格证明，或者根据价格证明认定数额明显不合理的，应当按照有关规定委托估价机构估价。

（2）所掩饰、隐瞒的财物系外币的，按照掩饰、隐瞒行为实施时中国外汇交易中心或者中国人民银行授权机构公布的人民币对该货币的中间价折合成人民币计算；中国外汇交易中心或者中国人民银行授权机构未公布汇率中间价的外币，按照掩饰、隐瞒行为实施时境内银行人民币对该货币的中间价折算成人民币，或者该货币在境内银行、国际外汇市场对美元汇率，与人民币对美元汇率中间价进行套算。

（3）所掩饰、隐瞒的财物系电力、燃气、自来水等的，数量能够查实的，按照查实的数量计算掩饰、隐瞒的数额；数量无法查实的，以上游犯罪（主要是盗窃犯罪）的数额确定数额。

（4）所掩饰、隐瞒的财物系不记名、不挂失的有价支付凭证、有价证券、有价票证的，按票面数额和掩饰、隐瞒期间应得的孳息、奖金或者奖品等可得收益一并计算数额。

（5）所掩饰、隐瞒的财物系记名的有价支付凭证、有价证券、有价票证，已经兑现的，按照兑现部分的财物价值计算数额；没有兑现，但失主无法通过挂失、补领、补办手续等方式避免损失的，按照给失主造成的实际损失计算数额。

（6）所掩饰、隐瞒的财物系民间收藏的文物的，有有效价格证明的，根据有效价格证明认定；无有效价格证明，或者根据价格证明认定数额明显不合理的，应当按照有关规定委托估价机构估价。

（7）所掩饰、隐瞒的财物系国有馆藏一般文物的，应当认定为构成掩饰、隐瞒犯罪所得、犯罪所得收益罪；所掩饰、隐瞒的财物系国有馆藏三级以上文物的，应当认定为《刑法》第三百一十二条规定的“情节严重”。所掩饰、隐瞒的财物系多件不同等级国有馆藏文物的，三件同级文物可以视为一件高一级文物。

2. 计价的基准日的确定问题

由于市场经济制度下的财物价格经常发生变动，因此，本罪在计算犯罪数额时需要明确一个计价的时间点。以往司法实践中出现过以上游犯罪所确定的价格鉴定数额作为掩饰、隐瞒犯罪所得、犯罪所得收益罪的数额的现象。这样操作存在两个方面的问题：一方面，即使存在实物，也可能因为上游犯罪案发时间不明而导致无法作出价格鉴定；另一方面，上游犯罪与掩饰、隐瞒行为存在时间差。比如，上游犯罪行为人在取得赃物后，先留取自用一段时间，再将其转卖给掩饰、隐瞒犯罪行为人。这时，如果仍旧以上游犯罪时间作为鉴定基准日，而不考虑赃物的损耗、折旧，则造成对本罪行为人的不公。因此，结合以前有关盗窃罪等财产型犯罪的计价方法，本罪的计价，应当以掩饰、隐瞒行为实际实施时的市场价为基准，以收购或者转卖赃物时的价格为补充，以便更加准确地认定本罪的实际危害程度。《解释》第四条“掩饰、隐瞒犯罪所得及其产生的收益的数额，应当以实施掩饰、隐瞒行为时为准。收购或者代为销售财物的价格高于其实际价值的，以收购或者代为销售的价格计算”的规定正体现了这一原则。按照这一原则，本罪的计价分为基准计价和补充计价两种计价方法。基准计价方法是指，以掩饰、隐瞒犯罪所得及其收益行为时的市场价为基准，市场价的确定应当以价格鉴定机构作出的鉴定意见为准。在一般情况下，收购和销售赃物的价格往往低于赃物实际价值，但也不排除在特殊情况下，行为人从上游犯罪人处收购赃物时或向他人销售赃物时的价格高于赃物的实际价值的情况。此时，就需要使用补充计价方法，即在收购或代为销售价格高于实际价值的情况下，就高认定，以收购或代为销售价格计价。

需要说明的是，在物价总体处于上涨的趋势下，案件被查处时赃物的价格往往高于行为时的价格，此时，必须严格依照行为时的价格计算犯罪数额，以保护被告人的合法权益。但是，也有案件查处时的价格低于行为时价格的情况。此时，仍然应该以行为时的价格计算犯罪数额。但是，查处时的价格如果明显低于行为时价格的，应在量刑时予以酌情考虑。

3. 数额的累计问题

在行为人只实施了一个掩饰、隐瞒犯罪所得及其收益的行为时，不存在数额累计计算的问题，但是当行为人实施了数个掩饰、隐瞒犯罪所得及其收益的行为时，应如何计算数额，关系到本罪的罪与非罪、“情节严重”的认定，从而直接影响到行为人的定罪量刑，因而有必要专门进行探讨。

我们认为，对行为人实施了数个掩饰、隐瞒犯罪所得及其收益行为的情况有必要进行细致区分，其中包括三种情形：一是数个掩饰、隐瞒行为，每个行为都单独构成犯罪；二是数个掩饰、隐瞒行为均不能单独构成犯罪；三是数个掩饰、隐瞒行为中，有些单独构成犯罪，有些单独不构成犯罪。对于第一种情形，数个掩饰、隐瞒行为均单独构成犯罪的，只要符合刑法关于追诉期限的规定，仍在追诉期限内的，均应当累计计算。当然，事实上也存在构成犯罪的掩饰、隐瞒行为公安机关已经以行政违法行为为由予以行政处罚的现象。在这种情况下，数额不宜进行累计计算，否则，就可能违背“一事不再理”的刑事诉讼原则。对于第二种情形和第三种情形，如果单次掩饰、隐瞒行为未经公安机关治安管理行政处罚，并且未超过《治安管理处罚法》规定的追诉期限的，数额就应当累计计算；如果单次掩饰、隐瞒行为已经过治安处罚或者已经超过《治安管理处罚法》规定的追诉期限的，那么该次掩饰、隐瞒数额就不能累计计算。应当注意的是，前述所提到的单次掩饰、隐瞒行为不能单独构成犯罪，均要求其所对应的上游犯罪构成犯罪，如果上游犯罪不构成犯罪，则本次掩饰、隐瞒行为不能认定为犯罪，其数额也就当然不能累计计算。

此外，掩饰、隐瞒犯罪所得及其产生的收益的行为实施后可能产生孳息，对于所产生的孳息应当如何处理，是否计入犯罪数额？例如，掩饰、隐瞒行为人将上游犯罪所得的100万元赃款存入银行后产生1万元利息，这1万元利息是否应当计入掩饰、隐瞒的犯罪数额？我们认为，本罪中的收益应当是指上游犯罪既遂后在上游犯罪人处产生的收益，掩饰、隐瞒行为中所产生的收益，不属于本罪中的“收益”，因此上例中的1万元利息只能认定为非法所得，而不能计入掩饰、隐瞒犯罪所得及其收益的数额。

# 第五章 掩饰、隐瞒犯罪所得、犯罪所得收益罪的犯罪形态

## （一）本罪的未完成形态

我国刑法理论通常认为，掩饰、隐瞒犯罪所得、犯罪所得收益罪属于行为犯。所谓行为犯，是指刑法分则规定的基本的犯罪构成不要求有危害结果的发生，只要实行行为实施完毕就构成既遂的犯罪类型。据此，行为犯在行为未实行终了的情况下，存在犯罪未遂。由于司法实践中，掩饰、隐瞒犯罪所得、犯罪所得收益罪的未遂犯罪极为罕见，本部分仅从理论层面上对本罪的既遂与未遂认定进行分析。

既遂和未遂，对合法权益的侵犯程度不同，一般情况下量刑是有差别的。行为犯的既遂标准不同于结果犯，也不同于举动犯，比较难以把握。法国刑法学者卡斯东·斯特法尼也认为，将事实上的犯罪区分为实质犯与形式犯（行为犯），其中一个很大的好处是涉及处理犯罪未遂的问题，行为犯区分既遂与未遂很不容易。我们认为，对于行为犯，仍需要联系法益侵害来区分既遂与未遂。即使是行为犯，也应以是否发生了行为人所追求或放任的、行为性质所决定的侵害结果为标准，而不能以是否实施了行为为标准。行为犯只是没有将对于对象的侵害这种意义上的结果作为构成要件要素，而行为所造成的法益侵害或者危险这种意义上的结果仍然是成立犯罪所必需的。例如，非法侵入住宅罪虽然是行为犯，但该行为对住宅权的侵害仍然是成立犯罪必需的，伪证罪也是行为犯，但成立该罪仍然要求具有误导审判作用的危险。

上述观点的理论依据在于，行为犯的行为具有过程性，如果不持“行为犯即举动犯说”，一般都认为在行为犯的基本构成样态下，行为犯的行为具有过程性，即并非着手即能完成。行为犯只有当实行行为达到一定程度，才能满足基本的构成要件。具体而言，在这种犯罪中，既遂形态的形成，有一个从量变到质变的过程，例如在脱逃案件中，并不是只要犯人一开始脱逃，就构成脱逃罪的既遂，而只有当其逃离羁押机关的控制范围以后，才能以脱逃罪的既遂犯论处。而行为犯的过程进行程度，是指行为从着手进行到现实侵害合法权益有一个发展过程，如果行为已现实侵害了法益，就认为达到了相应的程度，可以认为基本构成要件行为已经完成。以组织他人偷越国（边）境罪为例，由于本罪侵害的客体是国家对国（边）境的正常管理秩序，只有对国（边）境秩序已经造成侵害，才能认为本罪已经达到既遂，如果行为人只是组织了一批人，并收取了他人的费用，还不能视为行为已经完成，因为此时尚未对国边境秩序造成侵害，只有当行为人偷越国（边）境时，才能认为行为侵害了国（边）境秩序，从而才能视为本罪的行为已经完成。仍以上面提到的脱逃罪为例，脱逃罪侵害的客体是国家监管机关的监押管理秩序，只有脱逃至脱离国家司法机关的监管的程度，才能认为国家的监押管理秩序已经受到了现实的侵害。

任何犯罪行为都是一个过程，并非一着手就是既遂，因此从行为是否已经现实侵害了法益的角度是能够合理地区分行为犯的既遂和未遂的。具体到掩饰、隐瞒犯罪所得、犯罪所得收益罪，其既遂与未遂的判断，应当主要考虑以下两个方面：（1）掩饰、隐瞒行为是否具有过程性。根据《刑法》第三百一十二条的规定，本罪的行为方式包括窝藏、转移、收购、代为销售或者其他方法，对不同的行为方式应依据一般社会生活经验分别进行判断；（2）行为对司法秩序和财产权益等法益的侵害程度。以转移他人犯罪所得赃物为例，根据一般生活经验来看，转移行为本身是有过程的，并非一旦实施就能完成，但是从转移赃物行为所侵害的法益来分析，一旦对犯罪所得赃物进行转移，无疑就对司法机关追查犯罪造成了妨害，也对上游犯罪的被害人的财产权益造成了进一步的侵害，使得其财产的追回更加困难，因此转移赃物的行为一经实施就造成了对法益的现实侵害，从而构成既遂，即使赃物仍在转移过程中并未到达转移的最终目的地，亦不影响其既遂的成立。而对于收购赃物行为来讲，收购行为本身也是有过程的，但如果行为人正在收购赃物的过程中被查获，因其行为并未对法益造成现实的侵害，故而可能存在犯罪未遂。

### （二）本罪的共同犯罪问题

在刑法理论中，作为一种特殊的犯罪形态，共同犯罪所关注的是如何恰当解决二人以上犯罪的刑事责任的承担问题，即根据各共犯人在犯罪中所处的地位、所起的作用将共犯进行类型划分，使他们受到不同程度的刑罚制裁。掩饰、隐瞒犯罪所得、犯罪所得收益罪作为一种在一定程度上依附于上游犯罪的犯罪行为，其与本犯的犯罪行为或者行为人不可避免地会发生或多或少的联系。由于这种联系同共同犯罪一样都是建立在复数人的犯罪之上，因此，在实践中常常与共同犯罪行为发生混淆。在这种情况下，就需要进一步厘清本罪共同犯罪的关系问题。

1. 掩饰、隐瞒犯罪所得及其收益行为人与上游犯罪行为人事前通谋的，构成上游犯罪的共同犯罪

尽管《刑法》第三百一十二条没有明确规定对“事前通谋”应以共同犯罪论处，但《解释》第五条根据刑法总则和分则的关系和共同犯罪理论，将事前与盗窃、抢劫、诈骗、抢夺等犯罪分子通谋，实施掩饰、隐瞒犯罪所得及其产生的收益行为的，以盗窃、抢劫、诈骗、抢夺等犯罪的共犯论处。我们认为，将事前通谋的掩饰、隐瞒行为认定为与本犯构成共同犯罪的理由主要有以下两方面：

第一，我国刑法理论界通常从共同犯罪故意形成的时间上，把它划分为事前通谋的共同犯罪和事前无通谋的共同犯罪。事前通谋的共同犯罪，是指共同犯罪的故意是在着手实施犯罪以前形成的。也就是说，犯罪前有商量，有共谋，各行为人事前商量和确定进行犯罪的目标、手段、时间、地点以及如何分工等。正由于各行为人事前进行了密谋策划，其犯罪计划

才比较周详、具体，容易得逞，危害也比较严重。而事前无通谋的共同犯罪，是指犯罪人的共同故意，不是在着手实施犯罪活动前形成的，而是在刚刚着手或者在实施犯罪活动的过程中形成的。一般说，事先无通谋的共同犯罪较之事前有通谋的共同犯罪，在主观恶性上要小一些。

事前通谋的掩饰、隐瞒行为人，表明其与本犯之间有共同犯意，会起到为本犯的行为人撑腰打气的促进和鼓励作用，促使本犯行为人决意去实施犯罪，实际上对本犯的犯罪行为起到帮助作用。事前通谋的掩饰、隐瞒行为人可以视为在共同犯罪中承诺了一定的分工，事后的掩饰、隐瞒行为，则是对事前分工和承诺的实施，表明了具有共同的犯罪行为，符合共同犯罪的特征。对本犯事先承诺在其犯罪后帮助其掩饰、隐瞒的，与事先提供犯罪工具的帮助犯在促进犯罪实施上所起的作用是一样，不同之处在于前者是精神帮助，后者是物质帮助，都属于帮助犯的一种。相反，事先没有承诺掩饰、隐瞒，而事后对犯罪所得及其收益进行掩饰、隐瞒的，只能定掩饰、隐瞒犯罪所得及其收益罪。事先承诺还是事后帮助两种情况的本质不同在于，帮助者是否有共同实施犯罪的意思联络，有联络的便相当于实施了犯罪，没有联络的便是事后帮助。

第二，虽然《刑法》第三百一十条第二款规定“犯前款罪，事前通谋的，以共同犯罪论处”，而刑法第三百一十二条没有上述规定，但不妨碍对事前通谋事后实施掩饰、隐瞒行为的，以共同犯罪处理。因为《刑法》第三百一十条第二款的规定，属于刑法分则中的注意规定。注意规定是指在刑法已有相关规定的前提下，提醒司法人员注意，以免司法人员忽略的规定；注意规定的设置，并没有改变相关规定的本意，只是对相关规定内容的重申；即使没有注意规定，也存在相应的法律适用根据。

此外，在司法实践中要正确区分掩饰、隐瞒犯罪所得、犯罪所得收益罪与上游犯罪的共同犯罪的界限，还必须对“事前通谋”的含义有一个正确的界定。事前通谋的含义包括两个方面的因素，一是时间因素，“事前”应指实施掩饰、隐瞒犯罪行为之前，包括本犯的犯罪行为实施之前和实施过程中两个阶段。二是内容要素，“通谋”从字面意思上讲，就是“沟通和谋划”，即基于明确的共犯意思而对实施本犯的具体过程进行策划、合谋，不仅包括本犯行为人与掩饰、隐瞒行为人共同谋划整个犯罪过程，也应包括掩饰、隐瞒行为人仅答应在本犯行为实施后掩饰、隐瞒犯罪所得及其收益的行为。至于事前通谋的形式，既包括双方言语、书信等明示方式，也包括双方心照不宣的默示方式。例如，甲和乙因琐事发生纠纷，便邀丙一同去报复乙。丙在明知甲携带凶器的情况下用摩托车搭载甲去寻找乙，见到乙后，丙驾驶摩托车在旁等候，甲持刀上前对乙身体要害部位猛刺数刀后，搭乘丙的摩托车逃离现场，乙因失血性休克而死亡。对此案应认定甲和丙共同犯有杀人罪。尽管甲在当时没有明确告之丙去杀乙，但是，丙对甲携带凶器的默认便相当于承诺帮助甲用凶器对乙实施报复，乙死亡的结果是丙预料之中的，不需要明示出来。综上，只要本犯行为人与掩饰、隐瞒犯罪所得及其收益犯罪的行为人双方都明知自己是与他人一起在进行犯罪活动并明确自己在犯罪中的分工，就应认定为事前通谋，即已形成了共同犯罪故意。正如陈兴良教授指出的那样：“……而共同犯罪的意思表示，二人以上通过交流犯罪思想而形成共同犯罪故意，这种思想已经发生人与人之间的社会关系，而不仅仅是思想的范畴。在二人以上犯罪思想交流的基础上，往往对犯罪进行谋划、商议，决定共同实施犯罪，就是刑法上的共谋。显然，共谋是一种犯罪行为。”①

2. 数个掩饰、隐瞒犯罪所得、犯罪所得收益的行为人对同一犯罪所得及其收益采取不同行为方式能否构成本罪的共同犯罪？

例如，几个行为人对同一犯罪所得及其收益有的实施窝藏行为，有的实施转移行为，有的实施收购行为，有的实施代为销售行为。几个行为人对同一对象实施了不同的行为，那么，行为方式不同的几个人之间能否构成掩饰、隐瞒犯罪所得、犯罪所得收益罪的共同犯罪？我们认为，窝藏、转移、收购、代为销售行为以及其他掩饰、隐瞒的方式，只要实施其中任一行为或者几个行为都构成一罪，但是尽管都构成本罪但是不是构成共同

---

① 参见陈兴良：《共同犯罪论》，中国人民大学出版社2006年版，第74页。

犯罪，关键还需要看各行为人是否形成共同的犯罪故意。这是因为，根据共同犯罪基本原理，共同犯罪的成立，不仅要求各行为人的行为相互联系，互相配合，共同构成一个完整的共同犯罪行为，而且要求各行为人在主观上必须具有共同犯罪的故意，即各行为人既要认识到不是自己一个人实施犯罪，而是与他人共同实施犯罪；还要认识到自己与他人共同实施的犯罪行为会发生危害社会的结果，并对这一结果的发生持希望或者放任的态度。至于各行为人实施的共同犯罪行为是作为还是不作为，是实行行为还是教唆行为抑或帮助行为，则在所不问。由此决定，行为人尽管对同一赃物采取了不同的行为方式，但只要各行为人主观上有共同犯罪的意思联络与沟通，客观上各行为人的行为相互联系与配合，共同构成一个完整的掩饰、隐瞒行为，即可成立本罪的共同犯罪。由于本罪的行为方式有窝藏、转移、收购、代为销售以及其他方法，各行为人不管具体实施的是窝藏行为，还是转移行为，抑或收购行为或者销售行为，均应成立掩饰、隐瞒犯罪所得、犯罪所得收益罪的共犯，各行为人行为方式的不同只是共同犯罪人之间的分工不同。反之，各行为人若在主观上缺乏共同犯罪的意思联络与沟通，未形成共同犯罪故意，其对同一犯罪所得及其收益分别实施的不同方式的行为，不能构成本罪的共同犯罪。

*3. 本犯与行为人共同实施窝藏、转移、收购、代为销售以及其他掩饰、隐瞒行为的，是否构成共同犯罪？*

根据《刑法》第三百一十二条的规定，对本罪主体并没有作出特殊要求，即只要达到刑事责任年龄、具有刑事责任能力的人都可以成为该罪的主体。但这仅仅是从表面看，深究理论之后，就能得出本犯与行为人共同实施窝藏、转移、收购、代为销售以及其他掩饰、隐瞒行为的，不能构成共同犯罪的结论。因为，本犯不能成为以自己犯罪所得及其产生的收益为对象的掩饰、隐瞒犯罪的主体，本犯处理其犯罪所得、犯罪所得收益的行为，是一种被其先前行为吸收的不可罚的事后行为，即本犯掩饰、隐瞒自己犯罪所得及其产生的收益的行为，不再另成立相关的犯罪，而只对实施窝藏、转移、收购、代为销售等行为的行为人认定构成掩饰、隐瞒犯罪所得、犯罪所得收益罪。

之所以说本犯实施的掩饰、隐瞒行为是不可罚的事后行为，国内外的理论依据不尽然相同。在一些国家的刑法中，本罪规定在财产犯罪中，盗窃犯（本犯）盗窃了他人财物之后，再实施窝藏、转移等掩饰、隐瞒行为的，之所以不成立掩饰、隐瞒犯罪所得罪，是因为没有侵犯新的法益（财产），所以不另成产财产罪的掩饰、隐瞒犯罪所得罪。这是因为掩饰、隐瞒行为缺乏违法性而不可罚。在这种情况下，因为本犯的掩饰、隐瞒犯罪所得的行为不具有违法性，行为人帮助本犯掩饰、隐瞒犯罪所得的，也不具有违法性，因而不成立犯罪。但是在我国，掩饰、隐瞒犯罪所得罪属于妨害司法的犯罪，而不是财产罪。显然，在我国，盗窃犯（本犯）盗窃了他人财物之后，再实施窝藏、转移等掩饰、隐瞒行为的，也妨害了司法机关对犯罪的追诉活动，对法益具有实质的侵害，因而具有违法性。本犯之所以不成立掩饰、隐瞒犯罪所得罪，不是因为没有侵犯新的法益，而是因为缺乏期待可能性，即缺乏责任。

刑法上的“期待可能性”是指根据实施行为当时的具体情况，能期待行为人做出合法行为的可能性。在行为人实施行为时，如果能期待行为人选择实施合法行为，行为人违反此期待而实施了违法行为，行为人就应对自己的行为负责任，并将受到惩罚。而无期待可能性是指行为人实施行为时没有选择合法行为的可能性。换言之，无期待可能性是指在实施行为当时的具体情况下，不可能期待行为人做出合法行为。期待可能性理论最早发端于 19 世纪末的德国。1897 年 3 月 23 日德意志帝国法院第四刑事部所作的“马车绕缓案”的判例，成为期待可能性的理论渊源。此案的被告是一位马车夫，他被别人雇佣驾驭双轮马车，因马有用尾绕住缰绳并用力压低的恶癖，极其危险，所以，马车夫多次提醒雇主更换该马，但是，雇主不但不答应，反而以解雇相威胁，马车夫不得已只好继续驾驭该马车。1896 年 7 月 19 日，马车夫在雇主授意下驾车上街，该马恶癖发作，马车夫虽然极力拉绳制御，但是均无效，该马狂奔起来后，马车夫完全失去了对马的控制，该马在狂奔中将一行人的脚部撞成骨折。检察官根据上述事实，以过失伤害罪对马车夫提起公诉。一审法院宣告马车夫无罪，检察官以判决不当为由，向德意志帝国法院提出抗诉。但是，帝国法院审理后，维持原判。其理由是，要认定被告具有过失责任，仅凭其认识到该马有以尾绕缰的恶癖并可能导致伤人的后果还不够，还必须要求马车夫不顾丢失工作的危险而向雇主拒绝驾驭此马。所以，马车夫不应负过失责任。这一判决让人感到，行为人在没有选择合法行为的可能性时，即使基于过失实施违法行为，也不负刑事责任。因此，该判例公布后，引起了德国刑法学界的普遍关注，之后，德国刑法学者在有关论著中以“癖马案”为例，开始对期待可能性理论展开研究，随着研究的逐步深入，期待可能性理论逐渐得到了德、日等大陆法系国家刑事立法和司法的承认和采用。

期待可能性理论对于刑法适用产生了深远的影响，首先就是作为犯罪构成要件对犯罪认定起作用。尽管我国刑法界关于能否引入、如何引入期待可能性理论还存在很大争议，但该理论确实能够解决刑法理论和司法实践中的一些难题，关于掩饰、隐瞒犯罪所得、犯罪所得收益罪不能由本犯构成的理论依据即为其一，即缺乏期待可能性，应作为责任阻却事由，这是目前我国刑法理论界的共识。对于个人犯罪而言，不能期望行为人作案后自首、交出犯罪所得等，因而刑法通过设立自首制度、坦白制度等，鼓励犯罪分子自首、退赃。那么，本犯犯罪后实施的对自己犯罪行为的掩饰、隐瞒行为就不具有期待可能性，即不能期望本犯在犯罪后主动将自己置于司法机关的控制之下，或者主动将犯罪所得上缴司法机关。因而，本犯针对自己犯罪所得实施的掩饰、隐瞒行为不能构成掩饰、隐瞒犯罪所得、犯罪所得收益罪，如果本犯与他人共同实施掩饰、隐瞒行为的，不能成立共同犯罪，只有他人单独构成掩饰、隐瞒犯罪所得、犯罪所得收益罪。

在对本犯范围的理解上，本犯是否只限于实行犯，还是包括原罪的教唆犯和帮助犯，在理论界存在争议。日本刑法学通说和判例认为本犯不能成为本罪主体。本犯实施搬运、保管自己犯罪行为所不法取得财物的行为，作为不可罚的事后行为，完全可以在本犯犯罪中得到评价。本犯处于本罪处罚对象之外，因此本犯即使实施了日本《刑法》第二百五十六条关于盗窃物品等的犯罪，也不构成本罪。这种情况下本犯当然包含共同正犯，因此日本刑事判例也认为不限于实行共同正犯，即使本犯中的共谋共同正犯实施本条所规定行为，也不成立本罪。但是，日本刑法学通说和判例认为，上述情况只适用于正犯。本犯教唆犯和帮助犯与正犯情况不同，能够成立本罪。之所以如此，大致基于以下几点理由。首先，多数判例认为教唆盗窃罪与有偿接受盗窃物品等罪罪质不同，或者认为两者之间是各自独立的犯罪。其次，有些判例认为，对于本犯教唆犯、帮助犯成立本罪，应当在这些人不是亲自实施本犯行为上寻找理由。与亲自实施本犯制造出违法状态的正犯不同，关于盗窃物品等本条所规定的参与行为，不能成为本犯教唆、帮助行为的本质内容，因此本罪行为并不具有成为不可罚事后行为的必然性。换言之，本犯的正犯行为与本罪行为在本质上是相同的，因此对于本犯的正犯行为，本罪行为必然具有不可罚事后行为的性质。与此相反，本犯教唆、帮助行为与本犯正犯行为具有本质不同，关于盗窃物品等罪的违法性难以通过本犯教唆行为完全得到评价。因此本罪行为不应当成为本犯教唆、帮助行为的不可罚事后行为，显然属于两种犯罪行为。再次，在本犯教唆、帮助行为与本罪关系上，不具有通常的手段与结果关系，不是牵连犯，因此构成并合罪。

与日本刑法学说不同，我国刑法学说一般认为本犯的教唆犯、帮助犯同样不能成为掩饰、隐瞒犯罪所得及其收益的犯罪主体。学者们认为，虽然本犯教唆犯实施的是使他人产生实行一定犯罪决意的行为，帮助犯则实施的是援助正犯，使其实行行为容易实施，这两种行为都不是本犯实行行为，但既然已经作为共犯进行处罚，就不能再成为赃物犯罪的主体。其在本犯犯罪之后又实施窝藏、转移、销售或其他处理赃物行为仍被视为一种不可罚事后行为而为本犯犯罪行为所吸收。我们认为，本犯教唆犯、帮助犯实施的本罪行为能否完全在本犯教唆行为、帮助行为中得到评价，问题的实质在于这两种行为是否具有共同性质。因此，要妥善解决该问题，只有回到共犯处罚根据论上来。根据共犯处罚根据论中的修正引起说，共犯之所以受到处罚，是因为与正犯一起并通过正犯行为实现侵害法益结果。因此，在违法性上正犯违法性与共犯违法性并不具有质的不同，只不过是因为正犯直接引起侵害法益结果，共犯间接引起侵害法益结果，因此二者之间只具有量的不同。既然二者在违法性的质上相同，就没有理由对本犯正犯与共犯做出不同理解。上述日本刑法学者认为本犯正犯行为与共犯行为具有本质不同的观点显然不符合共犯处罚根据的原理，这正是其导致错误结论的根本原因。

此外，需要注意的是，本犯不是在任何情况下都不能与他人构成赃物犯罪的共同犯罪的。例如，从本犯处收购了盗窃所得赃物的人，在将赃物转卖给他人时，本犯协助进行了有偿的掩饰、隐瞒行为，就不能将其视为本犯不可罚的事后行为，本犯仍可以与转卖赃物者成立相应的掩饰、隐瞒犯罪的共同犯罪。因为此时盗窃罪等犯罪已经不是本罪的本犯，相对于盗窃罪的第一个掩饰隐瞒犯罪所得及其产生收益罪已经成为本罪的前提犯罪。

### （三）本罪的单位犯罪

根据《刑法》第三十条规定，公司、企业、事业单位、机关、团体实施的危害社会的行为，法律规定为单位犯罪的，应当负刑事责任。据此，单位犯罪必须是法律明文规定构成犯罪的行为才能依法追究刑事责任。这是罪刑法定原则的重要体现。1997 年修订的《刑法》，没有对本罪规定单位犯罪，《刑法修正案（七）》增加了本罪单位犯罪的规定。

我们认为，本罪增加单位犯罪的规定确有必要，理由如下：

一是有利于打击司法实践中日益严重的单位掩饰、隐瞒犯罪行为。在市场经济不断发展的当今中国社会中，形形色色的经济模式多有存在，一些单位很容易成为赃物的藏匿地点，像典当行、修车行等等。以单位名义实施的窝藏、转移、收购、销售赃物犯罪或者以其他方法掩饰、隐瞒犯罪所得、犯罪所得收益犯罪日益突出。如一些废品回收公司明知许多废品来路不正，有些工业用原材料、器材一看就知道是犯罪所得，仍照收不误；

又如一些合伙企业、乡镇企业及一些旧货市场贪图便宜，明知是犯罪所得的赃物还为其提供场所供其窝藏、加工或转移赃物、买赃自用或代为销售赃物。将掩饰、隐瞒赃物犯罪增设为单位犯罪后，对实施犯罪的单位判处罚金，可以遏制日益严重的单位犯此罪的现象。

二是单位实施的掩饰、隐瞒犯罪社会危害性相比自然人犯罪更大。相对而言，单位资金实力较自然人更为雄厚，地点相对固定，实施犯罪时间更长，犯罪手段更为直接、大胆，其社会危害性之严重，往往为自然人实施该类犯罪所不及，有必要为本罪设置单位犯罪，从而有针对性地用刑罚手段来打击此类犯罪。

三是有利于更好地实现量刑均衡。在刑法没有将此类犯罪规定为单位犯罪之前，由于单位犯罪的数额巨大，撇开单位不处罚，而按照单位实施犯罪的数额来处罚直接责任人会加重对其直接责任人的处罚，有违罪刑相适应的刑法原则。因为单位犯罪的直接责任人员在动机上是为了团体利益，而且单位犯罪往往是多人共同决定共同实施的，具有责任分散的特点，所以司法实践中对单位犯罪的直接责任人处刑比一般自然人犯罪要轻，本罪增设单位犯罪，可以较好地解决按照单位实施犯罪的数额来处罚直接责任人导致的处罚较重的问题。

单位犯罪虽然是单位本身犯罪，但具体犯罪行为需要决定者与实施者，单位犯罪最终是要由单位内部成员来实施完成。由此产生的问题是，在什么情况下，单位内部成员所实施的行为才可以算作是单位的犯罪行为？我们认为，认定本罪的单位犯罪，应当注意以下几个问题：

1. 符合刑法规定的主体才能构成本罪的单位犯罪

本罪单位犯罪的主体，必须是依法成立的公司、企业、事业单位、机关、团体。非法成立的，或者未经批准成立的组织，即使是以组织的名义，在组织意志支配下实施了刑法规定的犯罪行为，也不能认为是单位犯罪，而应当按照自然人犯罪追究刑事责任。如果个人为进行违法犯罪活动而设立公司、企业、事业单位实施犯罪的，或者公司、企业、事业单位成立后，以实施犯罪为主要活动的，不以单位犯罪论处，而应以自然人犯罪论处。单位犯罪的主体，必须是拥有一定财产或经费、能够以自己的名义承担责任的相对独立的组织。如果涉嫌犯本罪的单位被撤销、注销、吊销营业执照或者宣告破产之后，就如同自然人死亡一样，不能再承担刑事责任，不再对其追诉。但对实施掩饰、隐瞒行为的该单位直接负责的主管人员和其他直接责任人员，仍然能够根据《刑法》第三百一十二的规定追究刑事责任。

2. 在单位意志支配下以单位名义实施的掩饰、隐瞒行为

本罪的单位犯罪应该是在单位意志支配下以单位名义实施的，是否以单位名义实施掩饰、隐瞒行为是区分本罪单位犯罪和自然人犯罪的一个重要标准。单位犯罪是单位本身作为主体所实施的犯罪，内部成员的行为必须是单位意志的体现，必须在单位意志支配下实施。单位意志一般由单位决策机构或者有权决策人员通过一定的决策程序来加以体现。未经单位集体研究决定或者单位负责人决定、同意的掩饰、隐瞒行为，一般不能认定为单位意志行为。在“一长制”单位中，有关负责人员的个人决定，如私营企业的企业主、某个团体的领导的个人决定，就可以被认为是单位的决定。在有决策机构的单位中，单位犯罪的决定一般要由单位决策机构的组成人员经过集体研究确定。可能在单位研究过程中，并非所有的参与人员都会同意，但只要是最终以单位名义作出的决议，即可认为是体现了单位的整体意志。

如上所述，单位决策机构集体研究作出的决定或者由单位负责人员作出的决定毫无疑问可以被认为体现单位意志。但还有一种情况也值得注意，即单位一般工作人员在职权范围内为了单位的利益作出的决定能否被视为是体现单位意志？例如，甲为某回收公司职员，在其职权范围内收购了他人盗窃犯罪所得的财物，甲的行为是否能认定为在单位意志支配下实施的掩饰、隐瞒行为？我们认为，单位一般工作人员在其职权范围内为了单位的利益所实施的行为是职务行为。单位赋予单位一般工作人员的职权其实就是单位对其一般工作人员的授权，当单位一般工作人员行使其职权时，其所作出的决定（包括犯罪的决定）当然应当视为单位意志的体现，

其犯罪行为当然也应视为单位的行为。正如有学者所言："在判断某一个人的行为是否单位自身行为时，不能仅仅根据该行为是否经过单位负责人的同意或单位集体的同意，有时尽管没有经过单位负责人同意，但该行为符合单位业务活动的政策、规定或操作习惯时，也应将该行为视为单位自身的行为。"① 因此，在考察单位一般工作人员实施的掩饰、隐瞒行为和单位犯罪关系时，应该从单位业务活动的政策、制度、管理、规定或操作习惯等各个方面考察单位一般工作人员的意志和行为是否能够归于单位的意志和行为。如果单位一般工作人员的掩饰、隐瞒行为在其职权范围内，符合单位长期的业务政策、规定或操作习惯，也可以被视为体现了单位意志，进而可以单位犯罪论处。

有学者认为，将单位一般工作人员在职权范围内为了单位的利益决定实施的犯罪行为归属于单位，要求事后经单位决策机关或者负责人认可。这种观点的意图是想让这种情形与单位的整体犯罪意志相联系。但是，我们认为，即使单位决策机构或者负责人员对单位一般工作人员在职权范围内为了单位的利益决定实施犯罪的情形予以认可，那也只能是事后的认可，表明的是一种事后的主观心理态度。事实上，单位一般工作人员在职权范围内为了单位利益决定实施犯罪，是单位一般工作人员的职务行为，其职权范围就是单位对他的授权，在单位一般工作人员于其职权范围内决定实施犯罪的情形下，单位的犯罪意志绝不是一种事后的故意，因为此时单位一般工作人员履行其职责的行为，就是单位意志和单位行为的体现。换言之，单位一般工作人员依据其职权作出的犯罪决定，就是单位的意志，而与其个体的意志无关。因为单位是一个由职位组成的行动系统，单位成员是以其在单位组织体中的职务或者职位而成为单位的要素，单位一般工作人员履行其职责的行为，就是单位共同目标的实现过程。单位决策机构或者单位负责人员事后对单位一般工作人员在职权范围内实施犯罪的认可，即单位一般工作人员的相关决定体现了单位意志。即使单位决策机

---

① 黎宏：《单位犯罪的若干问题新探》，载《法商研究》2003年第4期。

构或者单位负责人员事后对单位一般工作人员在职权范围内实施犯罪的决定不予认可，也不能就此认定这种决定不是犯罪当时单位意志的体现，只能说明犯罪后单位意志的内容发生了变化。

3. 单位犯罪的直接负责的主管人员和其他直接责任人员的认定

根据《刑法》第三百一十二条第二款“单位犯前款罪的，对单位判处罚金，并对其直接负责的主管人员和其他直接责任人员，依照前款的规定处罚。”的规定，我国刑法对本罪的单位犯罪采取的是双罚制，即对单位判处罚金，同时对单位直接负责的主管人员和其他直接责任人员判处刑罚。因此，单位犯罪的直接负责的主管人员和其他直接责任人员的认定是一个重要的实务问题。

对于如何认定单位直接负责的主管人员和其他直接责任人员，最高人民法院《全国法院审理金融犯罪案件工作座谈会纪要》作了如下界定：直接负责的主管人员，是在单位实施的犯罪中起决定、批准、授意、纵容、指挥等作用的人员，一般是单位的主管负责人，包括法定代表人。其他直接责任人员，是在单位犯罪中具体实施犯罪并起较大作用的人员，既可以是单位的经营管理人员，也可以是单位的职工，包括聘任、雇佣的人员。应当注意的是，在单位犯罪中，对于受单位领导指派或奉命而参与实施了一定犯罪行为的人员，一般不宜作为直接责任人员追究刑事责任。

刑法处罚单位犯罪相关人员，具体来说是要处罚单位犯罪的直接负责的主管人员和其他直接责任人员。刑法对这两类人员的称谓都强调了“直接责任”。关于“直接责任”的理解，以下两点值得注意：

第一，这种责任是行为责任而非身份责任。在单位犯罪受处罚的两类责任人员中，直接责任是两者的共同特征，同时也是关键特征。只有厘清直接责任的含义，才能在此基础上进而具体划定直接负责的主管人员和其他直接责任人员的范围。对于直接责任的含义，我国学者指出，直接责任是一种行为责任，即单位成员之所以对单位负有直接责任，是因为他参与实施了单位犯罪，具有罪过，其行为是单位犯罪的组成部分。确立了直接责任的性质是行为责任，就排除了单位成员的身份责任，即单位成员并不因为具有单位成员的身份而为单位犯罪承担刑事责任。将直接责任定义为行为责任，是罪责自负原则的要求。单位成员为单位犯罪承担刑事责任，是因为其参与实施了单位犯罪行为。同时，只有将直接责任理解为行为责任，才能有效限制单位犯罪受处罚的单位成员的范围。将直接责任限制为行为责任，就可以将那些没有参与单位犯罪实施的单位成员排除于受处罚的范围之外，从而控制单位犯罪受处罚成员的范围。否则，直接责任就可能被理解为包括行为责任与身份责任，这样一来，每个单位成员都会因为其单位成员的身份而与单位犯罪具有某种联系，从而就无法限制受处罚的责任人员的范围。因此，直接责任的性质应当是行为责任，而不可能是身份责任。①

单位犯罪两类人员的责任是行为责任而非身份责任，意味着其并非仅仅因为是犯罪单位的主管人员或职员而受刑事追究，而主要是因为其参与实施了单位犯罪行为，其行为是单位犯罪的组成部分而受到刑事惩罚。在司法实践中，如何正确认定单位犯罪中的直接负责人员，是一个没有得到很好解决的问题。在某些司法机关和司法人员的思想观念中，还存在身份责任的思想。因此，在某一单位构成犯罪的情况下，就会简单地把该单位的有关负责人员，尤其是法定代表人认定为直接负责的主管人员，而不管该负责人对单位犯罪主观上是否知情，客观上是否参与。直接责任是行为责任而不是身份责任这个命题的提出，对于正确界定单位犯罪相关责任人员的范围十分重要。当然，在刑法规定的两类人员中，其责任的表现形式也是有所不同的：直接负责的主管人员的行为责任，由于其行为表现为决定、批准、授意、纵容、指挥等，因而具有管理监督责任的性质；而其他直接责任人员的行为责任，则主要表现为实施构成要件行为的责任。

第二，这种责任是直接责任。所谓直接责任，是指其行为与单位犯罪之间具有直接的因果关系。对于主管人员而言，其行为是决定、批准、授意、纵容、指挥单位实施犯罪这一事实的直接原因，没有主管人员的行

---

① 王良顺：《单位犯罪论》，中国人民公安大学出版社2008年版，第216页。

为，就不会有单位犯罪的发生。对于主管人员之外的其他直接责任人员而言，往往是积极参与实施单位犯罪，并在单位犯罪的实施和完成中起到了较大作用，其行为是整个单位犯罪的重要组成部分。强调相关人员的责任是直接责任，对于主管人员之外的其他直接责任人员的认定尤其重要，即并不是所有参与实行了单位犯罪的人员，都可以被视为是单位犯罪的直接责任人员，只有积极参与实施单位犯罪并在其中起较大作用的人员才能被认定为是单位犯罪的直接责任人员。

此外，需要注意的是《解释》第九条专门规定了本罪不属于单位犯罪的情形，即“盗用单位名义实施掩饰、隐瞒犯罪所得及其产生的收益行为，违法所得由行为人私分的，依照刑法和司法解释有关自然人犯罪的规定定罪处罚。”盗用单位名义实施掩饰、隐瞒犯罪所得、犯罪所得收益的行为，其犯罪主体是自然人而不是单位。单位只是名义被盗窃，但实质并未成为犯罪主体。盗窃单位名义的形式很多，包括经法定代表人同意盖了单位的公章，经单位管理组织研究等等。构成单位犯罪，必须利用单位名义，但不能由此得出凡是利用单位名义实施的犯罪都是单位犯罪。盗用单位名义实施掩饰、隐瞒犯罪所得、犯罪所得收益的行为，其犯罪目的是为了参与犯罪的自然人的利益，而不是单位利益，犯罪所得由参与行为人包括决策人员进行分配的，不能认定为犯罪所得归属单位，因而就不能认定为单位犯罪，只能依照自然人犯罪的规定定罪处罚。

# 第六章 罪数问题、此罪与彼罪的区分

## （一）罪数问题

由于司法实践和刑法理论界关于掩饰、隐瞒犯罪所得、犯罪所得收益罪是否为选择性罪名，“掩饰”和“隐瞒”之间，“犯罪所得”“犯罪所得收益”之间如何选择存在争议，因此，在分析本罪与其他犯罪的关系之前，我们要先明确本罪罪名的问题。在《解释》出台前，对于本罪罪名如何适用存在争议，对本罪罪名的适用主要有如下观点：

第一种观点认为，本罪是概括性罪名，《刑法》第三百一十二条罪状是叙明罪状，其罪名应使用的是提示罪名，即掩饰、隐瞒犯罪所得、犯罪所得收益罪，且该罪名是概括性罪名而非选择性罪名。[①] 第二种观点认为，本罪属于单一式选择性罪名，只存在犯罪对象之间的选择，掩饰与隐瞒之间不存在选择关系。[②] 第三种观点认为，“明知是犯罪所得及其产生的收益”的文义表述说明犯罪所得与犯罪所得收益之间属于并列关系，并不存在或此或彼的选择可能；行为要件具有可选择性，“窝藏、转移、收购、代为销售”与“以其他方法掩饰、隐瞒”之间使用“或者”进行连接，

① 参加吴汉忠、沈庆：《掩饰隐瞒犯罪所得罪的认定》，载《江苏法制报》2008 年 1 月 21 日，第 6 版。

② 持此观点的学者较多，例如：罗鹏飞：《掩饰、隐瞒犯罪所得、犯罪所得收益罪罪名如何适用——北京朝阳法院判决李胜义等盗窃、掩饰、隐瞒犯罪所得案》，载《人民法院报》2008 年 4 月 18 日，第 5 版。

表明行为要件具有可选择性。[①] 第四种观点认为，掩饰、隐瞒犯罪所得、犯罪所得收益罪的对象要件与行为要件均为选择关系。

我们赞同第二种观点，诚然，从罪名的表述表面看，行为方式掩饰与隐瞒存在选择关系，行为对象犯罪所得、犯罪所得收益也存在选择关系。但从罪状的立法渊源及我国的司法实践进行分析，犯罪所得和犯罪所得收益是一个既应当区分也是完全可以区分的犯罪事实，而掩饰和隐瞒的行为方式不具有选择关系。

第一，掩饰与隐瞒不具有选择关系。从文义上，掩饰与隐瞒的涵义十分相近难以准确区分，大多数情况下均混同使用，通常一个行为同时具有掩饰与隐瞒的双重效果，掩饰、隐瞒在逻辑上属于同义反复，其规范含义即“遮盖真相”。如果必须对二者选择适用，审判实践难以操作。此外，国际反洗钱公约中掩饰和隐瞒并没有做出区分，二者内涵相同。从立法渊源看，我国政府于1988年12月20日签署《联合国禁止非法贩运麻醉药品和精神药物公约》，此公约第3条（b）（一）中规定：“……为了隐瞒或掩饰该财产的非法来源……”公约于1990年11月1日对我国生效，为履行国际义务，打击毒品犯罪和反洗钱犯罪，1990年12月28日颁布的《全国人民代表大会常务委员会关于禁毒的决定》[②] 第四条：“包庇走私、贩卖、运输、制造毒品的犯罪分子的，为犯罪分子窝藏、转移、隐瞒毒品或者犯罪所得的财物的，掩饰、隐瞒出售毒品获得财物的非法性质和来源的……”这是我国刑法立法中首次出现“掩饰、隐瞒”二词。此后，1997年《刑法》第一百九十一条洗钱罪和第三百四十九条窝藏、转移、隐瞒毒品、毒赃罪的罪状中自然地出现了“掩饰”或“隐瞒”词语。为适应国家反洗钱新形势的需要，《刑法修正案（六）》对《刑法》第三百一十二条进行修改，也出现了“掩饰、隐瞒”的描述。由此可知，洗钱罪和本罪罪状中的“掩饰、隐瞒”是借鉴了国际反洗钱公约对洗钱行为的描述，也做

① 参见万海富、沈立：《掩饰、隐瞒犯罪所得、犯罪所得收益罪：如何适用选择性罪名》，载《检察日报》2008年7月31日，第3版。

② 该决定已被《中华人民共和国禁毒法》废止。

到了与公约保持一致性。因此，本罪中“掩饰、隐瞒”属于同义反复，不具有选择性。

第二，犯罪所得和犯罪所得收益具有选择关系。从文义上理解，“犯罪所得”与“犯罪所得收益”不难区分，二者具有独立的对象。犯罪所得是指犯罪直接获得的财产，犯罪所得收益是指利用犯罪直接所得的财产而产生的额外收益，此处的额外收益无论合法与非法所得。例如盗窃现金2万元，这2万元是犯罪所得，行为人将其中1万元用于购买股票获利500元，将另1万元用于赌博获利3000元，这500元和3000元均属于犯罪所得所产生的收益。

综上，应当根据犯罪行为与犯罪所得及其产生的收益的性质，确定具体适用的罪名。即根据案件情况，选择适用掩饰、隐瞒犯罪所得罪，掩饰、隐瞒犯罪所得收益罪，掩饰、隐瞒犯罪所得、犯罪所得收益罪。但是，有一点必须明确，当犯罪对象既有犯罪所得，又有犯罪所得收益时，只定掩饰、隐瞒犯罪所得、犯罪所得收益罪一个罪，而不能定掩饰、隐瞒犯罪所得罪，掩饰、隐瞒犯罪所得收益罪两罪名，从而进行数罪并罚。

此外，行为人多次掩饰、隐瞒不同种类的赃物也是司法实践中常见的问题，对此应如何处理，涉及本罪的罪数问题。有学者认为，此时应区分行为人掩饰、隐瞒的是不同本犯的犯罪所得及其收益还是同一本犯的犯罪所得及其收益，如果行为人掩饰、隐瞒的是不同本犯的非同种犯罪的不同物品，并进行窝藏、转移、收购或者代为销售的，实际上是多个行为，具备多个犯罪构成，应当数罪并罚。如果行为人多次掩饰、隐瞒的是同一本犯的犯罪所得、犯罪所得收益，无论本犯是犯同种罪还是非同种罪，应当构成连续犯，即基于同一或者概括的犯罪故意，连续实施性质相同的独立成罪的数个行为，触犯同一罪名的犯罪形态，按照《刑法》具体规定的一罪及其相应的法定刑定罪处罚。我们认为，根据《解释》第四条第二款的规定“多次实施掩饰、隐瞒犯罪所得及其产生的收益行为，未经行政处罚，依法应当追诉的，犯罪所得、犯罪所得收益的数额应当累计计算”，行为人多次掩饰、隐瞒不同种类的赃物，原则上无论是同一本犯的还是不同本犯的，均按一罪处罚，理由是：掩饰、隐瞒犯罪所得、犯罪所得收益罪中的“犯罪所得及其收益”是指概括的犯罪所得及其收益，并非特指某一种犯罪所得，因而对于掩饰、隐瞒不同种类赃物的，也没有区分的必要，以不同本犯进行区分是没有依据的，此种情形下仍然构成连续犯，按一罪处理。当然，如果行为人掩饰、隐瞒的不同对象中包括特殊对象，《刑法》对掩饰、隐瞒该特殊对象另有规定构成其他犯罪的，可以数罪并罚，例如行为人收购他人非法猎捕的野生动物的，其中既有珍贵、濒危野生动物，也有普通野生动物，则行为人收购珍贵、濒危野生动物的行为单独构成《刑法》第三百四十一条规定的非法收购珍贵、濒危野生动物罪，而收购普通野生动物的，根据《解释》第一条第四款的规定，达到50只以上的构成掩饰、隐瞒犯罪所得罪，两罪应当并罚。

### （二）本罪与洗钱罪的关系

要理清掩饰、隐瞒犯罪所得、犯罪所得收益罪与洗钱罪的关系，首先需要明确洗钱罪的概念。我们认为，我国《刑法》第一百九十一条所规定的洗钱罪与国际上通用的洗钱罪的概念并不相同。以我国于2007年6月28日加入的“反洗钱金融行动特别工作组”（Financial Action Task Force on Money Laundering，简称FATF[①]）为例，在FATF于2007年6月29日对中国反洗钱和恐怖融资工作的评估报告中，FATF从广义的范畴来评估我国的洗钱罪，认为中国通过《刑法》的三个条文将洗钱行为予以犯罪化，即第一百九十一条的洗钱罪、第三百一十二条的掩饰、隐瞒犯罪所得、犯罪所得收益罪以及第三百四十九条的窝藏、转移、隐瞒毒品、毒赃罪。由此

① FATF成立于1989年，是目前世界上最具影响力、专门致力于国际反洗钱和恐怖融资的一个政府间国际组织。截至2007年7月，FATF的成员达到34个。此外，它还拥有28个具有观察员身份的组织和团体。FATF所制定的《40+9项建议》是目前世界上反洗钱和恐怖融资的最具权威性文件，为全球反洗钱和恐怖融资斗争奠定了基本框架和国际标准，对各国立法以及国际反洗钱法律制度的发展起到了重要的指导作用。我国在2005年成为FATF的观察员之后，根据FATF的有关议程和程序，需要接受FATF对中国反洗钱工作的整体评估，以确定我国是否满足成为该组织正式成员国的要求。在2007年6月28日举行的FATF全体会议上，一致同意接受中国成为正式成员国。

可见，FATF 认为我国的洗钱罪是广义的类罪名，而我们俗称的第一百九十一条洗钱罪是狭义的洗钱罪。从立法延续性的角度出发，FATF 的评估报告认为：在第一百九十一条和第三百一十二条之间明显地存在着重叠的内容。例如，第三百一十二条也使用了“以其他方法”的概括性术语，这与第一百九十一条所规定的第五种行为方式之间的区别非常微妙，会导致在实践中很难把握两者的界限。因此，此处我们所要探讨的即为刑法第一百九十一条洗钱罪与第三百一十二条掩饰、隐瞒犯罪所得、犯罪所得收益罪之间的关系。

我们认为，本罪与洗钱罪在多个方面上都有一定的相似性，主要表现在：

1. 两者都是典型的连累犯

所谓连累犯，是指一罪以另一罪的组成元素作为犯罪对象的刑法现象，可以用原罪（又称为上游犯罪）与本罪（又称为下游犯罪）的概念加以描述，即以其他犯罪的组成元素作为自己犯罪对象的犯罪是本罪，其组成元素作为其他犯罪的犯罪对象的犯罪就是原罪。简言之，连累犯是对原罪与本罪之间关系的概括。根据《刑法》的规定，洗钱犯罪的上游犯罪只能是毒品犯罪、黑社会性质的组织犯罪、恐怖活动犯罪、走私犯罪、贪污贿赂犯罪、破坏金融管理秩序犯罪和金融诈骗犯罪这七类严重犯罪；而掩饰、隐瞒犯罪所得、犯罪所得收益罪的上游犯罪范围宽泛，一般认为是除了上述七种犯罪之外的任何犯罪都可能成为赃物犯罪的上游犯罪。而赃物犯罪与洗钱犯罪的成立，都有赖于上游犯罪的发生。

2. 行为方式中都有“掩饰”和“隐瞒”的表述

本罪经过修改后，在行为方式的条文表述中，使用了“以其他方法掩饰、隐瞒的”的表述，而洗钱罪表述为“以其他方法掩饰、隐瞒犯罪所得及其收益的来源和性质的”，两罪都使用了“掩饰”和“隐瞒”两个词语，这样，就使两罪更加相似，在很多情况下，要正确认定两者的区别也不是易事。

3. 两罪都妨害了司法机关的正常活动

由于两罪都是下游犯罪，这种犯罪的发生在很大程度上都妨害了司法机关对上游犯罪侦查等活动的开展，因此两罪侵害的客体都包括了对司法机关正常活动的侵害。就掩饰、隐瞒犯罪所得、犯罪所得收益罪而言，行为人的行为使前罪犯罪人的行为不易被司法机关发现，助长了前罪犯罪人更加肆无忌惮地继续进行不法行为。而洗钱犯罪的发生更是为了将上游犯罪所得之物的性质由非法向合法转化，这样的行为对司法机关的正常活动影响更大，因而洗钱犯罪的社会危害性也更为突出。因此，对上述两种犯罪的有力打击，都能遏制上游犯罪的发生，有利于维护社会稳定和经济安全。

本罪与洗钱罪虽然有诸多相似之处，但两罪经过各自不断地发展完善，区别也显而易见，两者的区别主要表现在以下几个方面：

1. 侵害的法益不同

本罪侵害的法益，主要是司法机关追查犯罪和追缴赃物的正常活动，同时，部分掩饰、隐瞒犯罪所得及其收益的犯罪还侵犯了公私财产权益。而洗钱行为通常表现为通过金融机构和金融手段将非法财物转换成表面上看似合法的财物，在这个过程中犯罪行为首先侵害了国家正常的金融秩序，同时也会给司法机关的正常活动造成阻碍。因此，洗钱罪除了和赃物犯罪具有相同的客体，即侵犯了司法机关的正常活动外，同时也侵犯了国家正常的金融管理秩序，并以后者为其侵害的首要法益。在赃物犯罪中，尽管也有些犯罪分子通过金融机构对赃物进行掩饰、隐瞒，如将赃款汇给他人等行为，但这样的行为一般难以达到危害到国家正常的金融管理秩序的程度。而洗钱犯罪则不同，从我国的实际情况来看，由于其上游犯罪的严重性，洗钱罪涉及的赃物都以数额巨大而著称，而要将其合法化，往往通过金融中介使大量的黑钱进入经济领域，这必然会对正常的金融秩序造成严重的破坏，因而洗钱犯罪的社会危害性也较赃物犯罪更严重。因此，我国将洗钱罪归类在《刑法》第三章中的第四节“破坏金融管理秩序罪”，并设置了重于掩饰、隐瞒犯罪所得、犯罪所得收益罪的法定刑。

2. 犯罪对象有区别

通过前述关于犯罪对象的分析，我们知道本罪的对象包括所有犯罪所得的赃物，而洗钱罪的上游犯罪仅限于法条规定的七种特定犯罪，其行为对象也仅限于特定七种上游犯罪所得及其收益。本罪对象的外延明显大于洗钱罪对象的外延，两者存在着包含与被包含的关系。在《关于〈中华人民共和国刑法修正案（六）〉（草案）的说明》和全国人大法律委员会《关于〈中华人民共和国刑法修正案（六）〉（草案）修改情况的汇报》中先后提到“刑法第一百九十一条规定的洗钱犯罪，……针对一些通常可能有巨大犯罪所得的严重犯罪而为其洗钱的行为所作的特别规定；除此之外，按照刑法第三百一十二条的规定，……都可按犯罪追究刑事责任，只是具体罪名不称为洗钱罪。”“除这一条（第一百九十一条）规定的对几种严重犯罪的所得进行洗钱的犯罪外，按照我国刑法第三百一十二条的规定……都是犯罪，应当追究刑事责任，只是没有使用洗钱罪的具体罪名。为进一步明确法律界限，以利于打击对其他犯罪的违法所得予以掩饰、隐瞒的严重违法行为，法律委员会经同有关部门研究，建议对刑法第三百一十二条作必要的补充修改”。可见，上游犯罪是两罪区分的关键点之一。需要注意的是，虽然两罪在犯罪对象上有明显的区别，但我们不能仅凭犯罪对象的不同，就认定凡是针对《刑法》第一百九十一条规定的七种特定犯罪行为的都属于洗钱罪。因为此处还涉及两罪行为方式的不同，下文将详述。

3. 行为方式不尽相同

《刑法》第一百九十一条对洗钱罪的行为方式作出了明确规定，包括“提供资金账户”“协助将财产转换为现金、金融票据、有价证券”“通过转账或者其他结算方式协助资金转移”“协助将资金汇往境外”四种具体行为方式，以及“以其他方法掩饰、隐瞒犯罪所得及其收益的来源和性质”的兜底规定。而本罪的行为方式包括“窝藏”“转移”“收购”“代为销售”和“以其他方法掩饰、隐瞒”。对两罪的行为方式进行比较，我们可以发现，两罪列举式的行为方式很容易加以区分，关键是最后的兜底条款中都含有“其他方法”的表述，因此很容易使人产生误解，认为两罪的行为方式没有任何区别。其实不然，两罪均规定的“以其他方法掩饰、隐瞒”的行为方式，从立法技术上看，都属于“概括性”的立法方式。然而，对该术语的理解，不能泛泛地去理解，应当与它之前所列举的行为方式联系在一起。例如，我国《刑法》第一百一十四条所规定的以危险方法危害公共安全罪，该条中的“以其他危险方法”是意图覆盖所列举的放火、决水、爆炸、投放危险物质以外的其他危险方法，但是，“其他危险方法”是有限制，而不是无所不包的，不能任意扩大其适用范围，在危险性质上，它必须具有与放火、决水、爆炸、投放危险物质等典型危险手段的相当性，否则就不属于刑法规定的危险方法。

同理，《刑法》第一百九十一条洗钱罪第五项规定的含义也不能超越该条文的逻辑和前后关系，它是对列举式的补充归纳，应该与前四项所列举的方式具有“相当性”，即仅限于掩饰、隐瞒上游犯罪所得及其收益的来源和性质。而赃物犯罪掩饰、隐瞒的则包括犯罪所得及其收益的来源和性质，但又不限于此，还应包括掩饰、隐瞒犯罪所得及其收益的处所、数额等其他情况。由此，我们可以看出，在行为方式上，洗钱罪的行为方式多与金融机构和金融手段挂钩，行为最终的目的是改变赃物的来源和性质，使其由非法转为合法，如果出现行为人掩饰、隐瞒的是《刑法》规定的七种特殊犯罪的赃物，但其行为并未改变赃物的来源和性质的情况，就应当以掩饰、隐瞒犯罪所得、犯罪所得收益罪论处。例如，行为人将七种特定犯罪所得及其收益的资金汇往境外，资金一旦汇出就很难进行追查，资金的非法性也很容易被掩盖，该行为就是洗钱罪的行为方式；但如果行为人并没有用金融手段进行“清洗”，使其非法性被掩盖，而只是从物理性质上进行掩饰、隐瞒，那么就构成赃物犯罪而不是洗钱罪。

4. 主观明知的内容不同

从两罪的主观方面看，都要求行为人主观上对犯罪对象的明知，但又由于两罪在犯罪对象上存在着一般和特殊的关系，因此，两罪对行为人在主观上明知的要求有所不同。洗钱罪的“明知”要求行为人确知或知道自己所掩饰、隐瞒的可能是七种上游犯罪的赃物。而本罪则只要求行为人对赃物的性质具有“明知”，并不要求行为人具体明知是何种犯罪所得的赃物，不要求行为人明知本犯是谁、被害人是谁等，也就是说，本罪对行为人“明知”的要求仅限于明知是犯罪所得的赃物即可。正是由于两罪明知内容上的不同，我们在认定涉及赃物的犯罪行为时，一定不能忽略了对行为人主观方面的考察。在对具体的赃物犯罪进行定性时，如果不能证明行为人对七种犯罪赃物的“明知”，就应按照本罪定罪，否则的话，就违背了主客观相统一的原则。

综上，从赃物犯罪与洗钱罪的上述关系分析中，我们可以看出两罪属于法条竞合关系，发生竞合时，一般应按照特别法优于一般法的原则，优先以洗钱罪定罪处罚。但并非所有竞合的情况都要这样处理，也存在按照赃物犯罪处理的情况，因为修改后的掩饰、隐瞒犯罪所得、犯罪所得收益罪无论在行为方式上还是犯罪对象上都比以前有了扩大，从前述两罪的第二点和第三点区别我们就可以看出，由于本罪和洗钱罪在犯罪对象和行为方式方面的交叉竞合关系，单方面从犯罪对象或是行为方式上是不能对某一涉赃犯罪行为作出合理的判定，必须从两个方面进行综合的分析，只有犯罪的行为对象是《刑法》规定的七种犯罪所得赃物并且犯罪行为的实施改变了赃物的来源和性质的情况才有可能成立洗钱罪。如果对洗钱犯罪的上游犯罪的所得及其收益并没有采用《刑法》第一百九十一条所列的方式掩饰、隐瞒其来源和性质，而只是对其从物理性质上进行掩饰、隐瞒的，不能简单地根据法条竞合的原则按照洗钱罪的特别法条处理，应当依据《刑法》第三百一十二条的掩饰、隐瞒犯罪所得、犯罪收益罪处理。这是在对赃物犯罪与洗钱犯罪认定过程中必须注意的关键问题。

具体到司法实践中，对于自然人转移或者以其他方法掩饰、隐瞒犯罪所得及其产生的收益的案件，首先，我们可以犯罪对象为标准予以筛定，如果犯罪对象不属于毒品犯罪等法定七类犯罪的违法所得及其产生的收益，则毫无疑问地不能构成洗钱罪，只能涉嫌构成掩饰、隐瞒犯罪所得、犯罪所得收益罪。其次，倘若行为人转移或者以其他方法掩饰、隐瞒的犯罪对象是毒品犯罪等法定七种犯罪的违法所得及其产生的收益，则需要判断行为人主观上是否“明知”赃物是法定七种犯罪所得及其收益来分别认定：（1）如果行为人不知道是法定七种犯罪所得及其收益的，不能认定为洗钱罪，构成掩饰、隐瞒犯罪所得、犯罪所得收益罪的，可以本罪定罪处罚；（2）如果行为人明知是法定七种犯罪所得及其收益，而采取《刑法》第一百九十一条列举的四种方式或者其他同质的方式掩饰、隐瞒赃物的来源和性质的，构成洗钱罪；（3）如果行为人明知是法定七种犯罪所得及其收益，而通过转移或者以其他掩饰、隐瞒的方式改变犯罪所得及其产生的收益的处所和占有关系，则行为人涉嫌构成掩饰、隐瞒犯罪所得、犯罪所得收益罪或者窝藏、转移、隐瞒毒赃罪。同时，我们也应该看到，在司法实践中，有可能出现以下复杂的情形：行为人在窝藏、转移毒品犯罪等法定七类犯罪所得及其所得收益之后，进一步产生了“漂白”赃钱的主观目的，从而实施了掩饰、隐瞒赃钱来源和性质的清洗行为，在这种情况下，行为人的前行为符合掩饰、隐瞒犯罪所得、犯罪所得收益罪的构成要件，后行为符合洗钱罪的构成要件，但由于行为人是针对同一犯罪对象先后实施的两种不同行为，两种行为之间存在吸收关系，即后行为吸收前行为，掩饰、隐瞒犯罪所得来源和性质的行为能够吸收窝藏、转移犯罪所得的行为，故仅以洗钱罪定罪处罚。

### （三）本罪与窝藏、转移、隐瞒毒品、毒赃罪的关系

根据《刑法》第三百四十九条第一款的规定，窝藏、转移、隐瞒毒品、毒赃罪是指为走私、贩卖、运输、制造毒品的犯罪分子窝藏、转移、隐瞒毒品或犯罪所得的财物的行为。掩饰、隐瞒犯罪所得、犯罪所得收益罪与窝藏、转移、隐瞒毒品、毒赃罪在客观方面都有替犯罪分子窝藏、转移犯罪赃物的行为，主观方面都出于故意。它们的不同之处主要体现在以下几个方面：

1. 侵犯的法益不同

本罪侵犯的法益是司法机关追查犯罪和追缴赃物的正常活动，而窝藏、转移、隐瞒毒品、毒赃罪侵犯的法益则是国家惩治毒品犯罪的正常活动。

2. 犯罪对象不完全相同

本罪的犯罪对象是本犯从事一切刑事犯罪活动所得的财物及其财产性利益，即所有犯罪所得的赃物，而窝藏、转移、隐瞒毒品、毒赃罪的对象仅限于毒品以及犯罪分子通过毒品犯罪活动所得的财物。两罪在犯罪对象上既有竞合，又有所区别。掩饰、隐瞒犯罪所得及其收益罪的犯罪对象是他人犯罪或一般违法行为所得及其产生的收益，犯罪对象主要是物品，包括通过犯罪直接获得的物品，经加工、改良后的物品以及该物品所获取的收益；而窝藏、包庇罪的犯罪对象是犯罪人，是符合犯罪构成要件的犯罪人，不包括受道德谴责及违反《治安管理处罚法》的一般违法行为人。但存在一种特殊情况，如果行为人藏匿的是犯罪工具，比如作案的刀具、枪支等，其是作为证据来指控犯罪的实物，而非犯罪所得及其收益，符合窝藏、包庇罪的构成要件，成立窝藏、包庇罪。

3. 行为表现方式不完全相同

本罪客观方面表现为对犯罪所得及其收益进行窝藏、转移、收购、代为销售以及其他掩饰、隐瞒行为，窝藏、转移、隐瞒毒品、毒赃罪客观方面表现为窝藏、转移、隐瞒毒品和毒品犯罪所得的赃物的行为。客观方面的表现形式不同，掩饰、隐瞒犯罪所得、犯罪所得收益罪的行为方式有多种多样，表现为窝藏、加工、收受、转移、买卖、介绍买卖等其他性质相同的掩饰、隐瞒方式；而窝藏、包庇罪客观上表现为明知是犯罪人而为其提供隐藏处所、资助金钱财物以帮助其逃匿或者作假证明包庇的行为。

4. 主观方面的认识要素不同

两罪在主观方面都是出于故意，但是在掩饰、隐瞒犯罪所得、犯罪所得收益罪中行为人只要明知自己窝藏、转移、收购、代为销售的是他人犯罪所得及其收益即可成立故意，而在窝藏、转移、隐瞒毒品、毒赃罪中，行为人还必须明知犯罪对象是毒品犯罪分子的毒品或者进行毒品犯罪所得的赃物。应该说窝藏、转移、隐瞒毒品、毒赃罪在主观认识上的要求比本罪更加严格。由于两罪在主观认识因素上的不同，当出现行为人误以为其所掩饰、隐瞒的毒品或者毒赃只是一般的犯罪所得及其收益时，这种情况应属于认识上的错误，不能以窝藏、转移、隐瞒毒品、毒赃罪定罪处罚，而只能在坚持主客观相一致的原则下以本罪论处。

5. 犯罪主体不同

掩饰、隐瞒犯罪所得、犯罪所得收益罪的主体是自然人和单位，而窝藏、转移、隐瞒毒品、毒赃罪的犯罪主体是自然人，如果出现单位为毒品犯罪分子窝藏、转移、隐瞒毒品和毒赃的情况时，根据罪刑法定原则只能处罚实施该行为的自然人。

掩饰、隐瞒犯罪所得、犯罪所得收益罪与窝藏、转移、隐瞒毒品、毒赃罪存在法条竞合关系，根据特别法优于一般法的原则，当窝藏、转移、隐瞒的是毒品、毒赃的情形时，优先适用特别法即窝藏、转移、隐瞒毒品、毒赃罪的规定；当行为不构成窝藏、转移、隐瞒毒品、毒赃罪时才能适用掩饰、隐瞒犯罪所得、犯罪所得收益罪的规定。

### （四）本罪与窝藏、包庇罪的关系

根据《刑法》第三百一十条的规定，所谓窝藏、包庇罪是指明知是犯罪的人而为其提供隐藏处所、财物，帮助其逃匿或者作假证明予以包庇的行为。掩饰、隐瞒犯罪所得、犯罪所得收益罪与窝藏、包庇罪同属妨害司法罪的范畴，因而具有诸多共同点：两罪均妨害了司法机关正常的司法活动，在客观方面都包括“窝藏”这一行为方式，主观上都要求是故意犯罪，而且都有明知的特殊规定。两罪在司法实践中容易混淆，因此，有必要将两罪予以区分，二者的区别主要有以下几点：

1. 侵犯的直接法益不同

两罪虽然都规定在“妨害司法罪”一节中，均妨害了司法机关正常的司法活动，但在侵犯法益的具体内容方面存在差异。掩饰、隐瞒犯罪所得、犯罪所得收益罪侵犯的客体是司法机关顺利追缴赃物与从事刑事侦查、起诉、审判的正常活动秩序。而窝藏、包庇罪侵犯的客体是国家司法机关的刑事追诉、刑罚执行活动。

2. 犯罪对象不同

掩饰、隐瞒犯罪所得、犯罪所得收益罪的犯罪对象是他人的犯罪所得及其产生的收益；而窝藏、包庇罪的犯罪对象则是犯罪的人。

3. 行为方式不同

掩饰、隐瞒犯罪所得、犯罪所得收益罪的行为方式是对犯罪所得及其收益实施窝藏、转移、收购、代为销售以及其他掩饰、隐瞒行为；而窝藏、包庇罪的行为方式包括：窝藏行为即隐匿犯罪人，提供隐藏处所、提供财物、帮助逃匿等，包庇行为即作假证明包庇、为犯罪分子掩盖罪行或者开脱、减轻罪责，如提供虚假的出生证明或“替人顶罪”的情形等。两罪虽然都有“窝藏”这一方式，但含义有所不同。掩饰、隐瞒犯罪所得、犯罪所得收益罪中的“窝藏”只包括秘密保管，而窝藏行为中的“窝藏”还包括提供财物、帮助逃匿等。

4. 主观方面不同

掩饰、隐瞒犯罪所得、犯罪所得收益罪的行为人主观方面一般具有牟取非法利益、帮助犯罪人逃避法律制裁的目的；窝藏、包庇罪主观方面一般是出于为犯罪人掩盖罪行，使其逃避刑事制裁，主观并不具备牟取非法利益的目的。

5. 犯罪主体不同

在《刑法修正案（七）》颁布之前，两罪的犯罪主体是相同的，即只要达到刑事责任年龄，具有刑事责任能力的自然人都可以构成本罪，单位都不构成本罪；但是，为了适应当前的社会形势，更好地打击赃物犯罪，《刑法修正案（七）》将单位列入掩饰、隐瞒犯罪所得、犯罪所得收益罪的犯罪主体。

在司法实践中，行为人实施窝藏、收购等行为时，其对象有时并非仅限于赃物，其中混杂着犯罪工具的情形并不少见。有的行为人不但帮助本犯掩饰、隐瞒赃物，还会窝藏、包庇本犯，帮助他尽可能逃脱司法制裁。在这些情况下，对行为人的行为准确定性尤为重要，如何对两罪加以区分，如何解决罪数问题，才能做到既不放纵罪犯，也符合法律规定，是司法实践中的难题。下面将根据不同情况分别探讨处理的方法：

1. 行为人掩饰、隐瞒兼有犯罪工具属性的犯罪所得的情形

如果行为人掩饰、隐瞒的犯罪对象既属于赃物又是犯罪工具的，那么对行为人是以掩饰、隐瞒犯罪所得、犯罪所得收益罪论处，还是以包庇罪论处呢？我们认为，这种情况下应该综合考虑主客观情况，首先判断行为人的行为是否既符合本罪的犯罪构成要件又同时完全符合包庇罪的犯罪构成要件。如果行为人的行为同时满足两个罪的犯罪构成要件，属于一行为触犯数罪名，符合想象竞合犯的条件，应按照从一重罪处断的原则论处。掩饰、隐瞒犯罪所得、犯罪所得收益罪的法定最高刑是七年有期徒刑，而包庇罪的法定最高刑是十年有期徒刑，两相比较就应以包庇罪定罪处罚。例如，行为人甲先盗窃一辆汽车，而后用所盗窃的这辆车作为犯罪工具进行抢劫或者盗窃。那么，这辆车就具有犯罪工具和犯罪所得的双重属性。废品收购者乙明知该车系犯罪所得，仍予以收购，如果乙在收购该车时具有为甲掩盖罪行、开脱罪责的目的，则乙的行为同时符合掩饰、隐瞒犯罪所得、犯罪所得收益罪和包庇罪的构成要件，属于一行为触犯了两个罪名，按照想象竞合犯的原则从一重处，即以包庇罪论处。但如果行为人乙只是明知该汽车是犯罪所得，为贪图便宜而收购该车，而不具有为甲掩盖罪行、开脱罪责的目的，其行为就不符合包庇罪的构成要件，不存在想象竞合犯的问题，而只构成掩饰、隐瞒犯罪所得、犯罪所得收益罪。

2. 掩饰、隐瞒犯罪所得、犯罪所得收益行为人的行为对象中既有犯罪所得及其收益又有犯罪工具的情形

如果行为人掩饰、隐瞒的行为对象同时包括了赃物和犯罪工具时，是以一罪论处还是数罪并罚呢？就赃物而言，行为人实施掩饰、隐瞒行为的无疑构成掩饰、隐瞒犯罪所得、犯罪收益罪；而对犯罪工具进行窝藏、转移、收购、销售的，由于犯罪工具不属于犯罪所得及其收益，因此，当行为人主观上具有为犯罪人掩盖罪行，使其逃避刑事制裁的目的时，又构成包庇罪。但行为人只实施了一个行为，缺乏数罪并罚的基础。从理论上分析，这也属于想象竞合犯，即行为人的同一行为同时触犯了掩饰、隐瞒犯罪所得、犯罪收益罪和包庇罪，按照想象竞合的处理原则，应从一重处。

3. 行为人实施掩饰、隐瞒犯罪所得及其收益行为，遇到公安、司法机关调查，提供虚假证明的情形

有学者认为，对于这种情形而言，掩饰、隐瞒行为是目的行为，提供虚假证明的行为是手段行为，两行为构成牵连犯，根据“从一重处断”的原则，应以包庇罪论处。我们不赞成此种观点。行为人在掩饰、隐瞒赃物之后提供虚假证明的目的无非有两种：一种是为了证明赃物来源的合法性，以达到“自保”的目的；另一种则可能兼具“自保”和包庇本犯的双重目的。为了达到此两种目的，行为人提供虚假证明的手段也有两种：一是提供的虚假证明不涉及本犯，只是单纯的证明赃物来源的合法性。例如，谎称自己收购的赃车是在市场上以合理价格购买的，或是提供虚假的证明材料。在这种情况下，由于此提供的虚假证明不涉及本犯，也就不可能存在包庇本犯的故意，因此，只可能成立掩饰、隐瞒犯罪所得、犯罪所得收益罪一罪。二是提供的虚假证明涉及本犯，例如，行为人向公安机关提出本犯没有作案时间的虚假证明，或是提出本犯犯罪所得赃物是通过合法途径获得的虚假证明。在这种情况下，如果行为人只是出于第一种目的，即为了“自保”，则其提供虚假证明的过程和结果虽然在客观上会掩盖本犯的犯罪行为，由于其在主观上并不具有包庇本犯的故意，根据主客观相一致的原则，不能认定其行为构成包庇罪，而只能构成掩饰、隐瞒犯罪所得、犯罪所得收益罪。

如果出于第二种目的，则其行为符合包庇罪的犯罪构成，应当成立包庇罪。但此时是否与其之前的掩饰、隐瞒行为构成牵连犯？我们认为不应构成。因为在牵连犯中，目的行为与手段行为是有先后顺序的，手段行为是目的行为的必经阶段，而前述情形下，掩饰、隐瞒行为在先，包庇行为在后，我们很难说掩饰、隐瞒行为是包庇行为的必经阶段，即手段行为，两者之间自然就不会成立牵连关系。事实上，两行为是在两个独立的犯罪故意下实施的独立的行为，符合两个独立的犯罪构成，应该数罪并罚。

4. 行为人既实施掩饰、隐瞒犯罪所得及其收益行为，又窝藏本犯的情形

司法实践中经常会出现一种较难区分两罪间罪数关系的情形，例如，

行为人既实施了掩饰、隐瞒犯罪所得及其收益的行为，又对同一本犯行为人给予窝藏、包庇的，应如何处理？对此，应分为两种情况进行讨论。第一种情况是掩饰、隐瞒行为与窝藏行为同时实施的；第二种情况是掩饰、隐瞒行为与窝藏行为在时间上存在先后顺序的。对于第一种情况，属于同一个行为触犯了两个罪名，行为人的行为符合想象竞合犯的特征，应成立想象竞合犯，按照“从一重处罚”的原则进行处断，对此没有异议。对于第二种情况应如何处理，理论界存在三种不同观点。第一种观点认为，两个行为间是各自独立的，应当数罪并罚。第二种观点认为，掩饰、隐瞒行为与窝藏行为之间存在密切联系，行为人窝藏本犯的目的是为了使其逃避法律制裁，因此行为人理应将本犯有关的一切事宜尽量处理好，尤其是赃物。因此这种情况属于行为人实施行为的手段行为又触犯不同罪名，应构成牵连犯。① 第三种观点认为，窝藏行为从常理上看可以包含窝赃行为，不论窝藏行为在先还是窝赃行为在先，整个过程都属于在先行为的实施构成继续犯的基础上又实施了后行为，先后行为之间具有密切的联系，因此应成立窝藏行为（主行为）吸收窝赃行为（从行为）的吸收犯，以窝藏罪论。② 我们赞同第三种观点，行为人对赃物的掩饰、隐瞒行为为一个行为，而其窝藏本犯的行为又是另一个行为，虽然两个行为分别触犯了掩饰、隐瞒犯罪所得、犯罪收益罪和窝藏罪，但不能因此就将两罪进行数罪并罚，我们不能仅看到两个罪名的存在，而否认两种行为之间的联系。对于第二种观点，我们认为，牵连犯的成立应当为：只有当某种手段通常用于实施某种犯罪，或者某种原因行为通常导致某种结果行为时，才宜认定为牵连犯。此处的两种行为，如果掩饰、隐瞒行为在先，两行为之间不会存在任何目的与手段、原因和结果的联系，当然就不会成立牵连犯。如果窝藏行为在先，我们也很难说掩饰、隐瞒行为是窝藏行为的目的或结果行为。因此，两行为不能成立牵连犯。两个行为之间的关系是窝藏人的行为

---

① 参见冯英菊：《赃物犯罪研究》，中国政法大学出版社2000年版，第107～108页。

② 参见史赞文：《对窝赃、销赃罪几个问题的探讨》，载《法学内参》1988年第4期。

吸收掩饰、隐瞒犯罪所得的行为，而非一般意义上的牵连关系，因为行为人的关键意图是帮助犯罪人逃避法律追究，所以窝藏人的行为是主行为，吸收了掩饰、隐瞒犯罪所得及其收益的行为，应依窝藏罪处断。

## （五）本罪与其他罪名的关系

1. 本罪与持有型犯罪的关系

窝藏、转移、收购、代为销售或以其他方式掩饰、隐瞒赃物的行为包含有持有该物的行为，当持有本身也构成犯罪时，行为人就可能同时构成两罪。如果行为人掩饰、隐瞒犯罪所得、犯罪所得收益的对象是违禁品，非法持有该违禁品又构成其他犯罪的，该如何对行为人定罪处罚？例如，窝藏他人用犯罪手段取得的枪支，除构成赃物犯罪外，还构成非法持有枪支罪；又如，转移他人犯罪所得的毒品，构成赃物犯罪的同时还可能触犯运输毒品罪。上述情况在司法实践中也属于多发的情形，应当引起重视。此时是定一罪还是两罪或是按照想象竞合处理呢？我们认为，正如《解释》第七条所规定的那样，行为人明知是他人犯罪所得的违禁品而予以掩饰、隐瞒，同时构成其他犯罪的，属于一行为触犯两个罪名，应按照想象竞合的原则从一重罪处。例如，行为人明知是他人犯罪所得的枪支而予以窝藏，同时构成掩饰、隐瞒犯罪所得罪和私藏枪支罪。根据《刑法》第一百二十八条第一款规定，私藏枪支的，处三年下有期徒刑、拘役或者管制，情节严重的，处三年以上七年以下有期徒刑。与掩饰、隐瞒犯罪所得、犯罪所得收益罪的法定刑进行综合比较，我们认为，对于掩饰、隐瞒犯罪所得及其收益罪，在犯罪情节较轻的情况下可以单处罚金刑，但对私藏枪支罪则不能单处罚金刑。因此，掩饰、隐瞒犯罪所得及其收益罪的法定刑低于私藏枪支罪的刑罚。此时，可以私藏枪支罪定罪处罚。此外，基于特别法优于一般法的适用原则，也应以私藏枪支罪定罪处罚。

2. 本罪与盗窃、抢劫、诈骗、抢夺、侵占等罪的界限

本罪与盗窃、抢劫、诈骗、抢夺、侵占等财产犯罪之间的界限本来是比较清楚的，一般不会发生混淆，但是司法实践中经常遇到一些特殊情

形，例如当行为人盗窃、诈骗、抢劫的系他人犯罪所得，则客观上起到了转移他人犯罪所得的效果。此时，如何区分本罪与其他罪名？为本犯窝藏赃物后侵占该赃物或代为销售赃物后侵占赃物销售款的，或者谎称代为保管赃物实为诈骗的情形，也即所谓的“黑吃黑”，该如何定罪？

针对上述问题，刑法理论界大致有四种不同观点。第一种观点认为，由于本犯对犯罪所得及其收益的占有不是合法占有，而这种非法占有并非刑法规定的财产犯罪所侵犯的法益，故而针对犯罪所得及其收益所实施的盗窃、抢劫、诈骗、侵占等行为在任何情况下都不构成盗窃罪、抢劫罪、侵占罪、诈骗罪等财产犯罪，仅构成掩饰、隐瞒犯罪所得、犯罪所得收益罪一罪。第二种观点认为，诈骗、盗窃或抢劫、抢夺他人犯罪所得既构成诈骗、盗窃或抢劫、抢夺罪，又构成掩饰、隐瞒犯罪所得罪，属于想象竞合犯，可择一重罪以诈骗、盗窃或抢劫、抢夺罪处罚。第三种观点认为，上述情况下只构成盗窃罪、抢劫罪、侵占罪、诈骗罪等财产犯罪，从主观方面来分析，行为人在上述情形中，主观上往往具有非法占有的故意，见财起意，利用本犯不敢生张的心理，侵占本犯的犯罪所得及其收益，或者是采取谎称赃物失窃将本犯委托其保管的赃物据为己有，诸如此类的行为并无为本犯掩饰、隐瞒犯罪所得及其收益的故意，因此只能认定为相关的财产犯罪。第四种观点认为，应以掩饰、隐瞒犯罪所得、犯罪收益罪与相关财产犯罪数罪并罚。行为人实施的掩饰、隐瞒行为构成赃物犯罪毫无疑问，而其后对赃物进行盗窃、侵占、诈骗等的行为也分别符合盗窃罪、侵占罪、诈骗罪的构成要件，虽然本犯对赃物不具有所有权，但赃物的受害人的所有权仍受法律保护，因此也构成相应的财产犯罪。

关于第一种观点，涉及对我国刑法规定的财产犯罪的保护法益如何认识的问题。对此，主要有所有权说、占有说以及混合说。所有权说认为，侵犯财产罪侵犯的主要客体是公私财产所有权。财产所有权是指所有人依法对自己的财产享有占有、使用、收益和处分的权利。此说认为，无主物不能成为财产罪的对象；除法律另有规定外，违禁品可以成为财产罪的对象；违法所得的财物属于财产罪的对象。违法所得的所有权归原所有权人，无所有权的违法所得和违禁品归国家。[1] 占有说认为，侵犯财产罪的客体是占有制度，即为了保护财产所有权，首先必须保护对财产的占有本身，认为从稳定现实的占有关系的角度来说，无论基于善意的无本权占有，还是基于恶意的无本权占有，都应毫无例外地予以保护。[2] 混合说（折中说）认为，财产犯的法益首先是财产所有权及其他本权，其次是是需要通过法定程序改变现状（恢复应有状态）的占有；但在非法占有的情况下，相对于本权者恢复权利的行为而言，该占有不是财产犯的法益。[3] 目前，单纯采用所有权说或占有说的学者较少，更多的学说分歧在于混合说。我们认为，财产罪的保护法益要考虑当今社会财产利用形态及财产存在形态的变化，公力救济与私力救济的协调。财产罪不仅是为了保护私法上的正当权利关系，更重要的是保护事实上的财产占有秩序。据此，刑法中的财产包括赃物，财产罪也保护除相对于本权人外的财产占有秩序，赃物可以成为财产罪的行为对象，《最高人民法院关于审理抢劫、抢夺刑事案件适用法律若干问题的意见》将抢劫赌资、犯罪所得赃款赃物的，以抢劫罪定罪即是一例。因此，上述第一种观点认为在赃物犯罪后又有盗窃、抢劫、侵占、诈骗行为的不能构成相应的财产犯罪是不符合司法实际和理论界的共识的。

而其他几种观点虽然都有一定道理，但均过于笼统，我们认为，应按照主客观相结合的原则，分情况处理更为全面。具体来说：（1）行为人在实施了窝藏、代为销售等掩饰、隐瞒行为之后，在代为保管犯罪所得及其收益期间见财起意，产生非法占有的目的，而又实施盗窃、诈骗、侵占等财产犯罪的，此时行为人虽然基于两个不同的犯罪故意，先后实施了掩饰、隐瞒行为和侵犯他人财产权益的行为，但不宜数罪并罚，因为行为人针对同一犯罪对象所实施的后一行为是主要行为，前一行为为次要行为，

---

① 参见高铭暄、马克昌主编，赵秉志执行主编：《刑法学》，北京大学出版社、高等教育出版社2005年8月第2版。

② 参见黎宏：《论财产罪的保护法益》，载《人民检察》2008年第23期，第27页。

③ 参见张明楷：《刑法学》，法律出版社2007年版，第702页。

此时应遵循吸收犯的原则，以主要行为吸收次要行为，仅评价后一侵财行为，即认定为盗窃、诈骗、侵占等一罪。(2）行为人没有实施掩饰、隐瞒行为，仅针对本犯犯罪所得及其收益实施盗窃、诈骗、抢劫等行为的，由于行为人主观上只具有侵犯他人财产的故意，不具有掩饰、隐瞒犯罪所得、帮助上游犯罪人逃避司法机关追查的故意。客观上，虽然行为人实施的诈骗、盗窃、抢劫、抢夺等行为也具有一定的掩饰、隐瞒作用，但如前所述，赃物犯罪属于连累犯的一种，本质上，赃物犯罪行为人的掩饰、隐瞒行为是对上游犯罪人的一种事后帮助行为，因此掩饰、隐瞒行为与上游犯罪具有无法割裂的关系，当行为人所实施的掩饰、隐瞒的行为并非基于上游犯罪行为人的意思，甚至违背上游犯罪行为人的意志时，该行为与上游犯罪已脱离了关系，单独构成一个独立的犯罪行为，而不能构成赃物犯罪。因此，此种情形下行为人仅构成盗窃、诈骗、抢劫等一罪。(3）行为人实施掩饰、隐瞒行为之时，即有非法占有本犯犯罪所得及其收益的故意，此时，行为人主观上没有替上游犯罪行为人掩饰、隐瞒的意思，其代为保管或销售的行为目的即为了事后非法侵占或者诈骗，从而将该物转为己有，客观上行为人所实施的掩饰、隐瞒行为只是其实施财产犯罪的一种手段，如前所述，这种掩饰、隐瞒行为在实质上违背上游犯罪行为人的意志，该行为与上游犯罪已脱离了关系，单独构成一个独立的犯罪行为，而不能构成赃物犯罪。因此，此种情形下行为人亦构成侵占、诈骗等一罪。

此外，司法实践中还有一种情况需要注意，即行为人打着销赃的旗号而行诈骗之实。例如，近年来，许多不法分子在人流密集的地方如火车站等地，利用他人贪图便宜的心理，用手机模型“冒充”赃物低价销售给他人，许多人往往会因小失大，上当受骗。对行为人而言，无疑应以诈骗罪定罪处罚。而对于“买赃人”而言，虽然其明知是“赃物”而购买，貌似构成掩饰、隐瞒犯罪所得罪，但由于“赃物”事实上并非是真正的赃物，也没有妨害司法机关的正常活动，因此，“买赃人”不能构成犯罪，反而是上述诈骗犯罪的受害人。

# 第七章　刑罚的具体运用

## （一）本罪“情节严重”的司法适用

“情节”是指客观上存在于刑法中的，决定和影响对行为人的定罪和量刑的，犯罪的存在、发展和变化的情状和环节。而“情节犯”又是这些“情节”中的一类，即以“情节严重”的情节为犯罪构成要件的犯罪。根据“情节严重”对定罪量刑的影响来分析，刑法分则中的“情节严重”应当分为两种类型：第一，用来区分罪与非罪，即必须达到情节严重才能认定为犯罪，又被称为定罪情节，存在于犯罪之中的、对于犯罪的成立有决定影响的情节；第二，量刑情节，是指人民法院在对犯罪分子量刑时据以处罚轻重或者免除处罚的主客观事实情况，此类情节决定量刑轻重，即情节严重是法定刑升格的前提条件。

我国刑法中有不少条文均以“情节严重”作为法定刑升格的依据，掩饰、隐瞒犯罪所得、犯罪所得收益罪亦是如此，《刑法修正案（六）》对本罪增加了“情节严重”的法定刑幅度，旨在严厉打击此类犯罪。但由于司法实践中对本罪“情节严重”的认识不一，一方面使得法院轻易不敢认定情节严重，不利于打击某些严重犯罪，另一方面也造成量刑的不均衡，同样数额、情节的案件在不同地区判决结果差异很大。因此虽然在立法中不必对“情节严重”进行具体的列举，但为了规范法官的自由裁量权，最大限度地统一实践中各种不同赃物犯罪行为的定罪量刑，尽量做到同罪同罚、罪刑相适应，通过司法解释对“情节严重”的范畴进行明确还是很有必要的。《解释》第三条结合本罪的特性，对“情节严重”作出了合理的解释。我们认为，认定“情节严重”需要综合考虑犯罪所得及其收益的价值总额、种类、犯罪的次数、上游犯罪的性质及对司法机关追查犯罪的妨害程度等因素。

1. 本罪中“情节严重”的内涵

针对《刑法》第三百一十二条规定我们可以看出，该条所规定的“情节严重”属于在成立基本犯罪基础上法定刑的升格要件。由于掩饰、隐瞒犯罪所得、犯罪所得收益罪中的“情节严重”属于法定刑的升格要件，所以其成立与否取决于基本犯的存在，因此我们应当结合基本犯的基本构成，从本罪危害行为的严重性及行为对刑法保护法益的侵害程度出发，对“情节严重”的表现形式加以解释。结合司法实践中的实际处理方式和理论研究的成果，本罪的“情节严重”可以从以下几个方面来衡量：

第一，掩饰、隐瞒的数额。数额越大，社会危害性就越大，情节也就越严重。根据《解释》规定，掩饰、隐瞒犯罪所得及其产生的收益价值总额达到10万元以上的为“情节严重”。《解释》第三条体现了以涉案数额为主区分量刑幅度的原则。这是因为，根据刑法罪刑相适应的基本原则，犯罪分子刑罚的轻重应当与其社会危害性相对应，将涉案数额纳入本罪的量刑标准，是符合罪刑相适应原则的必然要求。同时，在司法实践中，人民法院实际上也以涉案数额作为罪行轻重的评价标准。在这种情况下，为了保证不同法院适用法律的统一性，有必要在司法解释中对不同数额的量刑标准加以明确。

第二，掩饰、隐瞒行为的次数。多次掩饰、隐瞒犯罪所得及其收益以及把掩饰、隐瞒犯罪所得及其收益作为其生活来源的，应当从重处罚。我们认为，《解释》第三条第二项的上述规定是对掩饰、隐瞒犯罪所得、犯罪所得收益罪的“常业犯”进行的特别规定。赃物犯罪的“常业犯”是指主观上出于营利的目的，在故意的心理状态下有意多次实施掩饰、隐瞒犯罪所得及其收益的行为人。许多外国刑法中对赃物犯罪的“常业犯”均有特别规定。如《美国模范刑法典》第223.6条作出特别规定专门针对用职业作为掩护进行收受赃物犯罪的行为人：“营业者（指以商品买卖为业的人）在三种情形下推定其有该罪所必要之认识或知情：占有、管理系二人以上之人于不同机会窃取之财物；在被诉之交易前一年内，曾因其他交易而收受盗品；系办理与收受之物同种类营业者，以比通常价格明显低廉的价格取得物品”。新加坡《刑法》对行为人明知或有理由相信属被盗财产仍“习惯性地接受或经营”的常业犯也加以特别规定。法国对于从事特定职业活动的自然人或法人，在公共场所或对公众开放的场所组织集市的自然人或法人，规定了如实登记的义务，以便鉴别物品性质、来源。若行为人不如实履行该义务而可能致使有赃物嫌疑的物品在市场流通，可以定罪处罚。我国台湾地区“刑法”也对于赃物犯罪的常业犯于第三百五十条专门规定“常业赃物罪”，与第三百四十九条普通赃物罪、第三百五十一条亲属赃物罪并列共同构成赃物罪。且相比于普通的赃物犯罪，通常对“常业犯”会规定更加严格的法定刑，原因在于作为该罪的“常业犯”，行为人在较长时期内反复多次地对犯罪所得及其收益实施掩饰隐瞒行为，其造成的社会危害性更加严重，不能与一般的赃物犯罪同等视之。

对于赃物犯罪的“常业犯”有必要加以特别规定，原因如下：其一，“常业犯”表现出较深的主观恶性和较大的人身危险性。从主观主义刑法理论分析，刑罚的重点是犯罪人的危险性格。行为人反复实施性质相同的危害行为表现出较大的社会危害性，并反映行为人主观上具有的反社会性和危险性格。其二，司法实践的需要。对于实践中常见的如废品回收的店铺、废旧金属收购店、回收金银首饰的金银加工店等，由于其职业的关系，他们接触赃物的机会远大于普通人，同时因行业管理规范的缺失，为一些不法分子提供了可乘之机。为谋取暴利，一些人对明知是来路不明的物品，有些一看就知是犯罪所得的物品照收不误，而这些行为无疑也在诱发着其他犯罪。尽管一般的赃物犯罪属于较轻的犯罪行为，但以掩饰、隐瞒赃物为业的，犯罪地点较为固定，实施犯罪时间更长，犯罪手段也更为隐蔽、直接、大胆，其较一般初犯、偶犯具有更大的社会危害性，对于这类主体应在立法上予以特别关注。其三，行为人实施掩饰、隐瞒行为的直接目的是为了获取利益，但不要求必须实际获取钱财。赃物犯罪行为人窝藏、转移等行为虽无法直接获益，但通常是作为收购或代销的前提行为，目的是为以后销售赃物获利提供有利条件；行为人收购赃物行为一般也是出于低价买入高价售出赚取差价获益，行为人代为销售赃物或其他方法掩饰、隐瞒赃物通常也出于获利的目的，通过实施帮助本犯处理赃物的行为或为其提供有利条件而获取中介费、手续费等非法利益。其四，主观罪过形式为故意，其主观心理是明知违法有意为之。可能表现为同一的故意或概括的故意，也可能基于特定心理状态或目的而产生反复实施同种危害行为的犯意倾向，还可能基于单一的故意或由多个相同内容的犯罪故意构成。这种主观特性反映具有实施赃物犯罪的强烈犯罪动机与犯罪目的性。其五，客观上行为人是反复实施相同性质的危害行为。数次危害行为均以相同的基本犯罪构成为核心并具有相同的法律性质。也即赃物犯罪行为人实施的多次行为是窝藏、转移、收购等不同表现形式，但仍属于法定同一罪名下具有相同客观构成要件的实行行为，因此也是相同性质的危害行为。

第三，掩饰、隐瞒的犯罪对象。根据《解释》第一条第三项的规定，掩饰、隐瞒的犯罪所得系电力设备、交通设施、广播电视设施、公用电信设施、军事设施或者救灾、抢险、防汛、优抚、扶贫、移民、救济款物等特殊对象的，“情节严重”的数额标准降低为5万元以上。这是由于，司法实践中大量存在对光缆铜线、电力设施变压器等的收赃行为，助长了破坏公用设施类的犯罪，社会危害性也较其他收赃行为更大，应当是打击的重点。针对特殊对象的掩饰、隐瞒犯罪助长了上游犯罪，而其上游犯罪破坏的都是涉及国家安全、军事设施、公共安全、民生设施的财物，社会危害性相对较大，从严惩处掩饰、隐瞒犯罪，有助于堵塞销赃渠道，从而在根本上遏制上游犯罪。此外，根据《最高人民法院、最高人民检察院关于办理危害计算机信息系统安全刑事案件应用法律若干问题的解释》第七条规定，明知是非法获取计算机信息系统犯罪所获取的数据、非法控制计算机信息系统犯罪所获取的计算机信息系统控制权，而予以转移、收购、代为销售或者以其他方法掩饰、隐瞒，违法所得5万元以上的，应当认定为

《刑法》第三百一十二条第一款规定的“情节严重”。根据《最高人民法院、最高人民检察院关于办理与盗窃、抢劫、诈骗、抢夺机动车相关刑事案件具体应用若干法律问题的解释》第一条规定，明知是盗窃、抢劫、诈骗、抢夺的机动车，实施掩饰、隐瞒行为的，涉及盗窃、抢劫、诈骗、抢夺的机动车五辆以上或者价值总额达到五十万元以上的，属于《刑法》第三百一十二条规定的“情节严重”。因此，涉及掩饰、隐瞒的对象是盗窃、抢劫、诈骗、抢夺的机动车的，是否属于情节严重，以50万元为标准。

第四，掩饰、隐瞒的行为造成严重后果的。例如，掩饰、隐瞒行为导致赃物灭失、致使上游犯罪无法及时查处，造成公私财物重大损失无法挽回等严重后果的。

第五，从本犯的社会危害性来判断。与其他国家刑法规定的赃物罪的性质不同，我国的相关赃物犯罪侵害的是司法机关的正常诉讼活动。所以，本犯的社会危害性越大，掩饰、隐瞒其犯罪所得及其收益的行为的社会危害性就越大，两者是相辅相成，有机统一的。因此，认定本罪情节严重的重要标准之一就是上游犯罪的社会危害性大小。我国《刑法》中单独将毒品犯罪、黑社会性质的组织犯罪等七类严重的犯罪作为洗钱犯罪的上游犯罪，正是因为这些犯罪严重的社会危害性，有必要通过单独规定洗钱罪来对这些严重犯罪进行打击。同理，就赃物犯罪而言，本罪的上游犯罪的社会危害性越大，那么其掩饰、隐瞒这些犯罪所得及其收益的行为的社会危害性就越大。因此上游犯罪的社会危害性大小是认定“情节严重”的标准之一。《解释》第三条第四、五项所规定的兜底条款正是考虑到，有的掩饰、隐瞒犯罪所得及其收益的犯罪行为，虽然所涉及的犯罪数额不大，甚至很小，但上游犯罪的危害特别大，社会影响特别恶劣，甚至给国家和社会带来巨大的损失，由于掩饰、隐瞒行为，致使上游犯罪无法及时得到查处。在这种情况下，即使其犯罪数额不到10万元甚至不到5万元，但确实属实情节严重的，就应当依法认定为情节严重。

总之，立法既然将赃物犯罪的法定刑进行了升格，并以“情节严重”

作为分格依据，那么就有必要在司法实践中对其进行明确界定。《解释》对“情节严重”的明确规定，不但可以增强法律的可操作性，也使司法实践中同罪异罚的现象得到改善，以最大限度地实现罪刑均衡。

## （二）“亲亲相隐”在本罪量刑中的运用

### 1. “亲亲相隐”的含义及历史沿革

所谓“亲亲相隐”，又被称为“亲亲得相首匿”和“同居相为隐”，是指法律允许一定范围的亲属之间可以相互首谋隐匿犯罪行为不予告发或作证，而不负或减轻刑事责任。“亲亲相隐”原则在中国封建社会律例中居于非要重要的位置，其起源于春秋时期以孔子为代表的儒家思想。孔子在《论语·子路》中提出“子为父隐，父为子隐，直在其中矣”的思想，这一经典论断成为亲亲相隐制度的理论渊源。儒家的另一位代表孟子也主张“父子相隐”。据《孟子·尽心上》记载：“桃应问曰：‘舜为天子，皋陶为士，瞽瞍杀人，则如之何?’孟子曰：‘执之而已矣。’‘然则舜不禁欤?’曰：‘夫舜恶得而禁之？夫有所受之也。’‘然则舜之如何?’曰：‘舜视弃天下犹弃敝屣也。窃负而逃，遵海滨而处，终身䜣然，乐而忘天下。’”[①] 到了秦代，“亲亲相隐”开始发展为法律，秦简《法律答问》中规定：“贼杀伤、盗它人为‘公室告’；子盗父母，父母擅杀、刑，髡子及奴妾，不为‘公室告’”。“‘子告父母，臣妾告主，非公室告，勿听。’何谓‘非公室告’？主擅杀、刑、髡其子、臣妾，是谓‘非公室告’，勿听。而行告，告者罪。告者罪已行，它人又袭其告之，亦不当听。’”[②] 至汉宣帝时，正式把“亲亲相隐”作为法律制度确定下来，最早见于汉宣帝四年（公元前66年）诏：“自今子首匿父母，妻匿夫，孙匿大父母，皆勿坐。其父母匿子，夫匿妻，大父母匿孙，罪殊死，皆上请廷尉以闻。”[③]

---

① 摘自《孟子·尽心上》。

② 参见《睡虎地秦墓竹简》，文物出版社1978年版，第195~196页。

③ 也即卑幼首匿尊长者，不负刑事责任；尊长首匿卑幼，除死刑需要通过上请由廷尉决定是否免除刑事责任外，其他的也不负刑事责任。参见张晋藩：《中国法制史》，法律出版社1995年版，第458页。

“亲亲相隐”发展到唐代逐渐成熟。一方面规定了亲属之间的容隐，《唐律·名例篇》规定：“凡同居，若大功以上亲，及外祖父母、外孙、妻子父母、女婿，若孙之妇、夫之兄弟及兄弟妻，有罪相为容隐；奴婢、雇工人为家长隐者，皆勿论。若漏泄其事及通报消息，致令罪人隐匿逃避者，亦不坐。其小功以下相容隐，及漏泄其事，减犯人三等，无服之亲减一等。若犯谋叛以上者，不用此律。”① 另一方面增加了同居有罪相为隐的规定，《唐律·名例篇》规定：“同居相为隐，诸同居，若大功以上亲，及外祖父母，若孙之妇，夫之兄弟，及兄弟妻，有罪相为隐；部曲、奴婢为主隐，皆勿论；……其小功以下相隐，减凡人三等。若犯谋叛以上者，不用此律。”② 可见，唐朝法律大大扩大了“亲亲相隐”制度的适用范围，使“亲亲相隐”制度得到进一步的完善。此后，宋、明、清律基本沿袭了唐律的规定，宋律称“有罪相容隐”，明律、清律称“亲亲相为容隐”。另外，民国政府刑法也规定，亲属（配偶、五亲等内血亲、三亲等内姻亲）间犯藏匿犯人及湮灭证据罪，得减轻或免除其刑。至新中国建立之时，“亲亲相隐”被当作“封建遗毒”而从刑法中彻底清除。如在1949年新中国成立之后，我国的立法机关也曾在1979年《刑法》的草案中规定，直系血亲、配偶或者在一个家庭共同生活的亲属窝藏反革命分子以外的犯罪分子的，可以减轻或者免除处罚，后来认为，这可以由审判人员在量刑时掌握，不必作硬性规定，而且这样规定还有点容忍封建社会提倡的“亲属相隐”“父为子隐、子为父隐”伦理道德的味道，与鼓励大义灭亲的新型道德相矛盾，所以1979年《刑法》草案第33稿予以删除。

“亲亲相隐”并不是中国法律传统中所独有的法律制度，它的类似制度广泛地存在于世界各个国家和地区。如日本《刑法》第二百五十七条规定：“配偶之间或直系血亲、同居的亲属或者这些人的配偶之间，犯前条罪的，免除刑罚。对非亲属的共犯，不适用前项规定。”③ 有学者认为，

---

① 参见［清］薛允升：《唐明律合编》，法律出版社1999年版，第83页。

② 参见［清］薛允升：《唐明律合编》，法律出版社1999年版，第77页。

③ 参见《日本刑法典》，张明楷译，法律出版社2006年第2版，第94页。

“日本刑法设计本罪亲属间犯罪的特别规定，是考虑到赃物犯罪具有庇护犯罪人的特点，认为具有一定亲属关系的人为了给本犯人提供人道庇护，维护其利益而参与处理本犯的赃物，具有值得同情、宽恕的一面。”[①] 我国台湾地区“刑法”第三百五十一条也规定直系血亲、配偶或同财共居亲属之间如果犯有赃物罪，如子抢劫而父收赃，赃物犯罪行为人可免予刑事处罚。我国台湾地区“刑法”作出上述规定，是考虑到直系血亲、配偶、或同财共居亲属之间，犯普通赃物罪或常业赃物罪者，由于一定亲属彼此关系至为密切，故此一定之亲属为财产犯而犯赃物罪，势所难免，法律为顾全亲属相容隐之情谊，特别规定……得视其情形，免除其刑[②]。很明显，我国台湾地区及日本有关赃物犯罪处理原则的特殊规定，符合社会发展规律，体现了“亲亲相隐”的古代伦理道德观，它合理地平衡了刑法与伦理道德之间的关系，是刑法人道性的体现，促进家庭和睦与社会和谐，该规定具有一定借鉴意义。日本有学者认为“在一定亲属之间实施之时，期待可能性即责任得以减轻，因此，本犯与赃物参与罪的罪犯之间必须存在本条所规定的亲属关系。”[③]

2. “亲亲相隐”的刑法价值

不可否认，“亲亲相隐”作为我国传统法律思想中的一项基本制度，从我国秦代到民国时期的法律中都有体现，为维护儒家倡导的伦常纲纪、亲伦保护的道德观念发挥了相当大的作用。然而，这一中国传统社会特有的价值理念，却在我国现代刑事法律制度中销声匿迹。从社会起源上看，道德先于法律产生；从法律内容上看，法律源于道德。所以，一定社会的道德现象和伦理规范在很大程度上影响法的形成以及法的内容本身。虽然传统的亲亲相隐有其不足之处，但它所折射出的基于人性的对家庭亲情、人伦的维护以及“法律不强人所难”等理念和精神无疑有着其合理的一

---

① 参见［日］大谷实：《刑法各论》，黎宏译，法律出版社2003年版，第249页。

② 参见蔡墩铭：《刑法各论》，三民书局1995年10月版，第218页。

③ 参见［日］西田典之：《日本刑法各论》，刘明祥、王昭武译，武汉大学出版社2005年版，第191页。

面。在我国当前致力于构建社会主义和谐社会之时，有必要重新审视和解读我国奉行数千年的亲亲相隐制度，挖掘并继承其符合现代刑法价值蕴涵的合理内涵。

（1）“亲亲相隐”符合刑法的谦抑性。

刑法的谦抑性，又称刑法的经济性或者节俭性，是指立法者应当以最小的支出——少用甚至不用刑罚，获取最大的社会效益——有效地预防控制犯罪。刑法的谦抑性应包括罪的谦抑性和刑的谦抑性两方面内容。罪的谦抑性，即刑法控制的范围的有限性。立法者在建构罪状时应按照谦抑性原则的要求，只能将公众心理普遍抑制的禁止性行为，严重危害或危及国家、社会及个人的最重要权益的行为，以及刑罚能够真正发挥作用的禁止性行为框定在罪状之中。刑的谦抑性，即只有在刑罚不可避免时才可起用，因为刑罚本身也是一种恶，只不过是一种必要的恶。刑罚如两刃之剑，用之不得其当，则国家与个人两受其害。“亲亲相隐”因其发自人类本性，即使将其规定为犯罪，也难以预防与控制类似的行为不再发生。另外，国家制定法律，必然向往以最小的成本带来最大的法律效益，假如父亲犯了罪，儿子知道其犯罪情节，司法机关要求儿子提供有关证据，儿子被迫提供了证据，且父亲也受到了制裁。其成本如下：（a）父亲受到的惩罚。（b）父亲的精神痛苦，对儿子怨恨、仇恨。（c）儿子对父亲的深深忏悔及良心谴责所带来的精神痛苦。（d）父子关系处于尴尬状态，他们将难以共同生活。（e）基于证人与犯罪嫌疑人（被告人）的特殊利害关系，儿子的许多证言及提供的其他证据将不被采用导致的劳动浪费。（f）司法机关为辨别儿子证据的真伪而发生的调查、鉴别费用（该费用因父子关系而将大大增加）。以上成本也许将大大高于惩罚犯罪所得收益①。也就是说此类情况，刑法不具有不可避免性，是可替代的。要求刑法要注重保障人权，其对社会的干预必须维持在社会发展所必须的最低限度之内，使刑法

① 参见沙君俊、李鸿：《“亲亲相隐”在现代社会的活化——兼论伦理道德是法律的根源和归宿》，载《江西社会科学》1999年第2期，第114页。

成为社会保护的最后一道防线。而对亲属间的容隐行为进行追究，显然不是国家追究犯罪的最后手段，所以允许亲亲相隐制度存在，从而避免司法资源的无谓浪费，其效果显然利大于弊，符合刑法的谦抑性要求。

（2）“亲亲相隐”符合刑法的人道性。

刑法的人道性是指刑法的制定与适用都应当与人的本性相结合，立足于人性。中国社会历来都奉行家本位，家是社会的基本组成要素。中国的伦理纲常和社会道德也都围绕家庭关系展开而来，亲情关系是人们维系社会关系的根基。因而，人们出于本性去保护家庭成员的利益，也应当得到社会的理解和认可。而亲亲相隐制度正是基于对人性的考虑，着重于对家庭亲情关系的保护，从而维系了人类社会的伦理根基。法不外乎人情，家庭成员之间互相窝藏、隐匿犯罪行为，也是人之常情，也为中国传统道德所包容。如果不允许亲属之间相互容隐犯罪，一味地倡导大义灭亲而检举、揭发家庭成员的犯罪行为，对实施帮助行为的亲属予以相应地刑罚处罚，很可能出现一人犯罪全家入狱的悲惨境况，而这显然与刑法的人道主义精神背道而驰，不啻是对人类本能地保护家庭的否定，也是对人性的否定。

（3）“亲亲相隐”符合刑法期待可能性理论。

亲亲相隐制度是期待可能性理论在刑事立法中的又一重要体现。禁止亲属间的容隐，要求一般人知道亲属犯罪后必向司法机关举报，在现实中是难以实现的，这正是刑法理论中所说的“无期待可能性”。“有一定亲属关系的人，为了参与本犯行为人的利益，或者从人力方面庇护本犯行为人的利益，参与其赃物的利用、处分，这在社会上是极为常见的现象。”① 我们不能期待所有人任何时候都能舍私全公。亲属间总有一定程度的利害荣辱与共的关系，庇护亲属或多或少是在间接庇护自己的荣与利，这是人们的天性所致②。为了维护社会稳定、保护人民的利益，国家应该对犯罪进

① 参见赵秉志主编：《外国刑法各论》（大陆法系），中国人民大学出版社 2006 年版，第 245 页。

② 参见范忠信：《中西文化的暗合与差异》，中国政法大学出版社 2001 年版，第 120 页。

行打击，而社会成员应该配合国家实现对犯罪的惩治，因而，检举、揭发犯罪事实和犯罪行为就成了法律赋予公民的义务。但当这样的法律义务与道德义务发生冲突时，应如何解决呢？作为一个长期将儒家思想奉为圭臬的国家，“亲亲”“尊尊”等家族伦理观念早已深入人心，因此要求亲属之间打破业已形成且根深蒂固的传统观念、以一种截然相反的标准作为行为准则，显然是强人所难。法律不应强人所难，而亲亲相隐制度正为这样的义务冲突提供了良好的解决思路。根据期待可能性的相关理论，当我们不能期待行为人实施合法行为时，行为人因此而实施的违法行为便不能被追究刑事责任。将亲属相互窝藏、隐匿犯罪的行为由道德合理性上升到法律权利，就使人们进退两难的境况得到了改变，使人们不用违背自己的良心去检举、揭发亲属犯罪，从而体现了法律不强人所难的精神。

（4）“亲亲相隐”符合罪责刑相适应的基本原则。

“亲亲相隐”是罪责刑相适应原则的必然要求。所谓罪责刑相适应原则，是指刑罚应当与行为人所犯的罪行相适应，重罪重罚，轻罪轻罚，罚当其罪。在亲属相互窝藏、隐匿犯罪的情况下，由于行为人是为了帮助自己的近亲属逃脱罪责，而非出于自己的主观恶性实施犯罪行为，因此行为人的人身危险性相对其他人而言要小得多。而且如果其亲属没有实施本犯犯罪行为的话，就根本不会发生窝藏、隐匿的情况，因此行为人再次实施此种行为的可能性也非常小。所以，无论是从行为人的人身危险性而言，还是从其再犯可能性来说，本犯行为人的近亲属实施的窝藏、隐匿行为，其主观恶性相较普通人来说都小得多。在这种情况下，如果对其适用相同的刑罚，显然与罪责刑相适应这一刑法基本原则相违背。只有将“亲亲相隐”制度引入本罪之中，使行为人获得有别于普通人的相对宽容的刑罚，才能使罪责刑相适应这一刑法基本原则彻底地落到实处。

（5）“亲亲相隐”有利于促进社会和谐。

党的十六届四中全会第一次鲜明地提出和阐述了构建以民主法治、公平正义、诚信友爱、充满活力、安定有序、人与自然和谐相处为主要特征的社会主义和谐社会，而家庭和睦、兄友弟恭便是和谐社会最起码、最基本的要求，也是和谐社会的应有之义。安定有序是社会和谐的内在要求，和谐社会必然是社会关系井然、社会秩序安定的社会。马克思曾经指出，人类社会的本质在于其社会属性，即社会关系。我们知道，人类社会最基本的组成单位是家庭，在众多的社会关系中，使家庭关系得以维持和延续的最基本的因素，无疑应当是家庭成员之间的亲情关系。亲属之爱，是人类一切感情联系的基础，是一切爱的起点。亲情联系是人类最基本的、最不可逃脱的联系。法律是国家上层建筑的组成部分，它通过引导和规范人们的行为，从而实现维护统治秩序和社会管理秩序的目的。因此，国家法律的制定不可能不考虑到其调整对象主体的亲属之爱，法律的内容不可能不反应和体现亲情关系。要使社会和谐，要使国家长治久安，作为国家法律重要内容的刑法就必须正视人性和亲情，有限度地承认亲属相容隐。

3. 本罪中"亲亲相隐"制度的引入

纵观我国刑法理论界对于亲亲相隐制度的研究，我们不难发现，学者们都注重对窝藏、包庇罪中亲亲相隐现象的探讨，而对掩饰、隐瞒犯罪所得、犯罪所得收益罪涉猎很少。由于本罪并不像窝藏、包庇罪中亲属相互隐匿犯罪那么突出，而且本罪的犯罪人多数都有牟利心理，因此对于这样的犯罪适用亲亲相隐似乎不符合人们公平正义的理念。但我们认为，本罪是存在适用亲亲相隐制度的条件和基础的。因为实践中，为了帮助犯罪分子逃避法律制裁，其亲属将赃物隐匿起来的情况还是十分常见的。因此，对赃物犯罪适用亲亲相隐制度也是很有必要进行系统研究的。虽然我国刑法典中并未直接引入亲亲相隐制度，但通过司法解释的形式把掩饰、隐瞒犯罪所得及其收益罪亲属间的关系作为一项酌定量刑情节是可行的。正如有学者所说"基于立法的稳定性以及整体规范性的考虑，我们似乎也不一定就采取外国刑法的做法，将之作为独立条款专门规定，只要在刑法处罚时对于'因亲属的特殊身份作出合法行为的期待可能性减低'这一情况，作出相应的减轻或免除处罚的考虑即可。"《解释》正是出于这一考虑，在第二条第一款第二项对于"为近亲属掩饰、隐瞒犯罪所得及其产生的收益，且系初犯、偶犯"同时认罪、悔罪并退赃、退赔的，作出了免予刑事处罚的规定。

本罪在适用“亲亲相隐”时，必然涉及适用范围的问题。对此，刑法学界有三种不同观点。第一种观点认为，此处的“近亲属”应当采用《刑事诉讼法》第一百零六条关于“近亲属”的规定，即近亲属是指夫、妻、父、母、子、女、同胞兄弟姊妹。第二种观点认为，从司法实践出发，应当参照《最高人民法院关于贯彻执行〈中华人民共和国民法通则〉若干问题的意见》第十二条的规定，将近亲属认定为“配偶、父母、子女、兄弟姐妹、祖父母、外祖父母、孙子女、外孙子女”较为适宜。第三种观点认为，除了配偶、父母、子女、兄弟姐妹、祖父母、外祖父母、孙子女、外孙子女外，共同生活的叔、伯、姑、侄子（女）或姨、舅、外甥（女）或表（堂）兄弟姐妹等也可认为是“近亲属”。

我们认为，关于亲属的概念，不同国家在不同时期都有不同的认识。作为法律意义上的亲属概念，应该具备以下三个特征：第一，亲属是以婚姻和血缘为基础产生的社会关系。第二，亲属标志着具有亲属关系的人的特定身份。第三，亲属是具有亲属关系的人相互之间的共同称谓。我国法律上亲属的概念主要是指“近亲属”，而不同的法律其内涵又不同。如前所述，《最高人民法院关于贯彻执行〈中华人民共和国民法通则〉若干问题的意见》第十二条规定，近亲属的范围包括配偶、父母、子女、兄弟姐妹、祖父母、外祖父母、孙子女、外孙子女；2000 年《行政诉讼法解释》第 11 条规定近亲属包括配偶、父母、子女、兄弟姐妹、祖父母、外祖父母、孙子女、外孙子女和其他具有扶养、赡养关系的亲属。而《刑事诉讼法》第一百零六条规定近亲属是指夫、妻、父、母、子、女、同胞兄弟姊妹。

虽然我国法律上的“近亲属”范围并不一致，但根据刑事理论的契合性来看，《刑法》中的“近亲属”范围应主要参照《刑事诉讼法》的范围。这不但是因为法律的体系性要求，还是因为《刑事诉讼法》中规定的“近亲属”是为了维护刑事诉讼中的被告人或被害人的合法权利，这正与亲亲相隐制度的目的相契合，因此，采用《刑事诉讼法》关于“近亲属”

的规定于法于理都是说得过去的。具体来说有：

（1）配偶。包括婚姻期间配偶，离婚配偶，未登记结婚但以夫妻名义共同生活的配偶（构成重婚的除外）。

（2）子女。包括婚生子女，非婚生子女，养子女，有扶养关系的继子女。丧偶儿媳对公婆，丧偶女婿对岳父、岳母尽了主要赡养义务的，作为子女对待。

（3）父母。包括生父母，养父母，有扶养关系的继父母。

（4）兄弟姐妹。包括同父母的兄弟姐妹，同父异母或者同母异父的兄弟姐妹，养兄弟姐妹，有扶养关系的继兄弟姐妹。

在实际适用过程中，对“近亲属”的认定不宜过于严格，除了《刑事诉讼法》第一百零六条第六项规定的近亲属，即夫、妻、父、母、子、女、同胞兄弟姊妹外，祖父母、外祖父母、孙子女、外孙子女也是属于血缘比较近，关系比较密切的亲属，上述亲属如果属于长期共同生活的，也可以认定为“近亲属”。当然，对于“近亲属”的认定范围也不宜过宽，尽管亲属之间基于亲情伦理关系而实施的帮助行为具有可供宽宥的因素，但是因为“亲亲相隐”制度设立的初衷是为了维系家庭伦理观念，而这种家庭伦理观念往往存在于一定范围的亲属之间，超出这一范围，这种观念就会相对比较淡薄而缺乏以立法加以保护的必要。此外，如果对可免责的亲属的范围不加限制，很可能出现行为人滥用“亲亲相隐”以逃避罪责的现象，从而与制度设置的初衷相违背。因此，叔、伯、姑、侄子（女）或姨、舅、外甥（女）或表（堂）兄弟姐妹等关系，除非具有抚养赡养关系的，一般不宜认定为“近亲属”。

### （三）收赃自用的情形

行为人出于自己使用的目的而实施转移、收购等掩饰、隐瞒犯罪所得及其收益行为的如何定罪处罚？在《解释》出台前，刑法理论界对该问题的研究较少，司法实践中也很少对行为人是自用还是转售牟利等进行区别量刑。

我们认为，司法实践中实施掩饰、隐瞒犯罪所得及其收益的行为人基本分为三种：第一种是职业收赃者，转卖牟利的；第二种是为了帮助上游犯罪分子逃避司法机关追诉的；第三种则是贪图便宜、自己使用的。掩饰、隐瞒犯罪所得、犯罪所得收益罪主要打击的对象是职业收赃者，赃物是证实犯罪、揭露犯罪的重要证据，正是由于职业收赃者长期、稳定的掩饰、隐瞒行为，使得上游犯罪分子在实施盗窃、抢劫、抢夺等犯罪时无所顾忌，使司法机关对案件的及时侦破构成阻碍，为犯罪分子逃避法律制裁创造有利条件，妨害了司法机关对刑事犯罪的追究和对罪犯打击，扰乱了司法机关的正常活动，给社会带来较大的危害，因此对于职业收赃者要继续严厉打击。

而对于收赃自用的行为人，虽然客观上也帮助犯罪分子逃避司法机关追诉，但其主观恶性比职业收赃者小得多，司法实践中收赃自用的人中，大多数是为了贪图小便宜，明知是犯罪所得，但为了一点利益驱动而走上犯罪道路。在一些地方，收购赃物的对象主要是被盗窃、抢劫等没有合法手续的摩托车，购买者一般都是农民，他们摩托车没有合法手续，但为了方便自己做农工、运拉农作物，贪图便宜而购买。还有一些人收赃自用是由于法律意识淡薄，对掩饰、隐瞒犯罪所得、犯罪所得收益罪的性质缺乏认知，认为只要花钱购买了东西，就是合法的行为，不是犯罪行为。司法实践中行为人仅收购一辆电动自行车或者家用电器自己使用，价值刚刚达到3000元的情况不在少数，没有必要一律作为犯罪处理。对此类案件，我们应当注重惩罚与教育相结合，对买赃自用、情节较轻，并已经深深悔恨、反复自责的罪犯，应该充分考虑从轻、减轻处罚乃至不作为犯罪处理，使他们看到希望，取得比判处重刑更有利的改造效果。如李某涉嫌收购赃物摩托车一案中，当办案人员提审李某时，他泪流满面，说之前并不知道这也是违法行为，当初花几百元购买这部烂车，只是为了方便做农工，提高农业收入，谁知道如今却入了牢房，家中还有几个孩子没钱交学费。考虑到李某的犯罪情节及家中的实际困难，检察机关对其作了不予批准逮捕的决定。李某非常感激司法机关对他从宽处理，表示今后回去一定告诫村民千万不要购买这种无牌无证的车辆，也不要购买来路不明的东西了，这是违法的行为。本案的处理就取得了很好的法律效果和社会效果。

在司法实践中认定“收赃自用”应当注意两点：

一是行为人为自用而实施掩饰、隐瞒行为的，在本质上是构成犯罪的，但因犯罪情节较轻、行为人主观恶性较小，事后恢复性措施到位，而不作犯罪处理或者虽然追究刑事责任但酌情从宽处理。这与行为本身不构成犯罪是有本质区别的。在不作犯罪处理的情况下，需要适用《刑法》第十三条的但书规定，即“情节显著轻微危害不大的，不认为是犯罪”，而不能仅适用《解释》第二条第二款。

二是为自用而收购不以犯罪论处，必须同时符合以下三个条件：(1) 行为人购买赃物的目的是“自用”，主要是出于生活中使用的目的而购买，如购买自行车、摩托车等用来自己出行，购买高压锅用来做饭等等。一般情况下，购买生产资料如机器设备等用于生产经营的，不能认定为自用，自用的范围应严格掌握在生活用品范围内。(2) 所购买赃物的价值，刚达到《解释》第一条第一款第一项规定的3000元至1万元的数额。“刚达到”，不能机械地理解为正好达到，而是超过不多。如某省制定的标准是3000元，那么，3000至4000元一般都可以理解为刚达到，但如果数额超过50%以上，即在4500元以上，一般不能认定为“刚达到”。(3) 行为人认罪、悔罪并且退赃、退赔的。

# 第二编 理解与适用

## 《最高人民法院关于审理掩饰、隐瞒犯罪所得、犯罪所得收益刑事案件适用法律若干问题的解释》的理解与适用

为依法惩治掩饰、隐瞒犯罪所得、犯罪所得收益犯罪活动，根据《刑法》有关规定，结合人民法院刑事审判工作实际，现就审理此类案件具体适用法律的若干问题解释如下。

### 【条文主旨】

起草背景和过程、解释的焦点问题

### 【理解与适用】

近年来，随着市场经济的发展和侵财犯罪数量的激增，掩饰、隐瞒犯罪所得、犯罪所得收益刑事案件呈逐年上升趋势，其犯罪形式、犯罪手段日趋多样化。面对这种形势，《刑法修正案（六）》对1997年《刑法》第三百一十二条窝藏、转移、收购、销售赃物罪做了三个方面的修改：第一，行为方式增加了窝藏、转移、收购、代为销售以外的“其他方法”；第二，犯罪对象从“犯罪所得的赃物”扩大为“犯罪所得及其产生的收益”，罪名也相应修改为掩饰、隐瞒犯罪所得、犯罪所得收益罪；第三，

提高了法定刑幅度，“情节严重的，处三年以上七年以下有期徒刑，并处罚金”。此后，《刑法修正案（七）》又增加单位作为本罪的犯罪主体。2014年4月24日，第十二届全国人民代表大会常务委员会第八次会议又公布了《全国人大常委会关于〈中华人民共和国刑法〉第三百四十一条、第三百一十二条的解释》，该解释规定：“……知道或者应当知道是刑法第三百四十一条第二款规定的非法狩猎的野生动物而购买的，属于刑法第三百一十二条第一款规定的明知是犯罪所得而收购的行为……”其立法旨意在于明确对收购珍贵、濒危野生动物之外的普通野生动物行为如何处罚的问题，指引适用《刑法》第三百一十二条。

我们在调研中发现，这类案件在司法实践中存在一些问题。如对定罪标准和“情节严重”的标准存在很大争议，一方面，由于法律条文中没有规定数额，有些法院认为只要存在掩饰、隐瞒犯罪所得、犯罪所得收益的行为即构成犯罪，对数额很小，情节显著轻微的，不敢宣告无罪，另一方面，因“情节严重”的标准模糊，也不敢适用三到七年的法定刑幅度，造成轻重失衡；对本罪与其他犯罪的界限把握不恰当，如某地法院审理的被告人薛某某等掩饰、隐瞒犯罪所得一案，被告人明知他人的财物系犯罪所得而实施了秘密窃取行为，法院认为“秘密窃取”系“其他方法”，认定被告人犯掩饰、隐瞒犯罪所得罪。鉴于上述问题法律和司法解释均没有明确规定。最高人民法院刑事审判第四庭在初步调研的基础上，层报审批并经最高人民法院审判委员会讨论通过，立项制定本解释。随后，最高人民法院刑四庭成立了起草小组。

起草小组针对本罪的犯罪构成要件、“情节严重”的标准等问题开展了讨论，起草了初稿，后数易其稿，并赴重庆、四川、江苏等省市调研，召开了由高、中、基三级法院刑庭法官参加的调研座谈会，听取意见、逐条修改，形成了征求意见稿。后又征求最高人民法院研究室及四个刑庭、最高人民检察院法律政策研究室的意见，根据各部门反馈意见进行了补充和修改。在此基础上，征求了刑法学界部分专家的意见，并于2011年12月15日在最高人民法院召开了专家论证会，征求了全国人大常委会法工委刑法室原副主任黄太云、北京师范大学博士生导师赵秉志教授、北京大学博士生导师陈兴良教授、中国社会科学院法学所陈泽宪所长、中国人民大学博士生导师黄京平教授五位专家学者的意见。在此基础上又征求了全国人大常委会法工委刑法室的意见，形成送审稿。经最高人民法院院领导批示后，最高人民法院审判委员会第1590次会议进行了讨论。根据最高人民法院审判委员会讨论决定，再次就解释稿与全国人大常委会法工委进一步沟通意见，争取达成共识。2014年11月5日，全国人大常委会法工委法工办发［2014］377号答复：对该解释稿没有原则不同意见。据此，根据院领导批示，最高人民法院审判委员会于2015年5月11日召开第1651次会议，再次讨论本解释后予以通过，同年5月29日发布，自2015年6月1日起实施。

调研中发现争议主要集中在四个问题：

第一，对定罪标准意见不一致。关于本罪是否应当有入罪的数额、情节标准，存在不同意见：一种意见认为《刑法》第三百一十二条没有数额的规定，凡是掩饰、隐瞒犯罪所得及其产生的收益的行为应一律定罪处罚；另一种意见认为虽然刑法没有明确规定数额，但本罪的上游犯罪以侵财犯罪、经济犯罪为主，且本罪的社会危害性较盗窃罪、诈骗罪等上游犯罪相对更小，应当设置适度的入罪门槛。

第二，对“情节严重”把握不一致。《刑法修正案（六）》增加了“情节严重”的法定刑幅度后，司法解释对“情节严重”的认定标准没有明确规定。只有《最高人民法院、最高人民检察院关于办理与盗窃、抢劫、诈骗、抢夺机动车相关刑事案件具体应用法律若干问题的解释》（以下简称《机动车司法解释》）第一条和《最高人民法院、最高人民检察院关于办理危害计算机信息系统安全刑事案件应用法律若干问题的解释》（以下简称《计算机安全司法解释》）第七条有所提及。认定标准的缺失造成一些法院不敢适用“情节严重”，调研中发现几个基层法院在近几年审理的数十起掩饰、隐瞒犯罪所得案件中无一适用“情节严重”，该法定刑实际上被虚置，与当初从严打击此类犯罪的修法意图不符。

第三，对本罪与其他犯罪的界限把握不一致。有的法院将本罪与其他犯罪混淆，把针对他人犯罪所得、犯罪所得收益实施的盗窃、诈骗等犯罪也认定为掩饰、隐瞒犯罪所得、犯罪所得收益罪，适用法律不当。

第四，关于本罪罪名如何适用的认识不统一。一种意见认为，本罪的犯罪手段（掩饰和隐瞒）、犯罪对象（犯罪所得、犯罪所得收益）均可以选择适用；另一种意见认为没有区分的必要，应一律定掩饰、隐瞒犯罪所得、犯罪所得收益罪。

**第一条** 明知是犯罪所得及其产生的收益而予以窝藏、转移、收购、代为销售或者以其他方法掩饰、隐瞒，具有下列情形之一的，应当依照刑法第三百一十二条第一款的规定，以掩饰、隐瞒犯罪所得、犯罪所得收益罪定罪处罚：

（一）掩饰、隐瞒犯罪所得及其产生的收益价值三千元至一万元以上的；

（二）一年内曾因掩饰、隐瞒犯罪所得及其产生的收益行为受过行政处罚，又实施掩饰、隐瞒犯罪所得及其产生的收益行为的；

（三）掩饰、隐瞒的犯罪所得系电力设备、交通设施、广播电视设施、公用电信设施、军事设施或者救灾、抢险、防汛、优抚、扶贫、移民、救济款物的；

（四）掩饰、隐瞒行为致使上游犯罪无法及时查处，并造成公私财物损失无法挽回的；

（五）实施其他掩饰、隐瞒犯罪所得及其产生的收益行为，妨害司法机关对上游犯罪进行追究的。

各省、自治区、直辖市高级人民法院可以根据本地区经济社会发展状况，并考虑社会治安状况，在本条第一款第（一）

项规定的数额幅度内，确定本地执行的具体数额标准，报最高人民法院备案。

司法解释对掩饰、隐瞒涉及计算机信息系统数据、计算机信息系统控制权的犯罪所得及其产生的收益行为构成犯罪已有规定的，审理此类案件依照该规定。

依照全国人民代表大会常务委员会《关于〈中华人民共和国刑法〉第三百四十一条、第三百一十二条的解释》，明知是非法狩猎的野生动物而收购，数量达到五十只以上的，以掩饰、隐瞒犯罪所得罪定罪处罚。

## 【条文主旨】

入罪标准

## 【理解与适用】

本条明确了掩饰、隐瞒犯罪所得、犯罪所得收益罪的定罪标准。

在本罪是否有情节、数额限制的问题上，有一种观点认为，《刑法》第三百一十二条第一款规定，“明知是犯罪所得及其产生的收益而予以窝藏、转移、收购、代为销售或者以其他方法掩饰、隐瞒的”，构成犯罪，并未设定数额、情节的限制。在司法实践中，根据个案情况，对一些数额小，情节轻微的案件依照《刑法》第十三条“情节显著轻微危害不大”的规定，不作为犯罪处理是可以的。但在司法解释中是否有必要再规定一个统一的构成犯罪的数额、情节标准，需斟酌。并且，在该问题上需要兼顾国内和国际因素，主要是以英美国家法律实践为基础的相关国际公约文件，对于定罪不要求数额标准。国际反洗钱组织在国内立法合规方面的审查极为严格，采取的是零容忍态度。我国目前正处在后评估阶段，该条司法解释的规定有可能对此带来负面影响。

我们认为，虽然《刑法》第三百一十二条第一款在表述上没有数额或情节的要求，但经调研研究，有必要明确一个以数额为主，兼顾其他情形的标准，理由是：

1. 有利于突出重点从严打击此类犯罪的立法精神。近年来，掩饰、隐瞒犯罪所得、犯罪所得收益犯罪呈上升势头。据最高人民法院研究室提供的统计数据，全国法院2007年1月至2011年9月，以掩饰、隐瞒犯罪所得、犯罪所得收益罪判处刑罚的共79471人，其中2007年13679人，2008年17599人，2009年共17532人，2010年17944人，2011年前三季度12717人。《刑法修正案（六）》、《刑法修正案（七）》对《刑法》第三百一十二条做了重大修改，从行为方式、法定刑幅度、单位犯罪等方面体现出从严打击此类犯罪的决心。但是，司法实践中，在适用本条规定时，却存在以罚代刑，或者将只需要治安处罚的行为予以定罪处罚的现象。主要原因在于，根据《治安管理处罚法》第六十条第（三）项规定，明知是赃物而窝藏、转移或者代为销售的，处五日以上十日以下拘留，并处二百元以上五百元以下罚款。我们认为，如果不对此类犯罪从情节、数额等方面设定一定的入罪标准，那么，治安处罚和构成犯罪之间存在模糊地带。其带来的后果是，某些应该作为犯罪处理的进入不了司法程序，而一些可以不以犯罪处理的治安案件，一旦起诉到法院，法院又不敢判无罪。因此，为体现既要突出打击构成犯罪的行为，避免将本该由公安机关予以治安处罚的违法行为作犯罪化处理，又要确保惩治的准确性，避免以罚代刑的现象，有必要厘清《治安管理处罚法》和《刑法》适用的边界。而通过司法解释来明确本罪的入罪标准，出发点就在于使打击犯罪的依据明确化、统一化，避免随意性和不公平现象，更加合理和高效地打击犯罪。

2. 符合司法实践的现实需要。本罪虽不是数额犯，但通过调研中发现，掩饰、隐瞒犯罪所得及其产生的收益犯罪的上游犯罪多为侵财性犯罪，其中，盗窃的比例高达90%以上，诈骗、抢夺、职务侵占的比例占8%左右。可见，数额对于判断本罪社会危害性大小的重要性是不言而喻的。如果不设定一定的数额标准，就有可能造成在一案中一人犯盗窃罪同时多人犯掩饰、隐瞒犯罪所得、犯罪所得收益罪，或者对掩饰、隐瞒犯罪所得、犯罪所得收益犯罪的处罚重于上游犯罪。如起草小组在四川调研座谈时，基层法院同志就提供了两个案例：一个案例是行为人销赃一辆自行车价值700元，被判处拘役5个月，缓刑一年，他们感到对这种情况行政处罚就够了，但是已经诉到法院，做无罪判决没有依据；另一个案例是上游犯罪的行为人盗窃五辆自行车，其将赃车分别卖给五个收赃者，五个收赃者均以掩饰、隐瞒犯罪所得罪定罪，打击范围过大。实践中，重庆、江苏等地法院均有指导性文件明确了数额标准（重庆是3000元，江苏是5000元），有些中院还制定了自己的细则。

3. 符合犯罪构成的一般原理。掩饰、隐瞒犯罪所得、犯罪所得收益犯罪不是行为犯、举动犯，其犯罪构成同样需要符合一定的构罪要件。通过司法解释规定一个包括数额、情节等内容的入罪标准并不是改变本罪的性质，而是将言简意赅的法律条文所表达的构成要件予以细化。虽然法律条文没有要求数额，但是，司法解释对没有设定数额标准的犯罪，在数额上予以规定的先例不少，且实践证明司法解释将构成要件从数额上设置入罪标准，在司法实践中发挥了很好的指导作用，如《最高人民法院关于审理非法制造、买卖、运输枪支、弹药、爆炸物等刑事案件具体应用法律若干问题的解释》中对枪支、弹药、爆炸物数额的规定；《最高人民法院、最高人民检察院关于办理利用互联网、移动通讯终端、声讯台制作、复制、出版、贩卖、传播淫秽电子信息刑事案件具体应用法律若干问题的解释》中对本没有明确规定数额的《刑法》法条的具体化。就本罪而言，《最高人民法院、最高人民检察院关于办理危害计算机信息系统刑事案件应用法律若干问题的解释》第七条已做出过数额规定，该条规定："明知是非法获取计算机信息系统数据犯罪所获取的数据、非法控制计算机信息系统犯罪所获取的计算机信息系统控制权，而予以转移、收购、代为销售或者以其他方法掩饰、隐瞒，违法所得五千元以上的，应当依照刑法第三百一十二条第一款的规定，以掩饰、隐瞒犯罪所得罪定罪处罚。"

4. 符合掩饰、隐瞒犯罪所得、犯罪所得收益犯罪的本质特征。掩饰、隐瞒犯罪所得、犯罪所得收益犯罪侵犯的是复杂客体，同时具有妨害司法和非法牟利的双重属性。从表述上看，虽然《刑法》第三百一十二条第一款对掩饰、隐瞒犯罪所得、犯罪所得收益犯罪的入罪没有任何情节的要求，但事实上，它仍然受《刑法》第十三条“但书”的约束，需要达到一定程度的情节。本罪的行为方式绝大多数都是针对财产犯罪，因此对其以财产的数额进行限制具有合理性，而且犯罪对象财物的数额一定程度上能集中体现行为的社会危害大小，也便于基层法院正确执行法律，避免在司法实践中将该罪认定为严格的行为犯。我们征求意见得到的反馈中，最高人民检察院法律政策研究室和黄太云、赵秉志、陈兴良、陈泽宪、黄京平等专家学者对这一条均持支持意见，认为有必要设定一定的数额标准，且都提出应注意适度提高入罪门槛，以体现本罪罪小刑轻的特点。

5. 符合原则性与例外性相结合的原则。对入罪标准在数额上设置标准，但又不惟数额论，就是考虑到一些掩饰、隐瞒犯罪所得、犯罪所得收益犯罪虽然犯罪数额不大，但危害不小，同样应定罪处罚的情况。解释对下列情况，虽然没有达到规定的数额，但仍然规定要以犯罪处理。一是一年内曾因实施掩饰、隐瞒犯罪所得、犯罪所得收益行为受过行政处罚，又再次实施此类行为的；二是明知掩饰、隐瞒的犯罪所得系正在使用的电力设备、交通设施、广播电视设施、公用电信设施、军事设施或者救灾、抢险、防汛、优抚、扶贫、移民、救济款物的；三是兜底条款，包括掩饰、隐瞒行为致使上游犯罪无法及时查处，并造成公私财物损失无法挽回的；实施其他掩饰、隐瞒犯罪所得及其产生的收益行为，妨害司法机关对上游犯罪进行追究的。

6. 与国际上对洗钱罪的零容忍态度并不矛盾。本罪在国际上属于洗钱罪的大范畴，依国际公约对定罪不要求数额，这是事实。但是，我们认为应当看到我国《刑法》立法定罪加定量的模式与英美刑法立法定性模式的不同，而且我国对不构成本罪的轻微行为仍然会予以行政处罚，符合国际公约对于洗钱行为广泛开展打击的要求，并不矛盾。

经与全国人大常委会法工委沟通后，法工委对最高人民法院就本罪设置数额和情节限制的观点，表示无不同意见。最后出台的解释，采纳了起草小组的意见。

根据《解释》第一条第一款的规定，掩饰、隐瞒犯罪所得、犯罪所得收益罪的入罪标准分三类。即基本标准、特殊标准和兜底条款。

1. 基本标准：第一条第一款第（一）项将本罪的基本数额标准设置为“三千元至一万元以上”。

对基本标准的数额到底定在多少更符合实际情况，既能有效地打击犯罪，又能坚持刑法谦抑原则？起草小组开始将此数额设定在两千元至四千元。在征求意见过程中，最高人民法院研究室和最高人民检察院法律政策研究室均提出基本数额标准应当再适度提高，学者也普遍认为标准还应该提高。经广泛调研和反复论证，出台的《解释》采纳了标准适当提高的意见，最终确定“三千元到一万元以上”为基本数额标准。主要考虑到：（1）根据专家学者意见，本罪的定罪标准与上游犯罪密切相关。虽然上游犯罪的范围很广，类型多样，但主要是盗窃、诈骗等财产类犯罪，故应结合盗窃、诈骗等主要上游犯罪的标准来确定。《最高人民法院、最高人民检察院关于办理诈骗案件具体应用法律若干问题的解释》，将诈骗罪的“数额较大”标准提高到三千元至一万元以上，《最高人民法院、最高人民检察院关于办理盗窃刑事案件适用法律若干问题的解释》将盗窃罪的“数额较大”标准提高到一千元至三千元以上。本罪作为盗窃、诈骗等犯罪的下游犯罪，其构罪数额不应低于上游犯罪的构罪数额标准；（2）一些高级人民法院已经制定了相应的数额标准，可作为参考。根据调研的情况，参照重庆、江苏等地掌握的标准（三千、五千），同时考虑到要兼顾我国东西部的实际情况，三千元到一万元以上的幅度比较合适；（3）已经出台的相关司法解释，也规定了掩饰、隐瞒相应犯罪所得、犯罪所得收益的构罪标准，均在三千元以上。如《最高人民法院、最高人民检察院关于办理危害计算机信息系统安全刑事案件应用法律若干问题的解释》第七条规定，明知是非法获取计算机信息系统数据犯罪所获取的数据、非法控制计算机信息系统犯罪所获取的计算机信息系统控制权，而予以转移、收购、代为销售或者以其他方法掩饰、隐瞒，违法所得五千元以上的，应当依法刑法第三百一十二条第一款的规定，以掩饰、隐瞒犯罪所得罪定罪处罚；（4）不符合数额条件，如果其他情节恶劣，应当以犯罪处理的，本解释中还同时有特殊标准和兜底条款的规定，能够有效地发挥刑法堵截犯罪的功能，无需担心基本标准太高带来法网的疏漏问题。（5）对不达到本项规定的基本数额标准，又不符合特殊标准和兜底条款情形的，不必一律以刑事处罚，以体现刑法谦抑原则。对这部分行为人，如果有必要处罚的，可以根据《治安管理处罚法》进行处罚。

2. 特殊标准：由于掩饰隐瞒犯罪所得、犯罪所得收益犯罪所侵害的客体不仅仅是财产权，而且往往更大程度上妨害了司法秩序，《刑法》将本罪归位于破坏社会秩序犯罪中的第二节“妨害司法罪”。因此，犯罪数额虽然在一定程度上反映了本罪的危害性，在多数情况下是确定本罪的罪与非罪的主要标准，但本罪毕竟不是侵财类犯罪，犯罪数额绝对不是惟一标准。为此，《解释》根据行为具体的社会危害性大小，对虽没有达到一定数额，甚至掩饰、隐瞒的赃物没有财产价值的情形，但妨害司法秩序，应当作为犯罪处理的几种特殊情形作了入罪规定。

《解释》第一条第一款第（二）项规定：“一年内曾因掩饰、隐瞒犯罪所得及其产生的收益行为受过行政处罚，又实施掩饰、隐瞒犯罪所得及其产生的收益行为的”，应当以掩饰、隐瞒犯罪所得、犯罪所得收益罪定罪处罚。此类行为的社会危害性大，行为人的主观恶性深，不以数额论。当然如果确实数额非常小的，在审判实务中，可以以情节显著轻微，不以犯罪论。如，第一次掩饰、隐瞒的数额为一千元，被行政处罚，第二次掩饰、隐瞒的数额为一百元。在这种情况下，我们认为，还是不以犯罪论处为宜。这方面，地方人民法院可根据案件的具体情况把握。

《解释》第一条第一款第（三）项规定“掩饰、隐瞒的犯罪所得系电力设备、交通设施、广播电视设施、公用电信设施、军事设施或者救灾、抢险、防汛、优抚、扶贫、移民、救济款物的”，应当以掩饰、隐瞒犯罪所得、犯罪所得收益罪定罪处罚。根据该规定，掩饰、隐瞒对象为特殊财物的犯罪，没有数额要求，包括上游犯罪的对象为正在使用中的电力设备、交通设施、广播电视设施、公用电信设施、军事设施等公用设备、设施或救灾、抢险、防汛、扶贫、优抚、移民、救济款物的情形。这部分行为的社会危害性极大，且上游犯罪和掩饰、隐瞒行为的关联性非常紧密，破坏的是公共利益、国防利益、公共安全利益等受法律特殊保护的利益。俗话说，“没有买卖就没有杀戮”，可见此类犯罪危害性之大。举例来说，某些犯罪分子专门收购他人盗窃所得的电缆线、下水井盖等财物，一定程度上构成了危害公共安全的幕后黑手，只有切断和堵截收赃行为对上游犯罪的支持，才能有效打击和克制上游犯罪。因此该项列举的犯罪不要求数额即可构罪，当然这里要求本罪的犯罪人对其掩饰、隐瞒对象的特殊性质是明知的。

3. 兜底条款：《解释》第一条第一款第（四）项、第（五）项主要考虑对掩饰、隐瞒的赃物价值不大，对象也并非特殊财物，但实际上对司法机关查处犯罪活动的妨害程度非同一般的，应定罪处罚。一般情况下，本条第一款第（一）、（二）、（三）项足以规制掩饰、隐瞒犯罪所得、犯罪所得收益的刑事犯罪了，但基于立法总是落后于司法实践的法理以及司法实践中确实存在少数难以用前三项规制的情形，而条款又无法制定专门的具体规定，因此，《解释》遵循了一般的立法例，设置了兜底条款。比如，某人第一次收购抢劫犯罪分子所抢价值五百元的手机一只，在一般情况下，该行为不宜以犯罪论处。但是，但该手机成为抢劫犯罪的重要证据，甚至是惟一客观性物证，行为人明知该手机是抢劫致人死亡犯罪所得，仍予以收购，并转手倒卖，致使上游抢劫犯罪因证据收集而遇到极大困难，甚至未破获案件，直到抢劫犯罪分子后又实施其他抢劫犯罪被抓获才供出了此次抢劫致人死亡犯罪。在这种情况下，由于行为人收购手机的行为，严重妨害了司法活动，应当予以刑事追究。

本条第二款是关于授权各高级人民法院对数额标准在三千元至一万元以内确定具体标准。这主要是考虑是各省经济发展状况、社会治安状况不完全相同，尤其是东西部差异较大。这种做法，是最高人民法院司法解释的惯例做法。如《最高人民法院关于审理抢夺刑事案件具体应用法律若干问题的解释》、《最高人民法院、最高人民检察院关于办理诈骗刑事案件具体应用法律若干问题的解释》、《最高人民法院、最高人民检察院关于办理盗窃刑事案件适用法律若干问题的解释》，均授权各高级人民法院根据本地区经济发展状况，并考虑社会治安状况，在司法解释规定的数额幅度内，确定本地区执行的具体数额标准，报最高人民法院备案或批准。

本条第三款规定，是对有关司法解释的重申。《最高人民法院、最高人民检察院关于办理危害计算机信息系统安全刑事案件应用法律若干问题的解释》第七条规定："明知是非法获取计算机信息系统数据犯罪所获取的数据、非法控制计算机信息系统犯罪所获取的计算机信息系统控制权，而予以转移、收购、代为销售或者以其他方法掩饰、隐瞒，违法所得五千元以上的，应当依法刑法第三百一十二条第一款的规定，以掩饰、隐瞒犯罪所得罪定罪处罚。"因此，对涉及犯罪所得涉及计算机信息系统数据及控制权的犯罪所得，司法解释另有特殊规定，入罪标准为"违法所得五千元以上的"。为了避免司法实践中误认为本《解释》替代了《最高人民法院、最高人民检察院关于办理危害计算机信息系统安全刑事案件应用法律若干问题的解释》，特别规定了这样的条款。同时也表明，本《解释》是一般法，而《最高人民法院、最高人民检察院关于办理危害计算机信息系统安全刑事案件应用法律若干问题的解释》是特别法，特别法优于一般法。故掩饰、隐瞒涉及计算机信息系统数据、计算机信息系统控制权的犯罪所得的行为，不适用本《解释》，而适用《最高人民法院、最高人民检察院关于办理危害计算机信息系统安全刑事案件应用法律若干问题的解释》。

本条第四款系特殊规定，是对全国人大常委会 2014 年 4 月 24 日公布的《全国人民代表大会常务委员会关于〈中华人民共和国刑法〉第三百四十一条、第三百一十二条的解释》的解释（以下简称《人大解释》）。《人大解释》规定"知道或者应当知道是刑法第三百四十一条第二款规定的非法狩猎的野生动物而购买的，属于刑法第三百一十二条第一款规定的明知是犯罪所得而收购的行为”。其立法旨意在于明确对购买珍贵、濒危野生动物之外的普通野生动物行为如何处罚的问题，指引适用《刑法》第三百一十二条。适用《刑法》第三百四十一条第二款规定时应明确的是：

1. 购买野生动物不能适用掩饰、隐瞒犯罪所得、犯罪所得收益罪关于一般数额的规定。如同毒赃犯罪一样，法律、司法解释均不可能对毒品等法律、法规禁止流通的违禁品的犯罪价值作出数额规定，但可以对数量作出规定。因此，在实务操作中，不能将违禁品计算成价值。

2. 购买野生动物以掩饰、隐瞒犯罪所得、犯罪所得收益罪定罪处罚，必须符合三个条件。一是野生动物必须是上游犯罪人非法狩猎所得。根据《刑法》第三百四十一条第一款规定，国家重点保护的珍贵、濒危野生动物都是受法律保护的，非法猎捕、杀害的行为都构成犯罪，非法收购、运输、出售珍贵、濒危野生动物及其制品的行为都以非法收购、运输、出售珍贵、濒危野生动物、珍贵、濒危野生动物制品罪论处，而不以掩饰、隐瞒犯罪所得、犯罪所得收益罪论处。这是刑法对珍贵、濒危野生动物的特别保护，且刑罚配置高于掩饰、隐瞒犯罪所得、犯罪所得收益罪。而对一般野生动物，《刑法》第三百四十一条第二款则规定非法狩猎才构成犯罪，购买野生动物也只有购买非法狩猎的野生动物才构成掩饰、隐瞒犯罪所得、犯罪所得收益罪。因此，非法狩猎与否，是既是决定狩猎行为是否构成犯罪的前提必要条件，也是决定收购野生动物是否构成犯罪的前提必要条件。根据《刑法》第三百四十一条第二款的规定，所谓非法狩猎，必须符合三个条件。即（1）违反狩猎法规；（2）在禁猎区、禁猎期或者使用禁用的工具、方法进行狩猎；（3）情节严重。举例说，野猪是野生动物，但在有的地方，由于野猪繁殖过快，严重破坏农作物的安全，危害农业生产，一些乡镇依法成立狩猎队，有计划地对野猪进行猎杀。这种情形下猎捕的野猪就不属于非法狩猎的野生动物。根据《最高人民法院关于审理破坏野生动物资源刑事案件具体应用法律若干问题的解释》第六条规定，具有下列情形之一的，属于非法狩猎“情节严重”：（1）非法狩猎野生动物二十只以上的；（2）违反狩猎法规，在禁猎区或者禁猎期使用禁用的工具、方法狩猎的；(3) 具有其他严重情节的。第 (1) 项是数量标准，第 (2) 项是具有犯罪要件情节叠加而构成情节严重的规定，即在非法狩猎数量不到二十只的情况下，如果仅仅在禁猎区、禁猎期狩猎，或者在非禁猎区、非禁猎期使用禁用的工具、方法狩猎的，都不构成非法狩猎罪，但是如果既符合在禁猎区或者禁猎期狩猎的条件，又符合使用禁用的工具或者方法的条件的，则以非法狩猎罪论处。第 (3) 项是堵截型条款，指不在上述两项范围内但又应当认定为非法狩猎情节严重的情形。二是收购人必须明知野生动物系非法狩猎所得。如何认定明知？《人大解释》将其定义为“知道或者应当知道是刑法第三百四十一条第二款规定的非法狩猎的野生动物而购买的”。这也是立法和司法解释比较常用且被司法实践所广泛认可的对“明知”的认定方法。三是收购非法狩猎的动物必须达到一定的数量。并非所有购买非法狩猎的野生动物的行为都一律定掩饰、隐瞒犯罪所得、犯罪所得收益罪。购买的野生动物仍然需要达到一定数量才构成犯罪。到底这个数量定多少才合适？起草小组认为，根据《最高人民法院关于审理破坏野生动物资源刑事案件具体应用法律若干问题的解释》第六条的规定，非法狩猎野生动物二十只以上的，构成非法狩猎罪，而且非法狩猎罪的最高刑期是有期徒刑三年，与掩饰、隐瞒犯罪所得、犯罪所得收益罪量刑幅度的第一档相同。因此，收购非法狩猎的野生动物构成犯罪的数量应当起码高于这个标准。掩饰、隐瞒犯罪所得、犯罪所得收益罪作为“加入犯”，其定罪门槛，一般应高于“本犯”的定罪门槛。我们参考《国家林业局、公安部关于森林和陆生野生动物刑事案件管辖及立案标准》关于非法狩猎罪的立案标准分为普通案件（二十只以上）、重大案件（五十只以上）、特别重大案件（一百只以上），认为取中间数，收购非法狩猎的野生动物达到五十只以上的构成掩饰、隐瞒犯罪所得、犯罪所得收益罪比较妥当。

需要说明的是，非法狩猎罪的最高刑期为三年，作为“加入犯”的掩饰、隐瞒犯罪所得罪，刑期不能高于“本犯”。因为，掩饰、隐瞒犯罪所得、犯罪所得收益罪侵犯的客观是双重客体，但侧重于妨害司法。下游犯罪的刑期，在一般情况下应低于上游犯罪的刑期。而《刑法》对掩饰、隐瞒犯罪所得、犯罪所得收益罪则有两个量刑幅度，即《刑法》第三百一十二条第一款规定的三年有期徒刑以上刑罚和情节严重时三年以上七年以下有期徒刑的刑罚。因此，购买非法狩猎的野生动物行为构成犯罪的，不宜适用《刑法》第三百一十二条第一款的“情节严重”条款，即不论购买多少野生动物，都只能在三年有期徒刑以下刑罚处罚，而不能在三年以上七年以下有期徒刑的幅度内处罚。并且，就同一犯罪对象而言，非法狩猎罪的刑罚应高于以野生动物为对象的掩饰、隐瞒犯罪所得、犯罪所得收益罪的刑罚。

另一个需要说明的是，在《人大解释》出台之前收购非法狩猎野生动物的行为，是否可以适用《人大解释》的问题。根据解释原理，对《刑法》条文进行解释，并不是修改《刑法》，因此可以理解为，此解释可适用于《解释》公布之前的案件。

**【相关规定】**

《中华人民共和国刑法》第312条、第341条；《中华人民共和国治安管理处罚法》第60条。

**第二条** 掩饰、隐瞒犯罪所得及其产生的收益行为符合本解释第一条的规定，认罪、悔罪并退赃、退赔，且具有下列情形之一，可以认定为犯罪情节轻微，免予刑事处罚：

（一）具有法定从宽处罚情节的；

（二）为近亲属掩饰、隐瞒犯罪所得及其产生的收益，且系初犯、偶犯的；

（三）有其他情节轻微情形的。

行为人为自用而掩饰、隐瞒犯罪所得，财物价值刚达到本解释第一条第一款第（一）项规定的标准，认罪、悔罪并退赃、退赔的，一般可不认为是犯罪；依法追究刑事责任的，应当酌情从宽。

## 【条文主旨】

免予刑事处罚及从宽处理

## 【理解与适用】

本条规定了免予刑事处罚的情形及行为人为自用而收购赃物的处理原则。

第一款规定的是免予刑事处罚的情形。

在调研和征求意见时，有一种观点认为，《刑法》第三十七条规定“对于犯罪情节轻微不需要判处刑罚的，可以免予刑事处罚……”，这里规定的“犯罪情节”主要是指犯罪手段、危害后果、主观恶性等犯罪行为本身的情况。退赃退赔作为悔罪表现，也可以作为量刑考虑的因素，但在司法实践中，是否可以免予刑事处罚，应根据全案情况通盘考虑，是否具有本款规定之一即可免刑，似需斟酌。

起草小组经认真研究，认为本条规定免予刑事处罚的情形，是根据司法实践对《刑法》第三十七条的具体落实。理由有三：一是掩饰、隐瞒犯罪所得、犯罪所得收益罪的社会危害性与上游犯罪相比相对较小，司法实践中适用非监禁刑的比例很高。因此，有必要设置专门条款，对免予刑事处罚的情形作出明确规定，便于基层法院适用。二是最高人民法院已有的司法解释，如有关诈骗罪、盗窃罪司法解释均有适用免予刑事处罚情形的规定，目的就是为便于基层法院执行法律。三是增强量刑规范化工作需要。量刑规范化是最高人民法院司法改革工作的重要内容，在司法实践中已经取得明显成就，目的是为了减少法官量刑工作中的随意性。而对免予刑事处罚情形的细化，可以减少法官在决定是否免予刑事处罚工作上的随意性。本条规定将免予刑事处罚的情形从数额、罪中情节、罪后情节等方面进行了严格限制，已充分考虑了司法实践中的各种情况。

根据本条第一款的规定，对掩饰、隐瞒犯罪所得、犯罪所得收益行为适用免予处罚必须是犯罪情节轻微的。而认定情节轻微必须同时具备两个条件。第一个条件是行为人认罪、悔罪并退赃、退赔。第二个条件是具有《解释》规定的三种情形之一，且情节轻微的。

关于第一个条件即“认罪、悔罪并退赃、退赔”。首先，必须明确，适用免予刑事处罚，只能是针对掩饰、隐瞒犯罪所得、犯罪所得收益罪情节一般的行为，一般情况下，对情节严重，依法应当在三年以上七年以下有期徒刑幅度内量刑的，不宜适用免予刑事处罚。其次，行为人必须认罪、悔罪并退赃、退赔。

关于第二个条件的三种情形。情形之一，具有法定从宽处罚情节的。根据《刑法》总则规定，法定从宽处罚情节包括自首、立功、未成年人犯罪、又聋又哑的人或者盲人犯罪、犯罪中止、犯罪未遂、从犯、坦白等。情形之二，为近亲属掩饰、隐瞒犯罪所得及其产生的收益，且系初犯、偶犯的。关于近亲属之间犯本罪的处理，既体现了对近亲属间的掩饰、隐瞒犯罪所得、犯罪所得收益的宽大、人道原则，又设置了初犯、偶犯的条件，防止被滥用。各国刑法及相关法律对罪犯亲属的帮助掩饰、隐瞒行为均有类似的从宽条款，司法解释中作如此规定有利于缓解《刑法》规定与社会生活之间的冲突，明确了司法实践中对亲缘关系的特殊处理精神，最终有利于实现刑法维护社会秩序的功能。这方面，我国司法解释也是有先例可循的。如：《最高人民法院、最高人民检察院关于办理盗窃刑事案件适用法律若干问题的解释》第八条规定：“偷拿家庭成员或者近亲属的财物，获得谅解的，一般可不认为是犯罪；追究刑事责任的，应当酌情从宽。”情形之三，有其他情节轻微情形的。这是兜底条款，规定的目的是为了适应司法实践中出现新的情况，确实需要给予行为人免予刑事处罚，但不符合前两项条件的。

本条第二款规定了为自用而收购的从宽处理原则。这一规定是基于刑法谦抑性并根据这类行为人主观恶性小的特点而制定的。适用该款规定，需要明确：

1. 行为人的行为从本质上说是构成犯罪的，但因犯罪情节较轻、行为人主观恶性较小，事后恢复性措施到位，而不作犯罪处理或者虽然追究刑事责任但酌情从宽处理。这与行为本身不构成犯罪是有本质区分的。在不作犯罪处理的情况下，需要适用《刑法》第十三条的“但书”规定，即“情节显著轻微危害不大的，不认为是犯罪”，而不能仅适用《解释》第二条第二款。

2. 为自用而收购不以犯罪论处，必须同时符合以下三个条件：

（1）购买赃物的目的是为自用。在实践中如何判断自用？一般认为，为出于生活目的而购买，如购买自行车、购买摩托车等，用来自己出行，购买高压锅等用来厨用。在一般情况下，购买生产资料如工厂机器，不能轻易认定为自用，即使是个体企业、私营企业，由于是用于生产经营，不能认定为自用。也即说，自用的范围，应严格掌握在生活用品范围内。

（2）所购买赃物的价值，刚达到本《解释》第一条第一款第（一）项的规定即刚达到三千元至一万元。这个“刚达到”，不能机械地理解为正好达到，而是超过不多。如某省制定的标准是三千元，那么，三千至四千元一般都可以理解为刚达到，但如果超过数额过多，认定为“刚达到”就必须慎重。

同时，这里说的“刚达到”仅限于刚达到本《解释》第一条第一款第（一）项，对于因符合第（二）至第（五）项条件，即使是为自用而购买，也不适用无罪处理。理由在于，第（二）至第（五）项情况下，即使掩饰、隐瞒的数额并没有达到第（一）项的数额标准，但基于行为人的主观恶性深或者社会危害大，因而仍然予以追究刑事责任。

（3）行为人认罪、悔罪并退赃、退赔的。

3. 符合本法第二条第二款情形的，原则上不以犯罪处理。只有掩饰、隐瞒行为严重妨害了司法机关对上游犯罪进行追究的，才依法追究刑事责任。即使追究刑事责任的，也应当酌情从宽处理。也就是说，对此类行为，定罪量刑时应与专门收赃再出售牟利以及收购赃物用于生产经营的有所区别。

4. 需要说明的是，从宽处理的前提是行为人明知犯罪所得而实施掩饰、隐瞒行为。如果行为人不明知是犯罪所得而收购的，属于“善意购买”，因不具有犯罪主观意识，故不构成犯罪。

## 【相关规定】

《中华人民共和国刑法》第13条、第37条；《最高人民法院、最高人民检察院关于办理盗窃刑事案件适用法律若干问题的解释》第8条。

**第三条** 掩饰、隐瞒犯罪所得及其产生的收益，具有下列情形之一的，应当认定为刑法第三百一十二条第一款规定的“情节严重”：

（一）掩饰、隐瞒犯罪所得及其产生的收益价值总额达到十万元以上的；

（二）掩饰、隐瞒犯罪所得及其产生的收益十次以上，或者三次以上且价值总额达到五万元以上的；

（三）掩饰、隐瞒的犯罪所得系电力设备、交通设施、广播电视设施、公用电信设施、军事设施或者救灾、抢险、防汛、优抚、扶贫、移民、救济款物，价值总额达到五万元以上的；

（四）掩饰、隐瞒行为导致上游犯罪无法及时查处，并造成公私财物重大损失无法挽回或其他严重后果的；

（五）实施其他掩饰、隐瞒犯罪所得及其产生的收益行为，严重妨害司法机关对上游犯罪予以追究的。

司法解释对掩饰、隐瞒涉及机动车、计算机信息系统数据、计算机信息系统控制权的犯罪所得及其产生的收益行为认定“情节严重”已有规定的，审理此类案件依照该规定。

## 【条文主旨】

掩饰、隐瞒犯罪所得、犯罪所得收益“情节严重”的认定标准

## 【理解与适用】

本条规定了“情节严重”的具体标准。

根据1997年《刑法》，构成本罪的，处三年以下有期徒刑、拘役或者管制，并处或者单处罚金。《刑法修正案（六）》对本罪增加了一个法定刑幅度，即情节严重的，处三年以上七年以下有期徒刑，并处罚金，旨在严厉打击此类犯罪。但由于司法实践中没有明确的标准可循，一方面使得法院轻易不敢认定情节严重，不利于打击某些严重犯罪，另一方面也造成量刑标准不统一，同样数额、情节的案件在不同地区判决结果差异很大。起草小组认为，认定“情节严重”需要综合考虑犯罪所得、犯罪所得收益的价值总额、种类、犯罪的次数、上游犯罪的性质及对司法机关追查犯罪的妨害程度等因素。与《解释》第一条第一款相对应，从一般标准、特殊标准分别规定了“情节严重”的不同情形。

1. 一般标准：《解释》第三条第一款第（一）项规定了“情节严重”的一般标准，即从犯罪数额上确定情节严重的标准。根据《解释》规定，这个标准设定为掩饰、隐瞒犯罪所得及其生产的收益价值总额达到十万元以上。这个标准的设定，并不是拍脑袋决策，而是在充分调研，多方论证，几上几下的基础上，才最后由最高人民法院审判委员会讨论通过的。主要理由是：“情节严重”的数额标准不宜设置过高，否则实践中很难用到，但也不宜设置过低，否则可能造成量刑大幅上升，将情节严重的一般数额标准设定为十万元较为合适。

（1）十万元的标准与上游犯罪量刑相协调。根据调研的情况，本罪的上游犯罪中盗窃罪占90%以上，其余约10%以诈骗罪、抢夺罪、职务侵占罪等为主。根据《最高人民法院、最高人民检察院关于审理抢夺刑事案件适用法律若干问题的解释》第一条规定，抢夺公私财物价值一千元至三千元以上、三万元至八万元以上、二十万元至四十万元以上的，应当分别认定为《刑法》第二百六十七条规定的“数额较大”、“数额巨大”、“数额特别巨大”。根据《最高人民法院、最高人民检察院关于办理诈骗刑事案件具体应用法律若干问题的解释》第一条规定，诈骗公私财物价值三千元至一万元以上、三万元至十万元以上、五十万元以上的，应当分别认定为《刑法》第二百六十六条规定的“数额较大”、“数额巨大”、“数额特别巨大”。《最高人民法院、最高人民检察院关于办理盗窃刑事案件适用法律若干问题的解释》第一条第一款规定，盗窃公私财物价值一千元至三千元以上、三万元至十万元以上、三十万元至五十万元以上的，应当分别认定为《刑法》第二百六十四条规定的“数额较大”、“数额巨大”、“数额特别巨大”。综上，司法解释关于盗窃罪、诈骗罪，均以“三万元到十万元以上”为“数额巨大”，抢夺罪则以“三万元至八万元以上”为“数额巨大”，在三到十年有期徒刑之间量刑；职务侵占罪以十万元以上为“数额巨大”，在五年有期徒刑以上量刑。本罪以十万元为“情节严重”，在三年到七年有期徒刑之间量刑，法定刑均轻于上游犯罪，体现了本罪的社会危害性一般要小于上游犯罪的特点。

（2）十万元以上的案件适用“情节严重”比例较为合理。以江苏省为例，南通市最近五年以本罪立案的案件420件，价值总额在二十万元以上的只有4件，不到1%，十万元以上的20件，不到5%；泰州市最近五年收案369件，二十万元以上的4件，约占1%，十万元以上的11件，不到3%。如果以二十万元为情节严重的起点标准，达到这一标准的案件比例就过小，且江苏省是经济发达地区，在中西部地区，二十万以上的案件比例更小甚至没有，故以十万元为标准相对比较合适。

（3）将十万元作为情节严重的一般数额标准，有利于罪责刑均衡。根据最高人民法院研究室提供的统计数据，全国法院2007年1月至2011年9月，以掩饰、隐瞒犯罪所得、犯罪所得收益罪判处刑罚的共79471人，其中被判处三年以上七年以下有期徒刑的2155人，仅占2.7%（其中，2007年给予刑事处罚的共13679人，其中252人被判处三年以上有期徒刑，占1.8%，2008年给予刑事处罚的共17599人，其中457人被判处三年以上有期徒刑，占2.6%，2009年给予刑事处罚的共17532人，其中539人被判处三年以上有期徒刑，占3%，2010年给予刑事处罚的共17944人，其中512人被判处三年以上有期徒刑，占2.9%，2011年给予刑事处罚的共12717人，其中395人被判处三年以上有期徒刑，占3.1%）。适用三年以上七年以下有期徒刑刑罚的数量与犯罪总数的比例极低。其主要原因就是对此类案件如何认定情节严重，缺乏明确的司法解释，基层法院不敢也缺依据认定“情节严重”，使一些该重判的得不到重判。

（4）十万元的标准有利于严厉打击此类犯罪。征求意见时，有观点认为，《机动车司法解释》规定情节严重的标准是五十万元或机动车五辆以上，规定十万元标准太低。起草小组认为，机动车价值较大，五十万元的标准有一定合理性，但实践中，大量的掩饰、隐瞒犯罪所得及其产生的收益的犯罪案件，其犯罪对象并不是机动车，而是以自行车、电脑、手表、手机等日常生活用品为对象，价值较小，五十万元的标准很难达到，十万元的标准相对于三千元到五千元的定罪标准，已经提高了近三十倍，不宜再提高。

2. 特殊标准：即符合《解释》第三条第一款第（二）、（三）项情形的，掩饰、隐瞒的数额减半，达到五万元以上且符合相应条件或者虽然未达到五万元以上但掩饰、隐瞒犯罪所得及其产生的收益十次以上的，即可认定为刑法第三百一十二条第一款规定的“情节严重”。

（1）本条第一款第（二）项规定的是次数情形。有两种情况：一种是掩饰、隐瞒犯罪所得十次以上的，行为次数多，社会危害性大，行为人属于“职业收赃人”，应严厉打击；另一种是实施掩饰、隐瞒犯罪所得行为三次以上的，价值总额达到前项十万元标准的百分之五十（五万元）的。

适用该条款时，特别要注意“次数”的认定。《最高人民法院关于审理抢劫、抢夺刑事案件适用法律若干问题的意见》规定，“对于‘多次’的认定，应以行为人实施的每一次抢劫行为均已构成犯罪为前提，综合考虑犯罪故意的产生、犯罪行为实施的时间、地点等因素，客观分析、认定。对于行为人基于一个犯意实施犯罪的，如在同一地点同时对在场的多人实施抢劫的；或基于同一犯意在同一地点实施连续抢劫犯罪的，如在同一地点连续地对途经此地的多人进行抢劫的；或在一次犯罪中对一栋居民楼房中的几户居民连续实施入户抢劫的，一般应认定为一次犯罪。”我们认为，这是一个可以参考的规定。但是，掩饰、隐瞒犯罪所得、犯罪所得收益犯罪，由于每一次掩饰、隐瞒的行为，可能都不构成犯罪，但多次行为的积累后犯罪数额达到犯罪的程度。因此，有其自身的特殊性。经研究，在适用该条款，认定掩饰、隐瞒犯罪所得及其产生的收益的次数问题上要把握好以下几点。一是每一次掩饰、隐瞒的行为，必须是一个独立的行为，即独立的主观意图，独立的掩饰、隐瞒行为，独立的行为结果，但如果基于同一个故意，在同一时间、同一地点，同时或者连续对多起上游犯罪实施掩饰、隐瞒行为的，一般应认定为一次掩饰、隐瞒犯罪所得及其产生收益的行为。为同一个上游犯罪人同一起犯罪事实的犯罪所得及其产生的收益而分多次予以窝藏、转移、收购、代为销售或者以其他方法掩饰、隐瞒的，由于其犯罪对象的同一性，因而也应认定为一次掩饰、隐瞒犯罪所得及其产生收益的行为。二是每一次掩饰、隐瞒的行为，不以掩饰、隐形行为都构成犯罪为前提。三是即使认定为一次掩饰、隐瞒犯罪所得及其产生收益的行为的，仍然必须注意同时适用本《解释》第四条第二款的规定并注意有关治安处罚时效和刑事追究时效的规定。单次掩饰、隐瞒行为不构成犯罪，且超过治安处罚时效的，不再累计次数；单次掩饰、隐瞒行为构成犯罪，但超过刑事追究时效的，也不再累计次数。

（2）本条第一款第（三）项针对公用设备、设施及其他特殊财物，情节严重的标准有所降低，即不要求次数的限制，只要数额达到一般标准十万元的一半即五万元以上，就可认定为“情节严重”。司法实践中大量存在对光缆铜线、电力设施变压器等的收赃行为，助长了破坏公用设施类的犯罪，社会危害性也较其他收赃行为更大，应当是打击的重点，也是《刑法修正案（六）》对本罪加重法定刑幅度的一个重要出发点。理由：这类犯罪所助长的上游犯罪，破坏的都是涉及国家安全、军事设施、公共安全、民生设施或者特定款物等、因此，社会危害性相对较大。从严惩下游犯罪即销赃渠道等出发，有利于从根本上遏制上游犯罪。据此，该类犯罪情节严重的数额标准降低到五万元。

3. 兜底条款：本条第一款第（四）、（五）项对其他“情节严重”的情形予以规定。

有的掩饰、隐瞒犯罪所得、犯罪所得收益的犯罪行为，虽然所涉及的犯罪数额不大，甚至很小，但上游犯罪的危害特别大，社会影响特别恶劣，甚至给国家和社会带来巨大的损失，由于掩饰、隐瞒行为，致使上游犯罪无法及时得到查处。在这种情况下，即使其犯罪数额不到十万元甚至不到五万元，但确实属实情节严重的，就应当依法认定为情节严重。包括“掩饰、隐瞒行为致使上游犯罪无法及时查处，并造成公私财物重大损失无法挽回或其他严重后果的”和“实施其他掩饰、隐瞒犯罪所得及其产生的收益行为，严重妨害司法机关对上游犯罪予以追究的”。

本条第二款的规定，是对有关司法解释规定的重申。

（1）关于掩饰、隐瞒涉及机动车犯罪所得、犯罪所得收益的犯罪。根据《最高人民法院、最高人民检察院关于办理与盗窃、抢劫、诈骗、抢夺机动车相关刑事案件具体应用若干法律问题的解释》第一条第二款规定，明知是盗窃、抢劫、诈骗、抢夺的机动车，实施掩饰、隐瞒行为的，涉及盗窃、抢劫、诈骗、抢夺的机动车五辆以上或者价值总额达到五十万元以上的，属于刑法第三百一十二条规定的“情节严重”。因此，涉及掩饰、隐瞒的对象是盗窃、抢劫、诈骗、抢夺的机动车的，是否属于情节严重，不适用本《解释》第三条第一款的规定。需要说明的是，《最高人民法院、最高人民检察院关于办理与盗窃、抢劫、诈骗、抢夺机动车相关刑事案件具体应用若干法律问题的解释》仅对掩饰、隐瞒的对象是盗窃、抢劫、诈骗、抢夺的机动车的行为作出规定，而如果掩饰、隐瞒的是其他犯罪涉及机动车的，未必适用《最高人民法院、最高人民检察院关于办理与盗窃、抢劫、诈骗、抢夺机动车相关刑事案件具体应用若干法律问题的解释》，依然适用本《解释》第三条第一款的有关规定。

（2）关于掩饰、隐瞒涉及计算机信息系统数据、计算机信息系统控制权的犯罪所得、犯罪所得收益的犯罪。根据《最高人民法院、最高人民检察院关于办理危害计算机信息系统安全刑事案件应用法律若干问题的解释》第七条规定，明知是非法获取计算机信息系统犯罪所获取的数据、非法控制计算机信息系统犯罪所获取的计算机信息系统控制权，而予以转移、收购、代为销售或者以其他方法掩饰、隐瞒，违法所得五万元以上的，应当认定为刑法第三百一十二条第一款规定的“情节严重”。因此，涉及掩饰、隐瞒的对象是非法获取计算机信息系统犯罪所获取的数据、非法控制计算机信息系统犯罪所获取的计算机信息系统控制权而获得违法所得，其情节严重的认定，不适用本解释第三条第一款的规定，而适用《最高人民法院、最高人民检察院关于办理危害计算机信息系统安全刑事案件应用法律若干问题的解释》的特别规定。但是，在量刑时还应当考虑到本解释将情节严重的起点设置为十万元的实际情况而予以酌情考虑。

## 【相关规定】

《中华人民共和国刑法》第 312 条；《最高人民法院、最高人民检察院关于审理抢夺刑事案件适用法律若干问题的解释》第 1 条；《最高人民法院、最高人民检察院关于办理诈骗刑事案件具体应用法律若干问题的解释》第 1 条；《最高人民法院、最高人民检察关于办理盗窃刑事案件适用法律若干问题的解释》第 1 条；《最高人民法院、最高人民检察院关于办理与盗窃、抢劫、诈骗、抢夺机动车相关刑事案件具体应用法律若干问题的解释》第 1 条、第 3 条；《最高人民法院关于审理抢劫、抢夺刑事案件适用法律若干问题的意见》；《最高人民法院、最高人民检察院关于办理与盗窃、抢劫、诈骗、抢夺机动车相关刑事案件具体应用若干法律问题的解释》第7条。

**第四条** 掩饰、隐瞒犯罪所得及其产生的收益的数额，应当以实施掩饰、隐瞒行为时为准。收购或者代为销售财物的价格高于其实际价值的，以收购或者代为销售的价格计算。

多次实施掩饰、隐瞒犯罪所得及其产生的收益行为，未经行政处罚，依法应当追诉的，犯罪所得、犯罪所得收益的数额应当累计计算。

**【条文主旨】**

掩饰、隐瞒犯罪所得、犯罪所得收益的数额计算

**【理解与适用】**

本条规定了掩饰、隐瞒犯罪所得、犯罪所得收益的数额计算问题。

财产型犯罪的数额计算问题，直接关系到行为是否构成犯罪、如果构成犯罪适用何量刑幅度、在幅度内如何决定量刑轻重等问题。掩饰、隐瞒犯罪所得及其产生的收益的行为，虽然主要是破坏司法秩序，妨害司法机关对上游犯罪的刑事追究，但客观上也侵害了财产权益，因此，数额计算仍然是很重要的问题。

由于财物价格是个变动较大的事物，因此，明确一个计价的时间点很重要。结合以前有关盗窃罪等财产型犯罪的计价方法，本罪的计价，采取以行为时的市场价为基准，以收购或者销赃价格为补充的计价方法。

基准计价方法：以掩饰、隐瞒犯罪所得、犯罪所得收益行为时的市场价为基准。市场价的确定应当以价格鉴定机构作出的鉴定意见为准。

补充计价方法：在一般情况下，收购和销售赃物的价格往往低于赃物实际价值。但也不排除在特殊情况下，行为人从上游犯罪人处收购赃物时或向他人销售赃物时的价格高于赃物的实际价值的情况。在这种情况下，《解释》规定，收购或代为销售价格高于实际价值的，就高认定，以收购或代为销售价格计。

需要说明的是，在物价总体处于上涨的趋势下，案件被查处时赃物的价格往往高于行为时的价格，此时，必须严格依照行为时的价格计算犯罪数额，以保护被告人的合法权益。但是，也有案件查处时的价格低于行为时价格的情况。此时，仍然应该以行为时的价格计算犯罪数额。但是，查处时的价格如果明显低于行为时价格的，应在量刑时予以酌情考虑。

本条第二款规定的是多次掩饰、隐瞒犯罪所得、犯罪所得收益的数额累计问题。

适用本条第二款时，应当明确：（1）适用该款的前提，是存在数个掩饰、隐瞒犯罪所得、犯罪所得收益的行为，单纯一个掩饰、隐瞒行为不存在数额累计计算的问题。（2）数个掩饰、隐瞒行为既可能每次都构成犯罪，也有可能每次都不构成犯罪，也有可能有些单次即可构成犯罪，有些单次不构成犯罪。（3）实践中，单次构成犯罪的掩饰、隐瞒行为，公安机关都要移送追究刑事责任。当然，事实上也存在构成犯罪的掩饰、隐瞒行为而公安机关即以行政违法行为为由予以行政处罚的现象。在这种情况下，也只能以是否经过公安机关治安处罚以及是否超过追诉期限来决定。否则，就可能违背“一事不再理”的刑事诉讼原则。（4）对于未经公安机关治安管理行政处罚，并且未超过《治安管理处罚法》规定的追诉期限的掩饰、隐瞒行为，数额就应当累计计算；对于已经过治安管理行政处罚或者已经超过《治安管理处罚法》规定的追诉期限的，那么该次掩饰、隐瞒数额就不能累计计算。（5）对于单次掩饰、隐瞒行为，如果构成犯罪的，其是否累计计算，应当依照《刑法》关于追诉期限的规定处理。

掩饰、隐瞒犯罪所得及其产生的收益的行为实施后产生的孳息如何处理，是否计入犯罪数额？比如，一百万赃款存入银行后产生一万元利息，这一万元利息是否应当计入犯罪数额？我们认为，这一万元只能作为非法所得认定，而不是掩饰、隐瞒犯罪所得、犯罪所得收益里的“收益”。本罪中的收益应当是指上游犯罪既遂后在上游犯罪人处产生的收益。掩饰、隐瞒行为人处产生的收益，不是该罪中的“收益”。

**【相关规定】**

《中华人民共和国治安管理处罚法》第22条。

**第五条** 事前与盗窃、抢劫、诈骗、抢夺等犯罪分子通谋，掩饰、隐瞒犯罪所得及其产生的收益的，以盗窃、抢劫、诈骗、抢夺等犯罪的共犯论处。

**【条文主旨】**

掩饰、隐瞒犯罪所得、犯罪所得收益与上游犯罪事前通谋的司法认定

**【理解与适用】**

本条规定了事前通谋的共同犯罪问题。

掩饰、隐瞒犯罪所得、犯罪所得收益的行为是事后的帮助行为，“犯罪所得及其产生的收益”中的“犯罪”应当是指既遂犯罪。对于事前与盗窃、抢劫、抢夺等犯罪分子通谋，实施掩饰、隐瞒犯罪所得、犯罪所得收益的，主观上明知盗窃、抢劫、抢夺的行为人的犯罪内容、危害后果而与其通谋，形成共同的犯罪故意，客观上对盗窃、抢劫、抢夺的犯罪分子实施犯罪予以配合，应当以共同犯罪论处。此时，其掩饰、隐瞒行为就成了盗窃、抢劫、抢夺等犯罪的共同犯罪行为的组成内容。当然，在共同犯罪

中的地位、作用，可以根据其实际所起的地位、作用认定。这方面的立法例有不少，如《刑法》第三百一十条第二款规定，犯窝藏、包庇罪，事前通谋的，以共同犯罪论处。《最高人民法院、最高人民检察院关于办理与盗窃、抢劫、诈骗、抢夺机动车相关刑事案件具体应用法律若干问题的解释》第四条明确规定，事前与盗窃、抢劫、诈骗、抢夺机动车的犯罪分子通谋的，以盗窃罪、抢劫罪、诈骗罪、抢夺罪的共犯论处。《最高人民法院法院、最高人民检察院关于办理盗窃油气、破坏油气设备等刑事案件具体应用法律若干问题的解释》第五条规定，明知是盗窃犯罪所得的油气或者油气设备，而予以窝藏、转移、收购、加工、代为销售或者以其他方法掩饰、隐瞒的，依照刑法第三百一十二条的规定定罪处罚；实施前述犯罪行为，事前通谋的，以盗窃罪的共犯罪定罪处罚。在总结立法和司法解释经验的基础上，本解释也作了类似的规定。《解释》第五条规定："事前与盗窃、抢劫、诈骗、抢夺等犯罪分子通谋，掩饰、隐瞒犯罪所得及其产生的收益的，以盗窃、抢劫、诈骗、抢夺等犯罪的共犯论处"。

结合法理和司法实践，认定掩饰、隐瞒犯罪所得、犯罪所得收益行为人是否与盗窃、抢劫、诈骗、抢夺等上游犯罪分子通谋，一般从以下几个方面把握：（1）从主观上分析判断，一看其是否明知上游犯罪人实施犯罪行为。如果有证据证明掩饰、隐瞒行为实施人误认为上游犯罪所得是正常所得，那么，掩饰、隐瞒行为人虽然客观上起到了帮助上游犯罪人的后果，但因缺乏主观要件而不能对其定罪；二看明知上游犯罪人犯罪的时间，如果上游犯罪既遂后才知道上游犯罪行为的，自然不能认定为与上游犯罪人通谋，如果事先知道（包括事中知道）上游犯罪行为，且在客观上实施了协助上游犯罪人完成上游犯罪行为的，就可以认定为与上游犯罪人通谋。（2）从客观上分析判断，即其实施的掩饰、隐瞒行为是在上游犯罪完成后还是在上游犯罪实施前或者实施过程中。如果掩饰、隐瞒行为是在上游犯罪完成后才介入的，则结合掩饰、隐瞒行为人主观是否存在事先通谋问题进行综合判断。如果掩饰、隐瞒行为，在事先、事中就起到了对上游犯罪参与、配合、协助作用，那么，就可以认定其掩饰、隐瞒的故意产生于上游犯罪实施前或实施中。

司法实践中，经常碰到掩饰、隐瞒行为人事先并未与上游犯罪人通谋，而是在上游犯罪尚未完成时介入，但其并未直接参与上游犯罪，而是以掩饰、隐瞒的方式协助上游犯罪人完成犯的情况。这种情形下，亦应当以共同犯罪处理。

实践中需要注意的是，如果盗窃、抢劫、抢夺等犯罪，由于行为人是未成年人等原因而致这些行为具有违法性，只是缺乏有责性，但掩饰、隐瞒行为人事先通谋、事中介入，则因其掩饰、隐瞒行为也具有违法性，因而与盗窃、抢劫、抢夺等犯罪行为人在违法层面成立共同犯罪，盗窃、抢劫、抢夺等犯罪行为人只是由于缺乏有责性而不可罚，但掩饰、隐瞒行为人如果具有责任，则依然成立共犯。

这里需要明确一个问题，即共同犯罪人之间，在共同犯罪行为完成后，相互实施掩饰、隐瞒犯罪所得、犯罪所得收益的行为，不能以掩饰、隐瞒犯罪所得、犯罪所得收益罪定罪处罚。其理由如下：

1. 共同犯罪人之间相互掩饰、隐瞒的行为，因不具期待可能性，因而不具备刑法上的可罚性。

通说认为，期待可能性是指根据具体情况，有可能期待行为人不实施违法行为而实施其他适法行为。期待可能性理论认为，如果不能期待行为人实施其他适法行为，就不能对其进行法的非难，因而不存在刑法上的责任。期待可能性理论在学界尚有不少争论，但缺乏期待可能性，作为责任阻却事由，应该是刑法理论界的共识。

为说明问题，我们还是先从个人单独犯罪入手进行分析。个人单独犯罪，无论犯罪性质如何，法律上都不指望行为人作案后即自首，交出犯罪所得等，而只能通过设立自首制度、坦白制度等，鼓励犯罪分子自首、退赃等。但是，如果犯罪分子掩饰、隐瞒犯罪所得的，无论是法律规定上还是司法实务中，都不可能对此单独另行定罪处罚。原因很简单，就是因为此类行为缺乏期待可能性，因而缺乏可罚性。举例说，盗窃犯罪分子将盗窃所得隐藏或者使用，都是处理赃款的行为。如果盗窃犯罪分子以外的人实施掩饰隐瞒行为，则依法构成掩饰、隐瞒犯罪所得、犯罪所得收益罪。但盗窃犯罪分子本人实施的掩饰隐瞒行为，从其性质来说，属于共罚的事后行为，也称为不可罚的事后行为（即不能独立定罪的事后行为）。所谓共罚的事后行为，其实质属于吸收的一罪（即数个不同的行为，一行为吸收其他行为，仅成立吸收行为为一个罪名的犯罪），是指在状态犯的场合，利用该犯罪行为的结果的行为，如果孤立地看，符合其他犯罪的犯罪构成，具有可罚性，但由于被综合评价在该状态犯中，故没有必要另行认定为其他犯罪。

再看共同犯罪。刑法作出共同犯罪的规定，实际上是基于将共同犯罪人作为一个整体，视同于一个人犯罪，基于共同的犯罪故意内容，视同于一个人的犯罪故意。在此基础上，根据各参与人的行为对法益侵害（危险）结果所起的作用可能不同，责任程度与范围也会不同，因而作出了区别对待即刑法分别对主犯、从犯、胁从犯规定了不同的处罚原则，同时对教唆犯作了特别规定。因此，共同犯罪人之间的联系是非常密切的，应视为一个整体。只要其中一个单独的个体被查获，其他人都面临被查获的可能。如此，要求共同犯罪人之间对犯罪所得、犯罪所得收益互相不实施掩饰、隐瞒行为，实在是不具有期待可能性！共同犯罪人之间互相掩饰、隐瞒的行为，应视同对己身犯罪所得、犯罪所得收益的掩饰、隐瞒，因而不再另行定罪处罚。

2. 掩饰、隐瞒犯罪的主体，应该是本犯以外的人，当掩饰、隐瞒者是本犯时，则不具有掩饰、隐瞒犯罪所得及其收益罪的主体资格。

掩饰、隐瞒犯罪属于加入犯，而不是本犯。加入犯指的是在本犯的犯罪行为实行终了后，在本犯实施犯罪后续行为时加入从而触犯刑律构成犯罪的人。如果加入犯与本犯事先通谋或事中加入而不是事后加入的，则成为共同犯罪人。共同犯罪人基于他们在犯罪过程中的关系，在主观上有共同的犯罪故意，客观上有共同的犯罪行为，对共同犯罪人以他们所实施的共同犯罪行为和在共同犯罪中的作用来定罪处罚，而不以掩饰、隐瞒犯罪所得、犯罪所得收益罪定罪处罚。其基本理由是：（1）事前通谋，则说明共同故意产生于本犯犯罪行为实施前，掩饰、隐瞒者虽然仅实施掩饰、隐瞒行为，但却是共同犯罪行为的组成部分。（2）事中知道共同犯罪行为而以掩饰、隐瞒的形式参加到共同犯罪的，则共同犯罪的故意产生于共同犯罪的过程中，掩饰、隐瞒行为仍然是共同犯罪行为的组成部分，在共同犯罪过程中介入，其共同故意仍然成立，这是符合共同犯罪基本原理的。（3）本犯犯罪实行终了后，仅实施掩饰、隐瞒行为的，则因不具有共同犯罪的故意内容而只能以掩饰、隐瞒罪定罪处罚。（4）共同犯罪人之间互相掩饰、隐瞒的，由于相互之间对本犯具有共同的故意内容，因此，不具有掩饰、隐瞒犯罪所得、犯罪所得收益犯罪的主体资格。两者之间具有明显的区别：从犯罪主体上看，掩饰、隐瞒的行为人是共同犯罪本犯以外的人，即“加入犯”，共同犯罪人之间互相掩饰、隐瞒的，不能单独构成掩饰、隐瞒犯罪所得、犯罪所得收益罪。（2）从主观上看，掩饰、隐瞒的行为人先前与本犯没有意思联络，如果有意思联络则属共同犯罪，加入犯的掩饰、隐瞒行为与本犯在先前是否具有意思联络，是区别掩饰、隐瞒罪与共犯的重要标志。（3）从客观上看，掩饰、隐瞒的行为人没有加入本犯的行列，如果在客观上已经参与了本犯，则构成共同犯罪。

3. 从刑法条文的内在逻辑结构分析，共同犯罪人不属于掩饰、隐瞒犯罪所得、犯罪所得收益罪的犯罪主体。

法律条文所包含的内在逻辑，是我们理解和适用法律时必须掌握的，也是立法者在立法时对每个文字之所以这样表述而不是那样表述的内在原因。以《刑法》第三百一十条第一款规定为例，该条款规定，“明知是犯罪的人而为其提供隐藏处所、财物，帮助其逃匿或者作假证明包庇的……”这里使用的是“明知是犯罪的人”，“明知”当然只能对本犯以外的犯罪人而言，对本犯来讲，使用“明知”即毫无意义。因为他自己是犯罪的人，他当然是明知的，没有必要使用“明知”一词。另外，从“帮助其逃匿”等用语来看，也是指“犯罪的人”以外的人，而不是“犯罪的人”本人。明确这一点有助于我们区别该条文中“犯罪的人”与窝藏、包庇的人的界限。可见，划清本犯的犯罪与窝藏、包庇罪的界限，关键是弄清加入犯的行为性质，也就是说加入犯是否已加入本犯的犯罪行列。如果没有事前通谋、事中介入而仅实施窝藏、包庇行为时，以窝藏、包庇罪定罪处罚，但如果具有事前通谋、事中介入情节的，则以共同犯罪论处。也就是说，加入犯一旦被认定为共同犯罪的本犯时，虽然仅实施窝藏、包庇行为，但却要对其窝藏、包庇的行为以本犯论处，而不以窝藏、包庇罪论处。本犯的共同犯罪人在事后实施窝藏、包庇行为，更不能单独另定窝藏、包庇罪，否则，就显然与刑法条文的内涵不相符的。

**【相关规定】**

《中华人民共和国刑法》第 310 条；《最高人民法院、最高人民检察院关于办理与盗窃、抢劫、诈骗、抢夺机动车相关刑事案件具体应用法律若干问题的解释》第 4 条；《最高人民法院法院、最高人民检察院关于办理盗窃油气、破坏油气设备等刑事案件具体应用法律若干问题的解释》第 5 条。

**第六条** 对犯罪所得及其产生的收益实施盗窃、抢劫、诈骗、抢夺等行为，构成犯罪的，分别以盗窃罪、抢劫罪、诈骗罪、抢夺罪等定罪处罚。

**【条文主旨】**

此罪与彼罪的区别

**【理解与适用】**

本条规定明确了本罪与盗窃、诈骗等其他犯罪的界限。

“将明知是他人犯罪所得、犯罪所得收益而实施的盗窃、诈骗等犯罪认定为掩饰、隐瞒犯罪所得、犯罪所得收益罪，对此罪与彼罪的界限认识不清”是启动本司法解释的原因之一。在司法实践中，存在这样的案例：被告人薛某某系某区一网吧管理员，与经常到该网吧上网的张某某熟识。某日晚8时许，张某某携带一黑色电脑包来到网吧，征得薛某某同意，将黑色电脑包放在吧台内，后张某某在网吧上网。薛某某从平时张某某的言谈及当晚的行为表现，怀疑张放置在吧台内的包是盗窃所得，遂讯问张某某包内何物，张说包内装的是螺丝帽。当晚11时许，薛某某趁张某某不注意，擅自打开张某某存放在吧台内的黑色电脑包，发现包内有手提电脑1台、玉坠2个、钻石项链1条、钻石戒指1个、100元人民币面值的手机充值卡5张、手表2块、美元980元、欧元1500元以及重30克的千足金块等物品，价值共计人民币11万余元。薛某某将情况告知刘某，并让刘某将黑色电脑包拿走，事后二人分赃。次日，张某某到吧台拿包发现包已不见，遂报案，经侦查，薛某某、刘某供述了犯罪，同时张某某盗窃犯罪也案发。某区人民法院认为，被告人薛某某、刘某明知是犯罪所得而予以转移，其行为均构成掩饰、隐瞒犯罪所得罪。公诉机关指控二人犯盗窃罪，定性不当。判决被告人薛某某犯掩饰、隐瞒犯罪所得罪，判处有期徒刑二年，并处罚金人民币五千元。被告人刘某犯掩饰、隐瞒犯罪所得罪，判处有期徒刑一年，并处罚金人民币三千元。

上述案例中，某区法院以掩饰、隐瞒犯罪所得罪定罪处罚，理由是被告人薛某某等人秘密窃取赃物的方法系掩饰、隐瞒犯罪所得罪中的“其他方法”。我们认为这是个比较重大的此罪与彼罪的问题，因此，在本《解释》起草时特意安排设置了本条条文的内容。

客观地说，诈骗、盗窃或抢劫、抢夺他人犯罪所得，客观上起到了转移他人犯罪所得的效果。但是，从罪质上说，属于诈骗、盗窃或者抢劫、抢夺犯罪。有观点认为，诈骗、盗窃或抢劫、抢夺犯罪所得既触犯诈骗罪、盗窃罪或抢劫罪、抢夺罪，又触犯掩饰、隐瞒犯罪所得罪，属于想象竞合犯，可择重罪以诈骗罪、盗窃罪或抢劫罪、抢夺罪处罚。我们认为，这种观点不符合诈骗、盗窃或抢劫、抢夺他人犯罪所得行为的本质特征。该行为只构成诈骗、盗窃或抢劫、抢夺罪。理由如下：

1. 主观上，行为人只具有侵犯他人财产的故意，不具有掩饰、隐瞒犯罪所得的故意。盗窃、诈骗、抢劫、抢夺犯罪所得、犯罪所得收益的行为人的犯罪目的是非法占有“犯罪所得、犯罪所得收益”，而掩饰、隐瞒行为的犯罪目的是帮助上游犯罪人逃避司法机关的追查。

2. 客观上，行为人实施诈骗、盗窃或抢劫、抢夺的行为，未经上游犯罪人许可或者默认，侵犯了上游犯罪人的“利益”。而掩饰、隐瞒犯罪的行为人的掩饰、隐瞒行为对上游犯罪的犯罪人是一种事后帮助，其行为应当是基于上游犯罪行为人的意思的，即行为人与上游犯罪行为人是形成合意的。因此，虽然诈骗、盗窃或抢夺、抢劫他人犯罪所得客观上也起到了转移他人犯罪所得的效果，但是基于行为人没有替上游犯罪行为人掩饰、隐瞒的主观意思，而是一个独立的犯罪行为，与掩饰、隐瞒的行为有本质上的区别。

3. 两者从侵犯的法益不同。诈骗、盗窃或抢劫、抢夺的行为侵犯的是公私财产权，其中抢劫、抢夺犯罪还侵犯公民人身权利。而掩饰、隐瞒犯罪所得、犯罪所得收益罪侵犯的主要是司法秩序，妨害司法机关对上游犯罪的刑事追究活动。

4. 犯罪所得、犯罪所得收益可以成为诈骗、盗窃或抢劫、抢夺的对象。诈骗、盗窃或抢劫、抢夺虽然侵犯的是公私财产权利，但这些犯罪的客体不要求被害人对财物具有合法的占有或所有权，而只要求占有关系，因此，犯罪所得、犯罪所得收益仍然可以作为诈骗、盗窃、抢劫、抢夺的犯罪对象，所以对此类行为应当以相应的罪名定罪处理。这点在刑法理论上没有争议，司法实践中也普遍这样认识的。

需要说明的是，虽然掩饰、隐瞒犯罪所得、犯罪所得收益罪的犯罪构成中规定了“其他方法”，但是“其他方法”在罪质上必须与“窝藏、转移、收购或代为销售”具有相当性。诈骗、盗窃或抢劫、抢夺犯罪所得、犯罪所得收益，虽然客观上也起到了掩饰、隐瞒的作用，但其罪质与“窝藏、转移、收购或代为销售”不具相当性，且一般来说而盗窃、抢劫、诈骗、抢夺等行为是违背上游犯罪行为人意思的，因此，不能纳入到“其他方法”体系中。

**第七条** 明知是犯罪所得及其产生的收益而予以掩饰、隐瞒，构成刑法第三百一十二条规定的犯罪，同时构成其他犯罪的，依照处罚较重的规定定罪处罚。

## 【条文主旨】

竞合关系的处理

## 【理解与适用】

本条规定的是本罪与其他犯罪牵连竞合关系的处理。

本条与《解释》第六条规定不同的是，第六条所涉及的诈骗、盗窃、抢劫、抢夺他人犯罪所得，虽然客观上也起到了转移他人犯罪所得的效果，但是基于行为人没有替上游犯罪行为人掩饰、隐瞒的主观意思，是一个独立的犯罪行为，与掩饰、隐瞒的行为有本质上的区别，两者之间也不存在竞合的关系。而本条所涉及的是，一行为既构成掩饰、隐瞒犯罪所得、犯罪所得收益罪，也构成其他犯罪，依照刑法理论和刑法规定择一重罪处罚的问题。

竞合关系主要包括以下三种情形：

1. 法规竞合关系。涉及《刑法》第一百九十一条洗钱罪，第三百一十二条掩饰、隐瞒犯罪所得、犯罪所得收益罪，第三百四十九条窝藏、转移、隐瞒毒品、毒赃罪等，根据《最高人民法院关于审理洗钱等刑事案件具体应用法律若干问题的解释》第三条规定，这三个条文间属于法规竞合关系，按照一般法与特别法的适用原则从一重罪处。

先说洗钱犯罪。《最高人民法院关于审理洗钱等刑事案件具体应用法律若干问题的解释》第三条规定：明知是犯罪所得及其产生的收益而予以掩饰、隐瞒，构成刑法第三百一十二条规定的犯罪，同时又构成刑法第一百九十一条或者第三百四十九条规定的犯罪的，依照处罚较重的规定定罪处罚。这一规定和本条解释的内容、精神是完全一致的。根据《刑法》第一百九十一条规定，明知是毒品犯罪、黑社会性质的组织犯罪、恐怖活动犯罪、走私犯罪、贪污贿赂犯罪、破坏金融管理秩序犯罪、金融诈骗犯罪的所得及其产生的收益，实施掩饰、隐瞒其来源和性质行为的，没收犯罪所得及其产生的收益，处五年以下有期徒刑或者拘役，并处或者单处洗钱数额百分之五以上百分之二十以下罚金；情节严重的，处五年以上十年以下有期徒刑，并处洗钱数额百分之五以上百分之二十以下罚金。显然，洗钱罪与掩饰、隐瞒犯罪所得、犯罪所得收益罪相比，洗钱罪属于重罪。因此，针对毒品犯罪、黑社会性质的组织犯罪、恐怖活动犯罪、走私犯罪、贪污贿赂犯罪、破坏金融管理秩序犯罪、金融诈骗犯罪的所得及其产生的收益而实施的掩饰、隐瞒行为，只能以洗钱罪处理。

再看窝藏、转移、隐瞒毒品、毒赃罪。《刑法》第三百四十九条第一款规定，包庇走私、贩卖、运输、制造毒品的犯罪分子的，为犯罪分子窝藏、转移、隐瞒毒品或者犯罪所得的财物的，处三年以下有期徒刑、拘役或者管制；情节严重的，处三年以上十年以下有期徒刑。第二款规定：缉毒人员或者其他国家机关工作人员掩护、包庇走私、贩卖、运输、制造毒品的犯罪分子的，依照前款的规定从重处罚。这里，窝藏、转移、隐瞒毒品行为，由于该行为对象毒品具有特殊性，因此，该行为只能以窝藏、转移、隐瞒毒品，适用《刑法》第三百四十九条规定定罪处罚。而窝藏、转移、隐瞒毒品犯罪所得的财物，则是既构成掩饰、隐瞒犯罪所得、犯罪所得收益罪，也构成窝藏、转移、隐瞒毒赃罪，依照特别法优于一般法的原则，应该以窝藏、转移、隐瞒毒赃罪定罪处罚。同时，根据择重罪处罚的原则，也应该以窝藏、转移、隐瞒毒赃罪定罪处罚。当行为构成犯罪还未达到情节严重时，掩饰、隐瞒犯罪所得、犯罪所得收益罪的法定刑为三年以下有期徒刑、拘役或者管制，并处或单处罚金，而窝藏、转移、隐瞒毒赃罪的法定刑则为三年以下有期徒刑、拘役或者管制，没有罚金刑。两者相较，我们认为，虽然掩饰、隐瞒犯罪所得、犯罪所得收益罪具有并处罚金的规定，但却可以依法单处罚金，因此，综合比较法定刑幅度，掩饰、隐瞒犯罪所得、犯罪所得收益罪的法定刑低于窝藏、转移、隐瞒毒赃罪的刑罚。当行为达到情节严重时，掩饰、隐瞒犯罪所得、犯罪所得收益罪的法定刑为三年以上七年以下有期徒刑、并处罚金，而窝藏、转移、隐瞒毒赃罪的法定刑则为三年以上十年下有期徒刑。因此，总体上，窝藏、转移、隐瞒毒赃罪的刑罚重于掩饰、隐瞒犯罪所得、犯罪所得收益罪。

2. 想象竞合关系。例如，行为人明知是他人犯罪所得的枪支而予以窝藏，同时构成掩饰、隐瞒犯罪所得罪和私藏枪支罪。按照想象竞合的原则从一重罪处。这里就有一个问题，根据《刑法》第一百二十八条第一款规定，私藏枪支的，处三年下有期徒刑、拘役或者管制，情节严重的，处三年以上七年以下有期徒刑。两者的法定刑进行综合比较，我们认为，对于掩饰、隐瞒犯罪所得、犯罪所得收益罪，在犯罪情节较轻的情况下可以单处罚金刑，但对私藏枪支罪则不能单处罚金刑。因此，掩饰、隐瞒犯罪所得、犯罪所得收益罪的法定刑低于私藏枪支罪的刑罚。此时，可以私藏枪支罪定罪处罚。更何况，特别法优于一般法是法律适用的一般原则。

3. 牵连关系。掩饰、隐瞒犯罪所得、犯罪所得收益的手段行为或目的行为可能构成其他犯罪如滥用职权罪、故意毁坏文物罪，依照从一重罪处的原则定罪处罚。这一原则是与刑法理论一致的原则，即，除非法律明文规定实行数罪并罚，否则，只能依照重罪处罚。例如，行为人替他人掩饰盗窃所得的文物，为了逃避查处，将文物予以切割进行转移，或直接毁坏文物致文物灭失的，其行为既符合掩饰、隐瞒犯罪所得、犯罪所得收益罪的犯罪构成，又构成故意毁损文物罪，应当按照处罚较重的故意毁损文物罪定罪处罚。

**【相关法条】**

《中华人民共和国刑法》第128条、第191条、第312条、第349条；《最高人民法院关于审理洗钱等刑事案件具体应用法律若干问题的解释》第3条。

**第八条** 认定掩饰、隐瞒犯罪所得、犯罪所得收益罪，以上游犯罪事实成立为前提。上游犯罪尚未依法裁判，但查证属实的，不影响掩饰、隐瞒犯罪所得、犯罪所得收益罪的认定。

上游犯罪事实经查证属实，但因行为人未达到刑事责任年龄等原因依法不予追究刑事责任的，不影响掩饰、隐瞒犯罪所得、犯罪所得收益罪的认定。

**【条文主旨】**

本罪与上游犯罪的关系

**【理解与适用】**

本条规定了掩饰、隐瞒犯罪所得、犯罪所得收益罪与上游犯罪之间的关系。

该规定是相关司法解释的重申。《最高人民法院关于审理洗钱等刑事案件具体应用法律若干问题的解释》第四条已明确“刑法第一百九十一条、第三百一十二条、第三百四十九条规定的犯罪，应当以上游犯罪事实成立为认定前提。上游犯罪尚未依法裁判，但查证属实的，不影响刑法第一百九十一条、第三百一十二条、第三百四十九条规定的犯罪的审判。”

我们同意该《解释》的意见，本罪的成立以上游犯罪事实成立为前提，是实质意义上的犯罪，而不要求必须是已经由刑事判决确认的形式意义上的犯罪。所以，上游犯罪事实查证属实，虽尚未经裁判，不影响掩饰、隐瞒犯罪所得、犯罪所得收益罪的审判。上游犯罪事实成立，但因主体不适格而不予追究刑事责任的，仍然以掩饰、隐瞒犯罪所得、犯罪所得收益罪对掩饰、隐瞒的行为人定罪处罚。

在征求意见时，有意见提出，“上游犯罪是否成立是认定掩饰、隐瞒犯罪所得、犯罪所得收益是否成立的前提条件。对于本罪的认定，原则上应当在对上游犯罪依法裁判确定后进行。例外的情形应限于一些特殊情况，似不应笼统规定上游犯罪尚未依法裁判，但查证属实的，不影响本罪的审判。”

经研究，我们认为，这一意见的基本内容是正确的。但具体到司法解释条款规定的内容上，还是要采取相对灵活一些的表述方式。主要理由：一是解释规定的原则，是认定赃物犯罪是否成立，以上游犯罪成立为前提条件。其基本涵义与该观点关于认定赃物犯罪原则上应当在对上游犯罪依法裁判确定后进行的意见是一致的。二是司法解释已有先例，为使前后解释保持一贯性，我们沿用了先前的司法解释例。本解释的内容是已有司法解释的重申，援引自《最高人民法院关于审理洗钱等刑事案件具体应用法律若干问题的解释》。我们认为，本罪的成立以上游犯罪事实成立为前提，是实质意义上的犯罪，而不要求必须是已经由刑事判决确认的形式意义上的犯罪。所以，上游犯罪事实查证属实，虽尚未经裁判，不影响掩饰、隐瞒犯罪所得、犯罪所得收益罪的审判。上游犯罪事实成立，但因主体不适格而不予追究刑事责任的，也不影响本罪成立。三是在司法实践中，上游犯罪尚未依法裁判而先认定掩饰、隐瞒犯罪所得、犯罪所得收益罪的为极少数，多数情况下，掩饰、隐瞒犯罪所得、犯罪所得收益罪的被告人与上游犯罪的被告人是同案处理的。只有极少数情况下，由于上游犯罪人还有其他犯罪事实一时难以查清或者因为其他原因尚未依法裁判，为依法及时审判掩饰、隐瞒犯罪所得、犯罪所得收益犯罪案件，才在上游犯罪虽未裁判但查证属实的情况下先行认定掩饰、隐瞒犯罪所得、犯罪所得收益犯罪。

在取得一致意见后，最后出台了本条规定的内容。

根据本条第一款规定，掩饰、隐瞒犯罪所得、犯罪所得收益罪，应当以上游犯罪事实成立为前提。这是一个基本原则。这一原则包含两层内容。第一层内容是上游犯罪事实必须成立，既指上游犯罪事实有充分证明证明，也指上游犯罪事实达到了犯罪的程度。如果上游行为虽然存在，但依法不构成犯罪的，则掩饰、隐瞒行为也不构成犯罪。举例说，张三收购了李四、王五、徐六等 10 人分别盗窃的自行车各一辆，每辆自行车的价格均为一千元，但李四等人的行为均未达到盗窃犯罪的数额标准，因而均不构成盗窃罪，而张三所收购的自行车价格总数已经达到一万元，依照本《解释》第一条第一款第（一）项规定，已经达到构成标准，但因李四等上游行为人的行为均不构成犯罪，因而张三的行为也不构成掩饰、隐瞒犯罪所得、犯罪所得收益罪，而只能依照治安处罚法进行处罚。第二层内容是，对掩饰、隐瞒犯罪所得、犯罪所得收益罪事实的认定，原则上应当在对上游犯罪依法裁判确定后进行。本条规定的“上游犯罪尚未依法裁判，但查证属实的，不影响掩饰、隐瞒犯罪所得、犯罪所得收益罪的认定”，只能作为一种例外，也即只有极少数情况下，由于上游犯罪人还有其他犯罪事实一时难以查清或者因为其他原因尚未依法裁判，为依法及时审判掩饰、隐瞒犯罪所得、犯罪所得收益犯罪案件，才在上游犯罪查证属实的情况下先行认定掩饰、隐瞒犯罪所得、犯罪所得收益犯罪。

如何理解上游犯罪事实成立？有种观点认为，上游犯罪事实成立，应当指上游犯罪行为人明确、犯罪构成要件齐备。我们认为，这里犯罪事实的概念，不能完全从犯罪构成齐备的角度去理解，而应当从上游犯罪行为是否具有社会危害性和刑事违法性去理解。至于是否具有刑事可罚性，不影响对上游犯罪事实是否成立的判断。因此，上游犯罪事实成立指的是上游犯罪行为确实存在，至于被告人是否归案，被告人是否被判处刑罚，均不影响上游犯罪事实的成立，更不影响掩饰、隐瞒犯罪所得、犯罪所得收益罪的认定。

根据本条第二款的规定，上游犯罪事实经查证属实，但因行为人未达到刑事责任年龄等原因依法不予追究刑事责任的，不影响掩饰、隐瞒犯罪所得、犯罪所得收益罪的认定。这样规定，主要是为了避免上游犯罪事实成立，但依法不追究上游行为人的刑事责任的情况下，不要放纵了掩饰、隐瞒行为的行为人。

**【相关规定】**

《最高人民法院关于审理洗钱等刑事案件具体应用法律若干问题的解释》第4条。

**第九条** 盗用单位名义实施掩饰、隐瞒犯罪所得及其产生的收益行为，违法所得由行为人私分的，依照刑法和司法解释有关自然人犯罪的规定定罪处罚。

**【条文主旨】**

单位犯罪问题

**【理解与适用】**

本条规定的是单位犯罪问题。

根据《刑法》第三十条规定，公司、企业、事业单位、机关、团体实施的危害社会的行为，法律规定为单位犯罪的，应当负刑事责任。据此，单位犯罪必须法律明文规定构成犯罪的行为才能依法追究刑事责任。这是罪刑法定原则的重要体现。

1997年修订的《刑法》，对单位掩饰、隐瞒犯罪所得、犯罪所得收益的行为，是不以单位犯罪处理的。但是，《刑法修正案（七）》增加了本罪单位犯罪的规定。

但是，在司法实践中，经常遇到一些貌似单位犯罪而实质上自然人犯罪的行为。因此，本《解释》规定，“盗用单位名义实施掩饰、隐瞒犯罪所得及其产生的收益的行为，违法所得由行为人私分的，依照刑法和司法解释有关自然人犯罪的规定定罪处罚”。其理由就在于：盗用单位名义实施掩饰、隐瞒犯罪所得、犯罪所得收益的行为，违法所得由行为人私分的，本质上仍属于自然人犯罪，适用自然人犯罪的规定定罪处罚。

适用该条解释时需要明确：

1. 犯罪主体是自然人而不是单位。单位只是名义被盗窃，但实质并未成为犯罪主体。盗窃单位名义的形式很多，包括经法定代表人同意盖了单位的公章，经单位管理机构研究。构成单位犯罪，必须利用单位名义，但不能由此得出凡是利用单位名义实施的犯罪都是单位犯罪。

2. 犯罪目的是为了参与犯罪的自然人的利益，而不是单位利益。区分单位犯罪与自然人犯罪的重要界限就是犯罪所得利益归属单位还是归属参与犯罪的自然人。犯罪所得由单位所得，纳入到单位财务体系和分配体系中的，可以认定为犯罪所得归属单位，其他条件符合的，可以认定为单位犯罪。仅仅由参与行为人包括决策人员对犯罪所得进行分配的，不能认定为犯罪所得归属单位，因而就不能认定为单位犯罪，只能依照自然人犯罪的规定定罪处罚。

全国人大常委会 2014 年 4 月 24 日公布的《全国人大常委会关于〈中华人民共和国刑法〉第三十条的解释》的解释规定：“公司、企业、事业单位、机关、团体等单位实施刑法规定的危害社会的行为，刑法分则和其他法律未规定追究单位的刑事责任的，对组织、策划、实施该危害社会行为的人依法追究刑事责任。”我们认为，人大常委会的这一解释与本解释并不矛盾。因为人大常委会解释是针对刑法分则和其他法律未规定单位犯罪的情况，而掩饰、隐瞒犯罪所得、犯罪所得收益罪，刑法已经明确规定了单位犯罪的情况。

## 【相关规定】

《全国人大常委会关于〈中华人民共和国刑法〉第三十条的解释》。

**第十条** 通过犯罪直接得到的赃款、赃物，应当认定为刑法第三百一十二条规定的“犯罪所得”。上游犯罪的行为人对犯罪所得进行处理后得到的孳息、租金等，应当认定为刑法第三百一十二条规定的“犯罪所得产生的收益”。

明知是犯罪所得及其产生的收益而采取窝藏、转移、收购、代为销售以外的方法，如居间介绍买卖，收受，持有，使用，加工，提供资金账户，协助将财产转换为现金、金融票据、有价证券，协助将资金转移、汇往境外等，应当认定为刑法第三百一十二条规定的“其他方法”。

## 【条文主旨】

概念解释

## 【理解与适用】

本条规定是对相关概念的解释。

根据司法解释惯例及《立法法》给予司法解释的权限，司法解释一般不作出“某某是指……”模式的规定，但经常作出“……可以认定为某某”模式的规定。这一方面是由于一般认为，前者属于立法解释的权限范围，后者才属于司法解释的权限范围。同时，随着情形的发展变化，某一概念的内涵、外延都可能发生变化，因此，用“某某是指……”的模式解释概念就存在难以适用发展变化的情形，而用“……可以认定为某某”的模式，在应对发展变化的问题上就会显得相对主动。也就是说，如果新的情况出现，而司法实践都普遍认为，新的情况应当认定为“某某”的情形之一的，就不会与司法解释“……可以认定为某某”的模式规定相冲突，相反，这种模式可以较好地依法、及时解决司法实践中遇到的新情况。

就掩饰、隐瞒犯罪所得、犯罪所得收益罪来说，比较突出的是两个概念。一是何谓犯罪所得、犯罪所得收益，二是掩饰、隐瞒的其他方法。

1. 关于“犯罪所得”

“犯罪所得”比较好理解，一般也不会有争议。通过犯罪直接得到的赃物，应当认定为《刑法》第三百一十二条规定的“犯罪所得”。实践中，容易出现的争议是，违禁品能否成为赃物？例如枪支、弹药，毒品等能否成为犯罪所得？我们认为，理论上说，枪支、弹药及毒品等违禁品也可以成为掩饰、隐瞒的对象，说它们是赃款、赃物也是有一定道理的。但是，这些违禁品，我们一般不将其作为普通赃物对待，主要理由有二，一是刑法对掩饰、隐瞒这些违禁品的行为，一般有专门的条文规定，按照特别法优于一般法的原则，应当适用特别规定；二是司法实践以及群众一般观念中，违禁品与一般的赃款、赃物是有质的区别的，一般的赃款、赃物，除非有证据证明是赃款、赃物，否则，持有人可以拥有合法的使用权，而违禁品，除非法律特别授权的组织和人员，否则，持有违禁品本身就是违法甚至犯罪的行为。但是，如果法律特别作出规定的情况下，有时法律禁止公民随意持有的物品也能成为掩饰、隐瞒犯罪所得罪的对象。最典型的是非法狩猎的野生动物，不但非法狩猎的行为是违法犯罪行为，而且收购非法狩猎的野生动物的行为也是违法犯罪行为。全国人大常委会2014年4月24日公布的《全国人大常委会关于〈中华人民共和国刑法〉第三百四十一条、第三百一十二条的解释》的解释规定，知道或者应当知道是刑法第三百四十一条第二款规定的非法狩猎的野生动物而购买的，属于刑法第三百一十二条第一款规定的明知是犯罪所得而收购的行为。

2. 关于“犯罪所得收益”

《解释》规定上游犯罪的行为人对犯罪所得进行处理后得到的孳息、租金等，应当认定为刑法第三百一十二条规定的“犯罪所得产生的收益”。

认定犯罪所得收益时，要注意，犯罪所得收益的数额以上游行为人对犯罪所得进行处理后得到的收益为标准。如果犯罪所得、犯罪所得收益到了掩饰、隐瞒行为人手上，由此产生的新的收益，则不能认定为犯罪所得收益的数额。但是，此部分收益虽然不能认定为犯罪数额，仍然是非法所得，应当予以追缴。

总之，“犯罪所得及其产生的收益”包括一切用犯罪方法直接或间接所获取的利益。“犯罪所得”是犯罪直接得到的，既包括通过盗窃、诈骗、抢夺等侵财犯罪获得之物，也包括其他犯罪获得之物，如伪造、变造的公文、证件等本身经济价值不大或无法简单衡量价值的赃物。“犯罪所得收益”是间接获益，包括对犯罪所得进行处理而得到的增值、租金、利息等收益。

关于将犯罪所得用于投资、经营所获利润，是否可认定为犯罪所得收益？我们观点，这种情况原则上应当认定投资所得属于犯罪所得收益。但是，由于这个问题比较复杂，如是否介入合法的劳动投入？如何扣除合法的劳动投入因素？因此，有待于司法实践的总结，待成熟后再作出相应的规定。但是，如果将犯罪所得进行非法的高利贷等违法活动而获得的利益，则应当认定为犯罪所得收益。

3. 关于掩饰、隐瞒的“其他方法”

1997 年《刑法》第三百一十二条规定：“明知是犯罪所得的赃物而予以窝藏、转移、收购或者代为销售的，处三年以下有期徒刑、拘役或者管制，并处或者单处罚金。”《刑法修正案（六）》作了修改，一是将窝藏、转移、收购、销售赃物犯罪的对象进行了扩大，将原规定的赃物扩大为犯罪所得、犯罪所得收益，二是犯罪行为的类型上增加了其他方法。这样，《刑法》第三百一十二条的适用范围就扩大到了除刑法第一百九十一条规定的上游犯罪以外的所有犯罪。

《刑法修正案（六）》对本罪增加了“其他方法”的规定，有利于打击社会生活中的非典型掩饰、隐瞒犯罪所得及其收益行为，也符合反洗钱国际公约的要求。“其他方法”的样态各种各样，但是必须与窝藏、转移、收购和代为销售在罪质上具有相当性，如居间介绍买卖、收受、持有、使用、加工等行为，没有被第三百一十二条所列的四种行为所涵盖，但与四种行为性质相当，应属于“其他方法”。为了严密刑事法网，本条第二款规定：“明知是犯罪所得及其产生的收益而采取窝藏、转移、收购、代为销售以外的方法，如居间介绍买卖，收受，持有，使用，加工，提供资金账户，协助将财产转换为现金、金融票据、有价证券，协助将资金转移、汇往境外等，应当认定为刑法第三百一十二条规定的其他方法。”

这里主要涉及如何理解法律条款中的“其他”型条款问题。一般理论认为，由于犯罪现象是错综复杂的，《刑法》条款往往不可能穷尽某一具体犯罪的全部情况。即使在立法时穷尽了，随着社会的发展变化，又会出现一些严重危害社会，且特征与某一具体犯罪构成的特征相吻合的行为，此时，立法的滞后性就显现出来。由于现代《刑法》普遍推行罪刑法定原则，排斥类推制度，因而对这类刑法分则未穷尽或未预料的情况将难以打击。由此，立法者采取了“或者其他”型堵截方法，即《刑法》分则在叙述某一具体犯罪构成时，先叙述该种犯罪的主要特征，然后对无法或难以穷尽的而社会生活中可能或以后将出现的情况，用概括性语言进行描述，用以解决法律的滞后和漏洞问题，尽最大可能发挥现代刑法的超前和预测功能，以全面、准确地调整各种刑法关系。这就是所谓的“或者其他”型堵截构成要件。也就是说，刑法分则虽然采取了“或者其他”型堵截构成方法，但这一方法所涵盖的内容，是犯罪构成的要件，是对犯罪追究刑事责任的基础和前提。

因此，确定哪些行为能够认定为掩饰、隐瞒犯罪所得、犯罪所得收益的其他方法，必须坚持以下几点。一是行为人的目的就是为了掩饰、隐瞒上游犯罪人的犯罪所得及其产生的收益，二是这些方法与窝藏、转移、收购和代为销售在罪质上具有相当性，三是这些方法在客观上扰乱了司法秩序，妨害了司法机关对上游犯罪行为的追究。根据以上要求，本条第二款列举了可以认定为“其他方法”的情形。

【相关规定】

《全国人大常委会关于〈中华人民共和国刑法〉第三百四十一条、第三百一十二条的解释》。

**第十一条** 掩饰、隐瞒犯罪所得、犯罪所得收益是选择性罪名，审理此类案件，应当根据具体犯罪行为及其指向的对象，确定适用的罪名。

【条文主旨】

罪名的选择适用

【理解与适用】

本条规定了罪名的选择性适用问题。

1997 年《刑法》实施后，最高人民法院发布了《最高人民法院关于执行〈中华人民共和国刑法〉确定罪名的规定》的规定，将《刑法》第三百一十二条的犯罪罪名确定为窝藏、转移、收购、销售赃物罪。《刑法修正案（六)》实施后，最高人民法院、最高人民检察院发布了《最高人民法院、最高人民检察院关于执行〈中华人民共和国刑法〉确定罪名的补充规定（三)》，将《刑法》第三百一十二条的犯罪罪名由窝藏、转移、收购、销售赃物罪改为掩饰、隐瞒犯罪所得、犯罪所得收益罪。

实践中对本罪罪名是否属于选择性罪名以及如何适用罪名存在不同理解，各地做法也不统一，因此，有必要加以规范。

在征求意见时，有观点认为，本罪名属于比较简单的罪名，还是应该用全称，一概定掩饰、隐瞒犯罪所得、犯罪所得收益罪这一完整的罪名。

经研究，我们认为，法条从犯罪方法和犯罪对象上对本罪进行了区分，在确定罪名时可选择适用，确定具体罪名。特别是犯罪对象上看，犯罪所得和犯罪所得收益是一个既应当区分也是完全可以区分的犯罪事实。而掩饰和隐瞒的行为确实有时确实比较难以区分。因此，总体上，应当根据犯罪行为与犯罪所得及其产生的收益的性质，确定具体适用的罪名。即根据案件情况，选择适用掩饰、隐瞒犯罪所得罪，掩饰、隐瞒犯罪所得收益罪，掩饰、隐瞒犯罪所得、犯罪所得收益罪。但是，有一点必须明确，当犯罪对象既有犯罪所得，又有犯罪所得收益时，只定掩饰、隐瞒犯罪所得、犯罪所得收益罪一个罪，而不能定掩饰、隐瞒犯罪所得罪，掩饰、隐瞒犯罪所得收益罪两罪名，更不能以两罪名数罪并罚。

## 【相关规定】

《最高人民法院关于执行〈中华人民共和国刑法〉确定罪名的规定》；《最高人民法院、最高人民检察院关于执行〈中华人民共和国刑法〉确定罪名的补充规定（三）》。

# 第三编　案例选编与裁判指引

## 第一部分　指导性案例

### 杨道广掩饰、隐瞒犯罪所得案

——掩饰、隐瞒犯罪所得罪入罪的数额标准如何确定

#### 一、基本案情

被告人杨道广，男，1981 年 10 月 27 日出生，汉族，农民。2014 年 1 月 16 日被取保候审。

山东省章丘市人民检察院以被告人杨道广犯掩饰、隐瞒犯罪所得罪，向章丘市人民法院提起公诉。

章丘市人民法院经公开审理查明：被告人杨道广在其乡镇的集市上，开设一自行车修理摊点，以此为业。某日集市上，被告人杨道广以 380 元的低价收购了他人盗窃所得的两辆电动自行车，尚未转售时，被公安机关民警查获。经鉴定，两辆电动自行车价值 2427 元。

章丘市人民法院认为，被告人杨道广掩饰、隐瞒犯罪所得，涉案价值 2427 元，情节显著轻微，不宜作为犯罪处理。后章丘市人民检察院以本案证据发生变化为由申请撤回起诉。章丘市人民法院依照《最高人民法院关于适用〈中华人民共和国刑事诉讼法〉的解释》第二百四十二条的规定，裁定如下：

准许章丘市人民检察院撤诉。

## 二、主要问题

掩饰、隐瞒犯罪所得数额不到构罪标准的，应如何处理?

## 三、裁判理由

本案事实清楚，案情简单，涉及的主要问题是：如何确定掩饰、隐瞒犯罪所得的入罪标准。

《最高人民法院关于审理掩饰、隐瞒犯罪所得、犯罪所得收益刑事案件适用法律若干问题的解释》（下简称《解释》）于2015年6月1日开始实施。但是，本案审判时，《解释》还没实施。在当时情况下，法律、司法解释，均未规定掩饰、隐瞒犯罪所得罪的入罪数额标准，在司法实践中，对是否应该设立入罪数额标准，存有争议。

有一种观点认为，刑法对掩饰、隐瞒犯罪所得及其产生的收益行为，在何种情况下构成犯罪，并未设定数额、情节的限制。在司法实践中，根据个案情况，对一些数额小，情节轻微的案件可依照《刑法》第十三条的规定，不作为犯罪处理。

我们认为，应该设立一个以数额为主，兼顾其他的入罪标准，这样做，一是有利于突出重点从严打击此类犯罪的立法精神。近年来，掩饰、隐瞒犯罪所得及其产生的收益犯罪呈上升势头。《刑法修正案（六）》、《刑法修正案（七）》对刑法第三百一十二条做了重大修改，从行为方式、法定刑幅度、单位犯罪等方面体现出从严打击此类犯罪的决心。但是，司法实践中，在适用本条规定时，却存在以罚代刑，或者将只需要治安处罚的行为予以定罪处罚的现象。如果不对此类犯罪从情节、数额等方面设定一定的入罪标准，那么，治安处罚和构成犯罪之间存在模糊地带。其带来的后果是，某些应该作为犯罪处理的进入不了司法程序，而一些可以不以犯罪处理的治安案件，一旦起诉到法院，法院又不敢判无罪。因此，为体现既要突出打击构成犯罪的行为，避免将本该由公安机关予以治安处罚的违法行为作犯罪化处理，同时确保惩治的准确性，避免以罚代刑的现象，有必要厘清《治安管理处罚法》和《刑法》适用的边界。而通过司法解释来明确本罪的入罪标准，出发点就在于使打击犯罪的依据明确化、统一化，避免随意性和不公平现象，更加合理和高效地打击犯罪。二是符合司法实践的现实需要。本罪虽不是数额犯，但其上游犯罪多为侵财性犯罪，数额对于判断本罪社会危害性大小的重要性是不言而喻的。如果不设定一定的数额标准，就有可能出现在一案中一人盗窃数额刚构成盗窃罪却有多人犯赃物罪，或者对赃物犯罪的处罚重于上游犯罪。三是符合犯罪构成的一般原理。本罪不是行为犯、举动犯，其犯罪构成同样需要符合一定的构罪要件。规定一个包括数额、情节等内容的入罪标准并不是改变本罪的性质，而是将言简意赅的法律条文所表达的构成要件予以细化。虽然法律条文没有要求数额，但是，司法解释对没有设定数额标准的犯罪，在数额上予以规定的先例不少，且实践证明司法解释将构成要件从数额上设置入罪标准，司法实践中发挥了很好的指导作用。就本罪而言，《最高人民法院、最高人民检察院关于办理危害计算机信息系统刑事案件应用法律若干问题的解释》第七条已做出过数额规定，该条规定，明知是非法获取计算机信息系统数据犯罪所获取的数据、非法控制计算机信息系统犯罪所获取的计算机信息系统控制权，而予以转移、收购、代为销售或者以其他方法掩饰、隐瞒，违法所得五千元以上的，应当依照刑法第三百一十二条第一款的规定，以掩饰、隐瞒犯罪所得罪定罪处罚。四是符合掩饰、隐瞒犯罪所得及其产生收益犯罪的本质特征。本罪侵犯的是复杂客体，同时具有妨害司法和非法牟利的双重属性。从表述上看，虽然《刑法》第三百一十二条对赃物犯罪入罪没有任何情节的要求，但事实上，它仍然受《刑法》第十三条“但书”的约束，需要一定程度的情节。本罪的行为方式绝大多数都是针对财产犯罪，因此对其以财产的数额进行限制具有合理性，而且犯罪对象财物的数额一定程度上能集中体现行为的社会危害大小。设定一定的数额标准，并注意适度提高入罪门槛，可体现本罪罪小刑轻的特点。

具体到本案，在多少数额为入罪标准的问题上，第一种观点认为，盗窃罪数额较大的标准为为 1000 元至 3000 元以上，而山东省的标准为 2000 元，掩饰、隐瞒犯罪所得罪可以参照盗窃罪的入罪标准，数额标准为 2000 元，该案被告人杨道广构成掩饰、隐瞒犯罪所得罪。第二种观点认为，掩饰、隐瞒犯罪所得罪参照盗窃罪的数额标准，没有法律依据，不应参照盗窃罪的数额标准。掩饰、隐瞒犯罪所得罪的主观恶性、客观危害性与盗窃罪相比要轻得多，入罪的数额标准不应与盗窃罪等同，根据刑法的谦抑性原则，掩饰、隐瞒犯罪所得罪的构罪数额标准应略高于盗窃罪的构罪数额。

我们同意第二种观点。在《解释》实施前，当时法律及司法解释对掩饰、隐瞒犯罪所得罪的入罪数额标准未做明确规定的情况下，不应参照盗窃罪的标准，此于法无据，且因掩饰、隐瞒犯罪所得罪的主观恶性及社会危害性程度与盗窃罪相比要轻，参照盗窃罪的数额标准，不符合刑法的谦抑性原则。章丘市人民法院参照《山东省高级人民法院关于印发常见犯罪量刑指导意见实施细则的通知》关于掩饰、隐瞒犯罪所得、犯罪所得收益数额达到 5000 元，可以掩饰、隐瞒犯罪所得罪处理是妥当。设立一定的数额标准，也是与《解释》的规定相契合的。

综上，被告人杨道广掩饰、隐瞒犯罪所得涉案金额 2427 元，应该认定为情节显著轻微不宜作为犯罪处理。章丘市人民检察院，以证据发生变化为由申请撤回起诉，符合法律规定，法院依法准许章丘市人民检察院撤诉也是妥当的。

（撰稿：最高人民法院法院刑四庭　陆建红
章丘市人民法院　牛鲁敬）

## 何大利掩饰、隐瞒犯罪所得案

——犯罪对象对掩饰、隐瞒犯罪所得罪定罪量刑的影响

### 一、基本案情

被告人何大利，男，农民。2000年4月23日因犯贩卖毒品罪被判处有期徒刑十年，2006年10月27日刑满释放。2009年7月6日因涉嫌掩饰、隐瞒犯罪所得罪被逮捕。

云南省大理市人民检察院以被告人何大利犯掩饰、隐瞒犯罪所得罪，向大理市人民法院提起公诉。

大理市人民法院经审理查明：

1. 2009年5月13日凌晨，同案犯杨土银、赵永华（均系判刑）伙同他人在大理市银桥镇北五里桥大凤公路旁盗割价值人民币10312元的规格为HYA300X2X0.4型的通信电缆线202米，后将所盗通信电缆线销售给被告人何大利。

2. 2009年5月26日凌晨，同案犯杨土银、赵永华伙同他人在大理市湾桥镇南庄路口盗割了价值人民币31750元的规格为HYA600X2X0.4型、HYA000X2X0.4型的通信电缆各250米，后将所盗通信电缆销售给被告人何大利。

大理市人民法院认为，被告人何大利明知是犯罪所得的赃物而予以收购，收购了价值人民币42062元的财物，其行为已构成掩饰、隐瞒犯罪所得罪。何大利归案后如实供述，认罪、悔罪，但系累犯，应当依法从重处罚。据此，依照《中华人民共和国刑法》第三百一十二条、第六十五条第一款之规定，判决如下：

被告人何大利犯掩饰、隐瞒犯罪所得罪，判处有期徒刑二年，并处罚金人民币6000元。

一审宣判后，被告人何大利未提起上诉，检察机关没有抗诉，判决已发生法律效力。

## 二、主要问题

本案中，被告人何大利收购的对象系正在使用中的公用通信电缆，犯罪对象较为特殊，其对本罪的定罪量刑是否有影响，在审理中有两种不同意见：

一种意见认为，被告人何大利虽然收购的是公用通信电缆，但《刑法》第三百一十二条并未对犯罪对象作出特殊规定，因此对象特殊对本罪定罪量刑没有影响。

另一种意见认为，被告人何大利收购对象特殊，反映出上游犯罪的社会危害性更为严重，司法机关对上游犯罪的追诉也更为迫切，因此对象特殊对于定罪量刑应当会有影响。

## 三、裁判理由

我们同意第二种意见，被告人何大利收购对象为公用电信设施，与一般的收赃对象有所不同，在本罪定罪量刑时应当予以特殊对待。

掩饰、隐瞒犯罪所得、犯罪所得收益罪在国际上属于洗钱罪的大范畴，我国《刑法》通过限定上游犯罪的种类，将本罪与洗钱罪进行区分，换言之，本罪的上游犯罪范围很广，除洗钱罪针对的毒品犯罪、黑社会性质组织犯罪、恐怖活动犯罪、走私犯罪、贪污贿赂犯罪、破坏金融管理秩序犯罪、金融诈骗犯罪七类犯罪特殊犯罪外，其余犯罪所得及其收益均能成为本罪的犯罪对象。因此，本罪对象既可能是常见的手机、手表、电脑、自行车、电动车等日常生活用品，也可能是关系社会公众利益的通信电缆、公用安全设施、交通设施等牵涉重大利益的物品。收赃人通常对收购物品的性质、用途等有所了解，在面对特殊的涉及重大利益的物品时仍予以收购的，就成为破坏公共利益、公共安全利益等受法律特殊保护的利益的幕后黑手。作为整个犯罪链条上的一个环节，本罪行为人不仅帮助上游犯罪人实现了获利目的，也妨害了司法机关对上游犯罪正常的追诉活动，某种程度上“保障”了上游犯罪行为人的安全，因此本罪行为人的存在，特别是职业收赃人的产生，对于上游犯罪人实施犯罪反而起到一定的“推进”作用，即所谓的“没有买卖就没有杀戮”。因此，从阻断犯罪链条、遏制上游犯罪发生的角度出发，对于掩饰、隐瞒特殊犯罪对象的行为要从严打击，不仅在入罪条件上低于一般的掩饰、隐瞒行为，降低入罪门槛，增强打击力度；在加重处罚的适用条件上，掌握的“情节严重”标准也要低于普通的掩饰、隐瞒行为，严密刑事打击法网。

《最高人民法院关于审理掩饰、隐瞒犯罪所得、犯罪所得收益刑事案件适用法律若干问题的解释》在入罪标准和加重处罚标准两个层面，均对对象特殊的行为作出了特别规定。根据《解释》第一条的规定，通常的入罪条件是掩饰、隐瞒犯罪所得及其产生的收益价值3000元至1万元以上的，未达到该入罪条件也不符合特殊规定的，一般不作为犯罪处理。但是，“掩饰、隐瞒的犯罪所得系电力设备、交通设施、广播电视设施、公用电信设施、军事设施或者救灾、抢险、防汛、优抚、扶贫、移民、救灾款物的”，则没有设置数额标准，即一般情况下只要是上述特殊犯罪对象，定罪时不考虑涉案对象的价值大小，一律作为犯罪处理。当然，犯罪情节显著轻微、危害不大、依法不应作为犯罪处理的，则不能定罪处罚。例如，某些犯罪分子专门收购他人偷窃的下水井盖，井盖以铁制品来估价，价值不会很大，但是偷窃井盖的行为很可能导致路上的行人失足跌落摔伤或交通工具发生车祸等，其行为的社会危害性很大，对于收购这种特殊物品的行为人进行从严打击，体现了法律保障公共利益、维护社会公众人身安全和财产安全的价值追求。当然，这里要求本罪的犯罪人对其掩饰、隐瞒对象的特殊性质是明知的，如果不明知，则只能作为一般的掩饰、隐瞒行为定罪处罚。对于本罪“情节严重”的认定标准，根据《解释》第三条第一款规定普通的掩饰、隐瞒行为要求“掩饰、隐瞒犯罪所得及其产生的收益价值总额达到十万元以上的”或者“掩饰、隐瞒犯罪所得及其产生的收益十次以上，或者三次以上且价值总额达到五万元以上的”，从犯罪对象的价值、行为次数方面均予以规定。而对于特殊对象，《解释》规定"掩饰、隐瞒的犯罪所得系电力设备、交通设施、广播电视设施、公用电信设施、军事设施或者救灾、抢险、防汛、优抚、扶贫、移民、救济款物，价值总额达到五万元以上的"，就应当认定为本罪的"情节严重"。此条规定不仅没有对犯罪次数作出要求，连犯罪对象的价值也减为普通标准的一半，体现了从严打击的态度。司法实践中大量存在对光缆铜线、电力设施变压器等的收赃行为，助长了破坏公用设施类的犯罪，社会危害性也较其他收赃行为更大，此类行为应当成为打击的重点，这也是《刑法修正案（六）》对本罪加重法定刑幅度的一个重要出发点。

联系本案，被告人何大利收购的犯罪对象系同案犯杨土银、赵永华偷盗的公用通信电缆，牵涉不特定多数人的通信安全和秩序，盗割行为扰乱了"公共生活的平稳与安宁"，相较一般的偷盗行为，性质更为严重，危害性更大。何大利明知杨土银、赵永华出售的是盗割的通信电缆仍然予以收购，反映出其主观上对于盗割行为的社会危害持放任态度，并且以积极作为的方式妨害司法机关对盗割行为的正常追诉，其主观恶性和收购行为的社会危害性均较大。正因为何大利的收购行为帮助同案犯实现了获利的目的，杨土银、赵永华才在短短的 20 天内四次盗割电缆，最后也是在盗割现场被公安人员抓获。何大利收购两次，涉案物品价值人民币 4 万余元，根据《解释》第一条第一款第（三）项的规定，已经符合本罪的入罪条件。对于"情节严重"的适用标准，《解释》第三条第一款第（三）项规定为"价值总额达到五万元"，因不符合该标准，故对何大利的行为只能在本罪第一档法定刑，即"三年以下有期徒刑、拘役或者管制，并处或者单处罚金"以内来量刑。云南省大理市法院考虑到何大利系累犯的法定从重处罚情节和归案后如实供述的法定从轻处罚情节，以掩饰、隐瞒犯罪所得罪判处有期徒刑二年，并处罚金人民币 6000 元是适当的。

（撰稿：最高人民法院刑四庭　杜军燕）

# 姚世友破坏交通设施、陈春林掩饰、隐瞒犯罪所得、犯罪所得收益案

——掩饰、隐瞒犯罪所得系交通设施的如何处理

## 一、基本案情

被告人姚世友，男，1982年3月24日出生，农民。2010年12月8日因犯破坏交通设施罪被判处有期徒刑三年，2012年10月29日刑满释放。2013年4月19日因本案被逮捕。

被告人陈春林，男，1971年9月12日出生，农民。2013年4月19日被逮捕。

福建省福州铁路运输检察院以被告人姚世友犯破坏交通设施罪，被告人陈春林犯掩饰、隐瞒犯罪所得、犯罪所得收益罪向福州铁路运输法院提起公诉。二被告人对福州铁路运输检察院指控的罪名和犯罪事实均无异议。被告人陈春林的辩护人提出陈春林自动投案，认罪态度较好，有一定悔罪表现，建议对其从宽处理。

福州铁路运输法院经审理查明：2012年11月底到2013年3月间，被告人姚世友携带断线钳、手电等作案工具，多次到杭深线黄石特大桥、秋芦溪特大桥、中湖中桥、桂山特大桥、木兰溪特大桥等地，盗割正在使用中的高速铁路贯通地线，并将剥皮后的铜线卖给被告人陈春林。总计，被告人陈春林收购铜线共230千克（经鉴定价值人民币12886.9元），并再次销售。2013年3月13日凌晨3时许，被告人姚世友再次携带作案工具到黄石特大桥上行右侧K966+800M处，盗割贯通地线61米，被巡查民警当场抓获。经南昌铁路局安全监察室鉴定，被告人姚世友上述盗割行为足以使动车组发生倾覆、毁坏危险，危及铁路运输安全和人身安全。2013年3月13日20时许，被告人陈春林在其家人陪同下向公安机关投案，如实

供述自己的罪行。

福州铁路运输法院认为，被告人姚世友以非法占有为目的，多次盗割正在使用中的高速铁路贯通地线，足以使动车发生倾覆、毁坏危险，尚未造成严重后果，其行为已构成破坏交通设施罪。被告人陈春林明知是犯罪所得的赃物而予以收购并销售，其行为已构成掩饰、隐瞒犯罪所得、犯罪所得收益罪。福州铁路运输检察院指控罪名成立。辩护人建议对被告人陈春林从宽处理的意见，符合查证的事实，予以采纳。被告人姚世友被判处有期徒刑以上刑罚，刑罚执行完毕后五年内再犯应当判处有期徒刑以上刑罚，是累犯，依法应当从重处罚。被告人陈春林自动投案并如实供述自己的罪行，是自首，依法可以从轻处罚。被告人姚世友到案后，如实供述自己的罪行，依法可以从轻处罚。为维护社会秩序，保障高速铁路运输安全，根据被告人犯罪的事实、犯罪的性质、情节和对社会的危害程度，依照《中华人民共和国刑法》第一百一十七条，第三百一十二条，第六十五条第一款，第六十七条第一款、第三款，第六十四条的规定，判决如下：

一、被告人姚世友犯破坏交通设施罪，判处有期徒刑六年六个月。

二、被告人陈春林犯掩饰、隐瞒犯罪所得、犯罪所得收益罪，判处有期徒刑十一个月，并处罚金人民一万元。

一审宣判后，二被告人均未提出上诉，检察机关亦未抗诉，判决已发生法律效力。

## 二、主要问题

1. 掩饰、隐瞒犯罪所得、犯罪所得收益罪的上游犯罪是否仅限于侵财型犯罪？

2. 掩饰、隐瞒犯罪所得系交通设施的该如何定罪、量刑？

## 三、裁判理由

（一）掩饰、隐瞒犯罪所得、犯罪所得收益罪的上游犯罪不限于侵财型犯罪日本修正后的刑法对赃物罪的上游犯罪作出了明确限制，即限定为财产犯罪。我国台湾地区“刑法”中虽未对赃物犯罪中的上游犯罪加以明确规定，但其理论界观点相对较一致，认为也仅限于财产犯罪。在我国，掩饰、隐瞒犯罪所得、犯罪所得收益罪中的本犯是否也仅限于财产犯罪呢?第一种观点即我国刑法学界的主流观点认为，上游犯罪包括所有犯罪，对上游犯罪不设任何限制，即只要上游犯罪产生犯罪所得及其收益，该犯罪所得和收益就可以成为掩饰、隐瞒犯罪所得、犯罪所得收益罪的犯罪对象。第二种观点认为应对上游犯罪进行适当限制，否则会导致本罪处罚范围过大。

我们同意第一种意见：认为掩饰、隐瞒犯罪所得、犯罪所得收益罪的上游犯罪多为盗窃、抢劫、抢夺、诈骗等侵财型犯罪，但并不限于侵财型犯罪。理由是：

1. 我国刑法的立法体系说明掩饰、隐瞒犯罪所得、犯罪所得收益罪侵犯的法益不限于财产权利，而是复杂客体。在立法体系上，我国刑法将掩饰、隐瞒犯罪所得、犯罪所得收益罪设置在第六章“妨害社会管理秩序罪”中“妨害司法罪”一节，目的是为了凸显本罪妨害司法的性质。在具体条文安排上，又放在窝藏、包庇罪之后，表明本罪是通过维持、存续上游犯罪所导致的财产违法状态妨碍公安、司法机关对上游犯罪追缴赃物、侦查、起诉、审判等刑事诉讼进程的。而这一妨害性质在本质上又具有助长、促进上游犯罪的作用。例如，收赃者收购赃物可能使上游犯罪因证据收集问题难以及时查证，甚至因为关键证据丢失导致无法定罪而最终放纵了上游犯罪人；便捷的销赃渠道会免除上游犯罪人无法“变现”赃物之后顾之忧，“激励”其继续实施犯罪，还可能使本无犯意者受到“鼓舞”，加入盗窃、抢劫的行列中来。故从一定程度上讲，掩饰、隐瞒犯罪所得、犯罪所得收益犯罪的大量存在助长、促进了上游犯罪的持续发生和蔓延，必须依法惩处。

2. 掩饰、隐瞒犯罪所得、犯罪所得收益罪的具体条款内容宣示了掩饰、隐瞒犯罪所得、犯罪所得收益罪的上游犯罪不限于财产犯罪。我国

《刑法》第三百一十二条第一款："明知是犯罪所得及其产生的收益而予以窝藏、转移、收购、代为销售或者以其他方法掩饰、隐瞒的，处三年以下有期徒刑、拘役或者管制，并处或者单处罚金；情节严重的，处三年以上七年以下有期徒刑，并处罚金"，可见，刑法并未对上游犯罪给予任何限制性规定，因为并非只有财产性犯罪才能产生犯罪所得及其收益。这一规定，有效地避免了出现法律处罚的真空地带。本案中的上游犯罪为破坏交通设施罪，并非财产性犯罪，但上游犯罪的被告人姚世友盗割正在使用中的高速铁路贯通地线，并将该地线剥皮后卖给被告人陈春林，从而非法获利。如果将上游犯罪限于侵财型犯罪，那么对掩饰、隐瞒行为的实施者陈春林如何定罪量刑？对掩饰、隐瞒行为实施者不依法惩处，就难以遏制上游犯罪的发生和蔓延。

3. 掩饰、隐瞒犯罪所得、犯罪所得收益罪侵犯的客体主要是司法机关对上游犯罪的刑事追诉活动。无论上游犯罪是否系财产性犯罪，只要掩饰、隐瞒行为人对上游犯罪产生的犯罪所得及其收益进行掩饰、隐瞒，就必然会妨害到对本犯的侦查、起诉甚至审判等刑事追诉活动。就本案而言，被告人陈春林多次收购姚世友盗割的正在使用中的高速铁路贯通地线，并再次销售，对于公安机关及时查获上述赃物必然造成了障碍，被告人陈春林收购被告人姚世友破坏交通设施犯罪所得的行为已构成掩饰、隐瞒犯罪所得罪。

（二）掩饰、隐瞒犯罪所得系交通设施的应从严惩处

虽然我国刑法对掩饰、隐瞒犯罪所得、犯罪所得收益罪的上游犯罪范围未设任何限制，任何犯罪的犯罪所得及其收益都可以成为本罪的犯罪对象。但是，在司法实践中，上游犯罪的性质对掩饰、隐瞒行为的性质恶劣程度，在定罪、量刑上都会产生影响。2015 年 6 月 1 日起施行的《最高人民法院关于审理掩饰、隐瞒犯罪所得、犯罪所得收益刑事案件适用法律若干问题的解释》（下简称《解释》）基于司法实践中的实际情况，根据上游犯罪对象不同，在定罪、量刑上均作出了不同的规定，体现了上游犯罪危害大、对下游掩饰、隐瞒犯罪所得、犯罪所得收益罪惩处力度也大的特

点。《解释》第一条第一款确定掩饰、隐瞒犯罪所得、犯罪所得收益罪的入罪标准时，分别对上游犯罪为一般性侵财型犯罪和特殊类型犯罪的情况，作了不同的规定。根据第一款第（一）项规定，“掩饰、隐瞒犯罪所得及其产生的收益价值三千元至一万元以上的”才达到构罪标准，而根据第一款第（三）项规定，“掩饰、隐瞒的犯罪所得系电力设备、交通设施、广播电视设施、公用电信设施、军事设施或者救灾、抢险、防汛、优抚、扶贫、移民、救济款物的”，不需要数额限制，也就是说，掩饰、隐瞒的犯罪所得为该项所列对象的，不论数量多少，均应依法追究刑事责任。《解释》之所以这样规定，是因为这部分行为的社会危害性极大，且上游犯罪和掩饰、隐瞒行为的关联非常紧密。有的犯罪分子专门收购他人盗窃所得的电缆线、下水井盖等财物，一定程度上构成了危害公共安全的幕后黑手，只有切断和堵截收赃行为对上游犯罪的支持，才能有效打击和克制上游犯罪。例如：行为人盗窃价值3000元的手机，构成盗窃罪；盗窃价值3000元的电力设备，则可能构成破坏电力设备罪，量刑自然也有很大不同，原因就在于电力设备是特殊犯罪对象，盗窃电力设备可能危害公共安全，对社会的危害程度更大。基于掩饰、隐瞒犯罪所得、犯罪所得收益罪对上游犯罪的助长和促进作用，掩饰、隐瞒特殊犯罪对象自然会导致更为严重的犯罪的滋生和蔓延，比掩饰、隐瞒普通犯罪对象对社会造成的危害当然也更大，故对掩饰、隐瞒的犯罪所得系交通设施、电力设备、广播电视设施、公用电信设施、军事设施或者救灾、抢险、防汛、优抚、移民、救济款物的，在入罪门槛上就比较低，没有设置数额标准。

在量刑上，《解释》对掩饰、隐瞒犯罪所得的对象为交通设施等，也体现了从严的原则。根据《解释》第三条第一款第（一）项的规定，掩饰、隐瞒犯罪所得及其产生的收益为一般性侵财犯罪对象的财产的，价值总额达到10万元以上的才可认定为刑法第三百一十二条第一款规定的“情节严重”，在三年以上七年以下有期徒刑，并处罚金的幅度内判处刑罚，而根据《解释》第三条第一款第（三）项规定，掩饰、隐瞒犯罪所得系交通设施、电力设备、广播电视设施、公用电信设施、军事设施或者救灾、抢险、防汛、优抚、移民、救济款物的，价值总额只要达到5万元以上，即可认定为《刑法》第三百一十二条第一款规定的“情节严重”。

就本案而言，被告人陈春林掩饰、隐瞒犯罪所得的上游犯罪系破坏交通设施犯罪，且为正在使用中的高速铁路贯通地线。近年来，我国高速铁路不断发展，越来越多的民众选择乘坐高铁出行，盗割正在使用中的高速铁路贯通地线，足以使列车发生倾覆、毁坏危险，造成车毁人亡的极严重后果。因此，上游犯罪性质非常恶劣。掩饰、隐瞒破坏高速铁路设施犯罪的，必须依法严惩。被告人陈春林明知是犯罪所得的高速铁路贯通地线仍予以收购，对其行为应从严惩处。结合陈春林有自首情节，福州铁路运输法院以掩饰、隐瞒犯罪所得、犯罪所得收益罪对其判处有期徒刑十一个月，并处罚金人民币1万元适当。

（撰稿：最高人民法院刑四庭　张勤）

# 金刚、张涛、金印掩饰、隐瞒犯罪所得、非法经营案

——如何推定掩饰、隐瞒犯罪所得罪主观故意中的“明知”

## 一、基本案情

被告人金刚，男，1970年9月19日出生，无业。2013年10月30日因涉嫌犯掩饰、隐瞒犯罪所得罪被逮捕。

被告人张涛，男，1986年2月19日出生，原“北润集团”职员。2013年10月30日因涉嫌犯掩饰、隐瞒犯罪所得罪被逮捕。

被告人金印，男，1986年12月23日出生，原“北润集团”职员。2013年10月30日因涉嫌犯掩饰、隐瞒犯罪所得罪被逮捕。

北京市朝阳区人民检察院以被告人金刚、张涛、金印犯非法经营罪向朝阳区人民法院提起公诉。

被告人金刚对起诉书指控的事实予以否认，辩称其不是“北润集团”的员工，亦没有参与“北润集团”销售股权，不构成犯罪。其辩护人之一的辩护意见是：金刚主观上不具有非法经营的故意，其不清楚“北润集团”的经营性质，亦不清楚所存取款项的性质；金刚不是“北润集团”的员工，没有参与“北润集团”非法经营证券的任何策划和销售活动，公诉机关指控金刚犯非法经营罪的证据不足，指控罪名不能成立，建议宣告金刚无罪。其另一辩护人的辩护意见是：对公诉机关指控金刚犯非法经营罪不持异议，但认为金刚归案后如实供述，认罪态度好，有悔罪表现；金刚的行为社会危害后果较小，情节较轻；金刚系初犯、偶犯，综上建议对其从轻或减轻处罚并适用缓刑。

被告人张涛对起诉书指控的事实不持异议，表示认罪。其辩护人的辩护意见是：公诉机关没有提供充足证据证明张涛主观上具有非法经营证券业务的故意，客观上实施了非法经营证券业务的行为；张涛仅为“北润集团”的司机，公诉机关指控张涛伙同王晓东等人参与非法经营行为，依据不足；公诉机关指控张涛非法经营证券业务，情节特别严重，缺乏法律依据，综上建议宣告张涛无罪。

被告人金印当庭表示认罪，承认在任“北润集团”司机期间存在为单位存取款的行为，但辩称不知道单位的经营内容和经营性质。其辩护人的辩护意见是：公诉机关指控金印涉嫌非法经营罪的事实不清、证据不足，金印在“北润集团”只是从事一般性劳务工作的司机，主观上亦不具有非法经营的故意，建议本院宣告金印无罪，同时建议本院认定金印具有自首情节。

朝阳区人民法院经审理查明：2005 年 9 月，刘寅辉、周军（已被判刑）、“段建军”（系化名，另案处理）共同成立北京北润投资担保有限公司，周军任法定代表人，公司住所地为北京市朝阳区西坝河南路 1 号金泰大厦 2103－2105；后刘寅辉、周军、“段建军”又于 2006 年先后成立北京北润投资咨询有限公司、北京北润资产管理有限公司、北融国际投资有限公司，公司住所地分别为北京市朝阳区西坝河南路 1 号、西坝河金融大街 19 号、朝阳区劲松三区甲 302 号等地。

刘寅辉、周军、“段建军”先后聘用王晓东、薛多、王忠山、张誉、韩红瑜、王锡军、陆育涛、武芳芳、葛建进（均已判刑）等人以北京北润投资担保有限公司、北融国际投资有限公司等公司名义，在北京市朝阳区西坝河南路1号金泰大厦、朝阳区劲松三区甲302号等地，未经中国证券监督管理委员会核准，公开向社会群众非法代理销售重庆东方药业股份有限公司、四川隆盛合力生物科技股份有限公司、四川川北数码港建设股份有限公司、四川天盛大系统集成科技股份有限公司、四川自兴科技股份有限公司、四川雅克牦牛科技实业股份有限公司6家公司的未上市股权，已查明非法经营数额共计人民币9000余万元。

被告人张涛、金印以及周常振（已判刑）作为上述北京北润投资担保有限公司等公司内的工作人员，主要负责公司销售未上市股权所得款项的接收、移转等工作。

被告人金刚作为北京北润投资担保有限公司、北融国际投资有限公司等公司实际经营人之一的刘寅辉的姐夫，明知上述公司从事非法的经营活动的情况下，仍利用本人的银行账户帮助接收、转移公司经营所得款项，并帮助使用上述款项购买宾利牌汽车（价值人民币283万元）、萨博牌汽车（价值人民币28万元）、现代维拉克斯越野汽车（价值人民币373000元）等多辆汽车，登记在其本人名下。三被告人后被查获归案。

朝阳区人民法院认为，被告人金刚目无国法，为谋私利，明知是他人犯罪所得，仍采用转移等方法帮助掩饰、隐瞒，其行为触犯了刑律，已构成掩饰、隐瞒犯罪所得罪，情节严重，依法应予惩处。北京北润投资担保有限公司等公司在经营活动中，为获取非法利益，未经国家有关主管部门核准，非法经营证券业务，情节特别严重，被告人张涛、金印作为北京北润投资担保有限公司的工作人员，直接参与实施公司的非法经营活动，系单位犯罪的直接责任人员，已构成非法经营罪，依法应予惩处。公诉机关指控被告人张涛、金印犯非法经营罪的罪名成立，但指控被告人金刚犯非法经营罪的罪名有误，应予以纠正。被告人张涛、金印系受他人雇佣，并受他人领导和指挥参与公司的非法经营行为，在共同犯罪中起次要或辅助作用，应当认定为从犯，且当庭自愿认罪，故对被告人张涛、金印依法予以减轻处罚。据此，判决如下：

被告人金刚犯掩饰、隐瞒犯罪所得罪，判处有期徒刑四年，罚金人民币30万元；

被告人张涛犯非法经营罪，判处有期徒刑三年六个月，罚金人民币20万元；

被告人金印犯非法经营罪，判处有期徒刑三年六个月，罚金人民币20万元。

一审宣判后，三被告人均未提起上诉，检察机关亦未抗诉，该判决已发生法律效力。

## 二、主要问题

1. 如何区分掩饰、隐瞒犯罪所得、犯罪所得收益罪与上游犯罪的共犯？

2. 如何推定掩饰、隐瞒犯罪所得、犯罪所得收益罪主观故意中的“明知”？

## 三、裁判理由

本案是“北润集团”非法经营案的一个关联案件，关于“北润集团”非法经营案，北京市朝阳区人民法院已于2013年一审终结，并经北京市第二中级人民法院裁定维持原判。本案在审理中，对于被告人张涛、金印的行为如何定性没有争议，即二人均构成非法经营罪，且系“北润集团”非法经营案的共犯。但对于被告人金刚的行为如何定性存在三种不同意见：金刚的辩护律师之一认为，认定金刚构成非法经营罪的证据不足，应认定其无罪；公诉机关认为，金刚构成非法经营罪；法院最终认定被告人金刚构成掩饰、隐瞒犯罪所得罪。我们同意法院的认定意见，理由如下：

（一）被告人金刚不构成非法经营罪的共犯。

如何区分掩饰、隐瞒犯罪所得、犯罪所得收益罪与上游犯罪的共犯一直是司法实践中的难点。为此，2015年6月1日起施行的《最高人民法院关于审理掩饰、隐瞒犯罪所得、犯罪所得收益刑事案件适用法律若干问题的解释》（以下简称《解释》）在第五条明确规定“事前与盗窃、抢劫、诈骗、抢夺等犯罪分子通谋，掩饰、隐瞒犯罪所得及其产生的收益的，以盗窃、抢劫、诈骗、抢夺等犯罪的共犯论处。”《解释》的该条规定明确了“事前通谋”认定为上游犯罪共犯的情形。对于事前与盗窃、抢劫、抢夺等上游犯罪分子通谋，实施掩饰、隐瞒犯罪所得及其收益行为的，主观上明知上游犯罪行为人的犯罪内容、危害后果而与其通谋，形成共同的犯罪故意，客观上对上游犯罪分子实施犯罪予以配合，其掩饰、隐瞒行为就成了上游犯罪的共同犯罪行为的组成内容，应当以上游犯罪的共犯论处。我们认为，共同犯罪故意的形成有两种情况，一是在共同犯罪行为实施之前形成的，即通常所说的事前通谋的犯罪故意。另一种情况是在共同犯罪行为着手实行后在共同犯罪行为过程中形成的，即事中通谋的犯罪故意。《解释》虽未规定“事中通谋”的情形，但根据《解释》的精神，在上游犯罪实施过程当中参与上游犯罪人通谋的，即“事中通谋”的也应当认定为上游犯罪的共犯。

本案中，没有证据证实被告人金刚参与了“北润集团”的非法经营活动，金刚本人也一直否认参与非法经营业务。在案证据能够证实金刚利用本人的银行账户帮助接收、转移涉案公司经营所得款项，并帮助使用上述款项购买多辆汽车且登记在其本人名下，也即能够证实金刚在客观上实施了掩饰、隐瞒行为，但不能证实金刚实施上述行为时与刘寅辉、周军等上游犯罪人存在事前通谋或者事中通谋，故不能认定金刚构成非法经营罪的共犯。

（二）掩饰、隐瞒犯罪所得、犯罪所得收益罪主观故意中“明知”的推定

掩饰、隐瞒犯罪所得、犯罪所得收益罪要求被告人主观上明知是犯罪所得而实施窝藏、转移、收购或者代为销售等行为，如果被告人拒不供认系“明知”，则需要根据在案证据对其是否“明知”进行推定。我们认为，此处的推定是指事实推定，应当由司法人员按照一般的经验法则和逻辑规则来进行判断，需同时具备一定的条件才能作为认定案件事实的方法。事

实推定主要包括以下几个方面：（1）应具备一定的前提，即穷尽一切其他证明手段仍难以证明事实的真伪。事实推定只能作为最后的一种补充证明手段，如果通过其他方法能够证明事实的真伪，则无需进行事实推定；（2）事实推定的前提和基础事实必须真实，这是进行事实推定的基础条件；（3）推定事实与基础事实之间存在较为紧密的联系，换言之，通过基础事实推出的推定事实是一个大概率事件；（4）当事人未提出相反的证据来否定推定事实。只有同时具备这四个条件，事实的推定才会在认定事实的真伪中起到积极作用。

具体到本案，"北润集团"非法经营重庆东方药业等公司原始股权所得的巨额款项并非由投资人直接汇给"北润集团"，亦不是由投资人直接汇给被告人金刚，而是由投资人汇入指定银行账户后，再通过中间人从这些指定银行账户中取出现金，部分汇至被告人金刚名下的账户。虽然在案的证人证言能够证明中间人从其他银行账户取出的款项系投资人购买原始股的投资款，而且证明这些投资款很大一部分进入了被告人金刚名下的账户，但证人证言不能证明金刚主观上明知汇入其账户的款项系来源于投资人购买原始股的投资款，被告人金刚曾供认明知其账户内的款项系"北润集团"的经营款项，但否认其明知"北润集团"经营业务的性质和内容，在案其他证据亦不能证明金刚明知"北润集团"经营业务的性质和内容，因此，直接认定被告人金刚明知其账户内的款项系"北润集团"经营原始股的犯罪所得显然并不妥当。

在上述情况下，我们便具备了使用事实推定的基本条件。被告人金刚并非"北润集团"的职员，但与"北润集团"的实际经营人之一刘寅辉有着非常密切的关系。被告人金刚使用本人的银行账户接收"北润集团"的巨额款项并在其名下的各个账户间进行频繁划转，此外，还将接收、转移款项用于购买多辆豪车并登记在其个人名下，总计价值人民币300余万元。因此可以推定被告人金刚对其账户内的巨额存款系犯罪所得应该有一个概括的认识。被告人金刚虽然辩称对"北润集团"的经营业务并不知情，但一个公司的正常经营款项如果汇入个人账户，且该人与公司并不存在直接的业务关系或者从属关系，显然不符合正常的公司财务制度，且金刚无法提出相反的证据来否定推定事实。而掩饰、隐瞒犯罪所得、犯罪所得收益罪不要求行为人明知上游犯罪的具体内容，只要认识到他人犯罪所得或者犯罪所得的收益的可能性即可，至于何种上游犯罪、犯罪主体是谁、赃物的具体数量及特征等详细情况则没必要认识到。因此，能够认定金刚主观上明知是犯罪所得而予以掩饰、隐瞒。

此外，根据《最高人民法院关于审理洗钱等刑事案件具体应用法律若干问题的解释》第一条第一款规定，对于洗钱，掩饰、隐瞒犯罪所得、犯罪所得收益的犯罪来说，“明知”应当结合被告人的认知能力，接触犯罪所得及其收益的情况，犯罪所得及其收益的种类、数额，犯罪所得及其收益的转换、转移方式及被告人的供述等主、客观因素进行认定。同时，该条第二款第（五）项规定，没有正当理由，协助他人将巨额现金散存于多个银行账户或者在不同银行账户之间频繁划转的，可以认定为被告人明知系犯罪所得及其收益，从这一点来看，被告人金刚的行为也是完全符合司法解释所规定的“明知”的。

综上，原审法院认定被告人金刚犯掩饰、隐瞒犯罪所得罪，判处有期徒刑四年，并处罚金人民币 30 万元的判决是适当的。

（撰稿：北京市朝阳区人民法院 贾丽英 宋磊）

## 闻福生掩饰、隐瞒犯罪所得案

——大量回收购物卡并出售获利是否构成犯罪

### 一、基本案情

被告人闻福生，男，1971 年 6 月 18 日出生，汉族，无业，2013 年 5 月 14 日被逮捕。

江苏省无锡市崇安区人民检察院指控被告人闻福生的行为构成掩饰、隐瞒犯罪所得罪。

崇安区人民法院经审理查明：2003 年至 2012 年，江苏省无锡市某商场团购部业务员邵某（因挪用资金罪已被判刑）用假冒客户单位名义与商场签订虚假购物卡赊购合同的手段，从商场骗领了大量购物卡再折价销售。2009 年 6 月，邵某开始与挂牌回收礼品、购物卡的闻福林交易商场购物卡，不久后，闻福林的亲属被告人闻福生接手交易。邵某与闻福生约定：以购物卡面额的 9 折价格结算，购物卡每张面额为 1000 元，每盒价值 20 万元。

2010 年初至 2012 年 4 月间，闻福生在其经营的烟酒店、无锡市阳光城市花园及八佰伴商场附近等处，向邵某收购了价值共计 1.62 亿元的购物卡，后陆续以 9.05 ~ 9.1 折的价格转手倒卖，获利 100 余万元。案发后，闻福生退出 100 万元。

崇安区人民法院认为，闻福生主观方面不符合该罪“明知是赃物”的构成要件，其大量回收购物卡的行为不构成犯罪。后公诉机关以本案尚需继续侦查为由撤回起诉，法院裁定准许。被告人闻福生被当庭释放。

本案宣判后，被告人闻福生未上诉，检察机关亦未抗诉，判决已生效。

## 二、主要问题

收购他人骗领的大量购物卡并出售获利能否构成掩饰、隐瞒犯罪所得罪？

## 三、裁判理由

本案在审理过程中对于被告人闻福生的行为如何定性，形成三种不同观点：

第一种观点认为，闻福生的行为构成掩饰、隐瞒犯罪所得罪。理由是：闻福生长期从事购物卡、礼品回收生意，应当具备一般人的认识判断能力，故可以推定其主观上能够认识到在两年多的时间内，定期以9折价格大量回收的购物卡可能是犯罪所得，且上述卡片均是整盒、连号包装、每盒价值高达20万元，如此长期、大量的交易明显不符合正常的交易习惯，可推定其明知是犯罪所得而予以收购，构成掩饰、隐瞒犯罪所得罪。

第二种观点认为，闻福生的行为构成非法经营罪。理由是：我国工商行政许可中并没有礼品回收这个项目，礼品回收店无法办理工商营业执照，属无证经营，闻福生大量回收购物卡的行为严重扰乱了市场流通领域的经济秩序，违反了《刑法》第二百二十五条的相关规定，属于“其他严重扰乱市场秩序的非法经营行为”。

第三种观点认为，闻福生的行为不构成犯罪。理由是：现有证据无法证明闻福生“明知所收购的购物卡系赃物”。在礼品回收行业中，收购人只要求购物卡足额、有效即可。闻福生虽然长期从事礼品回收业务，但其主观上并不知道也无法知道购物卡是赃物。闻福生虽不用承担刑事责任，仍可适用《治安管理处罚法》的相关规定对其进行行政处罚。

我们同意第三种观点。主要理由如下：

（一）被告人闻福生的行为不构成掩饰、隐瞒犯罪所得罪

本案中，被告人闻福生所大量收购的购物卡虽然系邵某从商场骗领所得，客观上系犯罪所得的赃物，但是没有证据证明闻福生主观上“明知”邵某所出售的购物卡系犯罪所得，其行为不构成掩饰、隐瞒犯罪所得罪。

掩饰、隐瞒犯罪所得、犯罪所得收益罪要求行为人主观上明知是犯罪所得及其收益，即对赃物性质有确定性认识。法律对行为人“明知”的推定有严格的规定，以防止裁判者客观归罪。在刑法及其司法解释中针对实施洗钱罪、盗抢机动车辆、销售假冒烟草制品犯罪的行为人“明知”的情形均有规定。梳理上述规定，我们可从以下方面综合判断行为人的明知状况：（1）行为或交易时间是否反常；（2）行为或交易地点是否反常；（3）财物交易价格是否反常；（4）财物是否具有特殊标志；（5）行为人对本犯或上游犯罪的知情程度；（6）交易的方式是否反常；（7）行为人是否因此获取了非法利益。

本案中，认定被告人闻福生主观上是否知道其所收购的购物卡是犯罪所得的赃物，除了其本人的辩解外，还可从客观证据入手，即从其收购的数额、时间、交易方式、地点等方面综合考量，分析其主观心态，从而进行明知的推定。本案中，从双方交易的细节特点来看：(1) 从交易时间分析，双方交易持续至本案案发，时间跨度长达两年半之久，均为正常时间进行，未有任何异常的迹象。闻福生长期从事礼品回收行业，在交易时遵循行业内“两不问”原则，即不问卖主身份和礼品来历，仅需购物卡足额有效即可。交易的频率、数量按照循序渐进的过程从少到多，而非偶发性的一两次的大额交易，未违背正常交易习惯。(2) 从交易地点分析，闻福生和邵某的交易地点大都选择在礼品回收店或商场附近，付款往往采取银行卡转账，甚至可以先付款再拿购物卡，交易地点、联络方式均为常态化，不存在隐蔽性。如果闻福生明知收购的是赃物，会尽可能避免采用银行转账等留下明显痕迹的方式，且先付款再取卡交易风险极大。(3) 从交易价格分析，闻福生以 9 折的收购价格收购购物卡，该价格并未明显低于市场价格，根据公安机关的调查，该种类的购物卡在无锡市的平均收购价格在 9~9.4 折的区间内浮动，司法实践中一般以收购价格低于商品实际价格 8 折以下视为明显低于市场的价格，因此，9 折的收购价属于正常价格。(4) 从交易是否具有特殊性分析，闻福生收购的购物卡虽系整盒、连号包装，但是双方交易的数量也遵从了从少到多的过程，在建立互相信任之后才逐渐增加交易金额。闻福生收购的购物卡虽然数量很大，但就一般人的认识能力而言，即便产生怀疑，也多是局限于购物卡是偷、抢、骗等而来，但以这些犯罪方法获得的购物卡数量不会如此大、次数也不会如此多，还这么稳定。故闻福生作为一个普通人，没有特殊的侦查犯罪能力，无法判断大批量交易的购物卡存在异常。(5) 从交易价格及获利情况分析，虽然闻福生收购的购物卡数量较大，但每张获利仅 5 至 10 元，未超出正常幅度范围，不属于牟取暴利。

综上，根据《最高人民法院关于适用〈中华人民共和国刑事诉讼法〉的解释》第六十四条第二款的规定：“认定被告人有罪和对被告人从重处罚，应当适用证据确实、充分的证明标准”，对于推定行为人主观上“明知”的要求也应更加严格，须在充分的事实证据基础上进行。正因如此，最高人民法院在诸如对机动车非法来源、盗伐滥伐的林木、假冒的注册商标等涉及需要推定“明知”的罪名上，均以司法解释的形式规定了具体判断的标准，以求认定的准确性。本案中，推定闻福生主观上明知或者可能知道自己收购的购物卡系犯罪所得赃物的证据并不能达到确实充分的证明标准，故不能认定被告人闻福生的行为构成掩饰、隐瞒犯罪所得罪。

（二）被告人闻福生的行为不构成非法经营罪

从事购物卡回收业务的行为能否构成非法经营罪？对该行为持入罪观点的又分为以下两种观点：一种观点认为，该行为属于《刑法》第二百二十五条第（三）项规定的“非法从事资金支付结算业务”的非法经营行为。另一种观点认为，该行为属于《刑法》第二百二十五条第（四）项规定的“其他严重扰乱市场秩序的非法经营行为”。我们认为，这两种观点都存在明显缺陷：第一，“非法从事资金支付结算业务”旨在打击较为猖獗的“地下钱庄”，倒卖购物卡的行为不属此列。第二，“其他严重扰乱市场秩序的非法经营行为”系兜底条款，指的是以牟利为目的，侵害国家特许经营许可制度，破坏市场交易秩序的行为。比如，垄断货源、哄抬物价等严重扰乱市场经济秩序、造成严重影响的行为。该兜底条款行为须满足两个条件：一是违反国家规定，即国家法律、行政法规、国务院常务会议讨论通过或国务院批准、国务院公报公开发布的规定；二是侵犯国家特许经营权，行为应该发生在生产、流通领域，国家颁布特许经营权许可证的相关行业等。

在本案中，闻福生从事的礼品回收行业并无刑法意义上的法规予以禁止，且非需要特许经营许可的行业，而属于市场监管的灰色地带。首先，购物卡是用货币购买的，代表货币在一定时间和范围内执行购置商品职能的一种支付凭证。购物卡在限定的时间和范围内可执行购买、支付职能，具有与记载物权的不可分离性、债务人特定性、债务人见卡即付的单方支付义务等特征。当今社会，购物卡大量发行成为普遍现象，很多公司根据其规模、效益、消费群体等情况即可决定卡片的发行量和数额，而缺乏相应管理法规及制度，导致购物卡的发放、使用、兑现基本处于无序状态。其次，持购物卡交易为消费者普遍接受，部分人手中拥有“闲置”的卡片就催生了一种新的行当——回收购物卡，回收购物卡的行业使得购物卡的使用、套现、流转具有更大的便捷性。再次，目前，我国对回收购物卡的行政监管基本上处于空白。市场上回收购物卡行为存在普遍性，甚至可以回收电商网站发行的电子消费卡，购买者通过登录网站输入账号、密码即可进行商品交易，监管难度较大。综合上述情况，根据刑法谦抑性原则，不宜用刑法手段规制回收购物卡的行为，否则将造成打击面过于宽泛。故闻福生的行为不宜认定为非法经营罪。

（三）被告人闻福生的行为宜认定为无罪

有别于自然犯在侵害法益的同时明显违反伦理道德的特点，掩饰、隐瞒犯罪所得、犯罪所得收益罪和非法经营罪均属于法定犯，以符合一定的法定要件为前提，因此在认定此类犯罪时应更加严格地贯彻罪刑法定原则。本案中，被告人闻福生的行为属于交易行为，受经济法律调整，根据经济犯罪法定的原则，刑法未规定为犯罪的行为即不能认定为犯罪。行为人交易对象是购物卡，在现有证据无法确定其明知是赃物的情况下，购物卡应视为市场流通领域中的一种代货币，其发行量、流通范围、买卖主体仅需通过法律或行政法规调整即可。公诉机关申请撤回起诉，原审法院裁定准许撤诉并当庭释放闻福生的做法是适当的。当然，根据《治安管理处罚法》第五十九条之规定，收购有赃物嫌疑的物品，可处罚款或者拘留，且该法较刑法效力层级更低，上述条款较掩饰、隐瞒犯罪所得、犯罪所得收益罪对行为人主观故意的认定标准也相应降低，故对闻福生的行为可以进行行政处罚。

（撰稿：江苏省无锡市中级人民法院　范莉　范凯）

# 陈景兴、张继龙掩饰、隐瞒犯罪所得案

——掩饰、隐瞒犯罪所得罪罪行较轻又具有自首情节的可适用缓刑

## 一、基本案情

被告人陈景兴，男，1973 年 9 月 18 日出生，农民。因涉嫌掩饰、隐瞒犯罪所得罪于 2014 年 1 月 28 日被逮捕。

被告人张继龙，男，1992 年 1 月 3 日出生，刘鹏摩托车修理铺业主。因涉嫌掩饰、隐瞒犯罪所得罪于 2014 年 1 月 20 日被取保候审。

黑龙江省东宁县人民检察院以被告人陈景兴、张继龙犯掩饰、隐瞒犯罪所得罪，向东宁县人民法院提起公诉。

东宁县人民法院经审理查明：

1. 2013 年 10 月 29 日晚，同案犯李庆和（已判刑）伙同陈阳（在逃）到东宁镇馨苑三区院内，窃取被害人吴淑国价值 3192 元的黑色力帆牌摩托车一台。被告人陈景兴明知是犯罪所得，经其联系，该车以 1350 元的价格转卖他人。

2. 2013 年 11 月 15 日晚，同案犯李庆和伙同陈阳到东宁镇彩虹小区院内，窃取被害人赵锦云价值 4500 元的红色宇峰牌 125 型摩托车一台。被告人陈景兴明知是犯罪所得，经其联系，该车以 1100 元的价格转卖他人。

3. 2013 年 12 月 2 日晚，同案犯李庆和伙同陈阳到东宁镇江南三区院内，窃取被害人王林价值 2600 元的红色豪爵银豹牌 125 型摩托车一台。被告人陈景兴明知是犯罪所得，经其联系，该车以 500 元的价格转卖他人。

4. 2013 年 11 月 16 日晚，同案犯陈阳到东宁镇转盘道附近的国税局家属楼院内，窃取被害人王柏价值 2600 元的红色豪爵银豹牌 125 型摩托车一台。被告人陈景兴与他人明知是犯罪所得，仍以 600 元的价格转卖他人。

5. 2013 年 11 月 6 日晚，同案犯陈阳到东宁县人民银行家属楼院内，

窃取被害人姜清华价值1360元的红色豪爵银豹牌125型摩托车一台。被告人陈景兴与他人明知是犯罪所得，以1100元的价格转卖他人。

6. 2013年8月29日晚，同案犯李庆和、陈阳到东宁镇西安花园3号楼小区院内，窃取被害人张福林价值2280元的红色宗申牌125型摩托车一台。被告人张继龙明知是赃物而以1500元的价格收购该车。

7. 2013年10月3日晚，同案犯李庆和、陈阳到东宁镇商业小区，窃取被害人邢姗姗价值4950的迅龙牌125型摩托车一台。被告人张继龙明知是赃物而以3200元的价格收购该车。

8. 2013年9月29日晚，同案犯李庆和、陈阳伙同他人到东宁县印刷厂家属楼院内，窃取被害人李宝良价值2400元的红色豪宝牌摩托车一台。被告人张继龙明知是赃物而以900元的价格收购该车。

综上，被告人陈景兴实施掩饰、隐瞒犯罪所得犯罪五起，犯罪数额14252元；被告人张继龙实施掩饰、隐瞒犯罪所得罪三起，犯罪数额9630元。2013年12月28日，被告人陈景兴主动到公安机关投案，并如实供述了其犯罪的主要事实。次日，被告人张继龙经公安机关电话传唤后主动到案，并如实供述了其犯罪的主要事实。案发后上述被盗摩托车均已返还被害人。

东宁县人民法院认为，被告人陈景兴明知是犯罪所得而予以代为销售、介绍买卖，被告人张继龙明知是犯罪所得而予以收购，其行为均已构成掩饰、隐瞒犯罪所得罪。被告人陈景兴、张继龙具有自首情节，可以从轻处罚；盗窃的摩托车均被追缴返还被害人，可酌情从轻处罚。依照《中华人民共和国刑法》第三百一十二条第一款，第六十七条第一款，第七十二条第一款、第三款，第七十三条第二款、第三款，第五十二条的规定，判决如下：

一、被告人陈景兴犯掩饰、隐瞒犯罪所得罪，判处有期徒刑十个月，缓刑二年，并处罚金15000元（罚金已缴纳）。

二、被告人张继龙犯掩饰、隐瞒犯罪所得罪，判处有期徒刑六个月，缓刑一年，并处罚金10000元（罚金已缴纳）。

一审宣判后，被告人陈景兴、张继龙均未提起上诉，检察机关没有抗诉，判决已发生法律效力。

## 二、主要问题

本案审理中，对被告人陈景兴、张继龙的行为定性没有争议，但在量刑时能否适用缓刑，则有两种意见：

一种意见认为，陈景兴、张继龙明知是赃物而代为销售、介绍买卖和收购，该行为帮助盗窃行为人实现了获利目的，并妨害到司法机关的正常追诉活动，侵害了双重法益，应从严打击。被告人虽有自首及退赃，但不能适用缓刑。

另一种意见认为，掩饰、隐瞒犯罪所得的行为危害性小于上游犯罪，其刑期不能高于上游犯罪。陈景兴、张继龙具有自首情节并积极退赃，主观恶性相对较小，适用缓刑不致再危害社会，故可以适用缓刑。

## 三、裁判理由

我们同意第二种意见，被告人陈景兴、张继龙掩饰、隐瞒犯罪所得的行为社会危害性不大，二人又具有自首情节，并积极退赃，依法可从轻处罚。

掩饰、隐瞒犯罪所得、犯罪所得收益罪，是指明知是犯罪所得及其产生的收益而予以窝藏、转移、收购、代为销售或以其他方法掩饰、隐瞒的行为。该罪以上游犯罪的犯罪所得及其收益为犯罪对象，上游犯罪是原生罪，本罪系派生罪，只有在上游犯罪成立的前提下才能讨论本罪的定罪量刑问题。从刑法评价角度来讲，上游犯罪是打击重点，打击下游犯罪的主要目的也是切断上游犯罪的后续延伸，扫除司法追诉的障碍，以便及时有效地惩治上游犯罪，故在行为的社会危害性和行为人的主观恶性方面，下游犯罪均要小于上游犯罪，通常下游犯罪的刑期不能高于上游犯罪。另一方面，因上下游犯罪间具有事实状态上密切相关的联系，下游犯罪人通常不仅明知处理的对象系犯罪所得，而且还可能掌握上游犯罪人的犯罪过程，故从刑事政策角度来讲，对于主动自首、立功的下游犯罪人予以从轻处罚，有利于分化瓦解其与上游犯罪人形成的攻守联盟，从而获取重要证据实现打击上游犯罪的目的，并能有效节约司法资源，降低诉讼成本，提高诉讼效率。

最高人民法院《关于审理掩饰、隐瞒犯罪所得、犯罪所得收益刑事案件适用法律若干问题的解释》（下简称《解释》）基于刑法的谦抑性要求和实现有效追诉的目的，对于本罪的从宽处罚条件作出明确规定。《解释》第二条规定："掩饰、隐瞒犯罪所得及其产生的收益行为符合本解释第一条的规定，认罪、悔罪并退赃、退赔，且具有下列情形之一的，可以认定为犯罪情节轻微，免予刑事处罚：（一）具有法定从宽处罚情节的；（二）为近亲属掩饰、隐瞒犯罪所得及其产生的收益，且系初犯、偶犯的；（三）有其他情节轻微情形的。……"根据上述规定，对掩饰、隐瞒犯罪所得、犯罪所得收益行为适用免予刑事处罚必须同时具备两个条件。第一个条件是"行为人认罪、悔罪并退赃、退赔"，反映出行为人主观恶性较小，事后恢复性措施到位，挽回了被害人的损失，基本修复了被上游犯罪破坏的社会关系。第二个条件规定了三种情形，具体到本案就是具有法定从宽处罚情节，包括自首、立功、未成年人犯罪、犯罪中止、犯罪未遂、从犯等等。当然，适用免予刑事处罚，只能针对本罪情节一般的行为，对于情节严重的行为，一般情况下不宜适用。

联系本案，被告人陈景兴、张继龙明知是犯罪所得而予以代为销售、介绍买卖和收购，其行为均已构成掩饰、隐瞒犯罪所得罪。陈景兴实施五起犯罪，涉案金额为 14252 元，张继龙实施三起犯罪，涉案金额为 9630 元，二人的罪行均属于本罪情节一般的行为。案发后，二人或积极主动投案，或经公安机关电话传唤后主动到案，并均如实供述犯罪事实，应认定构成自首。二人在如实供述自己犯罪事实的同时，对于证实同案犯李庆和、陈阳等人的盗窃行为也有一定作用；此外，根据二人的供述，公安机关才能顺利将赃物追回并返还被害人，减少了被害人的损失。依据《解释》第二条第一款第一项的规定，对二人免予刑事处罚也是可以的。但本案审判时《解释》尚未出台，原审法院对二名被告人判处缓刑的考虑与《解释》上述规定的出发点是一致的。因此，黑龙江省东宁县人民法院认定被告人陈景兴、张继龙的行为构成掩饰、隐瞒犯罪所得罪，并对二人判处缓刑是适当的。

（撰稿：最高人民法院刑四庭　杜军燕）

## 高以英掩饰、隐瞒犯罪所得案

——近亲属之间掩饰、隐瞒的能否从轻处罚

### 一、基本案情

被告人高以英，女，1989 年 2 月 7 日出生，无业。因涉嫌掩饰、隐瞒犯罪所得罪于 2012 年 5 月 25 日被逮捕。

黑龙江省勃利县人民检察院以被告人高以英犯掩饰、隐瞒犯罪所得罪，向勃利县人民法院提起公诉。

勃利县人民法院经审理查明：

2012 年 3 月 8 日，被告人高以英的丈夫杜求福（已判刑）在湖南省常德市租房内利用电脑、手机、群发器、手机卡等工具，给黑龙江省的电信手机用户发送诈骗信息，骗得黑龙江省勃利县居民李淑芳的 54 万元汇款。杜求福告知高以英这些钱是通过短信诈骗所得，随后高以英按照杜求福的指示，于当日和次日在常德市各农业银行网点和 ATM 自动取款机上取款、转账 32.3 万余元，并同杜求福一起，在常德市张万福珠宝店、常德珠宝城、万福楼珠宝金行采用刷卡消费的方式，购买各种黄金、白金、钻石饰品价值 20.55 万余元，在常德市龙之杰运动大本营、武陵区劲霸男装店刷卡消费 1 万余元。案发后，经公安机关追缴，高以英及丈夫杜求福返还被害人李淑芳黄金饰品 470.68 克、白金饰品三件及现金 16.39 万元，总价值约37万元。本案审理期间，杜求福将自有的一台轿车作价17万元退赔给被害人李淑芳，取得李淑芳的谅解。高以英被抓获后，如实供述了帮助杜求福转移犯罪所得财物的犯罪事实。

勃利县人民法院认为，被告人高以英明知是犯罪所得而予以转移，且数额特别巨大，情节严重，其行为已构成掩饰、隐瞒犯罪所得罪。被告人高以英归案后自愿认罪，主动退赔，减少被害人的经济损失，并取得被害人谅解，根据其犯罪情节和悔罪表现，将其放至社会改造不致再危害社会，可适用缓刑。依照《刑法》第三百一十二条第一款、第六十七条第三款、第七十二条第一款之规定，判决如下：

被告人高以英犯掩饰、隐瞒犯罪所得罪，判处有期徒刑三年，缓刑五年，并处罚金1万元。

一审宣判后，被告人高以英未提起上诉，检察机关没有抗诉，判决已发生法律效力。

## 二、主要问题

行为人为近亲属掩饰、隐瞒犯罪所得，量刑时能否考虑基于亲情、人伦所为而予以从轻处罚，在司法实践中尚有争议。本案审理中，被告人高以英为丈夫掩饰、隐瞒犯罪所得，量刑时能否从轻考虑，存在两种不同意见：

一种意见认为，被告人高以英为丈夫掩饰、隐瞒犯罪所得，虽然基于亲情所为，但“亲情、人伦”并非法定或酌定从轻处罚情节。刑法规定的窝藏、包庇罪，司法实践中普遍适用于亲属之间，因此，法律鼓励的是“大义灭亲”而非“亲亲相隐”，“亲属之间所为”不能成为从轻处罚的理由。

另一种意见认为，被告人高以英为丈夫掩饰、隐瞒犯罪所得，系基于人类最本质、最纯粹的亲情关系，法律作为维护基本道德的准则，不应强人所难。《刑事诉讼法》第一百八十八条第一款规定，经人民法院通知，证人没有正当理由不出庭作证的，人民法院可以强制其到庭，但是被告人的配偶、父母、子女除外。该规定一定程度上肯定了亲情在法律天平上的价值，因此对被告人高以英量刑时也应考虑其初衷，可酌情从轻处罚。

## 三、裁判理由

我们同意第二种意见，被告人高以英为丈夫掩饰、隐瞒犯罪所得，量刑时应当考虑其中的亲情因素，酌情予以从轻处罚。

“亲亲相隐”是我国春秋战国时期儒家提出的主张，后逐渐发展为古代刑律的一项原则，意指亲属之间有罪应当互相隐瞒，不告发和不作证的不论罪，反之则要论罪。现代刑法基于立法根基正当性的要求，在汲取“亲亲相隐”维护亲情、人伦的基本道德内涵基础上延伸出“容隐权”，并作为一项原则被普遍认可。我们常说，法律是最低限度的道德，即法律与道德无法割裂，法律中总是伴生着道德的影子。道德作为被社会公众熟知的一种行为规范，其蕴含的基本价值有助于法律规范的传递，也有助于培养和强化公众对法律规定的认知和认同。因此，法律规范人的行为活动，应当基于对人性的理解和对人的关怀。亲属、家庭是人类感情的皈依和社会关系的基础，如果法律为了实现个别正义而不惜伤害亲属之间至真的情感，甚至不惜制裁这种情感，则有违法律保护社会风纪的本意。禁止“亲亲相隐”，要求在得知亲人犯罪时主动指证，是对人性的违背，不仅不利于家庭的稳定，也是对整个社会责任感的漠视。当然，一味强调“亲亲相隐”，势必会增加司法机关侦查、追诉的成本，甚至可能使犯罪分子逍遥法外，不利于实现刑法惩治犯罪的目的。因此，现代刑法通常会做出一些限制：首先，必须明确“相隐”是一种权利而非义务。法律对于犯罪者的亲属基于本能做出的选择虽予以尊重，但并不提倡。其次，在具体适用方面做出细化规定。要划定亲属的范围，一般规定为近亲属，如配偶、直系血亲及兄弟姐妹，不能无限制的予以豁免；对相隐的罪行也有所限制，亲属之间的犯罪与设置的初衷不符，国事犯罪及社会危害性严重的犯罪不适用豁免；对具体的行为方式也有所限制，如不能采用暴力、胁迫、贿买等方式，如果构成犯罪也应受到法律制裁。

掩饰、隐瞒犯罪所得、犯罪所得收益罪以上游犯罪的成立为前提，且要求行为人明知掩饰、隐瞒的是犯罪所得及其产生的收益。从行为对象、行为人主观故意来看，该罪很容易发生在亲属之间。犯罪人只有在面对自己的亲人时，才不担心被告发，而能坦诚相告处理的财物系犯罪所得；行为人在得知亲属犯罪后，为维护自己的亲人免受牢狱之灾趋向于会选择秘而不宣，甚至以一定的积极方式帮助亲人隐匿罪证。以往法律没有对亲属之间的行为作出特殊规定，但是法官在审判时又不能不考虑亲情因素，因此量刑时往往左右为难。基于此，《最高人民法院关于审理掩饰、隐瞒犯罪所得、犯罪所得收益刑事案件适用法律若干问题的解释》第二条第一款规定："掩饰、隐瞒犯罪所得及其产生的收益行为符合本解释第一条的规定，认罪、悔罪并退赃、退赔，且具有下列情形之一的，可以认定为犯罪情节轻微，免予刑事处罚：……（二）为近亲属掩饰、隐瞒犯罪所得及其产生的收益，且系初犯、偶犯的；……"本条是根据司法实践对《刑法》第三十七条的具体落实，考虑本罪的特殊性，首次将"亲亲相隐"原则引入实体法律，尽管采取了较为审慎的态度，但仍然说明司法解释开始关注亲属身份权利，反映出人性的回归。根据《解释》规定，对于掩饰、隐瞒犯罪所得、犯罪所得收益行为适用免予刑事处罚必须同时具备两个条件：第一个条件是行为人认罪、悔罪并退赃、退赔。需要明确的是，适用免予刑事处罚，只能针对掩饰、隐瞒犯罪所得及其产生的收益犯罪情节一般的行为，一般情况下，对情节严重，依法应当在三年以上七年其下有期徒刑幅度内量刑的，不宜适用免予刑事处罚。第二个条件是满足规定的三种情形之一，具体到本案就是为近亲属掩饰、隐瞒犯罪所得及其产生的收益，且系初犯、偶犯的。关于近亲属之间犯本罪的处理，既体现了对近亲属间的掩饰、隐瞒犯罪所得、犯罪所得收益的宽大、人道原则，又设置了初犯、偶犯的条件，防止被滥用。

联系本案，被告人高以英的丈夫杜求福以诈骗的方式得到54万元，高以英在丈夫明确告知钱款系诈骗所得后，仍按照丈夫的指示，采用取款、转账、刷卡消费等方式，将诈骗所得进行转移，妨害司法机关进行有效追诉，其行为已构成掩饰、隐瞒犯罪所得罪。因犯罪数额是54万元，已达到其上游犯罪诈骗罪的数额巨大标准，虽有认罪、悔罪及退赃、退赔，也不符合《解释》第二条第一款的规定，不能免予刑事处罚。但是考虑到本案中的亲情因素，被告人高以英归案后对帮助丈夫杜求福转移犯罪所得的行为始终如实供认，对于司法机关有效追诉杜求福的诈骗罪行也有一定帮助，因此可以对其从轻处罚。黑龙江省勃利县人民法院认定被告人高以英的行为构成掩饰、隐瞒犯罪所得罪，并判处有期徒刑三年，缓刑五年的判决是适当的。

（撰稿：最高人民法院刑四庭　杜军燕）

## 王宗焕盗窃、晋崇英掩饰、隐瞒犯罪所得案

——“亲亲相隐”情形如何量刑及掩饰、隐瞒犯罪所得、犯罪所得收益罪罪名的选择适用

### 一、基本案情

被告人王宗焕，男，1973年1月2日出生，农民，2013年6月17日被取保候审。

被告人晋崇英，女，1977年2月21日出生，农民，2013年6月4日被取保候审。

云南省威信县人民检察院以被告人王宗焕犯盗窃罪，被告人晋崇英犯掩饰、隐瞒犯罪所得罪向威信县人民法院提起公诉。二被告人对威信县人民检察院指控的罪名和犯罪事实均无异议。

威信县人民法院经审理查明：被告人王宗焕于2013年5月初与被害人彭小荣相识，当月中旬，彭小荣存于威信县农村信用社的银行卡（卡号6223691530050510）遗失，彭小荣让被告人王宗焕帮忙为其挂失，并将银

行卡的密码告知王宗焕。2013年6月2日晚11时许，被告人王宗焕趁彭小荣外出之机，潜入威信县扎西镇长征路算来水公司旁彭小荣的租住房内，盗走彭小荣的银行卡。经查询，卡上存款为38022.52元，被告人王宗焕担心在威信取款暴露的概率过大，便于2013年6月3日8时，以到四川买车为由，叫其不知情的外侄吴化静与其一起前往四川省叙永县分水镇农村信用社，由吴化静帮忙从该银行卡内取出现金34000元。随即两人一同返回威信县城。被告人王宗焕遂将取出的赃款34000元及银行卡用袋子装好藏匿在威信县扎西镇九龙路273号其出租房后的一煤炭堆中，并将自己偷了钱的事实和藏匿钱的地点告知其妻子晋崇英。被告人晋崇英担心赃款赃物藏在煤炭堆中不安全，遂将其转移藏匿于威信县电石厂一废弃房的墙缝内。被害人彭小荣发现其银行卡内现金被他人盗取后，遂向公安机关报案。公安机关于2013年6月3日17时许，在被告人王宗焕的出租房内将其抓获。在公安人员搜查赃款赃物时，被告人晋崇英拒不将其转移藏匿的赃款赃物交出。后经公安机关民警多次做工作，被告人晋崇英最终将赃款赃物交出。被告人王宗焕所盗的赃款赃物已被公安机关追回发还被害人彭小荣。

威信县人民法院认为，被告人王宗焕以非法占有为目的，秘密窃取他人银行卡并盗取现金34000元据为己有的行为已触犯刑律，构成盗窃罪；被告人晋崇英在明知被告人王宗焕藏匿的财款系盗窃的情况下，仍秘密将其转移藏匿，其行为已触犯刑律，构成掩饰、隐瞒犯罪所得罪。公诉机关指控二被告人犯罪的事实清楚，证据确实、充分，罪名成立。鉴于二被告人在庭审中自愿认罪，且对作案的赃款赃物全部予以退还，可对二被告人酌情从轻处罚。公诉机关提出的量刑建议适当，本院予以采纳。据此，依照《中华人民共和国刑法》第二百六十四条、第三百一十二条第一款，第六十七条第三款、第七十二条第一、三款之规定，判决如下：

一、被告人王宗焕犯盗窃罪，判处有期徒刑一年八个月，缓刑二年，并处罚金人民币1万元。

二、被告人晋崇英犯掩饰、隐瞒犯罪所得罪，判处拘役四个月，缓刑六个月，并处罚金人民币5000元。

一审宣判后，二被告人均未提出上诉，检察机关亦未抗诉，判决已发生法律效力。

## 二、主要问题

1. “亲亲相隐”情形如何量刑？

2. 掩饰、隐瞒犯罪所得、犯罪所得收益罪是否属于选择性罪名？应如何适用？

## 三、裁判理由

（一）“亲亲相隐”，且系初犯、偶犯，又认罪、悔罪并退赃、退赔的，可免除处罚

本案中，被告人晋崇英是为丈夫王宗焕掩饰、隐瞒盗窃犯罪所得，即“亲亲相隐”，这一情节对量刑是否有影响呢？

“亲亲相隐”在我国封建时期刑法史上具有重要地位，主要包含以下三点内容：第一，亲属有罪相隐，不论罪或减刑；第二，控告应相隐的亲属要处刑；第三，国事重罪例外。这一制度的设立是基于对人性的理解和对人的关怀，顺应了人的亲缘本性，合理地平衡了刑法与伦理道德之间的关系，有利于促进家庭和睦与社会和谐，有利于国家的长治久安，故从西周时期萌芽开始，经由战国时期继承发展，到西汉时，“亲亲得相首匿”原则开始在司法实践中建立起来，并最终在汉宣帝时确立为司法原则，正式入律。到唐朝时，“亲亲相隐”制度得到全面发展。之后，“亲亲相隐”制度受到历朝统治阶级的追崇，得以承袭并不断发展、具化，及至近代法制变革仍被保留。新中国成立后，该原则在我国刑法典中被清除，但在我国台湾地区“刑法”中则被很好地承继了下来，其中现行“刑法”第351条规定，直系血亲、配偶或同财共居的亲属犯本罪的，得免除其刑。而从世界其他国家立法情况看，古罗马的法律中就曾规定亲属之间不得互相告发、也不得令亲属作证等等。在现代，1994年《法国刑法典》、1976年

《德国刑法典》中均有“亲亲得相首匿”的踪影。日本现行刑法第257条规定配偶之间或者直系血亲、同居的亲属或者这些人的配偶之间，犯收受赃物罪的，免除刑罚。

我国现行刑法虽然没有关于亲亲相隐的特别规定，但2013年4月4日起施行的《最高人民法院、最高人民检察院关于办理盗窃刑事案件适用法律若干问题的解释》第八条规定：“偷拿家庭成员或者近亲属的财物，获得谅解的，一般可不认为是犯罪；追究刑事责任的，应当酌情从宽。”2011年4月8日起施行的《最高人民法院、最高人民检察院关于办理诈骗刑事案件具体应用法律若干问题的解释》第四条规定：“诈骗近亲属的财物，近亲属谅解的，一般可不按犯罪处理。诈骗近亲属的财物，确有追究刑事责任必要的，具体处理也应酌情从宽。”这两项规定体现了针对近亲属的犯罪可以从宽处罚的精神，但尚不是严格意义上的“亲亲相隐”。我国2012年修正的《刑事诉讼法》第一百八十八条规定：“经人民法院通知，证人没有正当理由不出庭作证的，人民法院可以强制其到庭，但是被告人的配偶、父母、子女除外。”这被誉为新中国成立后第一次对“亲亲相隐”从法律上作出的规定，有利于对亲情及人权的保护，也有利于社会的和谐与稳定。基于此，2015年6月1日起施行的《最高人民法院关于审理掩饰、隐瞒犯罪所得、犯罪所得收益刑事案件适用法律若干问题的解释》（以下简称《解释》）也吸收了“亲亲相隐”的合理内核，在第二条第一款规定：“掩饰、隐瞒犯罪所得及其产生的收益行为符合本解释第一条的规定，认罪、悔罪并退赃、退赔，且具有下列情形之一的，可以认定为犯罪情节轻微，免予刑事处罚：……（二）为近亲属掩饰、隐瞒犯罪所得及其产生的收益，且系初犯、偶犯的……”，明确了司法实践中对亲缘关系的特殊处遇精神，使得法律的适用更人性化，维护了社会的基本伦理关系。必须说明的是，在对亲属相隐行为适用免于处罚时，必须同时具备两个条件：其一是行为人认罪、悔罪，退赃、退赔；其二是行为人与本犯行为人须为近亲属关系，且系初犯、偶犯。这既体现了对近亲属间犯掩饰、隐瞒犯罪所得、犯罪所得收益罪的宽大、人道原则，又设置了初犯、偶犯的条件，防止被滥用。

本案中，被告人晋崇英是盗窃犯罪被告人王宗焕的妻子，属近亲属范畴，且系初犯、偶犯，经公安机关多次做工作后，最终将其掩饰、隐瞒的赃款赃物交出，基本符合《解释》中关于近亲属犯本罪，得免除处罚的相关规定。但本案审判时，《解释》尚未出台，威信县人民法院结合晋崇英在公安机关搜查赃款赃物时，拒不交出，后经民警多次做工作才交出的情节，对其以掩饰、隐瞒犯罪所得罪定罪，并适用缓刑，实际上已经考虑到了“亲亲相隐”情形，定罪量刑适当。

（二）掩饰、隐瞒犯罪所得、犯罪所得收益罪属于单一式选择性罪名

1997年《刑法》实施后，最高人民法院发布了《关于执行〈中华人民共和国刑法〉确定罪名的规定》，将刑法第三百一十二条犯罪罪名确定为窝藏、转移、收购、销售赃物罪。2006年《刑法修正案（六）》实施后，最高人民法院、最高人民检察院发布了《关于执行〈中华人民共和国刑法〉确定罪名的补充规定（三）》，将《刑法》第三百一十二条犯罪罪名确定由窝藏、转移、收购、销售赃物罪更改为掩饰、隐瞒犯罪所得、犯罪所得收益罪。后在审判实践中，对这一罪名的适用产生了较大分歧，各地做法也不统一。有观点认为，本罪名属于简单罪名，应该用全称，一律定掩饰、隐瞒犯罪所得、犯罪所得收益罪。有观点认为，本罪名属于复合式选择性罪名，即犯罪手段和犯罪对象之间都存在选择关系，根据手段、对象不同，可分别认定为掩饰犯罪所得、犯罪所得收益罪、掩饰犯罪所得罪、掩饰犯罪所得收益罪；隐瞒犯罪所得、犯罪所得收益罪、隐瞒犯罪所得罪、隐瞒犯罪所得收益罪；掩饰、隐瞒犯罪所得、犯罪所得收益罪、掩饰、隐瞒犯罪所得罪、掩饰、隐瞒犯罪所得收益罪。还有观点认为，本罪名属于单一式选择性罪名，即只有犯罪对象之间存在选择关系，而掩饰与隐瞒之间不存在选择关系，可根据案件事实认定为掩饰、隐瞒犯罪所得、犯罪所得收益罪、掩饰、隐瞒犯罪所得罪、掩饰、隐瞒犯罪所得收益罪。我们同意最后一种观点，因为掩饰与隐瞒都是使真相不让他人知晓，二者系近义词，其涵义往往难以准确区分，司法实践中具体的掩饰、隐瞒行为

五花八门，非常复杂，难以一一界定，若在审判中对所有的掩饰、隐瞒行为都要加以区分，可能更容易造成分歧，不好操作，而从犯罪对象上看，犯罪所得和犯罪所得收益是完全可以区分的。故本罪属于单一式选择性罪名。

《解释》对掩饰、隐瞒犯罪所得、犯罪所得罪罪名的选择性适用问题予以明确，第十一条规定，掩饰、隐瞒犯罪所得、犯罪所得收益罪是选择性罪名，审理此类案件，应当根据具体犯罪行为及其指向的对象，确定适用的罪名。即根据案件情况，选择使用掩饰、隐瞒犯罪所得罪，掩饰、隐瞒犯罪所得收益罪，掩饰、隐瞒犯罪所得、犯罪所得收益罪。但是，必须明确，当犯罪对象既有犯罪所得，又有犯罪所得收益时，只定掩饰、隐瞒犯罪所得、犯罪所得收益罪一罪，而不能认定为掩饰、隐瞒犯罪所得罪和掩饰、隐瞒犯罪所得收益罪两罪，更不能以两罪名数罪并罚。

本案中，被告人晋崇英掩饰、隐瞒的犯罪对象是被告人王宗焕盗窃所得的银行卡和盗取的该银行卡上的赃款，属于盗窃犯罪所得。故威信县人民法院对被告人晋崇英以掩饰、隐瞒犯罪所得罪定罪准确。

（撰稿：最高人民法院法院刑四庭　张勤）

## 贾保胜盗窃、李俊岭掩饰、隐瞒犯罪所得案

——掩饰、隐瞒犯罪所得罪如何适用免予刑事处罚

### 一、基本案情

被告人贾保胜，男，1974 年 12 月 5 日出生，汉族，农民，2012 年 10 月 16 日被逮捕。

被告人李俊岭，男，1963 年 4 月 28 日出生，汉族，农民，2012 年 10 月 22 日被取保候审。

河北省任丘市人民检察院以被告人贾保胜犯盗窃罪，被告人李俊岭犯

掩饰、隐瞒犯罪所得罪，向任丘市人民法院提起公诉。

被告人贾保胜、李俊岭均未提出异议，贾保胜的辩护人辩称：任市价鉴字［2012］293号价格认证报告书仅仅依据受害方中国石油华北油田公司第一采油厂的单方证明就确定了被盗原油的含水量为0%和1%，与李俊岭所供述的含水85%差异过大，不符合实际情况，不具有可靠性，该价格认证报告书不能作为本案量刑依据；贾保胜系从犯，无犯罪前科，到案后能够如实供述犯罪经过，认罪态度良好，请求对其从轻处罚。

任丘市人民法院经审理查明：2010年9、10月份左右，被告人贾保胜伙同金永利、贾朝辉、伏红勋（以上三人另案处理），在任丘市后王约村村北的输油管线上打孔后，先后四次盗窃原油6吨，并将原油以2000元一吨的价格卖给被告人李俊岭。经鉴定，被盗原油价值25266元。2012年10月22日，被告人李俊岭主动到公安机关投案，交代其犯罪事实。2013年4月8日，李俊岭主动赔偿被盗单位华北石油采油一厂经济损失。

另查明，2013年1月21日，经被告人李俊岭举报，公安人员抓获一名涉嫌合同诈骗犯罪嫌疑人。

任丘市人民法院认为，被告人贾保胜以非法占有为目的，伙同他人多次以破坏性手段秘密窃取国家财物，数额巨大，其行为已构成盗窃罪。被告人李俊岭明知是犯罪所得的赃物而予以收购，其行为已构成掩饰、隐瞒犯罪所得罪。公诉机关指控贾保胜盗窃原油11吨，涉案金额45858元，但所提供的证据只有二被告人的供述，被告人的供述之间又存在矛盾，本着有利于被告人的原则，应当采信李俊岭的供述，以盗窃原油六吨，涉案价值25266元决定对二被告人判处的刑罚。鉴于二被告人认罪态度较好，可酌情从轻处罚。被告人李俊岭犯罪情节较轻，且主动到公安机关投案，如实供述其犯罪事实，属自首；协助公安机关抓获犯罪嫌疑人，有立功表现；主动赔偿被盗单位华北石油采油一厂经济损失，可免予刑事处罚。据此，判决如下：

被告人贾保胜犯盗窃罪，判处有期徒刑一年四个月，并处罚金1000元。

被告人李俊岭犯掩饰、隐瞒犯罪所得罪，免予刑事处罚。

一审宣判后，各被告人均未提出上诉，检察机关亦未抗诉，判决已生效。

## 二、主要问题

掩饰、隐瞒犯罪所得、犯罪所得收益罪适用免予刑事处罚的具体条件?

## 三、裁判理由

《最高人民法院关于审理掩饰、隐瞒犯罪所得、犯罪所得收益刑事案件适用法律若干问题的解释》（以下简称《解释》）第二条第一款对掩饰、隐瞒犯罪所得、犯罪所得收益罪免予刑事处罚的情形作出了规定，即“掩饰、隐瞒犯罪所得及其产生的收益行为符合本解释第一条的规定，认罪、悔罪并退赃、退赔，且具有下列情形之一的，可以认定为犯罪情节轻微，免予刑事处罚：（一）具有法定从宽处罚情节的；（二）为近亲属掩饰、隐瞒犯罪所得及其产生的收益，且系初犯、偶犯的；（三）有其他情节轻微情形的。”

《解释》设置专门条款，对免予刑事处罚的情形作出明确规定，是考虑到掩饰、隐瞒犯罪所得、犯罪所得收益罪的社会危害性与上游犯罪相比相对较小，司法实践中适用非监禁刑的比例很高，为便于人民法院在审判实践中适用，《解释》将免予刑事处罚的情形从数额、罪中情节、罪后情节等方面进行了全面规定。

那么，在实际适用免予刑事处罚时应当注意哪些问题呢？我们认为，根据《解释》第二条第一款的规定，对掩饰、隐瞒犯罪所得、犯罪所得收益行为适用免予刑事处罚必须同时具备三个条件：

（一）前提条件

适用免予刑事处罚，只能是针对掩饰、隐瞒犯罪所得及其产生的收益犯罪情节一般的行为，一般情况下，对情节严重，依法应当在三年以上七年以下有期徒刑幅度内量刑的，不宜适用免予刑事处罚。

（二）行为人认罪、悔罪并且退赃、退赔

这里需要注意的是认罪、悔罪和退赃、退赔是并列关系，即要求必须同时具备。这样规定主要是考虑，实践当中大多数掩饰、隐瞒犯罪所得、犯罪所得收益罪在妨害司法秩序的同时，也侵犯了财产权益，行为人能够积极退赃、退赔的，对于保护上游犯罪被害人的合法权益具有非常积极和现实的意义。如果行为人只是口头表示认罪、悔罪，而没有实际退赃、退赔行为，实际上并不是真诚认罪悔罪；而行为人虽然退赃、退赔，但拒不认罪、态度恶劣的，主观恶性较深，仍需要通过判处刑罚进行改造，也不适宜免予刑事处罚。

（三）具有《解释》规定的三种情形之一

1. 具有法定从宽处罚情节的

根据《刑法》总则规定，法定从宽处罚情节包括自首、立功、未成年人犯罪、又聋又哑的人或者盲人犯罪、犯罪中止、犯罪未遂、从犯、坦白等。

2. 为近亲属掩饰、隐瞒犯罪所得及其产生的收益，且系初犯、偶犯的

《解释》的该项规定体现了“亲亲相隐”的思想，“亲亲相隐”在我国长达两千余年的封建时期一直作为主要立法原则存在，新中国成立后，将之视作封建糟粕而抛弃。但是近年来“亲亲相隐”的正面价值逐渐受到立法者和学者的重视，2012 年修改的《刑事诉讼法》第一百八十八条第一款规定“经人民法院通知，证人没有正当理由不出庭作证的，人民法院可以强制其到庭，但是被告人的配偶、父母、子女除外”，也体现了这一思想。

我们认为，亲情是人类基于血缘关系、婚姻关系而自然产生的情感，亲属之爱是一切爱的起点，亲情联系是一切人类无法逃脱的联系。维护好亲情关系能够促进家庭稳定，而家庭稳定是国家和社会和谐发展的前提与保障，因此法律在一定程度上对家庭成员之间的亲情加以特殊保护是有必要的。《解释》对于近亲属之间犯本罪的处理作特殊规定，主要就是出于

人道原则和对亲缘关系的尊重，明确了司法实践中对亲缘关系的特殊处遇精神，最终有利于实现刑法维护社会秩序的功能。同时，《解释》设置了初犯、偶犯的条件，可以防止该项规定被滥用。

此外，在适用该项规定时还应注意对“近亲属”的认定范围不宜过窄，除了《刑事诉讼法》第一百零六条第六项规定的近亲属，即夫、妻、父、母、子、女、同胞兄弟姊妹外，祖父母、外祖父母、孙子女、外孙子女也是属于血缘比较近，关系比较密切的亲属，属于此处规定的“近亲属”。当然，对于“近亲属”的认定范围也不宜过宽，叔、伯、姑、侄子（女）或姨、舅、外甥（女）或表（堂）兄弟姐妹等关系，除非具有抚养、赡养、扶养关系的，一般不宜认定为“近亲属”。

3. 其他情节轻微、危害不大的

这是兜底条款，规定的目的是为了应对司法实践中出现新的情况，即确实需要给予是行为人免予刑事处罚，但不符合前两项条件的。

本案虽然在《解释》出台前判决，但是原审法院对被告人李俊岭适用免予刑事处罚，完全符合《解释》的规定。李俊岭明知是他人盗窃所得原油而予以收购，被盗原油价值25266元，构成掩饰、隐瞒犯罪所得罪，根据李俊岭掩饰、隐瞒的财物价值和犯罪情节看，不属于“情节严重”，具备前述适用免予刑事处罚的前提条件。案发后，李俊岭认罪、悔罪并主动赔偿被盗单位华北石油采油一厂的经济损失，符合前述适用免予刑事处罚的第二个条件“认罪、悔罪并退赃、退赔”。案发后，李俊岭主动到公安机关投案，如实供述犯罪事实，构成自首，又协助公安机关抓获其他案件的犯罪嫌疑人，有立功表现，自首和立功都属于法定的从宽处罚情节。李俊岭同时具备上述三个条件，原审法院认定其犯掩饰、隐瞒犯罪所得罪，并免予刑事处罚是适当的。

（撰稿：最高人民法院刑四庭　杨华）

# 夏宗斌、王家均、谭小阳掩饰、隐瞒犯罪所得案

——明知是盗窃所得摩托车而购买自用的定罪处罚

## 一、基本案情

被告人夏宗斌，男，1981年9月12日出生，汉族，农民，2003年12月24日因犯盗窃罪被判处有期徒刑八个月；2005年12月15日因犯销售赃物罪被判处有期徒刑一年，2006年10月2日刑满释放；2012年3月22日因犯掩饰、隐瞒犯罪所得罪被判处有期徒刑三年八个月，（刑期自2011年11月30日至2015年7月26日），服刑于重庆三峡监狱。

被告人王家均，男，1968年10月5日出生，汉族，农民，2005年5月13日因犯赌博罪被判处拘役四个月；2011年1月12日因犯滥伐林木罪被判处有期徒刑一年六个月，缓刑二年。因本案于2013年3月29日被取保候审。

被告人谭小阳，男，1967年12月26日出生，汉族，农民，2013年3月29日被取保候审。

重庆市万州区人民检察院以被告人夏宗斌、王家均、谭小阳犯掩饰、隐瞒犯罪所得罪，向万州区人民法院提起公诉。

被告人夏宗斌、王家均、谭小阳对指控的犯罪事实和证据均未提出异议。

万州区人民法院经审理查明：2010年10月的一天，被告人夏宗斌在明知没有牌照、没有手续，是“黑车”的情况下，在万州区西山车站以800元的价格从他人手中购得一辆黑色本田牌二轮摩托车（车辆识别代码为LALPCK0A9 A3183900）。被告人谭小阳在万州区龙沙镇看到该车后，向夏宗斌询问了有关情况，遂介绍被告人王家均购买。王家均在明知该车没有牌照、没有手续、来路不明的情况下，以1800元的价格购得该车由

自己使用。经鉴定，涉案车辆价值人民币 12370 元。2013 年 3 月 11 日，王家均驾驶该无牌无照摩托车外出，公安机关查获后将该车发还失主。

万州区人民法院认为，被告人夏宗斌、王家均明知是犯罪所得的赃物而购买，被告人谭小阳明知是犯罪所得的赃物还介绍他人购买，其行为均已构成掩饰、隐瞒犯罪所得罪。被告人夏宗斌在刑满释放后五年内又犯应当被判处有期徒刑以上刑罚之罪，系累犯，应当从重处罚。被告人夏宗斌、王家均、谭小阳如实供述犯罪事实，可以从轻处罚；涉案车辆已被公安机关追回发还失主，被告人王家均、谭小阳还主动缴纳罚金，均可以酌情从轻处罚。被告人夏宗斌在判决宣告以后，刑罚执行完毕以前，发现在判决宣告以前还有其他罪没有判决，应当实行数罪并罚。据此，判决如下：

被告人夏宗斌犯掩饰、隐瞒犯罪所得罪，判处有期徒刑六个月，并处罚金人民币 6000 元；原犯掩饰、隐瞒犯罪所得罪判处有期徒刑三年八个月，并处罚金人民币 6000 元。决定执行有期徒刑四年，并处罚金人民币 12000 元。

被告人王家均犯掩饰、隐瞒犯罪所得罪，判处管制一年，并处罚金人民币 5000 元。

被告人谭小阳犯掩饰、隐瞒犯罪所得罪，判处管制十个月，并处罚金人民币 4000 元。

一审宣判后，各被告人均未提出上诉，检察机关亦未抗诉，判决已生效。

## 二、主要问题

1. 对于明知是盗窃所得的摩托车而购买自用的应如何定罪处罚？
2. 居间介绍买卖的行为是否属于掩饰、隐瞒的“其他方法”？

## 三、裁判理由

（一）为自用而实施掩饰、隐瞒犯罪所得及其收益行为的，应综合考

虑涉案财物价值、退赃退赔等情节，酌情从宽处罚

行为人出于自己使用的目的而实施转移、收购等掩饰、隐瞒犯罪所得及其收益行为的如何定罪处罚?《最高人民法院关于审理掩饰、隐瞒犯罪所得、犯罪所得收益刑事案件适用法律若干问题的解释》（以下简称《解释》）第二条第二款规定“行为人为自用而掩饰、隐瞒犯罪所得，财物价值刚达到本解释第一条第一款第（一）项规定的标准，认罪、悔罪并退赃、退赔的，一般可不认为是犯罪；依法追究刑事责任的，应当酌情从宽。”在《解释》出台前，没有司法解释涉及该问题，司法实践中也很少对行为人是自用还是转售牟利等进行区别量刑。《解释》之所以对“自用”的情形专门作出规定，主要是基于刑法谦抑性原则并根据这类行为人主观恶性小的特点而制定的。司法实践中实施掩饰、隐瞒犯罪所得及其收益的行为人基本分为三种：第一种是职业收赃者，转卖牟利的；第二种是为了帮助上游犯罪分子逃避司法机关追诉的人；第三种则是贪图便宜、自己使用的人。掩饰、隐瞒犯罪所得、犯罪所得收益罪主要打击的对象是职业收赃者，正是由于职业收赃者长期、稳定的掩饰、隐瞒行为，使得上游犯罪分子在实施盗窃、抢劫、抢夺等犯罪时无所顾忌，进而极大地妨碍了司法机关对上游犯罪的追诉，而对于收赃自用的行为人，虽然客观上也帮助犯罪分子逃避司法机关追诉，但其主观恶性比职业收赃者小得多，司法实践中不乏一些行为人仅收购一辆电动自行车或者家用电器自己使用，价值刚刚达到3000元，没有必要一律作为犯罪处理。《解释》对“自用”作出出罪和从宽处理的规定就是要体现对此类犯罪处罚时“轻其轻、重其重”的原则。

在司法实践中适用《解释》的上述规定应当注意两点：

一是行为人为自用而实施掩饰、隐瞒行为的，在本质上是构成犯罪的，但因犯罪情节较轻、行为人主观恶性较小，事后恢复性措施到位，而不作犯罪处理或者虽然追究刑事责任但酌情从宽处理。这与行为本身不构成犯罪是有本质区别的。在不作犯罪处理的情况下，需要适用《刑法》第十三条的“但书”部分的规定，即“情节显著轻微危害不大的，不认为是

犯罪”，而不能仅适用《解释》第二条第二款。

二是为自用而收购不以犯罪论处，必须同时符合以下三个条件：（1）行为人购买赃物的目的是“自用”，主要是出于生活中使用的目的而购买，如购买自行车、摩托车等用来自己出行，购买高压锅用来做饭等等。一般情况下，购买生产资料如机器设备等用于生产经营的，不能认定为自用，自用的范围应严格掌握在生活用品范围内。（2）所购买赃物的价值，刚达到《解释》第一条第一款第（一）项规定的3000元至1万元的数额。“刚达到”，不能机械地理解为正好达到，而是超过不多。如某省制定的标准是3000元，那么，3000至4000元一般都可以理解为刚达到，但如果数额超过50%以上，即在4500元以上，一般不能认定为“刚达到”。（3）行为人认罪、悔罪并且退赃、退赔的。

本案被告人王家均明知涉案的本田牌二轮摩托车没有牌照、没有手续、来路不明，仍以1800元的明显低价购得该车，能够认定其主观上明知是犯罪所得而予以收购；根据王家均本人的供述和其他同案犯的供述，王家均购买该摩托车是为了自己使用，在案证据也没有显示王家均有转卖牟利的可能，因此，应该认定王家均是为了自用而实施掩饰、隐瞒行为。本案虽然在《解释》出台前判决，但认定了王家均是为自用而购买赃车，又考虑到其有认罪、悔罪并退赃、主动缴纳罚金等情节，对其酌情从轻处罚，判处管制一年，并处罚金，与《解释》第二条第二款体现的对“买赃自用”从宽处罚的原则是高度一致的。当然，本案摩托车经鉴定价值12370元，如果根据判决当时重庆市高级人民法院对掩饰、隐瞒犯罪所得罪统一规定的入罪数额3000元来判断的话，涉案摩托车价值远远超过入罪标准，不符合《解释》第二条第二款规定的不以犯罪论处的条件，如果当地对掩饰、隐瞒犯罪所得罪规定的入罪数额为10000元的话，涉案摩托车就属于刚达到数额标准，或者说超过入罪数额不多，可以不以犯罪论处。

（二）居间介绍买卖的行为属于掩饰、隐瞒的“其他方法”

1997年《刑法》第三百一十二条规定：“明知是犯罪所得的赃物而予

以窝藏、转移、收购或者代为销售的，处三年以下有期徒刑、拘役或者管制，并处或者单处罚金。”《刑法修正案（六）》对该条作了修改，一是将窝藏、转移、收购、销售赃物犯罪的对象进行了扩大，将原规定的赃物扩大为犯罪所得及其收益，二是犯罪行为的类型上增加了“其他方法”。我们认为，确定哪些行为能够认定为掩饰、隐瞒犯罪所得、犯罪所得收益的“其他方法”，应遵循以下两点：一是“其他方法”的样态虽然各种各样，但是必须与窝藏、转移、收购和代为销售在罪质上具有相当性，如居间介绍买卖、收受、持有、使用、加工等行为，没有被第三百一十二条所列的四种行为所涵盖，但与四种行为性质相当的，都应属于“其他方法”；二是这些方法在客观上扰乱了司法秩序，妨害了司法机关对上游犯罪行为的追究。

为了严密刑事法网，《解释》第十条第二款规定“明知是犯罪所得及其产生的收益而采取窝藏、转移、收购、代为销售以外的方法，如居间介绍买卖，收受，持有，使用，加工，提供资金账户，协助将财物转换为现金、金融票据、有价证券，协助将资金转移、汇往境外等，应当认定为刑法第三百一十二条规定的‘其他方法’”。本案被告人谭小阳看到被告人夏宗斌驾驶的摩托车后，向夏宗斌询问了有关情况，在明知该车没有牌照、没有手续、来路不明的情况下，还介绍给被告人王家均购买，是典型的“居间介绍买卖”的行为，属于掩饰、隐瞒的“其他方法”。原审法院作出判决时，《解释》还没有出台，但原审法院认定谭小阳的行为是“介绍他人购买”，从而认定构成掩饰、隐瞒犯罪所得罪，这与《解释》的规定是完全一致的。

需要注意的是，居间介绍买卖犯罪所得及其收益的，只要行为人主观上明知是犯罪所得及其收益，客观上实施了居间介绍买卖行为，他人通过其居间介绍行为对赃物等进行了交易，则无论该行为人是否因为居间介绍获取佣金、报酬，都可以认定为掩饰、隐瞒犯罪所得及其收益的行为。

综上，本案以掩饰、隐瞒犯罪所得罪分别判处被告人夏宗斌有期徒刑六个月，并处罚金人民币 6000 元；判处被告人王家均管制一年，并处罚金人民币5000元；判处被告人谭小阳管制十个月，并处罚金人民币4000元是适当的。

（撰稿：最高人民法院刑四庭　杨华）

## 胡靖德、费华光掩饰、隐瞒犯罪所得案

——掩饰、隐瞒犯罪所得罪"情节严重"的认定标准

### 一、基本案情

被告人胡靖德，男，汉族，1969年1月15日出生，农民。1994年12月30日因犯盗窃罪和脱逃罪被判处有期徒刑五年，1998年1月20日刑满释放。2012年9月7日因涉嫌掩饰、隐瞒犯罪所得罪被逮捕。

被告人费华光，男，汉族，1976年1月11日出生，农民。2012年9月7日因涉嫌掩饰、隐瞒犯罪所得罪被逮捕。

云南省富源县人民检察院以被告人胡靖德、费华光犯掩饰、隐瞒犯罪所得罪，向富源县人民法院提起公诉。

被告人胡靖德辩称没有向同案犯刘加旺、敖党平、敖党田、朱武荣、刘泽江（同案犯，均已判刑）等人收购过赃物，也不认识上述同案犯。其辩护人提出其他多名同案犯均指认胡靖德，但供述中对于收受赃物价格、地点以及分赃均有矛盾，建议据实判决。

被告人费华光对起诉指控的犯罪事实及罪名均无异议。其辩护人提出公诉机关起诉的两起犯罪事实中被告人费华光主观上不明知所收的牛为盗窃而来，故该两起事实不应构成掩饰、隐瞒犯罪所得罪，同时其系初犯，具备坦白情节，认罪悔罪态度较好，主观恶性不大，请求依法对其适用缓刑。

富源县人民法院经审理查明：

2007年10月至2012年7月间，同案犯刘加旺、敖党平、敖党田、

朱武荣、刘泽江（均已判刑）伙同他人多次秘密窃取富源县后所镇等地村民的黄牛、水牛共计73桩。被告人胡靖德、费华光在明知是刘加旺等五人盗窃的财物仍然多次予以收购，其中胡靖德收购赃物37桩，涉案金额为332400元；被告人费华光收购赃物6桩，涉案金额为52400元。

富源县人民法院认为，被告人胡靖德、费华光明知是犯罪所得仍予以收购的行为构成掩饰、隐瞒犯罪所得罪，其中被告人胡靖德掩饰隐瞒犯罪所得达10次以上，属情节严重。公诉机关指控的犯罪事实清楚，罪名成立。鉴于费华光在庭审中认罪态度较好，可酌情从轻处罚。根据《中华人民共和国刑法》第三百一十二条第一款，第七十二条第一款、第三款，第七十三条第二款、第三款之规定，判决如下：

一、被告人胡靖德犯掩饰、隐瞒犯罪所得罪，判处有期徒刑七年，并处罚金人民币35万元。

二、被告人费华光犯掩饰、隐瞒犯罪所得罪，判处有期徒刑二年，缓刑三年，并处罚金人民币53000元。

一审宣判后，被告人胡靖德、费华光均未提起上诉，检察机关没有抗诉，判决已发生法律效力。

## 二、主要问题

《刑法修正案（六）》对掩饰、隐瞒犯罪所得罪增设了“情节严重”的条款，但并未解释何谓“情节严重”。本案审理中，对于被告人胡靖德、费华光的行为是否属于“情节严重”，有两种意见：

一种意见认为，不能认定胡靖德、费华光的行为属于“情节严重”。胡靖德、费华光虽收购次数均在5次以上，数额均达到5万元以上，但在没有明确司法解释的情况下，贸然认定“情节严重”，加重被告人的处罚，恐有违罪刑法定原则。

另一种意见认为，可以认定胡靖德的行为属于“情节严重”。掩饰、隐瞒犯罪所得罪相较上游犯罪，行为人的主观恶性和社会危害性均较小。

因本罪依托于上游犯罪的成立而成立，故可以参照上游犯罪相关司法解释中对于“情节严重”设置的标准，再结合本罪的特点来认定。

### 三、裁判理由

我们同意第二种意见，被告人胡靖德掩饰、隐瞒犯罪所得37起，涉案金额达33万余元，应当认定为“情节严重”。

近年来，随着市场经济的发展和侵财犯罪数量的激增，掩饰、隐瞒犯罪所得、犯罪所得收益刑事案件呈逐年上升趋势，犯罪形式、犯罪手段日趋多样化，犯罪后果也日趋严重。2006年6月29日公布的《刑法修正案（六）》对掩饰、隐瞒犯罪所得、犯罪所得收益罪提高了法定刑幅度，增设一条“情节严重的，处三年以上七年以下有期徒刑，并处罚金”的规定。如此设置体现了立法者对本罪从严惩处的态度。但是司法实践中，对于“情节严重”的标准则存在很多争议。有些法院认为本罪基本条款中未规定数额，故只要实施掩饰、隐瞒犯罪所得、犯罪所得收益的行为即构成犯罪，数额稍微大一些的就可以认定“情节严重”；而有些法院苦于没有法律依据，不敢贸然认定“情节严重”，致使许多罪行严重的被告人被判处三年以下有期徒刑，甚至缓刑，造成量刑失衡。为解决上述争议，最高人民法院在多方调研、论证的基础上，通过了《最高人民法院关于审理掩饰、隐瞒犯罪所得、犯罪所得收益刑事案件适用法律若干问题的解释》，其中第三条明确规定：“掩饰、隐瞒犯罪所得及其产生的收益，具有下列情形之一的，应当认定为刑法第三百一十二条第一款规定的‘情节严重’：（一）掩饰、隐瞒犯罪所得及其产生的收益价值总额达到十万元以上的；（二）掩饰、隐瞒犯罪所得及其产生的收益十次以上，或者三次以上且价值总额达到五万元以上的；（三）掩饰、隐瞒的犯罪所得系电力设备、交通设施、广播电视设施、公用电信设施、军事设施或者救灾、抢险、防汛、优抚、扶贫、移民、救济款物，价值总额达到五万元以上的；（四）掩饰、隐瞒行为致使上游犯罪无法及时查处，并造成公私财物重大损失无法挽回或其他严重后果的；（五）实施其他掩饰、隐瞒犯罪所得及其产生的收益行为，严重妨害司法机关对上游犯罪予以追究的。司法解释对掩饰、隐瞒涉及机动车、计算机信息系统数据、计算机信息系统控制权的犯罪所得及其产生的收益行为认定‘情节严重’已有规定的，审理此类案件依照该规定。”

“情节严重”系一个综合评判标准，在掩饰、隐瞒犯罪所得、犯罪所得收益罪中是量刑要素，应当根据刑法规定的本罪罪状来具体考量。我们认为认定“情节严重”需要考虑犯罪所得、犯罪所得收益的价值总额、种类、犯罪次数、上游犯罪的性质及对司法机关追查上游犯罪的妨害程度等因素。这样既关注了本罪的特殊性，又注意到本罪与上游犯罪的内在联系；既考虑了涉案数额，又注意到本罪行为对法益的侵害程度。《解释》对“情节严重”的规定分为一般标准、特殊标准和兜底条款。一般情况下，“情节严重”的认定标准是掩饰、隐瞒犯罪所得及其产生的收益总额达到10万元以上。如此规定，既充分考虑了与上游犯罪相协调的内在要求，又切合实际，体现了从严打击的态度。特殊情况下，虽然掩饰、隐瞒犯罪所得及其产生的收益未达到10万元的标准，但掩饰、隐瞒的次数多、掩饰、隐瞒的对象较为特殊的，也可以认定“情节严重”，主要规定了两点：一是次数达10次以上，或者3次以上且总额达到5万元以上的；二是犯罪对象系公用设施或救灾、抢险等特殊对象，犯罪数额达到5万元以上的。如此规定，一是打击了职业收赃人，二是为遏制针对破坏公用设施类犯罪的收赃行为，从而倒逼上游犯罪行为人有所收敛。最后，为了避免掩饰、隐瞒犯罪所得及其产生的收益数额不大，但上游犯罪的危害特别大，社会影响特别恶劣的行为无法纳入“情节严重”的标准，《解释》第一款第（四）、（五）项对此种情节作出了兜底性规定。当然，对于法律有特别规定的，依据特别法优于一般法的原则，应当适用特别法。

联系本案，被告人胡靖德、费华光明知系他人盗窃所得的水牛、黄牛而予以收购，其行为均已构成掩饰、隐瞒犯罪所得罪。胡靖德收购多达37次，涉案赃物价值人民币33万余元，根据《解释》的规定，无论从收购次数，还是从犯罪对象的价值来看，均已达到本罪“情节严重”的认定标准，富源县人民法院认定胡靖德掩饰、隐瞒犯罪所得达到10次以上，属情节严重，并据此判处有期徒刑七年，并处罚金35万元是适当的。对于被告人费光华收赃6次，涉案金额达到5万元的，虽然根据《解释》第三条第一款第二项的规定，也符合“情节严重”的标准，但本案发生在《解释》出台前，在没有明确规定“情节严重”的情况下，富源县人民法院考虑到费光辉系初犯、归案后如实供述，认罪、悔罪，据此判处其有期徒刑二年，缓刑三年，并处罚金人民5.3万元，我们认为也是合适的。

（撰稿：最高人民法院刑四庭　杜军燕）

## 被告人金丽华掩饰、隐瞒犯罪所得罪案

——掩饰、隐瞒犯罪所得、犯罪所得收益罪“情节严重”的认定标准

### 一、基本案情

被告人金丽华，男，汉族，1978年9月27日出生，农民。2001年7月2日因犯聚众斗殴罪、敲诈勒索罪被判处有期徒刑四年零六个月。2004年1月20日被假释，假释考验期至2005年8月12日。2014年2月28日因涉嫌犯掩饰、隐瞒犯罪所得罪被逮捕。

云南省沾益县人民检察院以被告人金丽华犯掩饰、隐瞒犯罪所得罪，向云南省沾益县人民法院提起公诉，并建议对被告人判处有期徒刑三年零六个月至四年零六个月。

被告人金丽华对起诉书指控其犯掩饰、隐瞒犯罪所得罪的事实及罪名无异议，请求法庭从轻处罚。

云南省沾益县人民法院经审理查明：2013年3月至2014年1月期间，被告人金丽华明知是他人盗窃所得的摩托车而予以收购并销售，共计掩饰、隐瞒犯罪所得六次，涉案财物价值5.378万元，销售金额2.226万元。

云南省沾益县人民法院认为，被告人金丽华明知是犯罪所得的机动车

而予以收购并销售，其行为已构成掩饰、隐瞒犯罪所得罪，公诉机关指控的事实清楚，罪名准确，应予以支持。被告人金丽华有前科劣迹，可酌情从重处罚；但其认罪态度较好，可酌情从轻处罚。公诉机关的量刑建议适当，予以采纳。综合被告人金丽华犯罪的事实、性质、情节和对社会的危害程度，依照《中华人民共和国刑法》第三百一十二条第一款之规定，判决如下：

被告人金丽华犯掩饰、隐瞒犯罪所得罪，判处有期徒刑三年零六个月，并处罚金40000元。

宣判后，被告人金丽华未提出上诉，检察机关也未提出抗诉。

## 二、主要问题

如何界定掩饰、隐瞒犯罪所得罪中的“情节严重”？

## 三、裁判理由

本案在审理过程中，对被告人金丽华的犯罪行为构成掩饰、隐瞒犯罪所得罪没有异议，但能否认定为“情节严重”，存在两种不同意见：第一种意见认为，《最高人民法院、最高人民检察院关于办理与盗窃、抢劫、诈骗、抢夺机动车相关刑事案件具体应用法律若干问题的解释》（下称《机动车司法解释》）第一条第二款规定，涉及盗窃、抢劫、诈骗、抢夺机动车5辆以上或者价值总额达到50万元以上的，属于刑法第三百一十二条规定的情节严重。但这只是一种原则性的规定，在认定情节严重时，要注意掌握机动车数量与价值总额的平衡，一般情况下，对于五辆机动车的价值总额与五十万元相当的，可以认定为情节严重。本案被告人认罪态度好，涉案赃物已经追回，且涉案车辆价值5.378万元，远未达到50万元，故不宜认定为情节严重。第二种意见认为，机动车五辆以上或者价值总额达到50万元以上这两种情况从法律逻辑学角度而言属于选择关系，只要具备其中一种情节，就属于情节严重，虽然被告人认罪态度好，涉案赃物已追回，但综合被告人金丽华其他情节，其掩饰、隐瞒犯罪所得的行为应属“情节严重”。

我们同意第二种意见。《刑法》第三百一十二条第一款规定，明知是犯罪所得及其产生的收益而予以窝藏、转移、收购、代为销售或者以其他方法掩饰、隐瞒的，处三年以下有期徒刑、拘役或者管制，并处或者单处罚金；情节严重的，处三年以上七年以下有期徒刑，并处罚金。其中什么情况属于“情节严重”，此前的法律和司法解释未作明确的界定，概念的内涵和外延界定不够清晰，只有《机动车司法解释》第一条和《最高人民法院、最高人民检察院关于办理危害计算机信息系统安全刑事案件应用法律若干问题的解释》第七条有所提及。认定标准的缺失造成一些法院不敢适用“情节严重”，该法定刑实际上被虚置，与从严打击此类犯罪的修法意图不符。2015 年 6 月 1 日开始实施的《最高人民法院关于审理掩饰、隐瞒犯罪所得、犯罪所得收益刑事案件适用法律若干问题的解释》（下称《解释》）对“情节严重”的标准做了进一步的明确。我们认为，掩饰、隐瞒犯罪所得罪“情节严重”中的情节包括犯罪情节和量刑情节，主要是指量刑情节，对掩饰、隐瞒犯罪所得罪“情节严重”的把握要根据犯罪情节和量刑情节的多种因素综合考量，结合有关司法解释的具体规定认定。本案中，被告人金丽华明知是他人盗窃所得的摩托车而予以收购并销售五辆以上，应认定为“情节严重”。理由如下：

（一）《机动车司法解释》对“情节严重”的规定属于选择关系，而非并列关系

本案的犯罪对象系机动车。由于机动车具有交通工具的属性，对于针对机动车所实施的盗窃、抢劫等上游犯罪来讲，机动车作为犯罪对象更容易转移，这就导致侦查机关对上游犯罪的查证也相对比较困难，在侦查过程中需要投入较大的人力、物力和财力，因此，掩饰、隐瞒的对象系机动车的，其行为所涉及的上游犯罪的社会危害性相对较大。此外，不少行为人在实施掩饰、隐瞒犯罪所得的机动车的过程中，为了掩盖真相，会对机动车进行拆解、改装、拼装、组装等，以便于非法交易，这严重妨害了交通管理部门对机动车的正常管理秩序，社会危害性极大。正因为如此，最

高人民法院出台的《机动车司法解释》对于掩饰、隐瞒的对象系犯罪所得的机动车的情况，如何认定“情节严重”专门作出了解释。

被告人金丽华收购、销售的机动车已达五辆以上，根据《机动车司法解释》第一条第二款的规定，明知是盗窃、抢劫、诈骗、抢夺的机动车而予以掩饰、隐瞒，涉及盗窃、抢劫、诈骗、抢夺机动车 5 辆以上或者价值总额达到 50 万元以上的，属于刑法第三百一十二条规定的情节严重，处三年以上七年以下有期徒刑，并处罚金。我们认为，机动车 5 辆以上或者价值总额达到 50 万元以上，这两种情况从法律逻辑学角度而言，属于选择关系，而非并列关系，如果我们把它理解为并列关系，要求机动车达到 5 辆的同时还必须价值总额达到 50 万元以上，则机动车 5 辆以上的规定就成为一纸空文，故只要被告人的犯罪行为具备其中一种情况，就应认定为“情节严重”。

（二）《机动车司法解释》与《解释》属于特别法与一般法的关系

根据《解释》第三条第一款第（二）项的规定，“掩饰、隐瞒犯罪所得及其产生的收益…三次以上且价值总额达到五万元以上的”就属于“情节严重”。本案发生在《解释》生效之前，不存在与《机动车司法解释》选择适用的问题。但是如果在《解释》生效之后，发生类似的案件，应当适用何种解释呢？我们认为，《机动车司法解释》对于掩饰、隐瞒的对象为盗窃、抢劫、诈骗、抢夺所得的机动车如何认定“情节严重”作了专门规定，而《解释》是对掩饰、隐瞒犯罪所得、犯罪所得收益罪的相关问题进行统一的解释，其中关于“情节严重”的规定也是针对所有掩饰、隐瞒犯罪行为的，故而相对于《解释》来讲，《机动车司法解释》属于特别规定，是针对特殊犯罪对象所作出的特殊规定，按照特别法优于一般法的基本原则，应当适用特别法即《机动车司法解释》。《解释》第三条第二款规定“司法解释对掩饰、隐瞒涉及机动车、计算机信息系统数据、计算机信息系统控制权的犯罪所得及其产生的收益行为认定‘情节严重’已有规定的，审理此类案件依照该规定”，上述规定也体现了特别法优于一般法的原则，在掩饰、隐瞒的对象为机动车时，应当适用《机动车司法解释》。

此外，在司法实践中还应当注意的是，如果掩饰、隐瞒的对象为犯罪所得的机动车，只要没有达到《机动车司法解释》上述“五辆或者五十万元以上”的标准，即使达到了《解释》规定的“情节严重”的标准，如掩饰、隐瞒10次以上，或者3次以上且价值总额达到5万元的，仍然不能认定为“情节严重”。

（三）认定“情节严重”除了以数额、次数等为主要标准，还应考虑其他犯罪情节。

被告人金丽华的具体犯罪情节也应当予以考虑。金丽华虽不是累犯，但有前科劣迹，在主观恶性上与初犯、偶犯相比明显较深，人身危险性大，其在不到一年的时间里就连续作案六次，属于多次作案，犯罪活动猖獗，被抓获后既没有积极退赃，也没有积极主动缴纳罚金，缺乏悔罪表现。

综上，判断被告人掩饰、隐瞒犯罪所得的犯罪行为是否属于“情节严重”，应当贯彻具体分析原则和整体性原则，以法律、司法解释规定的“情节严重”标准为基础，根据被告人的主观恶性、犯罪对象、上游犯罪的社会危害性、作案手段、作案次数、犯罪数额等情节综合考量。虽然本案被告人金丽华认罪，但认罪态度一般，主观恶性较深，人身危险性大，其收购并销售机动车五辆以上，根据《机动车司法解释》的规定，其犯罪行为应界定为“情节严重”。人民法院在对被告人判处刑罚时，已经充分考虑了被告人金丽华的坦白情节，做到了适用法律准确，罪责刑相适应，对被告人金丽华的量刑是恰当的。

（撰稿：云南省沾益县人民法院　杨林

最高人民法院刑四庭　张剑）

# 被告人徐田强、唐田斌掩饰、隐瞒犯罪所得案

——如何认定掩饰、隐瞒犯罪所得罪的"情节严重"

## 一、基本案情

被告人徐田强，男，1984年6月10日出生。2014年6月17日因涉嫌犯掩饰、隐瞒犯罪所得罪被逮捕。

被告人唐田斌，男，1986年12月26日出生。2014年6月17日因涉嫌犯掩饰、隐瞒犯罪所得罪被逮捕。

江苏省连云港市连云区人民检察院以被告人杨璨犯掩饰、隐瞒犯罪所得罪，向连云港市连云区人民法院提起公诉。

连云港市连云区人民法院经公开审理查明：2013年1月至2013年4月，被告人徐田强明知陈北平、刘成港、刘立波（均已判刑）、孙宝成（另案处理）卖给自己的铜精矿、锌精矿为他人盗窃来的赃物而多次予以收购，被告人唐田斌明知被告人徐田强收购的铜精矿是赃物而多次驾车帮助运输，其中被告人徐田强收购赃物11次共计价值300900余元人民币，被告人唐田斌帮助被告人徐田强转移赃物6次共计价值233700余元人民币。

连云港市连云区人民法院认为，被告人徐田强明知是盗窃来的赃物而多次予以收购，情节严重，被告人唐田斌明知被告人徐田强收购的是赃物而帮助运输转移，二被告人的行为均已构成掩饰、隐瞒犯罪所得罪。被告人徐田强、唐田斌在实施第11起犯罪事实时被公安机关当场抓获，该起犯罪事实系未遂，依法可以比照既遂犯从轻处罚。被告人徐田强、唐田斌系共同犯罪，在共同犯罪中，被告人徐田强起主要作用，是主犯，被告人唐田斌起辅助作用，是从犯，对从犯量刑时依法可以从轻处罚。被告人唐田斌有前科，量刑时依法可以从重处罚。二被告人归案后自愿认罪、态度

较好，量刑时依法可以酌情从轻处罚。被告人徐田强已退赔被害单位部分经济损失，量刑时依法可以酌情从轻处罚。

依照《中华人民共和国刑法》第三百一十二条、第二十三条、第二十五条第一款、第二十六条第一款、第四款、第二十七条的规定，判决被告人徐田强犯掩饰、隐瞒犯罪所得罪，判处有期徒刑三年，并处罚金 8 万元；被告人唐田斌犯掩饰、隐瞒犯罪所得罪，判处有期徒刑一年三个月，并处罚金 5 万元。

一审宣判后，被告人徐田强、唐田斌均向连云港市中级人民法院提出上诉，被告人徐田强称一审判决认定其犯罪次数太多，数量有出入，打价的价格过高；被告人唐田斌称其只是帮助运输，起辅助作用，是从犯，一审判决量刑过重。

连云港市中级人民法院经公开审理查明的事实及证据与一审相同。连云港市中级人民法院认为，被告人徐田强明知是盗窃来的赃物而多次予以收购，情节严重，被告人唐田斌明知被告人徐田强收购的是赃物而帮助运输转移，其行为均已构成掩饰、隐瞒犯罪所得罪，系共同犯罪。原审判决认定事实清楚，证据充分，程序合法，定罪准确，量刑适当。依照《中华人民共和国刑事诉讼法》第二百二十五条第一款第（一）项之规定，裁定驳回上诉，维持原判。

## 二、主要问题

如何认定掩饰、隐瞒犯罪所得罪的“情节严重”？

## 三、裁判理由

《刑法修正案（六）》将原《刑法》三百一十二条窝藏、转移、收购、销售赃物罪修改为掩饰、隐瞒犯罪所得罪，并增加了一个法定刑幅度，规定“情节严重的，处三年以上七年以下有期徒刑，并处罚金”，以此来震慑犯罪分子，体现了立法者从严打击掩饰、隐瞒犯罪所得犯罪的决心。但是长期以来，由于刑法和司法解释对于掩饰、隐瞒犯罪所得罪的“情节严重”没有明确的规定，司法实践中如何认定“情节严重”存在争议。虽然《最高人民法院、最高人民检察院关于办理与盗窃、抢劫、诈骗、抢夺机动车相关刑事案件具体应用法律若干问题的解释》对掩饰、隐瞒对象为机动车的犯罪行为规定了 5 辆或 50 万元为“情节严重”的标准，但因单辆机动车的价值较大，且在该解释出台当时，机动车的价格普遍较高，50 万元的数额基本上对应了五辆机动车的价值，因此在司法实践中，广大中、基层法院的法官在处理此类案件时没有简单、机械地将 50 万元的标准推广到其他案件中适用，体现了在适用高一档的法定刑幅度时的审慎态度，这与掩饰、隐瞒犯罪所得罪作为一个事后帮助犯，罪责相对较轻的特点是符合的。但是，对认定“情节严重”持审慎态度走向另一个极端的表现是，我们在调研中发现部分中、基层法院在近几年审理的数十起掩饰、隐瞒犯罪所得案件中无一认定“情节严重”，三年以上七年以下的法定刑幅度实际上被虚置，与当初从严打击此类犯罪的修法初衷是不符的。司法实践中，控辩双方常常对被告人掩饰、隐瞒犯罪所得的行为是否属于“情节严重”各执一词，争议较大，判案法官又没有一个明确的适用依据可以让控辩双方信服，因此，各地法院均反映最高人民法院应通过司法解释的方式进一步明确掩饰、隐瞒犯罪所得、犯罪所得收益罪“情节严重”的认定标准。经过很长时间的调研、讨论、征求意见，最终出台的《最高人民法院关于关于审理掩饰、隐瞒犯罪所得、犯罪所得收益刑事案件适用法律若干问题的解释》第三条规定了“情节严重”五种情形：（一）掩饰、隐瞒犯罪所得及其产生的收益价值总额达到 10 万元以上的；（二）掩饰、隐瞒犯罪所得及其产生的收益十次以上，或者三次以上且价值总额达到 5 万元以上的；（三）掩饰、隐瞒的犯罪所得系电力设备、交通设施、广播电视设施、公用电信设施、军事设施或者救灾、抢险、防汛、优抚、扶贫、移民、救济款物，价值总额达到 5 万元以上的；（四）掩饰、隐瞒行为致使上游犯罪无法及时查处，并造成公私财物重大损失无法挽回或其他严重后果的；（五）实施其他掩饰、隐瞒犯罪所得及其产生的收益行为，严重妨害司法机关对上游犯罪予以追究的。其中数额和次数是两个主要的标准，掩饰、隐瞒犯罪所得的价值在10万元以上，或者行为次数在十次以上的（属于“职业收赃人”），体现了其社会危害性达到了相当严重的程度，应当作为突出打击的重点。

本案的判决是在上述解释出台之前，但判案法官对“情节严重”的把握完全契合了司法解释的规定。被告人徐田强掩饰、隐瞒犯罪所得十一次且累计数额达30万元人民币以上，构成掩饰、隐瞒犯罪所得罪，且属于“情节严重”。在共同犯罪中，被告人唐田斌起辅助作用，是从犯，可以减轻处罚，在三年以下有期徒刑的幅度内量刑。

（撰稿：最高人民法院刑四庭　曹东方

江苏省连云港市连云区人民法院　王鸿）

## 张兆利、陈增智、卢占松合同诈骗、焦玉增掩饰、隐瞒犯罪所得案

——明知是合同诈骗财物且在现场收购的行为如何定性？

### 一、基本案情

被告人张兆利，男，1986年1月2日出生，汉族，农民。2012年8月10日被逮捕。

被告人陈增智，男，1993年9月23日出生，汉族，农民。2012年8月10日被逮捕。

被告人卢占松，男，1972年12月23日出生，汉族，农民，2012年8月10日被逮捕。

被告人焦玉增，男，1970年8月6日出生，汉族，农民。2012年8月10日被逮捕。

天津市津南区人民检察院以被告人张兆利、陈增智犯合同诈骗罪，被

告人卢占松、焦玉增犯掩饰、隐瞒犯罪所得罪向津南区人民法院院提起公诉。

被告人张兆利、陈增智、卢占松、焦玉增对公诉机关指控的事实均供认不讳。被告人张兆利的辩护人辩称，被告人张兆利主动投案并如实供述案发经过，属自首，另协助公安机关抓获同案犯卢占松，属立功。被告人陈增智的辩护人辩称，被告人陈增智应定为从犯，有自首情节，系初犯，请求法庭对其从轻处罚，并适用缓刑。被告人焦玉增的辩护人辩称，公诉机关指控被告人焦玉增犯罪的涉案金额证据不足，对赃物的价格鉴定没有事实依据。

天津市津南区人民法院经审理查明：

2012 年 5 月 2 日，被告人张兆利在天津市津南区小站镇东西庄房村隆祥租赁站，以在本市塘沽区的建筑工程，需要租赁建筑用铁板及工字钢等物的谎言，并交付少量的租金等手段，骗取经营者刘子权的信任，并签订租赁合同。自 2012 年 5 月 2 日至 6 月 4 日间，被告人张兆利单独或伙同被告人陈增智先后 11 次从隆祥租赁站骗得 4.2m×2.3m×30mm 铁板 8 块、4.2m×2.3m×25mm 铁板 132 块、36#C×8m 建筑用工字钢 27 根（价值共计人民币 969290 元），后将铁板及工字钢全部销卖于明知是赃物的被告人焦玉增，得赃款人民币 60 余万元后挥霍。其中，被告人陈增智参与诈骗 6 次，涉案金额为人民币 235818 元，分得赃款人民币 8000 余元后挥霍。期间被告人张兆利和被告人陈增智向被害人交付定金人民币 20000 元；被告人张兆利自行交付定金 35000 元。

2012 年 6 月 15 日、6 月 20 日，被告人张兆利以上述同样手段骗取天津市津南区小站镇东西庄房村民丰租赁站经营者张云香信任，先后 2 次从该租赁站骗得 4m×2.3m×25mm 铁板 53 块、6m×2.2m×30mm 铁板 5 块（价值人民币 402910 元）。被告人卢占松明知是被告人张兆利在租赁站骗得的铁板，且在现场将铁板拉运走后全部销卖，被告人张兆利得赃款人民币 250000 元后挥霍。期间被告人张兆利向被害人交付定金 20000 元。

综上所述，被告人张兆利的涉案金额为人民币 1297200 元、被告人陈增智涉案金额为人民币 215818 元；被告人卢占松涉案金额为人民币 382910 元、被告人焦玉增涉案金额为人民币 914290 元。

案发后，被告人张兆利、陈增智主动到公安机关投案自首；被告人张兆利协助公安机关将被告人卢占松抓获归案。被告人焦玉增被公安机关抓获归案。

天津市津南区人民法院认为：被告人张兆利、陈增智以非法占有为目的，采取签订租赁合同的形式，多次骗取他人财物予以销卖，被告人卢占松事先明知被告人张兆利以订立租赁合同的手段骗取被害人财物，到租赁站现场进行收购，后销卖牟利，其行为均已构成合同诈骗罪。张兆利、陈增智、卢占松属共同犯罪。公诉机关指控被告人卢占松犯有掩饰、隐瞒犯罪所得罪属定罪不准确。诈骗犯罪中，被告人张兆利犯罪数额特别巨大、被告人陈增智、卢占松数额巨大。均应依法惩处。被告人焦玉增明知是犯罪所得的赃物仍予收购，其行为已构成掩饰、隐瞒犯罪所得罪，且情节严重，应依法惩处。被告人张兆利有投案自首和立功情节，可依法从轻处罚。被告人陈增智有投案自首情节，可依法从轻处罚。被告人焦玉增所收购的是被告人张兆利和陈增智采取欺骗手段骗得正在经营的租赁站的物品，对其价格的认定，是根据天津市津南区价格认定中心作出的价格鉴定结论书作出的，故被告人焦玉增的辩护人关于本案对赃物的价格鉴定没有事实依据的辩护意见，不予采纳。据此，依据《中华人民共和国刑法》第二百二十四条、第三百一十二条第一款，第二十五条第一款、第六十七条第一款，第六十八条第一款，第五十二条、第五十三条的规定，判决如下：

被告人张兆利犯合同诈骗罪，判处有期徒刑十一年，并处罚金人民币 20 万元。

被告人陈增智犯合同诈骗罪，判处有期徒刑三年，并处罚金人民币 5 万元。

被告人卢占松犯合同诈骗罪，判处有期徒刑三年六个月，并处罚金人民币 6 万元。

被告人焦玉增犯掩饰、隐瞒犯罪所得罪，判处有期徒刑四年，并处罚金人民币5万元。

一审宣判后，各被告人均未提出上诉，检察机关亦未抗诉，判决已发生法律效力。

## 二、主要问题

1. 掩饰、隐瞒犯罪所得行为实施人明知上游犯罪人的犯罪行为仍在上游犯罪现场收购的，能否认定为与上游犯罪人通谋？

2. 掩饰、隐瞒犯罪所得罪的情节严重如何认定？

3. 掩饰、隐瞒犯罪所得罪的犯罪数额如何计算？

## 三、裁判理由

（一）明知财物系上游犯罪人犯罪所得而在上游犯罪现场收购赃物的，可以认定为与上游犯罪人通谋犯罪

掩饰、隐瞒犯罪所得、犯罪所得收益的行为是事后的帮助行为，“犯罪所得及其产生的收益”中的“犯罪”是指既遂犯罪。对于事前与盗窃、抢劫、抢夺等犯罪分子通谋，实施掩饰、隐瞒犯罪所得、犯罪所得收益的，主观上明知盗窃、抢劫、抢夺等犯罪内容、危害后果而与其通谋，形成共同的犯罪故意，客观上对盗窃、抢劫、抢夺的犯罪分子实施犯罪予以配合，应当以共同犯罪论处。此时，其掩饰、隐瞒行为就成了盗窃、抢劫、抢夺等犯罪的共同犯罪行为的组成内容。当然，在共同犯罪中的地位、作用，可以根据其实际所起的地位、作用认定。这方面的立法例有不少，如《刑法》第三百一十条第二款规定，犯窝藏、包庇罪，事前通谋的，以共同犯罪论处。《最高人民法院、最高人民检察院关于办理与盗窃、抢劫、诈骗、抢夺机动车相关刑事案件具体应用法律若干问题的解释》第四条明确规定，事前与盗窃、抢劫、诈骗、抢夺机动车的犯罪分子通谋的，以盗窃罪、抢劫罪、诈骗罪、抢夺罪的共犯论处。《最高人民法院、最高人民检察院关于办理盗窃油气、破坏油气设备等刑事案件具体应用法律若干问题的解释》第五条规定，明知是盗窃犯罪所得的油气或者油气设

备，而予以窝藏、转移、收购、加工、代为销售或者以其他方法掩饰、隐瞒的，依照刑法第三百一十二条的规定定罪处罚；实施前述犯罪行为，事前通谋的，以盗窃罪的共犯罪定罪处罚。《最高人民法院关于审理掩饰、隐瞒犯罪所得、犯罪所得收益刑事案件适用法律若干问题的解释》（以下简称《解释》）在总结立法和司法解释经验的基础上，也作了类似的规定。《解释》第五条规定："事前与盗窃、抢劫、诈骗、抢夺等犯罪分子通谋，掩饰、隐瞒犯罪所得及其产生的收益的，以盗窃、抢劫、诈骗、抢夺等犯罪的共犯论处"。结合法理和司法实践，认定掩饰、隐瞒犯罪所得行为人是否与盗窃、抢劫、诈骗、抢夺等上游犯罪分子通谋，一般从以下几个方面把握：1. 主观上分析判断，一看其是否明知上游犯罪人实施犯罪行为。如果有证据证明掩饰、隐瞒行为实施人误认为上游犯罪所得是正常所得，那么，掩饰、隐瞒行为人虽然客观上起到了帮助上游犯罪人的后果，但因缺乏主观要件而不能对其定罪；二看明知上游犯罪人犯罪的时间，如果上游犯罪既遂后才知道上游犯罪行为的，自然不能认定为与上游犯罪人通谋，如果事先知道（包括事中知道）上游犯罪行为，且在客观上实施了协助上游犯罪人完成上游犯罪行为的，就可以认定为与上游犯罪人通谋。2. 从客观上分析判断，即其实施的掩饰、隐瞒行为是在上游犯罪完成后还是在上游犯罪实施前或者实施过程中。如果掩饰、隐瞒行为是在上游犯罪完成后才介入的，则结合掩饰、隐瞒行为人主观是否存在事先通谋问题进行综合判断。如果掩饰、隐瞒行为，在事先、事中就起到了对上游犯罪参与、配合、协助作用，那么，就可以认定其掩饰、隐瞒的故意产生于上游犯罪实施前或实施中。

就本案而言，被告人卢松明与被告人焦玉增先后实施了收购被告人张兆利及陈增智合同诈骗犯罪所得财物的行为，但法院却对卢松明以合同诈骗罪的共犯论处，对焦玉增的行为以掩饰、隐瞒犯罪所得罪定罪处罚。其理由在于：被告人焦玉增的收购行为发生在被告人张兆利、陈增智合同诈骗行为完成后，而且是张兆利、陈增智送货到焦玉增处，焦玉增是被动收货，焦玉增的行为只能以掩饰、隐瞒犯罪所得罪定罪处罚。而被告人卢松明的收购行为却具有以下几个特点：1. 事先明知张兆利的铁板系合同所得，这从张兆利和卢松明的供述可以得到证实。2. 收购行为在合同诈骗现场。张兆利以在天津市塘沽区的建筑工程，需要租赁建筑用铁板及工字钢等物的谎言，并交付20000元的租金等手段，骗取天津市津南区小站镇东西庄房村民丰租赁站经营者张云香的信任，并签订租赁合同，先后2次从该租赁站骗得铁板56块（共计价值402910元）。对此，卢松明事先明知。而且，卢松明将收购铁板的地点前移到案发现场即直接到津南区小站镇东西庄房村民丰租赁站将铁板拉走，然后全部销卖，客观上直接帮助张兆利完成了合同诈骗犯罪活动。但是，其给予张兆利的款项为250000元，明显低于铁板402910元的实际价格。综上，可以认定卢松明事前与张兆利通谋而实施收购铁板的行为，应当以张兆利合同诈骗犯罪的共犯论处。

（二）焦玉增掩饰、隐瞒犯罪所得罪数额巨大，应当认定为情节严重

根据1997年《刑法》，构成本罪的，处三年以下有期徒刑、拘役或者管制，并处或者单处罚金。刑法修正案（六）对本罪增加了一个法定刑幅度，即情节严重的，处三年以上七年以下有期徒刑，并处罚金，旨在严厉打击此类犯罪。但由于司法实践中对何谓“情节严重”没有明确的标准可循，不利于法律统一实施。极少有罪犯被判处三到七年有期徒刑的刑罚，一些法院轻易不敢认定情节严重，从而不利于打击某些严重犯罪。《解释》主要从犯罪所得、犯罪所得收益的数额、种类、次数、上游犯罪的性质及对司法机关追查上游犯罪的妨害程度等因素认定“情节严重”，规定了一般标准、特殊标准，并设置了兜底条款。关于一般标准。《解释》从犯罪数额上设定掩饰、隐瞒犯罪所得及其产生的收益价值总额达到十万元以上的为情节严重。并从掩饰、隐瞒犯罪所得的行为次数、行为对象、危害后果等设置了一些特殊标准。有的掩饰、隐瞒犯罪所得、犯罪所得收益的行为，虽然所涉及的犯罪数额不大，甚至很小，但上游犯罪的危害特别大，社会影响特别恶劣，甚至给国家和社会带来巨大的损失。《解释》规定，“掩饰、隐瞒行为致使上游犯罪无法及时查处，并造成公私财物重大损失无法挽回或其他严重后果的”和“实施其他掩饰、隐瞒犯罪所得及其产生

的收益行为，严重妨害司法机关对上游犯罪予以追究的”的情况下，即使其犯罪数额不到10万元甚至不到5万元，仍然应当依法认定为情节严重。

本案审判时，《解释》尚未实施，但法院却准确地根据本案犯罪数额即焦玉增掩饰、隐瞒犯罪所得数额为914290元及全案犯罪情节等，认定焦玉增掩饰、隐瞒犯罪所得的行为属于“情节严重”，既符合案件实际情况，也与《解释》的基本精神相契合。

（三）掩饰、隐瞒犯罪所得的数额，应当以实施掩饰、隐瞒行为时为准

由于财物的价格是个可变因素，因此，如何确定掩饰、隐瞒犯罪所得的犯罪数额是个很重要的问题，直接关系到对行为人是否构成犯罪、如果构成犯罪是否认定为情节严重。为此，《解释》第三条规定：掩饰、隐瞒犯罪所得及其产生的收益的数额，应当以实施掩饰、隐瞒行为时为准。收购或者代为销售财物的价格高于其实际价值的，以收购或者代为销售的价格计算。收购或者代为销售财物的价格高于其实际价值的情况不多，但也偶尔会存在，这是多种因素的原因。《解释》作出这样的规定，是为了充分体现主客观相统一的原则。

具体到本案，焦玉增掩饰、隐瞒犯罪所得的数额，既不能以其收购时所付的60余万元为依据来确定，也不能依据被害人隆祥租赁站业主刘子权对铁板的定价来确定，而应该依照焦玉增实施掩饰、隐瞒行为时的市场价格来确定。而市场价格，一般情况下，应当由法定的价格鉴定机构作出结论。本案经价格鉴定机构鉴定，焦玉增掩饰、隐瞒犯罪对象铁板的价格为969290是正确的。

需要说明的是，本案审判时，将上游犯罪人张兆利、陈增智向被害人所付的定金，在犯罪数额里扣除的做法，值得探讨。笔者认为，所付定金，作为犯罪成本，不应该在犯罪数额中扣除。当然，在本案中，将定金在犯罪数额里扣除，不影响全案定罪量刑。

（撰稿：最高人民法院法院刑四庭　陆建红）

# 苏忠平掩饰、隐瞒犯罪所得案

——是否事先通谋的证据认定

## 一、基本案情

被告人苏忠平，男，1963 年 10 月 16 日出生，无业。因涉嫌盗窃罪于 2014 年 4 月 18 日被逮捕。

内蒙古自治区卓资县人民检察院以被告人苏忠平犯盗窃罪，向卓资县人民法院提起公诉。

被告人苏忠平辩称：我事先没有与邢培军商量共同盗窃，我们平时不联系，那天只是偶然遇到一起，我根本没有让邢培军偷东西，我也没有参与盗窃。

卓资县人民法院经审理查明：

2013 年 10 月 2 日 17 时 30 分许，被告人苏忠平从卓资县卓资山镇地桥南用电动车将邢培军（已判刑）带到卓资山镇台阶路附近，邢培军趁被害人于桂英不备，窃取于桂英的一个粉色手提包，内有黄金项链一条、黄金鱼一个、黄金转运珠一个，银项链一条、银戒指一枚，黑色联想手机一部，身份证，银行卡三张以及现金 400 余元。邢培军盗窃得手后，苏忠平将其带离现场，后邢培军将被盗物品中的首饰黄金鱼拿走，其余首饰均存放在苏忠平家，此后苏忠平代邢培军以 3000 余元的价格将其中黄金项链一条出售给谢志刚。被害人于桂英发现失窃后，托人帮忙找回被盗物品，邢培军、苏忠平经劝说决定将被盗物品退还被害人。2013 年 10 月 5 日，二人将已出售的黄金项链赎回，并将除现金以外的上述物品退还给被害人。经鉴定，被盗黄金首饰及银首饰价值 5410 元。

卓资县人民法院认为，被告人苏忠平明知他人犯罪所得的赃物而予以窝藏并代为销售，其行为已构成掩饰、隐瞒犯罪所得罪。公诉机关关于被告人苏忠平犯盗窃罪及与邢培军系共同犯罪的指控，缺乏确实、充分的证据证明主观上苏忠平事先与邢培军商量共同实施盗窃，在邢培军实施盗窃的过程中与邢培军形成了共同犯罪的意思联络，客观上与邢培军实施了共同盗窃犯罪的行为，故公诉机关的指控依据不足，不能成立，不予支持。被告人犯罪后，将被盗财物大部分退还给了被害人，弥补了被害人的大部分经济损失，故对其可酌情从轻处罚。依照《刑法》第三百一十二条第一款之规定，判决如下：

被告人苏忠平犯掩饰、隐瞒犯罪所得罪，判处拘役四个月，并处罚金2000元。

一审宣判后，被告人苏忠平未提起上诉，检察机关没有抗诉，判决已发生法律效力。

## 二、主要问题

对主要犯罪人在犯罪中实施的帮助行为应认定为所犯罪的共犯还是掩饰、隐瞒犯罪所得罪？

## 三、裁判理由

本案审理中，关于对同案犯邢培军盗窃前后，被告人苏忠平所提供的帮助行为应当如何定性，存在两种不同意见：

一种意见认为，被告人苏忠平的行为构成盗窃罪。虽然苏忠平、邢培军均供述没有商量过共同盗窃，但其在邢培军盗窃前后用电动车接送，在未接到邢培军授意的情况下，主动将邢培军寄放的盗窃财物转卖他人。苏忠平的上述行为反映出其与邢培军在主观故意上有一定的意思联络，故应认定为盗窃罪的共犯。

另一种意见认为，被告人苏忠平的行为构成掩饰、隐瞒犯罪所得罪。虽然苏忠平在邢培军盗窃前后提供了一定帮助，但二人均供述未商量过共同盗窃，即苏忠平系在不明知的情况下提供的帮助，因不符合主观方面的构成要件，故不应认定为盗窃罪。但是苏忠平在得知邢培军盗窃后还对窃取的财物窝藏并代为销售的，该行为应认定为掩饰、隐瞒犯罪所得罪。

我们同意第二种意见，被告人苏忠平因与同案犯邢培军没有就盗窃进行事先通谋，故不构成盗窃罪，但对邢培军盗窃所得的财物予以窝藏并代为销售的行为，应认定掩饰、隐瞒犯罪所得罪。

《最高人民法院关于审理掩饰、隐瞒犯罪所得、犯罪所得收益刑事案件适用法律若干问题的解释》第五条明确规定："事前与盗窃、抢劫、诈骗、抢夺等犯罪分子通谋，掩饰、隐瞒犯罪所得及其产生的收益的，以盗窃、抢劫、诈骗、抢夺等犯罪的共犯论处。"实践中经过调查，本罪的上游犯罪中盗窃罪约占90%，其余10%以诈骗罪、抢夺罪、职务侵占罪等为主。对于事前与盗窃、抢劫、抢夺等犯罪分子通谋，实施掩饰、隐瞒犯罪所得、犯罪所得收益的，主观上明知盗窃、抢劫、抢夺的行为人的犯罪内容、危害后果而与其通谋，形成共同的犯罪故意，客观上对盗窃、抢劫、抢夺的犯罪分子实施犯罪予以配合，应当以共同犯罪论处。此时，其掩饰、隐瞒行为就成了盗窃、抢劫、抢夺等犯罪的共同犯罪行为的组成内容。当然，在共同犯罪中的地位、作用，应根据其实际所起的地位、作用认定。需要注意的是，行为人实施盗窃、抢劫、抢夺等犯罪行为，由于系未成年人等原因而依法不追究刑事责任的，盗窃、抢劫、抢夺等行为本身仍然具有违法性，只是缺乏有责性而不可罚。掩饰、隐瞒行为人事先通谋、事中介入的，掩饰、隐瞒行为也具有违法性，与盗窃、抢劫、抢夺等犯罪行为人在违法层面仍然成立共同犯罪，掩饰、隐瞒行为人如果具有责任，则依照盗窃、抢劫、抢夺的共犯处理，但不认定为共同犯罪。

共同犯罪是指二人以上共同故意犯罪，从犯罪构成角度包含以下四点：第一，犯罪客体要求对同一法益实施的共同侵害。对同一法益共同实施犯罪的侵害，是认定犯罪共同性的基础。第二，犯罪客观方面要求共同的犯罪行为。共同的犯罪行为并非要求相同的犯罪行为，共同犯罪参与人的行为既可以都是实行具体犯罪构成客观要件的行为，也可以有的是实行行为，有的是教唆行为或者帮助行为。行为的共同性有两层含义，一是共同犯罪行为都指向相同的犯罪客体，二是共同犯罪行为合成犯罪发生的原因。第三，犯罪主体要求二人以上。这里的“人”通常是指达到法定责任年龄、具有责任能力的自然人，一般不包括单位。第四，犯罪主观方面要求共同的犯罪故意，即认识到自己与他人共同实施故意犯罪，且对行为和结果均持共同态度。这里的认识只要求共同的概括认识，认识到行为性质和行为指向即可。

掩饰、隐瞒犯罪所得、犯罪所得收益罪的成立需以上游犯罪的成立为前提，本罪犯罪人与上游犯罪人客观上都实施了针对上游犯罪所得的事实上相关联的行为，结果上都导致上游犯罪的被害人对其财物丧失应有的权利，且行为与结果间具有因果关系。因此，本罪行为与上游犯罪行为是否属于共同犯罪，对照前述论证，主要看是否达成共同故意，即明知自己与他人的行为会发生危害结果，并且希望或者放任这种结果的发生，这种故意必须是参与者共同的、指向一致的。主观故意是主观性范畴，通常情况下只有行为人最为清楚，行为人对主观心态、犯罪目的的供述是认定主观故意的最主要依据，但并不是唯一依据，因行为均是受主观意志支配下实施，从行为方面可以一定程度上推定行为人的主观故意，故还要根据客观事实，结合全案其他证据来综合评判。实践中，运用最多的是对主观“明知”的判断，即使行为人不承认明知，但可以结合行为方式是否隐蔽、行为报酬是否超高、行为人此前是否因相同罪行被处罚等等来判断。在共同犯罪中，事先通谋是共同犯罪者事先达成的意思表示，且会据此对犯罪过程作出一定分工，以期实现共同的犯罪目的。如果数个行为仅在客观上有一定关联，但缺乏主观意图关联的，因缺乏共同故意而不能认定共同犯罪。

联系本案，被告人苏忠平在同案犯邢培军盗窃前后，使用电动车接送，在邢培军告知寄放的财物系盗窃所得后，将部分财物代为销售。检察机关认为苏忠平与邢培军具有共同的故意，以盗窃罪提起公诉。但结合本案证据来看，被告人苏忠平没有参与邢培军盗窃的行为，事后对盗窃财物的处理并非基于占有财物所为，且苏忠平始终供认没有与邢培军商量共同进行盗窃，平时也不联系，案发当天系偶然遇见，其应邢培军要求而用电动车接送，既没有让邢培军盗窃，也不知道邢培军是要去盗窃。该供述同时得到邢培军供述的印证。邢培军供称事先没有与苏忠平商量过共同盗窃，实施盗窃是自己的主意，苏忠平没有让他去偷。因两名被告人对主观方面的供述一致，且与行为人的客观行为相互印证，因此现有证据尚不能确实、充分地认定苏忠平事后的帮助行为与邢培军盗窃行为系共同犯罪。另外，案发后苏忠平、邢培军经劝说同意退还被盗物品，并且将已卖出的金饰赎回，除 400 元现金外，将窃取的价值 5410 元的饰品均返还被害人，弥补了被害人的大部分经济损失，一定程度上恢复了被破坏的社会关系，依法可以酌情从轻处罚。内蒙古自治区卓资县人民法院认定被告人苏忠平构成掩饰、隐瞒犯罪所得罪，判处拘役四个月，并处罚金 2000 元的判决是适当的。

（撰稿：最高人民法院刑四庭　杜军燕）

# 孙洪亮职务侵占案

——事前与职务侵占罪的犯罪分子共谋，帮助掩饰、隐瞒犯罪所得的，以职务侵占罪的共犯论处

## 一、基本案情

被告人孙洪亮，男，1878 年 1 月 11 日出生，农民。2011 年 10 月 20 日因涉嫌犯掩饰、隐瞒犯罪所得罪被逮捕。

江苏省苏州市吴江区人民检察院以被告人孙洪亮犯掩饰、隐瞒犯罪所得罪，向武江区人民法院提起公诉。

武江区人民法院经公开审理查明：被告人孙洪亮通过送油等业务往来结识了黎光石化厂员工孙黎江（另案处理）。2012 年 8 月的一天，孙黎江向孙洪亮提出要私下“卖”给孙洪亮一批白油，双方约定事成后孙洪亮以远低于市场价的价格付给孙黎江货款。2011 年 8 月 13 日凌晨零时许，孙黎江让孙洪亮将其送油的油罐车开至石化厂附近的红绿灯处。孙黎江告知

孙洪亮他已经跟厂里的门卫、工人讲好了，命令门卫关掉监控，让孙洪亮放心。其后，孙黎江将孙洪亮的油罐车开进石化厂，孙洪亮留在孙黎江的轿车内等候。不久，孙洪亮又接到孙黎江的电话称油罐车已经装好了，但停在石化厂门口的斜坡开不上来，让孙洪亮过去帮忙，孙洪亮遂进石化厂将油罐车开出。事后，孙洪亮付给孙黎江 105000 元，并将油卖至无锡赚取人民币 30600 元。

武江区人民法院认为，被告人孙洪亮伙同他人，利用他人职务上的便利，将单位财物非法占为己有，数额巨大，其行为已构成职务侵占罪，应依法惩处。孙洪亮与犯职务侵占罪的孙黎江事先通谋，约定事后对犯罪所得予以收买，应以职务侵占罪的共犯论处，且事中直接提供帮助行为。公诉机关指控孙洪亮犯掩饰、隐瞒犯罪所得罪的罪名有误，应予以纠正。在共同犯罪中，孙洪亮起次要作用，系从犯，依法可以减轻处罚。孙洪亮归案后，如实供述自己的罪行，依法可以从轻处罚。结合孙洪亮的犯罪情节及悔罪表现，宣告缓刑对其所居住社区亦不会产生重大不良影响，可宣告缓刑。

依照《中华人民共和国刑法》第二百七十一条第一款、第二十五条第一款、第二十七条第一款、第二款、第六十七条第三款、第七十二条第一款、第七十三条第二款、第三款之规定，判决孙洪亮犯职务侵占罪，判处有期徒刑三年，缓刑三年；非法所得人民币 30600 元予以没收，上缴国库。

一审宣判后，被告人孙洪亮未提出上诉，公诉机关亦未抗诉，该判决已发生法律效力。

## 二、主要问题

被告人孙洪亮的行为构成职务侵占罪抑或掩饰、隐瞒犯罪所得罪？

## 三、裁判理由

对被告人孙洪亮的犯罪行为如何定性，审理过程中形成两种不同意见：一种意见认为孙洪亮明知是他人犯罪所得而予以收购，构成掩饰、隐瞒犯罪所得罪；第二种意见认为孙洪亮事前与犯职务侵占罪的犯罪分子同谋，在犯罪过程中实施了帮助行为，应以职务侵占罪的共犯论处。

我们同意被告人孙洪亮的行为构成职务侵占罪的共犯的观点。孙黎江身为黎光石化厂的工作人员，利用职务便利买通门卫和工人，用空油罐车私自运走石化厂的一批白油，卖给孙洪亮获利，其行为属于监守自盗，已构成职务侵占罪。根据现有证据足以证实孙洪亮与犯职务侵占罪的犯罪分子孙黎江事前有共谋行为，孙洪亮之前因为送油而多次从黎光石化厂拉油，其知道正规买油、拉油的手续和过程，当孙黎江向其提出私下以低价“卖”给其一批白油时，其就应当知道孙黎江的行为是违法的，在此情况下其同意购买这批白油，并提供了空的油罐车作为犯罪工具。在作案当晚动手之前，孙黎江又告知孙洪亮他已经跟厂里的门卫、工人讲好了，命令门卫关掉监控，让孙洪亮放心，亦足以说明孙洪亮在事前就与孙黎江有共同的意思联络。《最高人民法院关于审理掩饰、隐瞒犯罪所得、犯罪所得收益刑事案件适用法律若干问题的解释》第五条规定：“事前与盗窃、抢劫、诈骗、抢夺等犯罪分子通谋，掩饰、隐瞒犯罪所得及其产生的收益的，以盗窃、抢劫、诈骗、抢夺等犯罪的共犯论处。”据此，孙洪亮事前与职务侵占罪的犯罪分子同谋，掩饰、隐瞒犯罪所得及其收益，以职务侵占罪的共犯论处，如此处理的法理根基在于有共同的意思联络，掩饰、隐瞒行为人在事前就承诺事后将为犯罪分子掩饰、隐瞒，对与其形成共犯关系的实行行为人起到很大的鼓励、帮助作用，对最终的犯罪结果发生具有很强的原因力，故即使本案中孙洪亮没有亲自驾驶油罐车到石化厂并在孙黎江开不出来的时候帮助开出厂区的行为，孙洪亮仍构成职务侵占罪的共犯。关于孙洪亮在共同犯罪中的作用，由于其并非犯意提起者，在共同犯罪中的作用相对利用职权侵占公司财产的孙黎江来说相对较小，依法可以减轻处罚。

（撰稿：最高人民法院刑四庭　曹东方

江苏省苏州市吴江区人民法院　洪永洋、任远航）

## 被告人杨瓅掩饰、隐瞒犯罪所得案

——收购他人非法获取的计算机信息系统数据并出售的行为应如何认定

### 一、基本案情

被告人杨瓅，男，1984年2月9日出生，中专文化。2012年9月6日因涉嫌掩饰、隐瞒犯罪所得罪被刑事拘留，同月28日被逮捕。

上海市徐汇区人民检察院以被告人杨瓅犯掩饰、隐瞒犯罪所得罪，向徐汇区人民法院提起公诉。

上海市徐汇区人民法院经公开审理查明：2011年9月至2012年8月间，被告人杨瓅通过在网上与他人联系，以2万元的价格购得几千万条含有“世纪天成”、“劲舞团”等国内网络游戏个人账户用户名和密码的数据信息，其中大部分数据信息经过验证可以登录到他人的游戏账户，使用他人的游戏币。杨瓅在收购以上数据信息后又以4万元的价格卖给张林等人。

上海市徐汇区人民法院认为，被告人杨瓅明知是他人非法获取计算机信息系统数据犯罪所获取的数据而购买并加价销售，其行为已构成掩饰、隐瞒犯罪所得罪。杨瓅到案后如实供述自己的罪行，依法可以从轻处罚。

依照《中华人民共和国刑法》第三百一十二条第一款，《最高人民法院、最高人民检察院关于办理危害计算机信息系统安全刑事案件应用法律若干问题的解释》第七条第一款之规定，判决被告人杨瓅犯掩饰、隐瞒犯罪所得罪，判处有期徒刑一年六个月，并处罚金人民币2000元。

一审宣判后，被告人杨瓅未提出上诉，公诉机关亦未抗诉，该判决已发生法律效力。

### 二、主要问题

（1）被告人杨瓅的行为属于《刑法》第三百一十二条规定的“收购”

还是“代为销售”？犯罪数额如何计算？（2）上游犯罪查证属实，但犯罪人未到案的，是否影响本罪的处理？（3）如何认定“明知”？

## 三、裁判理由

《最高人民法院、最高人民检察院关于办理危害计算机信息系统安全刑事案件应用法律若干问题的解释》第七条明确规定：“明知是非法获取计算机信息系统数据犯罪所获取的数据、非法控制计算机信息系统犯罪所获取的计算机信息系统控制权，而予以转移、收购、代为销售或者以其他方法掩饰、隐瞒，违法所得五千元以上的，应当按照刑法第三百一十二条第一款的规定，以掩饰、隐瞒犯罪所得罪定罪处罚”。计算机信息系统数据作为一种具有财产性质的虚拟载体，可以成为非法获取的对象，同时也可以成为掩饰、隐瞒犯罪所得罪的行为对象，掩饰、隐瞒的行为方式主要是转移、收购、代为销售，其中收购或代为销售中当然可能会包含转移行为。在收购或代为销售他人非法获取的计算机信息系统数据的犯罪活动中，行为人和上游犯罪人之间大多不当面联系，而是通过网上数据传输、网上银行转账等方式来完成交易，此类案件在处理过程中具有一定的特点，值得我们进行梳理和分析。

（一）关于掩饰、隐瞒犯罪所得罪中列举的“收购”和“代为销售”两种行为方式的把握。“收购”和“代为销售”是《刑法》第三百一十二条列举的掩饰、隐瞒的行为方式，如何准确界定和理解“收购”和“代为销售”，在实践中有一定争议。本案审理过程中，就有观点提出被告人杨璨的行为是先购买后销售，应当属于《刑法》第三百一十二条规定的“代为销售”，构成掩饰、隐瞒犯罪所得罪。对此，我们认为杨璨的行为构成掩饰、隐瞒犯罪所得罪，但是其行为方式并非“代为销售”而是“收购”。虽然定罪结论一致，但是分析其中到底是符合哪一种具体行为方式，涉及罪行表述精确和法网严密问题，更进一步还可能影响到犯罪数额的计算，应当研究清楚，准确适用，避免张冠李戴。关于“收购”，在《现代汉语词典》中的解释是“从各处买进”，主要的词条是“收购粮食”、“完成收购计划”等，强调物品来源的广泛性和扩张性。如果严格按照语义解释的话，单独一次的收赃行为或者固定地从同一个来源收赃的行为就应排除在犯罪圈以外了，这明显与立法原意产生矛盾，从法理上无法对收赃行为要附加一个来源广泛的要求进行解释。所以，此处应当进行限缩解释，“收”和“购”两个字之间是语义的重复，应当解释为“购买”就可以了。同时也无须对“收购”附加“为了销售营利”的目的，单纯为了自用目的而收购的，也是掩饰、隐瞒行为。“收购”的行为类型中包含着“先购后卖”这种情况，根据掩饰、隐瞒犯罪所得罪的立法旨意，法律在这时惩罚的侧重点仍在于“购”，因为明知是他人犯罪所得及其收益而仍购买，不管是否用于再卖出，购买行为都体现出行为人为上游犯罪人掩饰、隐瞒的主观故意，可能是直接故意，也可以是间接故意，这是本罪打击的重点，后面再卖出的行为就只是其个人利益的变现而已，所以刑法条文在这里没有列举“销售”一项而是在“收购”之后列举了“代为销售”。所谓“代为销售”，是指行为人代犯罪分子出售犯罪所得的行为，“代为销售”与“收购”不同，它是替犯罪分子销售犯罪所得，中间过程中并没有以自有资金取得对犯罪所得的所有权，“代为销售”既可以表现为行为人以卖主身份替上游犯罪人销售犯罪所得的行为，同时应包括在犯罪分子与购赃人之间进行斡旋介绍的行为。行为人先将犯罪所得进行窝藏，然后以卖主身份寻找买赃人售出的行为，仍是一种代为销售行为。根据以上分析，本案中被告人杨璨的行为属于“先购后卖”而非“代为销售”，应当解释为《刑法》第三百一十二条规定的“收购”行为。

关于犯罪数额的计算，根据司法实践的经验和《最高人民法院关于审理掩饰、隐瞒犯罪所得、犯罪所得收益刑事案件适用法律若干问题的解释》第四条的规定，首先应当考虑犯罪所得的价值，但是收购或代为销售价格高于实际价值的，应就高认定，以收购或代为销售价格计。《最高人民法院、最高人民检察院关于办理危害计算机信息系统安全刑事案件应用法律若干问题的解释》第七条明确规定了在涉及计算机信息系统数据的掩饰、隐瞒犯罪所得案件中，以违法所得五千元为构罪标准，以违法所得五万元为情节严重的标准。这里的“违法所得”就是犯罪数额，也应当遵循掩饰、隐瞒犯罪所得罪的普通规定，以收购或代为销售的价格为准。“收购”与“代为销售”两种行为类型是有差异的。本案中被告人杨璨掩饰、隐瞒犯罪所得的行为系收购行为，尽管其后来的售出价格更高，但仍以其收购的价格 2 万元计算犯罪数额，其行为符合掩饰、隐瞒犯罪所得罪的构成要件，而未达到情节严重，以掩饰、隐瞒犯罪所得罪对其判处有期徒刑一年六个月量刑适当。

（二）上游犯罪经查证属实，即使未经司法裁判亦不影响本罪的处理。《最高人民法院关于审理洗钱等刑事案件具体应用法律若干问题的解释》规定：“刑法第三百一十二条规定的犯罪，应当以上游犯罪事实成立为认定前提。上游犯罪尚未依法裁判，但查证属实的，不影响第三百一十二条规定的犯罪的审判。”《最高人民法院关于关于审理掩饰、隐瞒犯罪所得、犯罪所得收益刑事案件适用法律若干问题的解释》再次重申了该处理原则。本案中，向被告人杨璨出售计算机信息系统数据的上游犯罪人尚未抓获，上游犯罪尚未经司法程序查证，但现有证据包括支付宝交易记录、淘宝网交易记录、被依法保全的电子数据、被告人杨璨的供述等，已经能够证实该案中的电子数据系他人非法侵入游戏公司的计算机信息系统而获取，上游犯罪事实可以认定，只是还没有将犯罪嫌疑人抓获，此时并不影响对下游的掩饰、隐瞒犯罪所得罪定罪处罚。

（三）认定掩饰、隐瞒犯罪所得及其收益的行为人是否“明知”，应当结合被告人的认知能力，接触他人犯罪所得及其收益的情况，犯罪所得及其收益的种类、数额，犯罪所得及其收益的转换、转移方式以及被告人的供述等主、客观因素进行认定。换言之，认定被告人明知是犯罪所得，不能仅凭被告人的口供，应当根据全案事实综合分析，司法实践中往往采用推定的方法，同时允许被告人提出反证，如果被告人能够提出证据证实自己确实不知道的，则不构成本罪。本罪的主观方面是故意，包括确定的故意和不确定的故意，只要行为人根据有关情况，主观上认识到或应当认识到掩饰、隐瞒的对象是或可能是他人的犯罪所得或者收益即可，不要求其对上游犯罪的犯罪人究竟是何人、上游犯罪的行为时间、地点及触犯的罪名等有具体的认知。本案中涉及的游戏账户及密码的电子数据数量巨大，普通人通过合法正规途径根本不可能获取和拥有，也不可能买卖如此大量的玩家数据信息，被告人杨璨不仅是游戏玩家，而且具有较高的计算机操作能力，从其通过低价从上游犯罪行为人手中买进大量数据后以高价卖出的方式，可以推定其明知该部分数据是或可能是犯罪所得。

（撰稿：上海市徐汇区人民法院　戚俊

最高人民法院刑四庭　曹东方）

## 被告人彭国富行贿、掩饰、隐瞒犯罪所得案

——如何区分掩饰、隐瞒犯罪所得罪与洗钱罪

### 一、基本案情

被告人彭国富，男，1957 年 7 月 16 日出生，系建筑承包商，2012 年 12 月 30 日被逮捕。吉林省舒兰市人民检察院以被告人彭国富犯行贿罪、掩饰、隐瞒犯罪所得罪，向舒兰市人民法院提起公诉。

被告人彭国富对公诉机关指控的犯罪事实基本供认。其辩护人均认为，被告人彭国富行贿的目的是为了通过夏泽良（以受贿罪已判刑）的帮助，获得建设工程项目的承揽权利，没有额外获得项目不应当得到的经济利益，没有给国家或企业造成经济损失，应从轻处罚；被告人彭国富的工程项目收益，均是其组织管理和经营的劳动所得，不能把被告人彭国富的劳动所得利润数额视为不当利益的数额。另外被告人彭国富犯掩饰、隐瞒犯罪所得罪的证据不足，被告人彭国富没有窝藏、转移 100 万元港币，在侦查机关还没有发现这 100 万元港币藏匿地点时，主动通过狱警找到检察机关揭发检举了这 100 万元港币的藏匿地点，对检察机关破案提供了帮

助。彭国富能主动如实地交代侦查机关尚未掌握的掩饰、隐瞒的有关事实，应认定为自首。在彭国富向司法机关提供的夏泽良存放物品的保护柜中，查获制式子弹366发和财物2000余万元，此前司法机关掌握的夏泽良的犯罪数额仅500万元，被告人彭国富有立功情节，具有法定从轻、减轻处罚情节。彭国富无前科劣迹，行贿行为没有给国家、企业、个人造成经济损失，可以减轻或者免予处罚。

舒兰市人民法院经公开审理查明：被告人彭国富在未办理企业法人营业执照，无工程施工资质的情况下，以挂靠在重庆市水利电力建设公司等单位名下的方式，承揽建筑工程。彭国富结交了曾先后担任中共重庆市巴南区区委副书记、荣昌县县委书记、南岸区区委书记的夏泽良，通过夏泽良的职权，得到承揽政府投资的大量建筑工程的机会，获取巨额利润。为感谢夏泽良的帮助，彭国富于2008年至2012年间，分别在夏泽良家车库等地点，先后12次给夏泽良现金等财物，共计人民币1200万元。2012年3月，夏泽良授意彭国富帮忙将其家中藏匿的现金港币100万元转移到可靠地点保管，彭国富明知该现金系夏泽良的（受贿等犯罪）犯罪所得而仍为其提供藏匿地点，案发后被公安机关查获。

舒兰市人民法院认为，被告人彭国富为牟取不正当利益，给予国家工作人员以财物，数额特别巨大，其行为已构成行贿罪；彭国富明知夏泽良交给其保管的现金港币100万元系犯罪所得，而仍为其窝藏、转移，其行为已构成掩饰、隐瞒犯罪所得罪，应依法数罪并罚。彭国富因在涉嫌行贿被调查期间主动交代了公安机关尚未掌握的掩饰、隐瞒犯罪所得事实，具有自首情节；另帮助公安机关侦破夏泽良非法持有弹药案，具有立功情节，可以对其减轻处罚。关于彭国富及其辩护人提出彭国富不构成掩饰、隐瞒犯罪所得罪的辩护意见，经查，彭国富为夏泽良转移与其职业、财产状况明显不符的财物并提供地点藏匿，有证人夏泽良的证言、被告人彭国富的供述及搜查笔录、扣押清单等证据证实，足以认定，对该辩解不予采纳。

依照《中华人民共和国刑法》第三百八十九条、第三百九十条[①]、第三百一十二条、第六十七条之规定，判决彭国富犯行贿罪，判处有期徒刑五年六个月；犯掩饰、隐瞒犯罪所得罪，判处有期徒刑二年，并处罚金人民币100万元。扣押在案的彭国富的违法所得现金人民币3236339.97元、价值人民币845300元的渝AL0013宝马轿车一辆、价值人民币2641829元的房产，依法予以追缴，上缴国库。

一审宣判后，被告人彭国富未提出上诉，公诉机关亦未抗诉，该判决已发生法律效力。

## 二、主要问题

明知系他人受贿犯罪所得的现金港币仍提供藏匿场所，应定掩饰、隐瞒犯罪所得罪还是洗钱罪，两罪究竟如何区分？

## 三、裁判理由

本案争议焦点在于洗钱罪与掩饰、隐瞒犯罪所得罪的区分问题。现在主流观点认为两者之间是特别法与一般法的关系，两罪的主要区分标志是上游犯罪的范围以及犯罪客体（即行为侵害的法益）。但在司法实践中，对于洗钱罪与掩饰、隐瞒犯罪所得罪的区分适用还存在一些混乱，在本案的处理中就有意见提出只要上游犯罪属于《刑法》第一百九十一条规定的范围，下游犯罪就定洗钱罪而非掩饰、隐瞒犯罪所得罪，也即认为上游犯罪的范围是区分洗钱罪与掩饰、隐瞒犯罪所得罪的唯一标准。对此，我们认为洗钱罪与掩饰、隐瞒犯罪所得罪的区分并不能绝对以上游犯罪的范围为准，还应当兼顾犯罪客体及行为方式、主观明知内容等因素综合判断。本案中，行为人明知系他人受贿犯罪所得的现金港币仍提供藏匿场所，只是物理意义上的转移、窝藏行为，行为的落脚点在于掩饰、隐瞒实物本身，而非犯罪所得的性质和来源，不涉及资金形式的转换或转移，

---

① 指《中华人民共和国刑法修正案（九）》修改前的第三百九十条，下同。

仍应限定在掩饰、隐瞒犯罪所得这一普通赃物犯罪的范畴里。具体分析如下：

《最高人民法院关于审理洗钱等刑事案件具体应用法律若干问题的解释》第三条规定“明知是犯罪所得及其产生的收益而予以掩饰、隐瞒，构成刑法第三百一十二条规定的犯罪，同时又构成刑法第一百九十一条或者第三百四十九条规定的犯罪的，依照处罚较重的规定定罪处罚”。该规定明确了两罪之间是一般法与特别法的竞合关系。洗钱罪与掩饰、隐瞒犯罪所得罪同属于传统意义上的赃物犯罪范畴，性质上同为事后帮助犯，法条在行为方式的列举上也都使用了“掩饰、隐瞒”这样的字眼。1979 年《刑法》只有“销赃罪”一罪，1997 年修订后的《刑法》第 191 条中首次专门地设立了洗钱罪，此后，洗钱罪成为普通赃物犯罪（即“掩饰、隐瞒犯罪所得罪”）的特别规定。近二十年间，立法者越来越充分认识到赃物犯罪助长、刺激财产犯罪、经济犯罪等上游犯罪多发、高发，非常重视严密赃物犯罪的刑事法网，使得洗钱罪及掩饰、隐瞒犯罪所得罪两个罪名在立法上的变动相对较为频繁。刑法修正案（三）和（六）两次扩大了洗钱罪的打击范围，刑法修正案（六）和（七）又加大了对掩饰、隐瞒犯罪所得罪的打击力度（犯罪对象、行为方式的扩张和法定刑幅度的提高）。也正是随着洗钱罪的上游范围的扩大，有观点就认为作为特别法的洗钱罪逐渐挤压作为一般条款的掩饰、隐瞒犯罪所得罪的适用空间，这种观点有一定道理，事实上，国际刑法中的洗钱罪的概念就是包含了我国刑法的洗钱罪和掩饰、隐瞒犯罪所得罪的集合。但是在我国已经形成了洗钱罪与掩饰、隐瞒犯罪所得罪两罪并立的局面下，无论洗钱罪的上游范围再怎么扩大，也不改变在治理赃物犯罪的罪名体系中，掩饰、隐瞒犯罪所得罪仍占有主体地位；而且虽然两罪的主要区分点是犯罪对象，在行为方式和行为性质上的差异已经十分淡化，但这种差异性还是存在的。

第一，两罪的主要区分点是犯罪对象，也即上游犯罪的性质的不同。洗钱罪的上游犯罪只限于《刑法》第一百九十一条规定的毒品犯罪、黑社会性质的组织犯罪、恐怖活动犯罪、走私犯罪、贪污贿赂犯罪、破坏金融管理秩序犯罪、金融诈骗犯罪这七类犯罪，掩饰、隐瞒犯罪所得罪的上游犯罪则是除此之外的有“犯罪所得”的所有犯罪。

第二，两罪的犯罪客体有所不同。洗钱罪位列刑法分则第三章第四节破坏金融管理秩序罪中，该罪侵犯的客体是国家的金融管理秩序，同时也侵害了司法机关的职能活动，兼具妨害司法的性质。掩饰、隐瞒犯罪所得罪位列刑法分则第六章第二节妨害司法罪中，该罪侵犯的客体主要是司法机关追诉犯罪的职能活动，也包含上游犯罪中的被害人对财物的合法权益。从立法旨趣来看，之所以把洗钱罪独立出来单列在破坏金融管理秩序罪中，设置了相较于掩饰、隐瞒犯罪所得罪更高的法定刑，是从保障金融安全的实际需要出发，对于某些特定的通常可能有巨大犯罪所得的严重犯罪而为其洗钱的行为，作出特别规定，而在诸如恐怖犯罪、毒品罪犯、走私犯罪中，洗钱行为对于上游犯罪规模的扩大和犯罪的持续发生有着比普通犯罪中更大的促进作用，社会危害性更大。

第三，两罪的行为方式有所差异。洗钱罪和掩饰、隐瞒犯罪所得罪的行为方式均是“掩饰、隐瞒”，但洗钱罪的表述是“掩饰、隐瞒犯罪所得及其收益的来源和性质的”，掩饰、隐瞒犯罪所得罪的表述是“掩饰、隐瞒的”，从字面意义上看，两者有所区别，洗钱罪由于其带有一定的保障金融安全秩序的性质，所以侧重点在于掩饰、隐瞒犯罪所得及其收益的来源和性质，也就是俗话说的把“赃钱洗白”，披上合法的外衣，而掩饰、隐瞒犯罪所得罪当然也包含着掩饰、隐瞒犯罪所得的来源和性质，但又不局限于此，还包括掩饰、隐瞒犯罪所得的处所等其他情况。因此，两罪之间就发生了交叉，即使上游犯罪属于洗钱罪规定的七类犯罪之一，但是不涉及掩饰、隐瞒犯罪所得及其收益的来源和性质的，按照罪刑法定的要求和立法本意，仍应该定掩饰、隐瞒犯罪所得罪而非洗钱罪。

但是在具体理解何谓“掩饰、隐瞒来源及性质”上仍存在争议，有意见主张以行为方式是否与金融机构有关而界定洗钱罪的“掩饰、隐瞒来源及性质”，支持的理由是从《刑法》第一百九十一条明文列举的四种行为方式可以看出均借助了金融机构的相关行为，故认为洗钱罪必须采用与金融机构有关的行为方式来实现。对此，我们认为，《刑法》第一百九十一条规定了洗钱罪的五种行为方式：（1）提供资金账户的；（2）协助将财产转换为现金、金融票据、有价证券的；（3）通过转账或者其他结算方式协助资金转移的；（4）协助将资金汇往境外的；（5）以其他方式掩饰、隐瞒犯罪所得及其收益的来源和性质的。第五种行为方式作为兜底条款，根据体系解释的原理，对兜底条款的解释不能超出该条文前后的逻辑关系，它是对列举式的补充归纳，应该与前四项所列举的方式具有相当性。但是这种相当性的要求与机械的以是否与金融机构有关为标准还不能简单画等号。《最高人民法院关于审理洗钱等刑事案件具体应用法律若干问题的解释》第二条的列举式规定，在刑法第一百九十一条的基础上，又进一步明确洗钱行为可以通过商业银行等银行类的金融性机构，证券公司、保险公司等非银行类金融机构，商品交易、企业收购、投资等非金融机构以及地下钱庄、赌博等非法途径实施，意图在于淡化洗钱罪在行为方式上的特殊要求，据此，“掩饰、隐瞒来源及性质”不需要局限在金融领域或通过金融机构来实现，应当将其落脚到资金形式的“转换”上而非“金融机构”上。洗钱罪要求行为人借助一定的金融手段或非金融手段来实现对犯罪所得及其收益的转换，它一定有一个类似交易、兑换等的转换过程。比如，行为人明知系他人受贿犯罪所得的一个名贵花瓶而为其保管，因为不涉及到资金形式的“转换”，只能构成掩饰、隐瞒犯罪所得罪；同理，行为人明知系他人受贿犯罪所得的现金港币而提供场所藏匿，只是物理意义上的转移、窝藏行为，行为的落脚点在于掩饰、隐瞒实物本身，而非犯罪所得的性质和来源，不涉及资金形式的“转换”，仍应定掩饰、隐瞒犯罪所得罪。

最后，还需要明确一种情况，即使行为人掩饰、隐瞒的是洗钱罪上游犯罪的犯罪所得及其收益的来源和性质，但由于认定洗钱罪对行为人的主观方面“明知”要求较高，也仍有不构成洗钱罪，只能构成掩饰、隐瞒犯罪所得罪的情况存在。由于洗钱罪的上游犯罪是特定的犯罪，故构成洗钱罪，要求行为人明知（包括确知和可能知道）自己所掩饰、隐瞒的是毒品犯罪、黑社会性质的组织犯罪等特定犯罪的犯罪所得及其收益。如果不能证明或者推定行为人对特定犯罪的性质的明知，按照主客观刑相统一原则的要求，仍然不能以洗钱罪定罪处罚。掩饰、隐瞒犯罪所得罪的行为人主观方面的“明知”要求较低，只要行为人明知（包括确知和可能知道）自己所掩饰、隐瞒的是犯罪所得及其收益即可，至于上游犯罪的具体性质则在所不问。

（撰稿：最高人民法院刑四庭　曹东方）

## 夏长洪掩饰、隐瞒犯罪所得案

——上游犯罪事实查证属实的理解与把握

### 一、基本案情

被告人夏长洪，男，1965 年 7 月 14 日出生，汉族，农民。2012 年 5 月 3 日被逮捕。

天津市津南区人民检察院以被告人夏长洪犯掩饰、隐瞒犯罪所得罪，向天津市津南区人民法院院提起公诉。

天津市津南区人民法院经审理查明：

山东省籍男青年“大个”（另案处理）租住被告人夏长洪在天津市津南区葛沽镇邓岑子村的房屋。在平常的接触中，被告人夏长洪得知“大个”等人从事盗窃机动车后变卖获利的犯罪活动。2012 年 3 月间，被告人夏长洪见“大个”自用一辆牌照号鲁 MW2625“五菱之光”牌面包车。同年 3、4 月间，“大个”应被告人夏长洪的要求将该车以 3500 元的价格出卖给被告人夏长洪。被告人夏长洪在明知该车为犯罪所得的情况下仍予收购。2011 年 3 月 26 日 12 时许，被告人夏长洪驾驶鲁 MW2625“五菱之光”牌面包车路经天津市津南区小站地界时，因形迹可疑被公安民警拦截盘查，经讯问，其供述了上述犯罪事实。经查，该车系本市北辰区宜兴埠镇翠萍园小区居民杨某某于2011年1月28日夜间在楼下被盗的津KJQ228“五菱之光”牌面包车，鲁MW2625系失窃后的套牌牌照。经鉴定，该车价值人民币25000元。案发后，涉案“五菱之光”面包车被收缴。

天津市津南区人民法院认为，被告人夏长洪明知是犯罪所得的赃物，仍低价收购，其行为已构成掩饰、隐瞒犯罪所得罪。被告人夏长洪认罪态度较好，有坦白情节，且赃物已收缴，酌情对其予以处罚。据此，依据《中华人民共和国刑法》第三百一十二条，第六十七条第三款，第五十二条，第五十三条的规定，判决如下：

被告人夏长洪犯掩饰、隐瞒犯罪所得，判处有期徒刑六个月，并处罚金5000元。

一审宣判后，被告人夏长洪未提出上诉，检察机关亦未抗诉，判决已发生法律效力。

## 二、主要问题

1. 上游犯罪人未归案的情况下如何认定上游犯罪事实成立？
2. 掩饰、隐瞒涉及机动车犯罪所得，如何确定构罪数额？
3. 因形迹可疑被查获即如实供述的，是否一律认定为自首？

## 三、裁判理由

### （一）上游犯罪成立是认定掩饰、隐瞒犯罪所得、犯罪所得收益罪的前提条件

《最高人民法院关于审理掩饰、隐瞒犯罪所得、犯罪所得收益刑事案件适用法律若干问题的解释》（以下简称《解释》）第八条第一款规定，认定掩饰、隐瞒犯罪所得、犯罪所得收益罪，以上游犯罪事实成立为前提；上游犯罪尚未依法裁判，但查证属实的，不影响掩饰、隐瞒犯罪所得、犯罪所得收益罪的认定。第二款规定，上游犯罪事实经查证属实，但因行为人未达到刑事责任年龄等原因依法不予追究刑事责任的，不影响掩饰、隐瞒犯罪所得、犯罪所得收益罪的认定。本案审判时，《解释》尚未

实施，但是，2009 年 11 月 11 日起施行的《最高人民法院关于审理洗钱等刑事案件具体应用法律若干问题的解释》第四条规定，刑法第一百九十一条、第三百一十二条、第三百四十九条规定的犯罪，应当以上游犯罪事实成立为认定前提。上游犯罪尚未依法裁判，但查证属实的，不影响刑法第一百九十一条、第三百一十二条、第三百四十九条规定的犯罪的审判。上游犯罪事实可以确认，因行为人死亡等原因依法不予追究刑事责任的，不影响刑法第一百九十一条、第三百一十二条、第三百四十九条规定的犯罪的认定。因此，“上游犯罪成立是认定掩饰、隐瞒犯罪所得、犯罪所得收益罪的前提条件”的原则，在《解释》实施前就已存在。

如何理解上游犯罪事实成立？我们认为，上游犯罪事实成立指的是上游犯罪行为确实存在，至于被告人是否归案，被告人是否被判处刑罚，均不影响上游犯罪事实的成立，更不影响掩饰、隐瞒犯罪所得、犯罪所得收益罪的认定。

就本案而言，认定上游犯罪事实成立是没有问题的。涉案面包车系杨某某所有，但于 2011 年 1 月 28 日夜间在楼下被盗。这就说明上游犯罪确实存在。但是，被告人夏长洪所说的上游犯罪人“大个”并未归案，这不影响上游犯罪即盗窃犯罪事实成立的认定。至于上游犯罪行为人是否“大个”，或者“大个”也是从他人处收购的赃车，均不影响认定夏长洪掩饰、隐瞒犯罪所得行为。

如果该车本身就是由夏长洪盗窃所得，其称从“大个”处收购只是一种规避行为，该怎么办？我们认为，如果能够查实夏长洪系盗窃犯罪的实施者，应以盗窃罪追究夏长洪的刑事责任。但是，在案证据无法证实夏长洪系盗窃犯罪实施者，因此，即使客观上夏长洪是盗窃犯罪实施者，那么，在案件定性上，我们也只能以有利于被告人原则，就低认定夏长洪的行为构成掩饰、隐瞒犯罪所得罪。

（二）掩饰、隐瞒的对象为机动车时，其构罪标准仍然应当依照《解释》规定

根据《最高人民法院、最高人民检察院关于办理与盗窃、抢劫、诈

骗、抢夺机动车相关刑事案件具体应用法律若干问题的解释》（下简称《机动车解释》）第一条第二款规定，明知是盗窃、抢劫、诈骗、抢夺的机动车，实施掩饰、隐瞒行为，达到机动车五辆以上或者价值总额达到五十万以上的，属于刑法第三百一十二条规定的“情节严重”，处三年以上七年以下有期徒刑，并处罚金。但是该解释并未规定此类犯罪行为的构罪标准。我们认为，《解释》规定的“构罪标准”即“三千至一万”以上的一般数额标准，适用于除法律、司法解释有特别规定以外的任何掩饰、隐瞒犯罪所得及其产生的收益行为。既然《机动车解释》没有规定构罪标准，那么，在《解释》实施后，此类行为的构罪标准就应适用《解释》，而“情节严重”的认定，则可适用《机动车解释》。司法实践中，有时掩饰、隐瞒的对象是摩托车时，一辆摩托车的价值未必能够达到“三千至一万元”，因此，如果仅仅以一辆价值不到“三千至一万元”的摩托车为掩饰、隐瞒对象的，则属于掩饰、隐瞒情节显著轻微，不应认定为构成掩饰、隐瞒犯罪所得罪。

就本案而言，涉案面包车价值达到25000元，无论是在《解释》实施前还是实施后，都应当认定夏长洪的行为构成掩饰、隐瞒犯罪所得罪。

（三）被告人夏长洪具有坦白情节但不具有自首情节

根据《最高人民法院关于处理自首和立功具体应用法律若干问题的解释》第一条规定，罪行未被司法机关发觉，仅因形迹可疑被有关组织或者司法机关盘问、教育后，主动交代自己的罪行的；可以认定为自动投案。但是根据《关于处理自首和立功若干具体问题的意见》规定，罪行未被有关部门、司法机关发觉，仅因形迹可疑被盘问、教育后，主动交代了犯罪事实的，应当视为自动投案，但有关部门、司法机关在其身上、随身携带的物品、驾乘的交通工具等处发现与犯罪有关的物品的，不能认定为自动投案。因此，被告人夏长洪驾鲁 MW2625“五菱之光”牌面包车路经天津市津南区小站地界时，因形迹可疑被公安民警拦截盘查，其所驾驶的面包车系犯罪对象，且所挂鲁 MW2625 牌照系失主失窃后的套牌牌照，属于“司法机关在其身上、随身携带的物品、驾乘的交通工具等处发现与犯罪有关的物品”的情况，不能认定为自首。但是，其被盘问后，积极交代了犯罪事实，根据《刑法》第六十七条第三款，可以认定为具有坦白情节，可以从轻处罚。

综上，法院根据被告人夏长洪的行为构成掩饰、隐瞒犯罪所得罪，且具有坦白情节、赃物已收缴的情况，依法从轻判处其有期徒刑六个月，并处罚金5000元是适当的。

（撰稿：最高人民法院法院刑四庭　陆建红　肖林玲）

## 奥姆托绍等四人掩饰、隐瞒犯罪所得案

——上游犯罪认定与掩饰、隐瞒犯罪所得罪认定的关系

### 一、基本案情

被告人奥梭福沃·奥姆托绍·奥古斯丁（以下简称奥姆托绍），尼日利亚联邦共和国国籍，男，1979年7月10日出生，无业。因涉嫌掩饰、隐瞒犯罪所得罪于2012年2月3日被逮捕。

被告人阿德迪兰·奥鲁瓦费米·鲁本（以下简称鲁本），尼日利亚联邦共和国国籍，男，1977年12月12日出生，无业。因涉嫌掩饰、隐瞒犯罪所得罪于2012年2月3日被逮捕。

被告人阿布杜萨兰姆·阿布贝卡尔·阿登尼叶（以下简称阿布贝卡尔），尼日利亚联邦共和国国籍，男，1987年6月7日出生，无业。因涉嫌掩饰、隐瞒犯罪所得罪于2012年2月3日被逮捕。

被告人阿德谢奥陆·弗朗西斯·奥姆通德（以下简称弗朗西斯），尼日利亚联邦共和国国籍，男，1982年6月30日出生，无业。因涉嫌掩饰、隐瞒犯罪所得罪于2012年3月8日被逮捕。

上海市人民检察院第一分院以被告人奥姆托绍等四人犯掩饰、隐瞒犯

罪所得罪，向上海市第一中级人民法院提起公诉。

被告人奥姆托绍等四人均当庭辩称不知道涉案钱款来源是非法的。

上海市第一中级人民法院经审理查明：

1. 2011 年 8 月至 11 月，被告人奥姆托绍纠集并伙同被告人鲁本、弗朗西斯和阿布贝卡尔，使用伪造的尼日利亚、塞拉利昂等国护照在本市的中国银行非法开设账户，先后协助他人收存了美国、埃及、巴拿马等 8 家境外公司被骗货款 309986. 24 美元（折合人民币 1969927. 14 元），并通过提现、汇款帮助转移了其中的 158565. 53 美元（折合人民币 1009489. 48 元）。

2. 2011 年 11 月 19 日，被告人阿布贝卡尔还受他人指使，持伪造的尼日利亚护照在本市的中国银行非法开设账户，并协助他人收存了香港某公司被骗货款 49950. 83 美元（折合人民币 315474. 46 元）。同年 12 月 29 日下午，阿布贝卡尔在中国银行梅陇支行提取上述钱款时，被公安机关抓获。

上海市第一中级人民法院认为，被告人奥姆托绍、鲁本、阿布贝卡尔、弗朗西斯使用伪造的护照开户，协助他人收存和转移犯罪所得，并从中获取非法利益，其行为已构成掩饰、隐瞒犯罪所得罪，且系情节严重，依法应处三年以上七年以下有期徒刑，并处罚金。四名被告人系共同犯罪，被告人奥姆托绍在共同犯罪中起到纠集、指挥和为主实施犯罪行为的作用，应认定为主犯，被告人鲁本、阿布贝卡尔、弗朗西斯均系受奥姆托绍纠集、指使，具体实施了使用伪造护照开户、转移犯罪所得的犯罪行为，应认定共同犯罪的从犯。综合各被告人在共同犯罪中的具体行为及地位作用，决定对被告人鲁本予以从轻处罚，对被告人阿布贝卡尔和弗朗西斯减轻处罚。依照《刑法》第三百一十二条第一款、第二十五条第一款、第二十六条第一款、第四款、第二十七条、第六条第一款、第三十五条、第六十四条之规定，判决如下：

一、被告人奥梭福沃·奥姆托绍·奥古斯丁犯掩饰、隐瞒犯罪所得罪，判处有期徒刑六年，并处罚金人民币 6 万元及驱逐出境；

二、被告人阿德迪兰·奥鲁瓦费米·鲁本犯掩饰、隐瞒犯罪所得罪，判处有期徒刑三年，并处罚金人民币 3 万元及驱逐出境；

三、被告人阿布杜萨兰姆·阿布贝卡尔·阿登尼叶犯掩饰、隐瞒犯罪所得罪，判处有期徒刑二年，并处罚金人民币2万元及驱逐出境；

四、被告人阿德谢奥陆·弗朗西斯·奥姆通德犯掩饰、隐瞒犯罪所得罪，判处有期徒刑一年六个月，并处罚金人民币1万元及驱逐出境。

一审宣判后，四名被告人均提出上诉。上海市高级人民法院经审理后依法裁定：驳回上诉，维持原判。

## 二、主要问题

1. 掩饰、隐瞒犯罪所得、犯罪所得收益罪的犯罪对象是上游犯罪的犯罪所得及其收益，上游犯罪是否成立直接影响本罪的定罪量刑？

2. 对上游诈骗犯罪未经审判，能否认定本案各被告人的行为构成掩饰、隐瞒犯罪所得罪？

## 三、裁判理由

本案审理中，对主要问题存在两种不同意见：

一种意见认为，不能认定各被告人构成掩饰、隐瞒犯罪所得罪。《刑事诉讼法》第十二条明确规定“未经人民法院依法判决，对任何人都不能确定有罪”，即只有经过法庭审判的行为才能认定有罪。因实施上游诈骗犯罪的行为人未被查获，无法进入司法审判程序，故不能认定该行为人有罪，因此掩饰、隐瞒的行为也不能构成犯罪。

另一种意见认为，可以认定各被告人构成掩饰、隐瞒犯罪所得罪。本罪规定在“妨害司法罪”一节中，侵害的法益主要是司法机关对犯罪行为的正常追诉，即由于存在掩饰、隐瞒行为，致使司法机关无法正常追诉上游犯罪，因此从处罚该罪的立意来看，并不要求上游犯罪经过司法审判。只要上游犯罪的事实成立，就可认定掩饰、隐瞒的行为构成犯罪。

我们同意第二种意见，被告人奥姆托绍等四人为他人诈骗所得进行收存、转移的行为应认定掩饰、隐瞒犯罪所得罪。

掩饰、隐瞒犯罪所得、犯罪所得收益罪，是指明知是犯罪所得及其产生的收益而予以窝藏、转移、收购、代为销售或以其他方法掩饰、隐瞒的行为。该罪与上游犯罪的关系密不可分，以上游犯罪的成立为前提。如果上游犯罪不成立，司法机关不能进行追诉，那么掩饰、隐瞒的行为也就不存在妨害司法活动的刑法否定评价前提，因此不能认定犯罪。例如，一个人收购了十个人分别偷来的一辆电动车，每辆电动车的价值为五百元，尚未达到盗窃犯罪的数额认定标准，因此偷车的十个人均不构成犯罪。收赃人的收赃总额虽达五千元，但是因上游行为尚未构成犯罪，故收赃人的收购对象并非犯罪所得，因不满足犯罪构成要件而无法认定犯罪。然而，不构成犯罪并不意味着收赃行为不必接受惩罚，公安部门完全可以依照《治安管理处罚法》的相关规定对收赃行为进行处罚。那么，上游犯罪的成立是指事实成立还是经法律评价成立，我们认为通常情况下应当是对上游犯罪经依法裁判确定。司法审判是认定犯罪最终、最完善的程序，经过司法审判认定上游行为构成犯罪，对该犯罪行为所得及其产生的收益进行掩饰、隐瞒的行为，当然构成本罪。在一些特殊情况下，对于上游犯罪尚未依法裁判，但查证属实的，我们认为同样可以认定掩饰、隐瞒犯罪所得、犯罪所得收益罪。即有一定证据证实上游犯罪实际发生且事实上成立犯罪，如此才能确定掩饰、隐瞒的对象是犯罪所得，继而对其行为进行评价。犯罪事实的成立，并不以犯罪行为人被发现或抓获归案为前提。我国刑事诉讼法也将有犯罪事实发生作为刑事案件立案的条件，而通常刑事立案后才开始追捕犯罪嫌疑人。由此可见，在相当一部分案件中，犯罪行为人未被查获并不影响司法机关认定犯罪事实的成立。另一方面，上游犯罪虽与本罪存在前后相连的事实状态，但两者在案件状态、查处难度及审判进程上均有所不同，如果一律要求对本罪的处理必须以侦破上游犯罪为前提，势必导致一部分案件无法及时处理，这与打击针对犯罪所得及其收益的下游犯罪的立法目的相悖。最后，犯罪所得及其收益是追查上游犯罪的重要证据，在有证据证明上游犯罪事实确实存在的情况下，对本罪的查处认定对于维护国家正常的司法秩序，打击遏制上游犯罪也是有益的。

最高人民法院为明确上游犯罪认定与本罪认定之间的关系，在《最高人民法院关于审理掩饰、隐瞒犯罪所得、犯罪所得收益刑事案件适用法律若干问题的解释》第八条明确规定："认定掩饰、隐瞒犯罪所得、犯罪所得收益罪，以上游犯罪事实成立为前提。上游犯罪尚未依法裁判，但查证属实的，不影响掩饰、隐瞒犯罪所得、犯罪所得收益罪的认定。上游犯罪事实经查证属实，但因行为人未达到刑事责任年龄等原因依法不予追究刑事责任的，不影响掩饰、隐瞒犯罪所得、犯罪所得收益罪的认定。"该解释明确了一个基本原则，即认定掩饰、隐瞒犯罪所得、犯罪所得收益罪，应当以上游犯罪事实成立为前提。这一原则包含两层内涵：第一是上游犯罪事实必须成立，既指上游犯罪事实有充分证据证明，也指上游犯罪事实达到犯罪程度。第二层是对掩饰、隐瞒犯罪所得、犯罪所得收益罪事实的认定，原则上应当在对上游犯罪依法裁判确定后进行。作为一种例外，在极少数情况下，由于上游犯罪人还有其他犯罪事实一时难以查清或者因为其他原因尚未依法裁判，为依法及时审判掩饰、隐瞒犯罪所得及其收益案件，才在上游犯罪查证属实的情况下先行认定本罪。对于上游犯罪事实经查证属实，但因行为人未达到刑事责任年龄等原因依法不予追究刑事责任的，不影响掩饰、隐瞒犯罪所得、犯罪所得收益罪的认定。如此规定，是在依法不追究上游行为人刑事责任的情况下，不能放纵实施掩饰、隐瞒犯罪行为的行为人。

联系本案，2011 年 8 月至 11 月，上海市多家公司负责人报案称与公司有贸易往来的数家境外公司的货款被骗，被骗金额高达 210 多万元人民币。公安机关根据报案人的报案材料，调取电子邮件等相关证据，能够确认诈骗犯罪事实的存在。但是因上游诈骗犯罪发生在境外，且系利用网络"黑客"实施，在取证、抓捕方面确实存在一定困难。公安机关通过查询被骗货款汇入的银行账号，发现均系使用伪造护照开设，且自收到汇款之日起连续多次在多家银行提取，被告人奥姆托绍等四人归案后也供认知道这些钱的来源是非法的，系根据他人指示将钱款提取并汇往境外，因此奥姆托绍等四人利用伪造护照开设银行账户，为他人诈骗所得进行收存、提取、转移，其行为已构成掩饰、隐瞒犯罪所得罪。我国司法机关在未查获诈骗行为人的情况下，对掩饰、隐瞒行为进行定罪处罚，一方面防止因上游犯罪处理不及时而放纵本罪犯罪分子，另一方面有利于尽快恢复被本罪破坏的社会关系，将犯罪所得及时返还被骗公司，维护良好的市场经济秩序。需要指出的是，本案中奥姆托绍等人非法开设的银行账户内收存和提取、转移的钱款，其数额远远超过被害单位被骗的数额。从上述账户内资金的流向来看，该超出部分很可能系未报案的被骗单位汇入该账户内的被骗货款，但由于该部分钱款没有具体的被骗单位报案，尚不能确定为犯罪所得，故不能计入奥姆托绍等人掩饰、隐瞒犯罪所得的犯罪数额。

（撰稿：最高人民法院刑四庭　杜军燕
上海市第一中级人民法院　余剑　林哲骏）

## 邱宏刚掩饰、隐瞒犯罪所得、犯罪所得收益案

——上游犯罪行为人在逃是否影响掩饰、隐瞒犯罪所得、犯罪所得收益罪认定及犯罪所得价格认定问题

### 一、基本案情

被告人邱宏刚，曾用名邱红春，男，1979 年 10 月 28 日出生，农民，2000 年 11 月 8 日因犯盗窃罪被判处有期徒刑九年，2006 年 1 月 22 日刑满释放，2010 年 1 月 20 日因本案被逮捕。

云南省大理市人民检察院以被告人邱宏刚犯掩饰、隐瞒犯罪所得、犯罪所得收益罪向大理市人民法院提起公诉。被告人邱宏刚对检察机关指控的罪名和犯罪事实均无异议。其辩护人提出，公诉机关指控被告人邱宏刚收购赃物的数量不清；价格鉴定结论不客观；被告人邱宏刚归案后主动退出收购的兰花，被害人损失已降低，其认罪态度较好，有悔罪表现，建议对被告人邱宏刚判处有期徒刑二至三年，并处罚金。

大理市人民法院经审理查明：2009 年 7 月初的一天中午，被告人邱宏

刚在大理市下关镇泰安桥南以人民币 60 万元向他人购得犯罪所得的兰花大唐凤羽 34 苗、汗血宝马 9 苗、桃园三结议 54 苗、荷之冠 2 苗、碧龙红素 78 苗、玉兔 38 苗、金沙素菊 3 苗、奥迪牡丹 5 苗、玉玺天骄 6 苗、豆瓣奇花 2 苗、合家欢 30 苗。随后将购买的兰花分多次出售谋利。经鉴定，以上兰花共计价值人民币 7501000 元。被告人邱宏刚归案后，其收购的兰花已被返还被害人。

大理市人民法院认为，被告人邱宏刚明知是犯罪所得的兰花而予以购买，涉案金额共计 750 余万元。其行为已经触犯了《中华人民共和国刑法》第三百一十二条之规定，构成掩饰、隐瞒犯罪所得、犯罪所得收益罪。大理市人民检察院指控被告人邱宏刚的罪名成立。被告人邱宏刚曾因犯盗窃罪被判有期徒刑，刑满释放后五年内又故意犯应当判处有期徒刑以上刑罚之罪，属于累犯，应当从重处罚。辩护人提出指控被告人邱宏刚收赃的数量不清的辩护意见，与审理查明的事实不符，不予采纳。对辩护人提出鉴定结论不客观的意见，因价格鉴定结论系有涉案物品鉴定资质的鉴定机构依法作出，辩护人虽提出鉴定结论不客观的意见，但未能提供证据证实，辩护人对此发表的辩护意见，不予采信。鉴于被告人邱宏刚收赃的兰花价值是在 2009 年大理地区兰花民间交易价格基础上作出的鉴定价格，因兰花的交易价格与各地民间的养殖环境、欣赏习惯、交易习惯、消费环境等有很大的联系，同样品种的兰花在不同的地区、不同的时段、不同的人群中会有不同的价格认同，价格悬殊较大。因此，被告人邱宏刚虽然收购了鉴定价值为 750 余万元的兰花，但在量刑上应当充分考虑到兰花的上述消费、交易等特殊因素，不能单纯机械的以 750 余万元的鉴定价格对其定罪量刑。根据被告人邱宏刚犯罪的事实、性质、情节及社会危害程度，依照《中华人民共和国刑法》第三百一十二条、第四十五条、第六十五条第一款、第五十二条、五十三条之规定，判决如下：

一、被告人邱宏刚犯掩饰、隐瞒犯罪所得、犯罪所得收益罪，判处有期徒刑三年，并处罚金人民币 2 万元。

二、违法所得继续追缴。

一审宣判后，被告人邱宏刚未提出上诉，检察机关亦未抗诉，判决已发生法律效力。

## 二、主要问题

1. 上游犯罪行为人在逃是否影响掩饰、隐瞒犯罪所得、犯罪所得收益罪的认定?

2. 犯罪所得价格认定问题。

## 三、裁判理由

（一）本犯行为人在逃不影响掩饰、隐瞒犯罪所得、犯罪所得收益罪的认定。

众所周知，上游犯罪存在是掩饰、隐瞒犯罪所得、犯罪所得收益罪成立的前提条件。那么，对上游犯罪中的“犯罪”应如何理解?对此，我国刑法学界主要存在两种观点。一种观点认为，上游“犯罪”应理解为符合具体犯罪构成的犯罪，主体、主观方面、客体、客观方面缺一不可，这是罪刑法定原则的要求。另一种观点认为，上游“犯罪”只要符合犯罪客观方面要素，具有社会危害性就可以。这两种观点都有失偏颇，第一种观点过于机械，导致放纵犯罪，比如上游犯罪行为人因刑事责任能力问题未被追责，则掩饰、隐瞒犯罪所得、犯罪所得收益罪的行为人也无法被定罪。第二种观点则可能将本罪处罚的范围扩大，如每个盗窃行为人均因数额不足较大而未构成犯罪，但收赃者却相加收购了上述人盗窃的物品，数额很大，于是对其定罪处罚。

我们认为，这里的“犯罪”是指实质意义上的犯罪。《最高人民法院关于审理洗钱等刑事案件具体应用法律若干问题的解释》第四条已作出明确规定：“刑法第一百九十一条、第三百一十二条、第三百四十九条规定的犯罪，应当以上游犯罪事实成立为认定前提。上游犯罪尚未依法裁判，但查证属实的，不影响刑法第一百九十一条、第三百一十二条、第三百四十九条规定的犯罪的审判。”2015年6月1日起施行的《最高人民法院关于审理掩饰、隐瞒犯罪所得、犯罪所得收益刑事案件适用法律若干问题的解释》（以下简称《解释》）第八条也对此予以明确规定："认定掩饰、隐瞒犯罪所得、犯罪所得收益罪，以上游犯罪事实成立为前提。上游犯罪尚未依法裁判，但查证属实的，不影响掩饰、隐瞒犯罪所得、犯罪所得收益罪的认定。上游犯罪经查证属实，但因行为人未达到刑事责任年龄等原因依法不予追究刑事责任的，不影响掩饰、隐瞒犯罪所得、犯罪所得收益罪的认定。"这就表明掩饰、隐瞒犯罪所得、犯罪所得收益罪的成立以上游犯罪事实成立为前提，是实质意义上的犯罪，而不要求必须是已经由刑事判决确认的形式意义上的犯罪。上游犯罪事实成立既指上游犯罪事实有充分证据证明，也指上游犯罪事实达到了犯罪的程度。如果上游行为经查证依法不构成犯罪，则掩饰、隐瞒行为也不构成犯罪，相反，如果上游犯罪事实经查证属实，则即便本犯行为人因未达到刑事责任年龄等原因依法不被追究刑事责任，也不影响掩饰、隐瞒犯罪所得、犯罪所得收益罪的认定。当然，上游犯罪尚未依法裁判，但查证属实的，也不影响掩饰、隐瞒犯罪所得、犯罪所得收益罪的认定。

本案中，上游盗窃行为人在逃，其姓名、住址均不详，无法对盗窃犯罪事实进行审判，但从现有证据看，该行为人盗窃了价值750余万元的兰花，该事实必然构成犯罪，故虽然本犯行为人不在案，或者即便以后归案后发现其有行为时未达刑事责任年龄等依法不予追究刑事责任的情况，也不影响对掩饰、隐瞒该批赃物的犯罪事实的认定。大理市人民法院在上游犯罪行为人未归案的情况下认定被告人邱宏刚犯掩饰、隐瞒犯罪所得、犯罪所得收益罪正确。

（二）犯罪所得的数额，应当以实施掩饰、隐瞒行为时为准

掩饰、隐瞒犯罪所得、犯罪所得收益罪虽不是数额犯，但其上游犯罪多为侵财性犯罪，故数额对于判断本罪的社会危害性大小是极为重要的。为此，《解释》第一条第一款第（一）项规定了掩饰、隐瞒犯罪所得、犯罪所得收益罪的入罪标准原则上为掩饰、隐瞒犯罪所得及其产生的收益价值3000元至1万元以上的；第三条第一款则对"情节严重"的数额标准

予以明确、细化，其中第（一）项规定：掩饰、隐瞒犯罪所得及其产生的收益价值总额达到10万元以上的属于“情节严重”。在大多数情况下，掩饰、隐瞒犯罪所得、犯罪所得收益罪的犯罪对象都是赃物，要判断该行为是否构成犯罪，或者犯罪情节是否严重，就首先需要确定赃物的价值了。

那么，如何确定犯罪所得的价值呢？在现代社会中，财物价格变动较快，故除却折旧等因素外，必须确定计价时间点。《解释》在第四条第一款中也予以明确：“掩饰、隐瞒犯罪所得及其产生的收益的数额，应当以实施掩饰、隐瞒行为时为准。收购或者代为销售财物的价格高于其实际价值的，以收购或者代为销售的价格计算。”该规定主要是结合之前有关盗窃罪等财产型犯罪的计价方法，以行为时的市场价为基准，以收购或者销赃价格为补充。市场价的确定应当以价格鉴定机构作出的鉴定意见为准。总体而言，物价水平处于上涨的趋势，案件被查处时赃物的价格通常会高于行为时的价格，故依照行为时的价格计算犯罪数额，有利于保护被告人的合法权益。但也不排除有的案件查处时赃物价格低于行为时的价格，此时，仍应以行为时的价格计算犯罪数额。但是，查处时的价格明显低于行为时的价格的，则应在量刑时予以酌情考虑。

本案中，赃物兰花的总价格750余万元，是由大理市价格认证中心在2009年（即掩饰、隐瞒行为发生时）大理地区兰花民间交易价格基础上鉴定作出的。大理市人民法院认为，因兰花的交易价格与各地民间的养殖环境、欣赏习惯、交易习惯、消费环境等有很大的联系，同样品种的兰花在不同的地区、不同的时段、不同的人群中会有不同的价格认同，价格悬殊较大。因此，被告人邱宏刚虽然收购了鉴定价值为750余万元的兰花，但在量刑上应当充分考虑到兰花的上述消费、交易等特殊因素，不能单纯机械的以750余万元的鉴定价格对其定罪量刑。大理市人民法院这一论理符合立法原意，有利于保护被告人的合法权益。但即便以被告人邱宏刚收购兰花的成本价60万元计算，本罪掩饰、隐瞒的犯罪所得数额也已大大高于《解释》中关于“情节严重”的数额标准了。然而，本案审判时，《解释》尚未出台，相关法律对掩饰、隐瞒犯罪所得、犯罪所得收益罪中的“情节严重”并无明确的认定标准，大理市人民法院结合被告人邱宏刚的犯罪事实、性质、情节及社会危害程度对其以掩饰、隐瞒犯罪所得、犯罪所得收益罪判处有期徒刑三年，并处罚金人民币2万元适当。

（撰稿：最高人民法院刑四庭　张勤）

## 李邦生盗窃、掩饰、隐瞒犯罪所得案

——上游犯罪的犯罪嫌疑人尚未被抓获，但现有证据足以确定上游事实存在的，可认定上游事实经查证属实

### 一、基本案情

被告人李邦生，男，景颇族，1991年9月8日出生，农民。2008年2月25日因犯抢劫罪被云南省陇川县人民法院判处有期徒刑三年，并处罚金人民币2000元，2010年7月29日刑满释放。2011年8月25日因涉嫌犯盗窃罪、掩饰、隐瞒犯罪所得罪被逮捕。

云南省陇川县人民检察院以被告人李邦生犯盗窃罪、掩饰、隐瞒犯罪所得罪，向云南省陇川县人民法院提起公诉，并建议对被告人判处有期徒刑两年至两年零六个月，并处罚金人民币2000元。

被告人李邦生对起诉书指控的事实及罪名无异议，认为公诉机关量刑建议偏重。

云南省陇川县人民法院经审理查明：

1.2011年7月6日凌晨5时许，被告人李邦生伙同他人（李邦生交代为缅甸人麻翁、散利）在陇川县景罕镇等村委会新社村民小组尚兴福家，将停放在院内的摩托车（价值4900元）盗走。后李邦生将该摩托车以2000元人民币的价格卖给他人。

2.2011年7月13日下午，被告人李邦生将他人（李邦生交代为缅甸

人麻翁）盗窃来的摩托车（失主为朱国斌）以800元的价格卖给他人。

云南省陇川县人民法院认为，被告人李邦生以非法占有为目的，秘密窃取他人财物，数额较大，其行为已构成盗窃罪；明知是他人盗窃所得的摩托车而代为销售，其行为已构成掩饰、隐瞒犯罪所得罪，应依法并罚。公诉机关指控的事实清楚，证据确实、充分，程序合法，定罪准确，应予以支持。被告人李邦生曾被判处有期徒刑，在刑罚执行完毕以后未满五年，再犯应当判处有期徒刑以上之罪，系累犯，应从重处罚。公诉机关的量刑建议适当，予以采纳。依照《中华人民共和国刑法》第二百六十四条、第三百一十二条、第五十二条、第五十三条、第六十五条第一款、第六十九条之规定，判决如下：

被告人李邦生犯盗窃罪，判处有期徒刑二年零四个月，并处罚金人民币1000元；犯掩饰、隐瞒犯罪所得罪，判处拘役三个月，并处罚金人民币1000元，决定执行有期徒刑二年零五个月，并处罚金人民币2000元。

宣判后，被告人李邦生未提出上诉，检察机关也未提出抗诉。

## 二、主要问题

被告人掩饰、隐瞒犯罪所得犯罪中，有证据证实上游事实存在，但上游犯罪的犯罪嫌疑人尚未抓获，可否认定上游事实经查证属实？

## 三、裁判理由

本案在审理过程中，对被告人李邦生掩饰、隐瞒犯罪所得的犯罪行为是否构成犯罪，存在两种意见：第一种意见认为，认定掩饰、隐瞒犯罪所得、犯罪所得收益罪，应当以上游犯罪事实成立为前提。本案中上游犯罪的被告人仅有李邦生的供述，但尚未被抓获，犯罪事实并未查清，故李邦生的行为也不应认定为犯罪。第二种意见认为，李邦生掩饰、隐瞒犯罪所得犯罪的上游犯罪虽然因上游犯罪的犯罪嫌疑人尚未被抓获，无法依法裁判，但鉴于有失主陈述、提取的赃物等证据佐证，足以认定该上游犯罪确实属实，不影响掩饰、隐瞒犯罪所得、犯罪所得收益罪的认定。

我们同意第二种意见，李邦生的行为应认定为掩饰、隐瞒犯罪所得罪。理由是：

（一）2015年6月1日开始实施的《最高人民法院关于审理掩饰、隐瞒犯罪所得、犯罪所得收益刑事案件适用法律若干问题的解释》第八条规定，“认定掩饰、隐瞒犯罪所得、犯罪所得收益罪，应当以上游犯罪事实成立为前提。上游犯罪尚未依法裁判，但查证属实的，不影响掩饰、隐瞒犯罪所得、犯罪所得收益罪的认定。”根据该条的规定，本罪的成立以上游犯罪事实成立为前提，是实质意义上的犯罪，而不要求必须是已经由刑事判决确认的形式意义上的犯罪。所以，上游犯罪事实查证属实，虽尚未经裁判，不影响掩饰、隐瞒犯罪所得、犯罪所得收益罪的审判。

在司法实践中，上游犯罪尚未依法裁判而先认定赃物犯罪的为少数，多数情况下，赃物犯罪的被告人与上游犯罪的被告人是同案处理的。少数情况下，由于上游犯罪人还有其他犯罪事实一时难以查清或者因为其他原因尚未依法裁判，为依法及时审判赃物犯罪案件，才在上游犯罪查证属实的情况下先行认定赃物犯罪。而在本案中，就存在这种情况。被告人李邦生所销赃的摩托车，系朱国斌被盗的摩托车，这一事实是清楚的，有失主的陈述、收购者的证言、提取的被盗摩托车等证据证实，可以确定李邦生销售的摩托车是赃物；同时，李邦生供认其明知该摩托车是赃物而予以销售，故可以认定其明知是赃物而销售。李邦生的行为已经符合《刑法》第三百一十二条“明知是犯罪所得及其产生的收益而予以窝藏、转移、收购、代为销售或者以其他方法掩饰、隐瞒的”规定，构成了掩饰、隐瞒犯罪所得罪。虽然上游犯罪的犯罪人（李邦生交代为缅甸人麻翁）未被抓获，上游犯罪尚未依法裁判，但现有的证据足以确定该犯罪事实的存在，可以认定为“上游犯罪尚未依法裁判，但查证属实”，故不影响对被告人李邦生掩饰、隐瞒犯罪所得罪的认定和量刑。

（二）掩饰隐瞒犯罪所得、犯罪所得收益罪是实践多发犯罪之一，如果要求认定该罪必须以上游行为被定罪为前提，会大大增加诉讼成本，浪费司法资源，还可能放纵犯罪。

类似本案的情形，即上游行为实施者尚未被抓获或者未经审判，而实施掩饰、隐瞒行为的人已被法院审判的情形，在实践中是常有的。如果因上游行为未定罪，而对实施掩饰、隐瞒行为的人作出无罪判决，等到上游行为实施者被抓获并依法判决有罪后，再对实施掩饰、隐瞒行为人重新侦查、起诉、审判，会重复已经进行的诉讼程序，浪费司法资源，且还有可能因现有证据灭失等原因造成案件审理上的困难。同时，即使等上游行为依法判决后，仍有足够证据对掩饰、隐瞒行为定罪，但对同一行为，先后作出无罪判决和有罪判决，显然会削弱司法权威。

综上，本案被告人李邦生明知是他人盗窃所得的摩托车而代为销售，其行为已构成掩饰、隐瞒犯罪所得罪。盗窃摩托车的犯罪行为人尚未被抓获，其盗窃行为未被定罪，不影响李邦生所犯掩饰、隐瞒犯罪所得罪的成立，陇川县人民法院认定李邦生犯掩饰、隐瞒犯罪所得罪是正确的。

（撰稿：最高人民法院刑四庭　张剑）

## 杨晓宁等盗窃、掩饰、隐瞒犯罪所得案例

——如何区分掩饰、隐瞒犯罪所得罪与其上游犯罪的共犯、认定本罪情节严重的标准和共同犯罪中地位、作用的区分及量刑

### 一、基本案情

被告人杨晓宁，男，汉族，1967 年 5 月 4 日出生。2001 年 11 月 26 日因犯贩卖毒品罪被判处有期徒刑三年六个月，2004 年 1 月 27 日刑满释放。2009 年 7 月 24 日因本案被逮捕。

福建省福鼎市人民检察院以被告人杨晓宁犯盗窃罪、掩饰、隐瞒犯罪所得罪向福鼎市人民法院提起公诉。

被告人杨晓宁对公诉机关指控的盗窃罪，辩解其没有提供盗窃摩托车的作案工具给黄兆伟、王作样等人，也没有参与盗窃；盗窃的第八起，系其朋友的车，车牌是套牌放在其家里，非其盗窃的；盗窃第一起认定摩托车价值5610元，而销赃的第五起是同一部车，鉴定价值却为3740元；盗窃的第四起，车是黄兆伟、王作样卖给自己的，因不是五羊本田的，其已将车退给黄兆伟，钱也已退给自己；盗窃的第九、十九起，张长晓不可能将五羊本田的摩托车卖给自己，因为其收购价比别人低。对公诉机关指控的掩饰、隐瞒犯罪所得罪没有异议。

其辩护人认为：一、从被告人黄兆伟、王作样及张长晓向侦查机关的供述可以看出，失主的摩托车被盗，均系黄兆伟、王作样及张长晓所实施的盗窃行为，被告人杨晓宁没有参与实施盗窃。既未与黄兆伟、王作样等事前通谋盗窃，也未提供作案工具。杨晓宁只是在他人实施盗窃之后，由盗窃者主动与其联系，再对赃物进行收购，其主观故意仅是“明知是犯罪所得而收购的故意”，并非是“盗窃的故意”。即使被告人杨晓宁有向黄兆伟、王作样提供作案工具，根据现有在案证据也无法判断杨晓宁提供了哪一起的作案工具，即无法证明杨晓宁在起诉书所指控的哪一起盗窃中与黄兆伟、王作样有事前通谋。因此，公诉机关指控被告人杨晓宁涉嫌盗窃罪，事实不清、证据不足。二、对公诉机关指控被告人杨晓宁犯掩饰、隐瞒犯罪所得罪没有异议，但杨晓宁账户上的钱有的是债务人还款而汇入该账户，有的是他人通过杨晓宁的账户，由杨晓宁取款后给一个叫“阿和”的人。其次，公诉机关指控10起掩饰、隐瞒犯罪所得罪，后8起（第3－10起）是起诉书指控被告人杨晓宁盗窃53起中的8起，即重叠关系，不能针对该8起犯罪指控两项罪名，且后8起涉案摩托车均被追回，在客观上减少了失主的损失，可酌情从轻处罚。

福鼎市人民法院经公开开庭审理查明：

（一）盗窃事实

2008年5月至2009年6月，被告人杨晓宁经共谋并提供作案工具，分别由被告人黄兆伟、王作样、张长晓等实施盗窃，再由杨晓宁负责将所盗车辆予以销售，共作案31起，盗窃摩托车31辆，价值共计183941元。

（二）掩饰、隐瞒犯罪所得事实

2008年5、6月至2009年6月间，被告人杨晓宁纠集、指使被告人杨义忠、何开文、夏瑞华等人在福建省福鼎市桐城街道龙苑路114号、下洋垱35号、海口路122号三处，将他人盗窃所得的456辆摩托车拆解、分装后通过他人运输销往广东。其中，杨晓宁共得赃款1135575元。

被告人杨晓宁在明知摩托车为盗窃所得的情况下，实施犯罪22起，销售、收购摩托车共计23辆，价值共计114369元。

福鼎市人民法院认为，被告人杨晓宁伙同他人以非法占有为目的，采取秘密手段，窃取他人摩托车，数额特别巨大，达31辆价值183941元；明知是盗窃所得车辆而予以拆解456辆，共得赃款1135575元、买卖23辆价值114369元，情节严重，其行为已构成盗窃罪、掩饰、隐瞒犯罪所得罪，应予以并罚。公诉机关指控的被告人杨晓宁22起盗窃犯罪，仅有失主陈述，未能查实实施盗窃行为的犯罪嫌疑人，不足以认定杨晓宁与实施盗窃的犯罪嫌疑人有存在通谋的共同犯罪，指控杨晓宁上述行为构成盗窃罪的证据不足，本院不予支持，但杨晓宁明知是盗窃所得车辆而予以买卖，应更改定性为掩饰、隐瞒犯罪所得罪。杨晓宁在刑满释放五年内再犯罪，系累犯，应从重处罚；在掩饰、隐瞒犯罪所得的共同犯罪中起主要作用，系主犯。依照《中华人民共和国刑法》第二百六十四条、第三百一十二条、第二十五条第一款、第六十九条[①]、第二十六条第一、四款、第二十七条、第六十五条第一款、第十七条第三款、第六十七条第一款、第六十八条第一款、第七十二条、第七十三条第一、二款、第六十四条，《最高人民法院、最高人民检察院关于办理与盗窃、抢劫、诈骗、抢夺机动车相关刑事案件具体应用法律若干问题的解释》第一条第一款第（一）（二）项、第二款、第六条，《最高人民法院关于处理自首和立功具体应用法律若干问题的解释》第五条、《最高人民法院关于审理未成年人刑事案

---

① 此条已被《中华人民共和国刑法修正案（九）》修改。

件具体应用法律若干问题的解释》第十一条、第十六条，《关于适用普通程序审理“被告人认罪案件”的若干意见》第九条之规定，判决如下：

被告人杨晓宁犯盗窃罪，判处有期徒刑十四年九个月，并处罚金人民币20万元；犯掩饰、隐瞒犯罪所得罪，判处有期徒刑六年，并处罚金人民币20万元，决定执行有期徒刑十八年九个月，并处罚金人民币40万元。

宣判后，被告人未提出上诉，检察院未提出抗诉。

## 二、主要问题

1. 如何区分掩饰、隐瞒犯罪所得罪与其上游犯罪的共犯？

2. 被告人杨晓宁所犯掩饰、隐瞒犯罪所得罪数额的认定及情节严重的标准？

3. 被告人杨晓宁在共同掩饰、隐瞒犯罪所得的犯罪中地位、作用如何认定？

## 三、裁判理由

（一）被告人杨晓宁事先与实施盗窃的行为人通谋，并提供作案工具，系盗窃犯罪的共犯，该部分犯罪行为应以盗窃罪论处。如不能认定其有通谋，则不应认定为盗窃罪，应以掩饰、隐瞒犯罪所得罪定罪。

《最高人民法院关于审理掩饰、隐瞒犯罪所得、犯罪所得收益刑事案件适用法律若干问题的解释》（下称《解释》）第五条规定，“事前与盗窃、抢劫、诈骗、抢夺等犯罪分子通谋，掩饰、隐瞒犯罪所得及其产生的收益的，以盗窃、抢劫、诈骗、抢夺等犯罪的共犯论处。”掩饰、隐瞒犯罪所得罪是指明知是犯罪所得及其产生的收益而予以窝藏、转移、收购、代为销售或者以其他方法掩饰、隐瞒，犯罪人的主观方面是“明知是犯罪所得及其产生的收益”，而盗窃罪共犯的主观方面则是共谋“以非法占有为目的”，二者的主观认识是不同的。认定是否构成盗窃罪的共犯，关键是事先是否已有共同犯罪的意思通谋。首先，共同犯罪人犯意通谋，必须要求共同犯罪人就共同犯罪进行主观沟通和思想联系。通过意思联络，共同犯罪人认识到不只是自己一个人在单独实施犯罪行为，而是与他人一起共同实施犯罪行为。其次，共同犯罪要求共犯人通过意思联络，概括地认识到自己行为和其他共犯人行为的性质和结果。通过意思联络，各共同犯罪人已预见到由于共同犯罪行为会产生某种或一定的结果。只有具备共同犯罪的事先意思通谋，才能认定为盗窃罪的共犯，而在对方实施犯罪后，明知对方犯罪的情况下帮助对方逃避法律责任，实施窝藏、包庇、窝藏赃物、销售赃物等行为的，则只能认定为掩饰、隐瞒犯罪所得罪。

2008 年 5 月至 2009 年 6 月间，被告人杨晓宁经事先通谋后，约定其提供作案工具，由黄兆伟等人盗窃摩托车后，再由杨晓宁进行销售。上述事实，由黄兆伟、王作样、杨义忠、何开文、张长晓等多人供述的证实，足以证明被告人确实是事先与黄兆伟等有共同的预谋，事先有意思联络并形成了共同故意，即在动手实施犯罪以前，杨晓宁与其他共同犯罪人对犯什么罪以及如何实行犯罪等事项业以谋议，在主观上明知共同犯罪人的犯罪内容、危害后果而与其通谋，已经形成共同犯罪的故意，客观上进行了提供作案工具、销赃等配合行为，符合《解释》第五条规定的情形，杨晓宁的该部分行为当然应当认定为盗窃罪的共犯。

而对于公诉机关指控的被告人杨晓宁另 22 起盗窃犯罪，因仅有失主陈述，未能查明实施盗窃行为的犯罪嫌疑人，现有证据不足以认定杨晓宁与实施盗窃的犯罪嫌疑人存在通谋，仅能认定其明知是犯罪所得而予以收购、销售，故法院认为指控杨晓宁犯盗窃罪的证据不足，对其更改定性为掩饰、隐瞒犯罪所得罪，是正确的。

（二）被告人杨晓宁所犯掩饰、隐瞒犯罪所得罪应认定为情节严重。

公诉机关根据同案被告人何开文供述的推断并指控被告人杨晓宁在 2008 年 5、6 月至 2009 年 6 月间拆解摩托车 700 余辆，福鼎市人民法院认为该数字的真实性无法确定，而根据发货清单、交接清单等书证，结合被告人的供述，就低认定为 456 辆是合适的。

对于具体的数额计算，福鼎市人民法院将被告人杨晓宁的犯罪数额分成了两部分来认定：其中拆解摩托车的销赃数额，根据杨晓宁在邮政储蓄的账户存款明细中，能够认定收购拆解摩托车的下家从广东存入杨晓宁账户的款项来确定，共计 1135575 元；另一部分，即 22 起（23 辆摩托车）掩饰、隐瞒犯罪所得犯罪的数额，根据物品价格鉴定的价值来认定，共计 114369 元。福鼎市人民法院的这种计算方法符合实际，也有具体证据作为支撑，所得的数额是合适的。

基于以上数额，杨晓宁掩饰、隐瞒犯罪所得总价值超过 120 余万元，符合《解释》第三条第一款第（一）项“掩饰、隐瞒犯罪所得及其产生的收益价值总额达到十万元以上的”情形，应当认定为情节严重。同时，根据《最高人民法院、最高人民检察院关于办理与盗窃、抢劫、诈骗、抢夺机动车相关刑事案件具体应用法律若干问题的解释》第一条第二款规定“涉及盗窃、抢劫、诈骗、抢夺的机动车五辆以上或者价值总额达到五十万元以上的，属于刑法第三百一十二条规定的情节严重”，杨晓宁买卖的摩托车超过 23 辆、总价值超过 120 万元，显然也应当认定为情节严重。

（三）被告人杨晓宁在掩饰、隐瞒犯罪所得共同犯罪中是组织、指挥者。

2008 年 5、6 月至 2009 年 6 月间，被告人杨晓宁指挥杨义忠、何开文等人拆解、销售他人盗窃所得摩托车，所得的 110 余万赃款，杨晓宁分得绝大部分。在这部分掩饰、隐瞒犯罪所得共同犯罪中，杨晓宁是出资人，纠集、指使同案被告人实施犯罪，赃款绝大部分为其所得，是整个犯罪的组织、指挥者，地位、作用明显大于其他同案被告人，是主犯。

综上，被告人杨晓宁主观上明知他人盗窃而与其通谋，形成共同的犯罪故意，客观上提供作案工具、进行销赃，犯罪数额特别巨大，其行为已构成盗窃罪的共犯；明知是他人犯罪所得而予以收购、销售，其行为已构成掩饰、隐瞒犯罪所得罪，且情节严重。杨晓宁在共同掩饰、隐瞒犯罪所得犯罪中系主犯。福鼎市人民法院的定罪、量刑是合适的。

（撰稿：最高人民法院刑四庭　张剑）

# 元世庆掩饰、隐瞒犯罪所得罪案

——上游犯罪查证属实但依法不追究刑事责任的，
不影响掩饰、隐瞒犯罪所得罪的成立

## 一、基本案情

被告人元世庆，男，1946 年 2 月 19 日出生，汉族，农民，2012 年 11 月 7 日被刑事拘留，同月 14 日被取保候审。

河北省大城县人民检察院以被告人元世庆犯掩饰、隐瞒犯罪所得罪，向大城县人民法院提起公诉。

被告人元世庆对公诉机关指控的事实无异议。

大城县人民法院经审理查明：2012 年 10 月份，被告人元世庆在经营元记金银加工店期间，以明显低于市场价格的 5700 元收购了黎某某（因其未达刑事责任年龄，公诉机关撤回起诉）在大城县县城内抢劫所得的两条断裂损坏的黄金项链。经鉴定，该两条黄金项链价值分别为 6745 元和 2626 元。案发后，元世庆经公安机关讯问，即如实供述了以上事实，且主动退回了该两条黄金项链。

大城县人民法院认为，被告人元世庆没有正当理由，以明显低于市场的价格收购财物，应认定其明知该物品系犯罪所得，其行为已构成掩饰、隐瞒犯罪所得罪。元世庆到案后能如实供述犯罪事实，系坦白；主动退回了全部赃物，酌情予以从轻处罚。根据元世庆的犯罪情节和悔罪表现，及其所居住村民委员会证明情况，对其可依法适用缓刑。公诉机关建议判处被告人元世庆三至四个月拘役，量刑建议适当，予以采纳。据此，判决如下：

被告人元世庆犯掩饰、隐瞒犯罪所得罪，判处拘役四个月，缓刑八个月，并处罚金人民币 1 万元。

一审宣判后，被告人未提出上诉，检察机关亦未抗诉，判决已生效。

## 二、主要问题

上游犯罪查证属实但行为人系未成年人依法不追究刑事责任的，掩饰、隐瞒犯罪所得罪能否成立?

## 三、裁判理由

在本案中，由于黎某某系未满14周岁未成年人，不负刑事责任，那么在上游犯罪行为人不负刑事责任的前提下，被告人元世庆是否构成掩饰、隐瞒犯罪所得罪，审理中形成两种不同意见。

第一种意见认为，被告人元世庆的行为不构成掩饰、隐瞒犯罪所得罪。理由是，根据《刑法》第三百一十二条的规定，掩饰、隐瞒犯罪所得罪成立的前提条件是，行为人掩饰、隐瞒的财物应当是需要追究刑事责任的犯罪所得，而一般违法所得不能构成此罪，即上游行为构成犯罪是构成掩饰、隐瞒犯罪所得、犯罪收益罪的必要条件。就本案来说，黎某某的行为在客观上符合抢劫罪的构成要件，但由于黎某某未满十四周岁，不符合抢劫罪的主体要件，因此，黎某某不构成犯罪，其抢劫得到的黄金项链并不属于犯罪所得，元世庆的掩饰、隐瞒行为当然也不构成掩饰、隐瞒犯罪所得罪。

第二种意见认为，虽然黎某某因未达到刑事责任年龄不能以抢劫罪定罪量刑，但上游抢劫犯罪事实是查证属实的，不影响元世庆的行为构成掩饰、隐瞒犯罪所得罪。

我们同意第二种意见。在《最高人民法院关于审理掩饰、隐瞒犯罪所得、犯罪所得收益刑事案件适用法律若干问题的解释》（以下简称《解释》）出台之前，2009年11月11日实施的《最高人民法院关于审理洗钱等刑事案件具体应用法律若干问题的解释》（以下简称《解释》）第四条第一、二款规定："刑法第一百九十一条、第三百一十二条、第三百四十九条规定的犯罪，应当以上游犯罪事实成立为认定前提。上游犯罪尚未依法裁判，但查证属实的，不影响刑法第一百九十一条、第三百一十二条、

第三百四十九条规定的犯罪的审判。上游犯罪事实可以确认，因行为人死亡等原因依法不予追究刑事责任的，不影响刑法第一百九十一条、第三百一十二条、第三百四十九条规定的犯罪的认定。”上述规定体现了这样一个基本原则，即掩饰、隐瞒犯罪所得罪的成立以上游犯罪事实成立为前提。

基于此，《解释》在第八条重申了上述规定，并明确“上游犯罪事实经查证属实，但因行为人未达到刑事责任年龄等原因依法不予追究刑事责任的，不影响掩饰、隐瞒犯罪所得、犯罪所得收益罪的认定。”我们认为，《解释》第八条的规定包含两层意思：

（一）掩饰、隐瞒犯罪所得、犯罪所得收益罪，应当以上游犯罪事实成立为前提。

掩饰、隐瞒犯罪所得、犯罪所得收益罪的构成前提是上游犯罪事实必须成立。此处的“上游犯罪事实成立”既指上游犯罪事实有充分证据证明，也指上游犯罪事实达到了犯罪的程度。如果上游行为虽然存在，但依法不构成犯罪的，则掩饰、隐瞒行为也不构成犯罪。例如，甲收购了乙、丙、丁等十个人各自盗窃的自行车各一辆，每辆自行车的价格均为一千元，由于乙、丙、丁等人的行为均未达到盗窃犯罪的数额标准，因而均不构成盗窃罪，而甲所收购的自行车价值总额达到一万元，依照《解释》第一条第一款第（一）项的规定，已经达到构罪标准，但因乙、丙、丁等上游行为人的行为均不构成犯罪，甲所收购的自行车就不能认定为“犯罪所得”，因而甲的行为也不构成掩饰、隐瞒犯罪所得罪，只能依照治安处罚法进行处罚。

（二）上游犯罪事实成立，但因主体不适格而不予追究刑事责任的，仍然以掩饰、隐瞒犯罪所得、犯罪所得收益罪对掩饰、隐瞒的行为人定罪处罚。

前述第一种意见认为，《刑法》第三百一十二条规定的“明知是犯罪所得及其产生的收益”中的“犯罪”是指构成要件完全齐备的犯罪。我们认为，这种观点是仅从条文的文字表面出发，对刑法规定作出的片面理解，掩饰、隐瞒犯罪所得、犯罪所得收益罪的成立以上游犯罪事实成立为前提，此处的“上游犯罪事实”是指客观上的上游犯罪行为，而不是应当负刑事责任的刑法一般意义上的犯罪。理由如下：

1. 将此处的“犯罪”理解为“犯罪行为”，符合掩饰、隐瞒犯罪所得、犯罪所得收益罪的本质特征。

根据我国刑法理论，行为具有相当程度的社会危害性是犯罪的本质特征，掩饰、隐瞒行为能够作为犯罪处理的本质在于这种行为妨害了司法机关追诉犯罪的活动，以及多数掩饰、隐瞒行为还同时侵犯了公私财产权益。而上游犯罪行为人是否负刑事责任并不影响掩饰、隐瞒行为本身的社会危害性，即行为人所掩饰、隐瞒的犯罪所得是来源于应当负刑事责任的人的犯罪还是不应当负刑事责任的人的犯罪行为，并不影响掩饰、隐瞒行为本身的社会危害性。例如，张三、李四分别盗窃了价值 1 万元的摩托车，王五明知两辆摩托车均系盗窃所得仍然分别予以收购，张三因系不满十四周岁的未成年人而不认定其构成犯罪，李四具有完全刑事责任能力而构成盗窃罪，在这个案例中，张三依法不负刑事责任的情节并不影响其盗窃行为本身给摩托车所有权人造成的损害，也不能因此否认盗窃摩托车行为本身具有违法性，王五收购该摩托车的行为仍然具有社会危害性，而且这种社会危害性与王五收购李四盗窃所得摩托车行为的社会危害性并无不同。如果我们认定王五收购李四的摩托车构成掩饰、隐瞒犯罪所得罪，而收购张三的摩托车不构成犯罪显然违反了罪责刑相适应的基本原则。

2. 将此处的“犯罪”理解为“犯罪行为”，能够实现刑法条文的整体协调。

从刑法条文整体协调的角度，也即对刑法进行体系解释的角度可以看出，我国刑法条文中所使用的“罪”与“犯罪”概念，并不全都是指构成要件齐备的犯罪，不少条文中所称的“罪”与“犯罪”只是指符合客观要件的犯罪行为。例如，《刑法》第一百一十五条第一款规定：“放火、决水、爆炸以及投放毒害性、放射性、传染病病原体等物质或者以其他危险方法致人重伤、死亡或者使公私财产遭受重大损失的，处十年以上有期徒刑、无期徒刑或者死刑。”第二款规定：“过失犯前款罪的，处三年以上七年以下有期徒刑；情节较轻的，处三年以下有期徒刑或者拘役。”显然，第二款的“前款罪”，仅指客观上符合第一款规定的客观要件及其性质的行为（实施了引起火灾、水灾等行为并造成了致人重伤、死亡或者致使公私财产遭受重大损失的结果，且具有危害公共安全的性质）；而不要求行为人像第一款那样出于故意。如果说“罪”是指完全符合犯罪构成所有要件的犯罪，那么就无法理解该条第二款。又如，《刑法》第二十条第三款规定：“对正在进行行凶、杀人、抢劫、强奸、绑架以及其他严重危及人身安全的暴力犯罪，采取防卫行为，造成不法侵害人伤亡的，不属于防卫过当，不负刑事责任。”此处的“暴力犯罪”显然并不限于达到法定年龄、具有责任能力的人的暴力犯罪，而是指暴力犯罪行为，对于不满 14 周岁的人实施的杀人、抢劫、强奸等严重危害人身安全的行为，也可以进行正当防卫。再如，《刑法》第二百六十九条规定“犯盗窃、诈骗、抢夺罪”中的“罪”、第三百一十条“明知是犯罪的人”中的“犯罪”、第三百九十九条“明知是有罪的人”中的“罪”等表述，均是指客观方面的犯罪行为。同样，《刑法》第三百一十二条的“犯罪所得”也是指客观上的犯罪行为。

本案中，黎某某实施抢劫行为获取了价值 9371 元的金项链两条，虽然黎某某因不满十四周岁而不负刑事责任，也不构成犯罪，但并不能因此否认黎某某实施的抢劫行为本身是违法的，该行为符合抢劫罪的客观方面要件，也侵犯了他人的财产权益，因此，抢劫犯罪行为是客观存在的，两条金项链应当属于“犯罪所得”。被告人元世庆是元记金银加工店的经营者，熟知黄金饰品的价格，仍以明显低于市场价格的 5700 元收购了两条断裂损坏的黄金项链，据此认定元世庆明知该金项链系犯罪所得而予以收购，其收购行为具有掩饰、隐瞒犯罪所得罪所要求的社会危害性，黎某某是否负刑事责任并不影响元世庆收购行为本身的社会危害性，对元世庆应以掩饰、隐瞒犯罪所得罪定罪处罚。

综上，原审法院认定被告人元世庆犯掩饰、隐瞒犯罪所得罪，判处拘役四个月，缓刑八个月，并处罚金人民币1万元是适当的。

（撰稿：最高人民法院刑四庭　杨华
河北省大城县人民法院少年庭）

## 陈德虎等盗窃案

——事前与盗窃犯罪分子通谋，帮助掩饰、隐瞒犯罪所得及收益的，以盗窃共犯定罪处罚

### 一、基本案情

被告人陈德虎，男，汉族，1979年9月28日出生，个体经营者。2012年12月25日因犯掩饰、隐瞒犯罪所得、犯罪所得收益罪被逮捕。

云南省水富县人民检察院以被告人陈德虎犯盗窃罪向云南省水富县人民法院提起公诉。

被告人陈德虎对公诉机关指控的事实、罪名及量刑建议均无异议，但请求从轻处罚。陈德虎的辩护人李涛、王云英的辩护意见是，陈德虎在本案中系从犯，并能如实供述犯罪事实，且案发后部分被盗车辆已被追回，未被追回的车辆已由购车人对被害人的损失作出赔偿，故建议对陈德虎判处三年以上四年以下有期徒刑。

云南省水富县人民法院经公开审理查明：

2012年11月初，被告人陈德虎与同案被告人刘业富、刘辉龙、彭金和、张仕建、王红平共谋，由刘业富、刘辉龙、彭金和、张仕建、王红平盗窃摩托车，陈德虎负责收购刘业富等人盗窃的摩托车。六人约定好后，刘业富、刘辉龙、彭金和、张仕建、王红平便到水富县实施盗窃。同年11月15日，被告人刘业富、刘辉龙、彭金和、张仕建、王红平来到水富县

城后，将黎某停放在高滩新区 72 栋楼下的一辆价值人民币 7454 元、车牌号为川 Q1C32×的本田男式两轮摩托车盗走，将周光某停放在水富县紫荆豪园 15 栋 2 单元 1 楼的一辆价值人民币 8907 元、车牌号为云 CBS13×的五羊本田女式两轮摩托车盗走，将曹某停放在水富县沙坪东路天桥小区 3 单元楼梯间的一辆价值人民币 7733 元、车牌号为云 CBS00×的深蓝色本田女式两轮摩托车盗走。上述三辆摩托车分别由刘业富、张仕建、王红平于当日骑至四川省宜宾市协成物流公司托运给陈德虎。同年 11 月 16 日，刘业富、刘辉龙、彭金和、张仕建、王红平五人来到水富县城后，将冯某停放在团结路工商银行院坝内的一辆价值人民币 8506 元、车牌号为云 CBX77×的橙色本田女式两轮摩托车盗走，将蒲运均停放在水富县烟草公司大门外人行道上的一辆价值人民币 8356 元、车牌号为云 CAJ66×的黑色五羊本田牌男式两轮摩托车盗走，将向某停放在水富县财政局院坝内的一辆价值人民币 5197 元红色新大洲本田女式两轮摩托车盗走。之后，五人又将陈某停放在四川省宜宾县小岸坝德康医院门口的一辆价值人民币 7733 元、车牌号为云 CAU39×的黑色本田男式两轮摩托车盗走。上述四辆摩托车分别由刘业富、张仕建、王红平、彭金和于当日分别骑至四川省宜宾市鸣宇托运部、四川省宜宾市盛世前程托运部托运给了陈德虎。同年 11 月 17 日，刘业富、刘辉龙、彭金和、张仕建、王红平五人来到水富县城后，将狄兰某停放在水富县人民医院 120 值班室门口的一辆价值人民币 8580 元、车牌号为云 CBX90×的白色本田女式两轮摩托车盗走，将白某停放在水富县紫荆豪园 11 栋 1 单元楼下的一辆价值人民币 8063 元的灰色本田牌女式两轮摩托车盗走，将杨某停放在云天化中学门口的一辆价值人民币 9223 元、车牌号为云 CBX97×的红色本田男式两轮摩托车盗走，将罗某停放在水富县金江银座楼下咖啡厅门口的一辆价值人民币 6689 元、车牌号为云 C6846×的灰色本田女式两轮摩托车盗走。上述四辆摩托车分别由刘业富、张仕建、王红平、彭金和于当日分别骑至四川省宜宾市鸣宇托运部、四川省宜宾市盛世前程托运部给了陈德虎。同年 11 月 18 日，刘业富、刘辉龙、彭金和、张仕建、王红平五人来到水富县城后，将雷某停放在水富县天福园小区值班室门口的一辆价值人民币 7458 元的本田女式两轮摩托车盗走，将廖某停放在水富县明月路 11 栋楼下的一辆价值人民币 8829 元、车牌号为云 BS10×的黑色五羊本田男式两轮摩托车盗走，将曹大某、郑某停放在水富县第一中学大门外人行道上的一辆价值人民币 6315 元、车牌号为云 CAJ68×的深蓝色轻骑女式两轮摩托车和一辆价值人民币 7897 元的棕色雅马哈牌女式两轮摩托车盗走。当日 20 时许，王红平骑着所盗的摩托车经过水富县双江桥时被公安民警抓获。其余三辆摩托车分别由刘业富、张仕建、彭金和于当日分别骑至四川省宜宾市鸣宇托运部、四川省宜宾市盛世前程托运部托运给了陈德虎。陈德富先后在成都的鸣宇、汪涌、盛世前程等物流公司共收到刘业富等人托运的摩托车十一辆，并分别卖给了张某、周某、李某、张某平。陈德虎在收到刘业富等人托运的摩托车后，于同年 11 月 19 日通过刘业富的妻子梁军兰的银行账户给了刘业富等人 10000 元。

案发后，公安机关已将被害人周光某、曹某、黎某、曹大某被盗的摩托车追回，并分别发还给了被害人周光某、曹某、黎某、曹大某。同时，张某、周某、李某、张某平共退赔赃款人民币 86531 元，公安机关已将该款分别发还了其余被害人。

云南省水富县人民法院认为，被告人陈德虎为非法获利，事前与刘业富等一伙盗窃实行犯通谋，事后对刘业富等人盗窃所得的赃物予以收购，系刘业富一伙盗窃犯罪的共犯，其行为已构成盗窃罪，依法应予以处罚。陈德虎在共同犯罪中起辅助作用，是从犯，且能如实供述自己的犯罪事实，有一定认罪、悔罪表现，依法予以从轻处罚。据此，依照《中华人民共和国刑法》第二百六十四条，第二十五条第一款，第二十六条第一款、第四款，第二十七条，第六十七条第三款，第六十四条之规定，判决如下：

被告人陈德虎犯盗窃罪，判处有期徒刑三年，并处罚金人民币 10000 元。

一审宣判后，被告人陈德虎未提出上诉，检察机关也未提出抗诉。

## 二、主要问题

事前与盗窃犯罪分子通谋，帮助掩饰、隐瞒犯罪所得及收益，是否以盗窃共犯定罪处罚？

## 三、裁判理由

我们同意水富县人民法院认定陈德虎犯盗窃罪的意见。理由是：

掩饰、隐瞒犯罪所得、犯罪所得收益罪是指，明知是犯罪所得及其产生的收益予以窝藏、转移、收购、代为销售或者以其他方法掩饰、隐瞒的行为。行为人构成掩饰、隐瞒犯罪所得罪必须是在实行犯的侵财型犯罪既遂以后，如果行为人与实行犯事先就有通谋，则是与实行犯构成共犯而非构成掩饰、隐瞒犯罪所得罪。这是因为，在实行犯的侵财型犯罪行为既遂之前，销赃行为人的事先通谋与实行犯在主观上形成了共同犯罪的故意，对于实行犯的决意、实施犯罪起到了鼓励、支持和帮助作用，属于共同犯罪中的帮助犯，应当以共犯论处。就本案而言，被告人陈德虎案发前与被告人刘业富等一伙盗窃实行犯通谋，事后对刘业富等人盗窃所得的赃物予以收购，系刘业富一伙盗窃犯罪的共犯，其行为符合盗窃共犯的构成。

首先，在盗窃行为实施前，陈德虎与刘业富等盗窃实行犯有共同的通谋。

刑法理论中的共同犯罪，在犯罪主观方面要求各共同犯罪人之间必须具有共同的犯罪故意，而且共同犯罪的意思联络，必须发生在犯罪既遂前，即先前通谋。在认定销赃行为人与盗窃实行犯是否有事先通谋时，有三点需要特别注意：一是销赃行为人与盗窃实行犯事前通谋的时间仅限于盗窃犯罪既遂之前，在盗窃犯罪既遂之后才进行意思联络的，不属于事先通谋；二是销赃行为人仅知道盗窃实行犯可能要去实施盗窃，但在盗窃前未与盗窃实行犯形成意思联络，在盗窃完成后才与盗窃实行犯共谋实施销赃行为的，不属于事先通谋；三是只要销赃行为人在盗窃前向盗窃实行犯承诺盗窃完成后为实行犯收购、销售盗窃所得的赃物，就可以认定双方存在事先通谋，而不要求销赃行为人对盗窃犯罪的时间、地点、方法、对象、目标等具体情节都全面了解或参与共谋。因此，当销赃行为人与盗窃实行犯在盗窃之前进行通谋，答应在盗窃以后予以窝藏、转移、收购、代为销售赃物或者以其他方式进行掩饰、隐瞒的行为系共同犯罪中的帮助行为，属于共同犯罪中的不同分工，应以盗窃罪的共犯论处。此外，如果有证据证明销赃行为人与盗窃实行犯已经形成长期、稳定、默契的合作关系，在盗窃实行犯盗得财物后按照事先约定或默契，为盗窃实行犯窝藏、转移、收购、代为销售赃物或者以其他方式进行掩饰、隐瞒的，也应当认定为双方事先存在通谋，以盗窃共犯论处。

其次，陈德虎收购赃物的行为对刘业富等人实施盗窃起到了鼓励、支持的作用。

共同犯罪中的帮助犯，必须具备两个客观要件。一是行为人必须实施了帮助行为，即对实行犯的犯罪行为予以物质或精神支持，使实行犯的犯罪行为更容易实现的行为。帮助行为分两种：一是物理帮助，主要指为实行犯提供犯罪工具、创造犯罪条件等。二是心理帮助，又称精神帮助，主要指对实行犯的行为进行激励、助言、约定事后帮助逃跑等，使实行犯的犯罪决意得到强化或使实行犯在作案过程中的心理安全感增强等。二是行为人的帮助行为必须是在实行犯犯罪前或犯罪进行时提供的帮助，否则不属于共同犯罪中的帮助。

本案的盗窃实行犯系刘业富等人，而陈德虎未到盗窃现场着手实施盗窃行为，不是本案的实行犯，但他在刘业富等人与其联系时，已经明确得知其将收购的赃物是刘业富等人将要盗窃的摩托车而同意为其销赃，对刘业富等人的犯罪意图产生了强化作用和一定心理上的鼓励，因此，可以认定，陈德虎在本案中有对刘业富等实行犯实施心理帮助行为。

综上所述，被告人陈德虎与刘业富等盗窃实行犯事前有通谋，客观上对刘业富等实行犯实施的盗窃行为给予了心理帮助，并且实施了后续的销赃行为，故其行为构成了盗窃共犯，云南省水富县人民法院据此作出的判决是正确的。

（撰稿：云南省水富县人民法院 陈泽琴

最高人民法院刑四庭 张剑）

## 被告人郭锐、黄立新盗窃、掩饰、隐瞒犯罪所得案

——与盗窃犯罪分子事前通谋的收赃行为的定性

### 一、基本案情

被告人陈志清，男，1973 年 11 月 8 日出生。2013 年 2 月 8 日被逮捕。

被告人郭宗伟，男，1984 年 12 月 30 日出生。2003 年 11 月因犯抢夺罪被判处有期徒刑六个月，罚金人民币 1000 元。2013 年 2 月 8 日因本案被逮捕。

被告人郭锐，男，汉族，1984 年 5 月 15 日出生。2013 年 2 月 8 日被逮捕。

被告人黄立新，男，汉族，1966 年 9 月 19 日出生。2013 年 1 月 20 日被刑事拘留，同年 2 月 8 日被取保候审。

上海市杨浦区人民检察院以被告人陈志清犯盗窃罪、故意毁坏财物罪，被告人郭锐犯盗窃罪、掩饰、隐瞒犯罪所得罪、被告人郭宗伟、黄立新犯盗窃罪向上海市杨浦区人民法院提起公诉。

被告人陈志清、郭宗伟、黄立新对指控事实无异议，被告人郭锐辩解其不明知是赃物，且并无盗窃通谋。郭锐的辩护人辩称，被告人郭锐与陈志清没有共同的犯罪故意，不属共犯，起诉书对郭锐所指控的盗窃罪及掩饰、隐瞒犯罪所得罪均不成立；如果认定郭锐犯盗窃罪，其也无提供帮助或只起到很小的帮助作用。黄立新的辩护人对起诉书指控的事实及罪名均

无异议，辩称黄立新犯罪的社会危害不大，其无犯罪前科，能如实供述，请求从轻处罚。

上海市杨浦区人民法院经审理查明：

被告人黄立新对指控事实无异议。黄立新的辩护人对起诉书指控的事实及罪名均无异议，辩称，黄立新犯罪的社会危害不大，其无犯罪前科，能如实供述，请求从轻处罚。

上海市杨浦区人民法院经审理查明：

2012 年 11 月至同年 12 月间，被告人陈志清先后单独或伙同被告人郭宗伟，多次利用陈志清担任恒丰工贸公司门卫的工作便利，由其采取偷用仓库钥匙等方法盗窃恒丰工贸公司仓库内的各类黄酒及白酒，后分别由其单独或交由作为恒丰工贸公司驾驶员的被告人郭宗伟偷运出库，在上海市松花江路 211 弄 1 号附近路边、延吉中路近黄兴路处、军工路 1203 号加油站附近等处分别出售给被告人黄立新、郭锐等人。具体分述如下：

1. 被告人陈志清与被告人黄立新经事先通谋，约定由黄立新收购陈志清从仓库偷出的酒，而后由被告人陈志清分多次窃得金色年华和酒（500 毫升装）30 箱计 360 瓶、1939 石库门上海老酒（黑标 500 毫升装）20 箱计 120 瓶、2001 石库门上海老酒（红标 500 毫升装）20 箱计 120 瓶，并交被告人黄立新收购，经估价，上述 70 箱酒合计价值人民币 11460 元。被告人黄立新将其中部分黄酒送至其外甥郑家求处，并由童春生、郑家求、黄正宜等人进行出售。

2. 被告人陈志清与被告人郭宗伟经共同预谋，窃得五粮液白酒（500 毫升装）1 箱（计 6 瓶），合计价值人民币 5100 元，由被告人郭宗伟通过电话联系并出售给被告人郭锐，被告人郭锐明知是犯罪所得赃物而予以收购。此后，被告人陈志清与被告人郭宗伟经共同预谋，再由被告人郭宗伟联系被告人郭锐并与之事先通谋，约定由郭锐提供种类、数量相对应的假白酒，换取收购被告人陈志清、郭宗伟从仓库所窃白酒，以此方法窃得五粮液白酒（500 毫升装）2 箱计 12 瓶，合计价值人民币 10200 元，由郭宗伟在军工路 1203 号加油站附近出售给被告人郭锐，被告人郭锐则提供种类、数量相对应的假白酒并折抵部分销赃价。在上述交易中，郭锐在郭宗伟未提供合法凭证的情况下，以每箱人民币 2400 元的价格收购五粮液白酒，其中第一次交易时未提供假酒，但在后续交易中补上。

3. 被告人陈志清单独窃得五粮液白酒（500 毫升装）5 箱（每箱 6 瓶），合计价值人民币 25500 元，并根据其从郭宗伟处获取的联系方式直接同被告人郭锐电话联系，将上述白酒出售给被告人郭锐，被告人郭锐明知是犯罪所得赃物而予以收购。其后，被告人陈志清经联系被告人郭锐并事先通谋，约定由郭锐在交易时提供种类、数量相对应的假白酒，换取收购被告人陈志清从仓库所窃白酒，以此方法多次窃得五粮液白酒（500 毫升装）10 箱计 60 瓶（每瓶价值人民币 850 元），贵州茅台酱香型白酒（500 毫升装）12 瓶装 13 箱、6 瓶装 20 箱计 276 瓶（每瓶价值人民币 1380 元），合计价值人民币 431880 元，并由郭锐按事先约定予以收购。上述交易均在陈志清未提供合法凭证的情况下，由被告人陈志清、郭锐利用夜晚在军工路 1203 号加油站附近进行，郭锐分别以每箱人民币 2400 元、5000 元（以每箱 6 瓶计）的价格收购五粮液白酒、贵州茅台酱香型白酒。

4. 被告人陈志清、郭宗伟经共同预谋，先后多次窃得五粮液浓香型白酒（玉酒 750 毫升装）2 箱计 12 瓶、沙洲优黄三年陈黄酒（488 毫升装）10 箱计 80 瓶、沙洲优黄六年陈黄酒（668 毫升装）20 箱计 120 瓶，合计价值人民币 10779. 20 元，并由郭宗伟分别出售给沈海彬、张晓林等人。

5. 被告人陈志清、郭宗伟经共同预谋，再由被告人郭宗伟联系被告人黄立新并与之事先通谋，约定由黄立新收购盗窃所得黄酒，先后窃得 1939 石库门上海老酒（黑标 500 毫升装）10 箱计 60 瓶、金色年华和酒（500 毫升装）5 箱计 60 瓶，合计价值人民币 2550 元，被告人黄立新按事先约定予以收购。

综上，被告人陈志清盗窃数额合计人民币 497469. 20 元，被告人郭宗伟盗窃数额合计人民币 28629. 20 元，被告人郭锐盗窃数额合计人民币 442080 元、收赃数额合计人民币 30600 元，被告人黄立新盗窃数额合计人民币 14010 元。

杨浦区人民法院经审理认为，被告人郭锐到案后曾交代其知道所购白酒是犯罪所得，且从本案来看，其仅通过与陈志清、郭宗伟电话联系确定交易，并以低价购得贵州茅台、五粮液等大宗高档白酒，其大部分交易时间选择在晚上，地点则在道路、加油站等处，并且涉案的大宗白酒均无发票等合法凭证，郭锐应当知道涉案白酒系来路不正的赃物，对其收购行为应以掩饰、隐瞒犯罪所得论处。其中，经被告人陈志清、郭宗伟与被告人郭锐事先约定，由郭锐提供种类、数量相对应的假白酒，换取收购被告人陈志清、郭宗伟从仓库所窃白酒的行为，在被告人郭锐与被告人陈志清、郭宗伟之间形成事前通谋，对于被告人陈志清、郭宗伟实施盗窃亦起到推动作用。被告人郭锐与被告人陈志清、郭宗伟构成盗窃共犯，应定性为盗窃。

被告人郭锐、黄立新以非法占有为目的，秘密窃取公私财物，其中，被告人郭锐盗窃数额特别巨大，被告人黄立新盗窃数额较大，其行为均已构成盗窃罪；被告人郭锐明知系犯罪所得赃物而予以收购，其行为构成掩饰、隐瞒犯罪所得罪。被告人郭锐在判决宣告前犯数罪，依法应数罪并罚。被告人黄立新能如实供述自己罪行，依法可以从轻处罚。被告人郭锐、黄立新虽与被告人陈志清、郭宗伟事先通谋，应认定共同盗窃，但其二人在本案具体实施过程中起次要作用，可认定为从犯，对被告人郭锐依法应当减轻处罚，对被告人黄立新依法应当从轻处罚。对于赃款赃物等的追回、退交情况亦在量刑中加以考虑。依照《中华人民共和国刑法》第二百六十四条，第二百七十五条，第三百一十二条第一款，第二十五条第一款，第二十六条第一、四款，第二十七条，第六十七条第三款，第五十五条第一款，第五十六条第一款，第七十二条第一、三款，第七十三条第二、三款，第六十九条及第六十四条之规定，作出如下判决：

被告人郭锐犯盗窃罪，判处有期徒刑八年，罚金人民币15000元，犯掩饰、隐瞒犯罪所得罪，判处有期徒刑六个月，罚金人民币1000元，决定执行有期徒刑八年三个月，罚金人民币16000元；

被告人黄立新犯盗窃罪，判处有期徒刑十个月，缓刑一年，罚金人民币2000元。

一审宣判后，被告人郭锐不服，提出上诉。二审法院经审理裁定驳回上诉，维持原判。

## 二、主要问题

与盗窃犯罪分子事前通谋的收赃行为，应如何定性？

## 三、裁判理由

本案主要争议焦点在于被告人郭锐、黄立新与同案被告人陈志清、郭宗伟经事先通谋，收购陈志清、郭宗伟从仓库所窃白酒和黄酒的行为是构成盗窃罪还是掩饰、隐瞒犯罪所得罪？

我们认为，郭锐、黄立新的上述行为应当认定为盗窃罪，二人系盗窃罪共犯。理由是：

掩饰、隐瞒犯罪所得罪是指，明知是犯罪所得及其产生的收益予以窝藏、转移、收购、代为销售或者以其他方法掩饰、隐瞒的行为。行为人构成掩饰、隐瞒犯罪所得罪必须是在盗窃犯罪既遂以后，事先与盗窃犯罪分子没有通谋，并且对盗窃者的犯罪情况是明知的。如果行为人与盗窃犯罪分子在事前就有通谋，就要从行为人的主观故意和客观行为两方面来判断其行为的性质。

（一）主观上是否形成共同的犯罪故意

《刑法》第二十五条第一款规定："共同犯罪是指二人以上共同故意犯罪。"根据主客观相统一的原则，成立共同犯罪不仅要求各行为人共同实施针对同一犯罪客体的行为，而且还要求各行为人之间存在共同的犯罪故意。认定共同犯罪故意的关键在于行为人之间是否存在"意思联络"，片面共犯与同时犯因各行为人之间没有意思联络的存在，就不具有共同的犯罪故意。"事前通谋"应当是指在实施犯罪之前，犯罪分子对犯意产生、犯罪分工、事后处理等行为内容进行意思联络和沟通交流，并且达成了共识。本案中，郭锐在收购了陈志清、郭宗伟共同盗窃的1箱五粮液白酒和陈志清单独盗窃的5箱五粮液白酒之后，就与陈志清、郭宗伟约定由郭锐在交易时提供种类、数量相对应的假白酒，换取收购被告人陈志清从仓库所窃的真白酒，以此方法防止被害单位发现仓库五粮液白酒数量变少，从而得以反复实施盗窃行为。被告人黄立新在第一次收购陈志清、郭宗伟盗窃的黄酒之前就与二人通谋，同意在陈志清、郭宗伟盗窃黄酒后予以收购。被告人郭锐、黄立新主观上已经明知陈志清、郭宗伟即将实施盗窃犯罪及盗窃的方法，但其没有排斥甚至积极追求盗窃行为的发生，与被告人陈志清、郭宗伟之间形成了盗窃的共同犯罪故意，应当以盗窃罪的共犯论处。

（二）客观上是否对盗窃行为起到帮助作用

共同犯罪中的帮助犯，是对实行犯的犯罪行为给予一定的物质或精神上的支持，使得犯罪行为更易完成的人。这种帮助行为分为两种：一种是物理上的帮助，主要指为实行犯提供犯罪工具、创造犯罪条件等。二是心理上的帮助，又称精神帮助，主要指对实行犯的行为进行激励、教唆、约定事后帮助逃跑等，使实行犯的犯罪决意得到强化或使实行犯在作案过程中的心理安全感增强等。本案中，被告人郭锐、黄立新在事前即与陈志清、郭锐约定对二人盗窃所得的赃物予以收购，虽然没有直接帮助陈志清、郭宗伟实施盗窃，但增强了陈志清、郭宗伟在盗窃时的心理安全感。被告人郭锐在交易时提供种类、数量相对应的假白酒，换取收购陈志清、郭宗伟从仓库所窃的真白酒的行为，更使得陈志清、郭宗伟在盗窃时相信通过这种方法可以使得其犯罪行为不被发现，对陈志清、郭宗伟的盗窃行为起到了精神上的帮助和推动作用，应当认为盗窃罪的共犯。

综上，杨浦区人民法院对被告人郭锐、黄立新上述行为的定性是准确的。

（撰稿：上海市杨浦区人民法院　李晓东、韩慧
最高人民法院刑四庭　张剑）

# 吴言彪掩饰、隐瞒犯罪所得罪

## ——如何区分掩饰、隐瞒犯罪所得罪和上游犯罪的共犯及涉机动车的掩饰、隐瞒犯罪所得罪如何量刑

### 一、基本案情

被告人吴言彪，男，汉族，1982 年 9 月 13 日出生，无业。2012 年 8 月 29 日因涉嫌犯合同诈骗罪被逮捕。

上海市虹口区人民检察院以被告人吴言彪犯掩饰、隐瞒犯罪所得罪向上海市虹口区人民法院提起公诉。

被告人吴言彪对起诉书指控的犯罪事实供认不讳；其辩护人提出的辩护意见是：本案由董振生案引起，起赃是被告人吴言彪的陈述揭发，建议减轻处罚。

上海市虹口区人民法院经审理查明：被告人吴言彪于 2012 年 2 月至 4 月间，明知董振生（已判刑）的 3 部车辆（共计价值 84 万余元）来路不正，仍低价予以收购后转让他人。具体分述如下：

1. 2012 年 2 月，董振生从上海保君汽车租赁有限公司骗取了一辆牌号为沪 KT633×、价值 14.93 万元的黑色丰田凯美瑞牌轿车。被告人吴言彪明知该车来路不正仍以 6 万余元低价收购，后吴将该车以 14 万余元转让给毕某、周某、王某等人。

2. 2012 年 3 月，董振骗取刘威望一辆牌号为豫 P1A38×、价值 14.5 万元银色沃尔沃牌轿车。被告人吴言彪明知该车来路不正仍以 5 万余元低价收购，后吴将该车以人民币 15 万余元转让给江某、李某、江春某、沈某等人。

3. 2012 年 4 月，董振生骗取尤某一辆牌号为浙 C871×、价值 55 万元的黑色宝马 730Li 系轿车。被告人吴言彪明知该车来路不正仍以 10 万余元

低价收购，后吴将该车以40余万元转让给吴小×、吴孝×等人。

2012年8月15日，被告人吴言彪被公安人员抓获。案发后，相关车辆均已被公安机关依法扣缴并发还各被害人。

上海市虹口区人民法院审理后认为，被告人吴言彪明知是犯罪所得而予以收购，情节严重，其行为已构成掩饰、隐瞒犯罪所得罪。上海市虹口区人民检察院指控被告人吴言彪犯掩饰、隐瞒犯罪所得罪罪名成立。被告人吴言彪到案后能如实供述犯罪事实，可从轻处罚。本院审理期间，被告人吴言彪退缴部分违法所得，可酌情从轻处罚。为维护社会秩序，保护公民的财产所有权不受侵犯，依照《中华人民共和国刑法》第三百一十二条第一款、第六十七条第三款、第六十四条及《最高人民法院、最高人民检察院关于办理与盗窃、抢劫、诈骗、抢夺机动车相关刑事案件具体应用法律若干问题的解释》第一条之规定，判决如下：

一、被告人吴言彪犯掩饰、隐瞒犯罪所得罪，判处有期徒刑三年，并处罚金人民币4000元。

二、追缴尚余违法所得连同已退缴的违法所得，一并予以没收。

宣判后，被告人没有提出上诉，人民检察院也没有提出抗诉，判决发生法律效力。

## 二、主要问题

1. 行为人明知是盗窃、抢劫、诈骗、抢夺的机动车而予以窝藏、转移、收购、代为销售或者以其他方式掩饰隐瞒的，是构成盗窃、抢劫、诈骗、抢夺罪的共犯还是掩饰、隐瞒犯罪所得罪？

2. 如何认定掩饰、隐瞒犯罪所得罪中的“情节严重”？

## 三、裁判理由

### （一）事前没有通谋，不构成上游犯罪的共犯，只能以掩饰、隐瞒犯罪所得罪论处

掩饰、隐瞒犯罪所得罪是指明知是犯罪所得及其产生的收益而予以窝

藏、转移、收购、代为销售或者以其他方法掩饰、隐瞒的。该罪的行为主体是本犯以外的人。这里的本犯包括原犯罪的实行犯、教唆犯、帮助犯。行为对象是犯罪所得及其产生的收益。主观方面要求是故意，要求行为人明知是赃物。掩饰、隐瞒犯罪所得罪的上游犯罪主要是盗窃、抢劫、诈骗、抢夺等取得型的侵犯财产性犯罪，构成这一类犯罪要求有非法占有的目的。非法占有的目的由排除意思和利用意思构成。排除意思，是指排除占有人占有，将财务转为自己占有的意思；利用意思，是指对财物进行利用的意思。两种意思缺一不可。事前没有通谋的，仅仅是事后的窝藏、转移、收购、代为销售、掩饰、隐瞒犯罪所得行为，只具有利用意思，不具有排除意思，不能认定为具有非法占有的目的。如果行为人事前与盗窃、抢劫、诈骗、抢夺的本犯通谋，事后窝藏、转移、收购、代为销售、掩饰、隐瞒犯罪所得，则与本犯构成共同犯罪。共同犯罪是指二人以上共同故意犯罪。首先要具有共同行为，共同行为既可以同时实施，也可以先后实施，还可以中途参与。比如三人共同实施盗窃，甲准备犯罪工具，乙实施盗窃行为，丙事后销赃，三人构成共同犯罪。还要具备共同故意，共同故意包括两个内容：一是具有相同的犯罪故意，根据部分犯罪共同说，相同的故意可以是部分相同。二是具有意思联络，没有意思联络无法形成共同故意。本案中被告人在事前没有与董振生有意思联络的情况下，明知其 3 部共计价值人民币 84 万余元的车辆来路不正，仍低价予以收购后转让他人。被告人吴言彪既没有对车辆非法占有的目的，也没有与董振生共同盗窃的合意，所以对于本案被告人吴言彪的行为，只能以掩饰、隐瞒犯罪所得罪论处。综上，事前没有通谋，事后对犯罪所得进行窝藏、转移、收购、代为销售、掩饰、隐瞒犯罪所得，不仅没有非法占有的意思，而且缺乏共同犯罪的故意，不构成上游犯罪的共犯，只能以掩饰隐瞒犯罪所得罪认定。

（二）本案属于掩饰、隐瞒犯罪所得罪中的情节严重

《中华人民共和国刑法》第三百一十二条规定，明知是犯罪所得及产生的收益而予以窝藏、转移、收购、代为销售或者以其他方法掩饰、隐瞒的，处三年以下有期徒刑、拘役或者管制，并处或者单处罚金；情节严重

的，处三年以上七年以下有期徒刑，并处罚金。本案中被告人吴言彪明知董振生的3辆共计84万余元的车辆来路不正，仍低价予以收购后转让他人，其行为构成掩饰、隐瞒犯罪所得罪。2007年5月9日《最高人民法院、最高人民检察院关于办理与盗窃、抢劫、诈骗、抢夺机动车相关刑事案件具体应用法律若干问题的解释》第一条规定，明知是盗窃、抢劫、诈骗、抢夺的机动车，实施下列行为之一的，依照《刑法》第三百一十二条的规定，以掩饰、隐瞒犯罪所得、犯罪所得收益罪，处三年以下有期徒刑、拘役或者管制，并处或者单处罚金：（一）买卖、介绍买卖、典当、拍卖、抵押或者用于抵债的；……实施第一款规定的行为涉及盗窃、抢劫、诈骗、抢夺的机动车5辆以上或者价值总额达到50万元以上的，属于《刑法》第三百一十二条规定的"情节严重"，处三年以上七年以下有期徒刑，并处罚金。

2015年6月1日开始实施的《最高人民法院关于审理掩饰、隐瞒犯罪所得、犯罪所得收益刑事案件适用法律若干问题的解释》对情节严重的标准做了进一步的明确，第三条第一款第（一）项规定，"掩饰、隐瞒犯罪所得及其产生的收益价值总额达到十万元以上的"属于"情节严重"。当然，依照该解释第三条第二款，本案涉及的是机动车，审理此类案件应依照《最高人民法院、最高人民检察院关于办理与盗窃、抢劫、诈骗、抢夺机动车相关刑事案件具体应用法律若干问题的解释》的规定来执行。

本案中被告人涉案金额在84万余元，无论根据上述哪一司法解释的规定，均已经达到了情节严重的标准，应当在三年以上七年以下有期徒刑的范围内定罪量刑。又因为被告人吴言彪到案后能如实供述犯罪事实，可从轻处罚；审理期间被告人吴言彪退缴了部分违法所得，可酌情从轻处罚。综上，上海市虹口区人民法院对其处以有期徒刑三年，并处罚金人民币4000元的量刑是合适的。

（撰稿：上海市虹口区人民法院　周军　卞飙　马腾

最高人民法院刑四庭　张剑）

# 牡丹江再生资源开发有限责任公司第十七收购站、朱富良掩饰、隐瞒犯罪所得案

——单位犯掩饰、隐瞒犯罪所得罪的认定和处理

## 一、基本案情

被告单位牡丹江再生资源开发有限责任公司第十七收购站，住所地牡丹江市东安区东四条路绿苑小区2路17号。

被告人朱富良，男，1983年8月20日出生，系牡丹江再生资源开发有限责任公司第十七收购站职员。2012年5月4日被取保候审。

黑龙江省牡丹江市东安区人民检察院以被告单位牡丹江再生资源开发有限责任公司第十七收购站犯掩饰、隐瞒犯罪所得罪，被告人朱富良犯掩饰、隐瞒犯罪所得罪，向东安区人民法院提起公诉。

东安区人民法院经审理查明：2011年5月21日、6月13日，罪犯闫斌（已判刑）在黑龙江省牡丹江市东安区工商小区内一处仓库，先后两次盗窃黄铜排气阀、活结、三通等水暖件1470件（价值7885元）。盗窃后，闫斌先后两次将上述盗窃物品卖给坐落在牡丹江市东安区东四条路绿苑小区的牡丹江再生资源开发有限责任公司第十七收购站。被告人朱富良系该收购站的工作人员，明知是犯罪所得而以废品的价格予以收购。2012年5月4日，经闫斌指认，朱富良在第十七收购站内被公安人员当场抓获。

东安区人民法院认为，被告单位牡丹江再生资源开发有限责任公司第十七收购站及其直接责任人被告人朱富良，明知是罪犯闫斌盗窃犯罪所得的赃物犯罪而予以收购，其行为均构成掩饰、隐瞒犯罪所得罪，应依法惩处。考虑被告单位及朱富良在案发后积极退赃，未给被害人造成经济损失，认罪态度较好，可以酌情从轻处罚。依照《中华人民共和国刑法》第

三百一十二条、第三十条、第三十一条、第五十二条、第五十三条的规定，判决如下：

一、被告单位牡丹江再生资源开发有限责任公司第十七收购站犯掩饰、隐瞒犯罪所得罪，判处罚金1000元；

二、被告人朱富良犯掩饰、隐瞒犯罪所得罪，单处罚金5000元。

一审宣判后，被告单位牡丹江再生资源开发有限责任公司第十七收购站、被告人朱富良均未提出上诉，检察机关亦未抗诉，判决已发生法律效力。

## 二、主要问题

单位犯掩饰、隐瞒犯罪所得罪的如何处理？

## 三、裁判理由

根据《刑法》第三十条规定，公司、企业、事业单位、机关、团体实施的危害社会的行为，法律规定为单位犯罪的，应当负刑事责任。据此，对单位而言，必须法律明文规定构成犯罪的行为才能依法追究刑事责任。这是罪刑法定原则的重要体现。1997年修订的刑法，对单位掩饰、隐瞒犯罪所得、犯罪所得收益的行为，是不以单位犯罪处理的。但是，《刑法修正案（七）》增加了单位犯罪的规定，即《刑法》第三百一十二条第二款规定："单位犯前款罪的，对单位判处罚金，并对其直接负责的主管人员和其他直接责任人员，依照前款的规定处罚。"

就本案来说，被告单位牡丹江再生资源开发有限责任公司第十七收购站作为一个独立经营的企业，其主体符合单位犯罪的构成要件。被告人朱富良作为收购站职员，具有直接决定收购物资的职权，其虽然不是收购站的负责人，但其对外收购物资时代表的是收购站，所获利益亦归收购者。因此，其收购行为体现的是收购站的意志，收购行为体现的是单位利益。主客观均符合单位犯罪的构成要件。根据《刑法》第三十一条规定的双罚制原则，应当对被告单位牡丹江再生资源开发有限责任公司第十七收购站，和对直接负责的直接责任人被告人朱富良判处刑罚。

对被告人朱富良仅单处罚金而没有判处三年以下有期徒刑、拘役或者管制的自由刑，主要是考虑到以下因素：1. 犯罪数额属于刚好达到犯罪构成的数额。本案审判时，《最高人民法院关于审理掩饰、隐瞒犯罪所得、犯罪所得收益刑事案件适用法律若干问题的解释》（以下简称《解释》）虽然尚未公布实施，但根据黑龙江省的经济发展头部和黑龙江省的有关规定，本案犯罪数额为 7885 元，属于刚达到犯罪构成的情况。而根据 2015 年 6 月 1 日起实施的《解释》第一条第一款第（一）项的规定，掩饰、隐瞒犯罪所得及其产生的收益价值 3000 元至 1 万元以上的，应当以掩饰、隐瞒犯罪所得、犯罪所得收益罪定罪处罚。2. 被告单位及朱富良在案发后积极返赃，未给被害人造成经济损失，认罪态度较好，可以酌情从轻处罚。综上，东安区人民法院的判处是正确的。

关于单位犯掩饰隐瞒犯罪所得、犯罪所得收益罪，在司法实践中，经常遇到一些貌似单位犯罪而实质上自然人犯罪的行为。因此，《解释》第九条规定，“盗用单位名义实施掩饰、隐瞒犯罪所得及其产生的收益的行为，违法所得由行为人私分的，依照刑法和司法解释有关自然人犯罪的规定定罪处罚”。其理由就在于：盗用单位名义实施掩饰、隐瞒犯罪所得、犯罪所得收益的行为，违法所得由行为人私分的，本质上仍属于自然人犯罪，适用自然人犯罪的规定定罪处罚。适用该条解释时需要明确：1. 犯罪主体是自然人而不是单位。单位只是名义被盗用，但实质并未成为犯罪主体。盗用单位名义的形式很多，包括经法定代表人同意盖了单位的公章，经单位管理组织研究。构成单位犯罪，必须利用单位名义，但不能由此得出凡是利用单位名义实施的犯罪都是单位犯罪。2. 犯罪目的是为了参与犯罪的自然人的利益，而不是单位利益。区分单位犯罪与自然人犯罪的重要界限就是犯罪所得利益归属单位还是归属参与犯罪的自然人。犯罪所得由单位所得，纳入到单位财务体系和分配体系中的，可以认定为犯罪所得归属单位，其他条件符合的，可以认定为单位犯罪。仅仅由参与行为人包括决策人员对犯罪所得进行分配的，不能认定为犯罪所得归属单位，因而就不能认定为单位犯罪，只能依照自然人犯罪的规定定罪处罚。

（撰稿：最高人民法院法院刑四庭　陆建红　肖林玲）

## 被告人罗城掩饰、隐瞒犯罪所得案

——对犯罪所得的赃车改装后使用行为的定性

### 一、基本案情

被告人罗城，男，1983 年 6 月 9 日出生，农民。2013 年 1 月 10 日被逮捕。

辩护人卞赛，江苏东鼎律师事务所律师。

江苏省常州市武进区人民检察院以被告人罗城犯掩饰、隐瞒犯罪所得罪，向常州市武进区人民法院提起公诉。

常州市武进区人民法院经审理查明：2011 年 12 月 8 日凌晨，同案被告人董刚（已判刑）至常州市武进区牛塘镇牛塘一居委朝东王家村亚邦酒店门口，趁人不备，窃得被害人吕宁停放在该处的牌照为皖 M0256 × 的蓝色马自达牌轿车 1 辆（价值 118400 元）。2012 年 10 月至 12 月期间，被告人罗城明知该车系董刚盗窃所得，仍向其借用，并通过网络购得假牌照套牌使用，且对车架号码进行篡改。案发后，赃车已由同案被告人董刚的家属协助退出并发还被害人。

另查明，2012 年 12 月 26 日，被告人罗城主动至四川省遂宁市公安局船山分局刑警大队投案，并如实供述了本案事实，当日被羁押于遂宁市看守所。

武进区人民法院认为，被告人罗城明知是他人盗窃所得赃车仍予以改装、使用，其行为已构成掩饰、隐瞒犯罪所得罪。被告人罗城有自首情节，依法可从轻处罚；本案已赃物退出、被害人亦表示了谅解，可酌情从轻处罚。依照《中华人民共和国刑法》第三百一十二条第一款、第六十七条第一、三款、第五十二条、第五十三条之规定，判决如下：

被告人罗城犯掩饰、隐瞒犯罪所得罪，判处有期徒刑十个月，并处罚金人民币 2 万元。

一审宣判后，被告人罗城未提出上诉，检察机关亦未抗诉，判决已发生法律效力。

## 二、主要问题

对犯罪所得的赃车改装后使用行为如何定性？

## 三、裁判理由

（一）明知是犯罪所得的赃车，予以改装后使用的行为，应认定为掩饰、隐瞒犯罪所得的行为

1997 年《刑法》第三百一十二条规定："明知是犯罪所得的赃物而予以窝藏、转移、收购或者代为销售的，处三年以下有期徒刑、拘役或者管制，并处或者单处罚金。"《刑法修正案（六）》作了修改，一是将窝藏、转移、收购、销售赃物犯罪的对象进行了扩大，将原规定的赃物扩大为犯罪所得、犯罪所得收益，二是犯罪行为的类型上增加了其他方法。《刑法修正案（六）》对本罪增加了"其他方法"的规定，有利于打击社会生活中的非典型行为，也符合反洗钱国际公约的要求。

关于掩饰、隐瞒的"其他方法"的认定，必须坚持以下几点：一是行为人的目的就是为了掩饰、隐瞒上游犯罪人的犯罪所得及其收益，二是这些方法与窝藏、转移、收购和代为销售在罪质上具有相当性，三是这些方法在客观上扰乱了司法秩序，妨害了司法机关对上游犯罪行为的追究。

就本案而言，被告人罗城明知该车系董刚盗窃犯罪所得，仍向其借用，并通过网络购得假牌照套牌使用，且对车架号码进行篡改后使用，符合上述三个条件，可以认定为掩饰、隐瞒的"其他方法"。同时，根据

《最高人民法院、最高人民检察院关于办理与盗窃、抢劫、诈骗、抢夺机动车相关刑事案件具体应用法律若干问题的解释》（下简称《机动车解释》）第一条第一款第（二）、（三）项规定，明知是盗窃、抢劫、诈骗、抢夺的机动车而予以拆解、改装或者组装的，修改发动机号的，依照《刑法》第三百一十二条的规定，以掩饰、隐瞒犯罪所得罪定罪处罚。

（二）掩饰、隐瞒盗窃犯罪所得的赃车，应依照《机动车解释》，判断该行为是否属于情节严重

《最高人民法院关于审理掩饰、隐瞒犯罪所得、犯罪所得收益刑事案件适用法律若干问题的解释》已于2015年6月1日开始实施。根据该解释规定，一般情况下，掩饰、隐瞒犯罪所得及其产生的收益数额达到10万元才能认定为情节严重。本案判决时，该解释还没出台，故还不能适用。即使本案发生在现在，也不能适用该解释。因为该解释第三条第二款规定“司法解释对掩饰、隐瞒涉及机动车、计算机信息系统数据、计算机信息系统控制权的犯罪所得及其产生的收益行为认定‘情节严重’已有规定的，审理此类案件依照该规定。”因此，就掩饰、隐瞒涉及机动车的犯罪所得及其产生的收益行为认定“情节严重”，应当优先适用《机动车解释》。武进区人民法院据此认定罗城的行为不属于掩饰、隐瞒犯罪所得情节严重的情形是正确的。

（三）对具有法定、酌定从宽处罚情节的，应依法从宽处罚

被告人罗城的行为，已构成掩饰、隐瞒犯罪所得罪，依法应当在三年以下有期徒刑、拘役或者管制，并处或单处罚金的法定刑幅度内判处刑罚。但是对罗城的量刑需要考虑的因素较多，需要综合考虑。

1. 罗城掩饰、隐瞒犯罪所得的手段比较恶劣，且手段本身也是违法行为。罗城借得赃车后，通过网络购得假牌照使用，且对车架号进行篡改，其行为违反了交通安全法。也就是说，罗城通过实施违法行为掩饰、隐瞒犯罪所得的赃车，性质恶劣，在量刑时应从严考虑。

2. 罗城具有自首情节。上游犯罪人董刚于2012年12月7日被刑事拘留，同年12月19日被逮捕，罗城得知后即于2012年12月26日，主动向

公安机关投案，并如实供述了本案事实。因此，罗城具有自首情节，依法应当从轻、减轻处罚。

3. 罗城具有酌定从宽处罚情节。案发后，赃车由上游犯罪人董刚的家属协助退出并发还给被害人，被害人也表示了谅解。虽然赃车不是由罗城直接退出，但表明了罗城犯罪行为所造成的社会危害性有所减轻。

因此，武进区人民法院根据上述犯罪情节综合考虑，判处被告人罗城有期徒刑十个月，并处罚金人民币3万元是妥当的。

（撰稿：最高人民法院法院刑四庭　陆建红）

# 马帮勇掩饰、隐瞒犯罪所得案

——如何认定“以其他方法”掩饰、隐瞒

## 一、基本案情

被告人马帮勇，男，汉族，1995年11月11日出生，农民。2014年7月17日因涉嫌犯故意毁坏财物罪被逮捕。

云南省威信县人民检察院以被告人马帮勇犯故意毁坏财物罪，向威信县人民法院提起公诉。

威信县人民法院经审理查明：2013年10月2日凌晨1时左右，同案犯杨春吉（已判刑）在威信县罗布镇罗布村罗布中学旁曹某住房门口，窃取被害人胡某停放在此的一辆价值15200元的红色建设牌盘式三轮摩托车，骑往镇雄县罗坎镇牟家寨停放在陈某家门外，又请被告人马帮勇将摩托车推回其家中停放。后杨春吉告诉马帮勇该车系从威信县盗窃所得，担心将车存放在家中易暴露其盗窃罪行，遂请求马帮勇帮忙将该车丢弃，马帮勇同意。二人于当月的一天晚上，从镇雄县罗坎镇大庙村梁家山村民小组丁木湾公路上，将该摩托车推下山坡损坏。

威信县人民法院认为，被告人马帮勇明知该摩托车系杨春吉盗窃所得，为了帮助杨春吉毁灭罪证，伙同杨春吉将该车推下山坡予以损坏，其行为已构成掩饰、掩饰犯罪所得罪。公诉机关指控马帮勇犯罪的事实清楚，证据确实、充分，但引用的罪名不当，应依法予以纠正。鉴于马帮勇犯罪时未满十八周岁，系未成年且在庭审中自愿认罪，依法对可其从轻判处。据此，依照《中华人民共和国刑法》第三百一十二条第一款、第十七条第一、三款、第六十七条第三款之规定，判决如下：

被告人马帮勇犯掩饰、隐瞒犯罪所得罪，判处拘役四个月，并处罚金人民币5000元。

一审宣判后，被告人马帮勇未提起上诉，检察机关没有抗诉，判决已发生法律效力。

## 二、主要问题

1. 2006年6月29日《刑法修正案（六）》对《刑法》第三百一十二条作出修改，增加了“以其他方法”掩饰、隐瞒犯罪所得、犯罪所得收益的行为方式，如何认定“其他方法”？

2. 以其他方法掩饰、隐瞒犯罪所得、犯罪所得收益的，其他方法构成犯罪的，应如何定罪？

## 三、裁判理由

（一）对于“其他方法”的认定问题

掩饰、隐瞒犯罪所得、犯罪所得收益罪的行为方式在立法层面经历了一个逐步完善的过程：1979年《刑法》仅规定了窝藏、代为销售两种方式，1997年《刑法》增设了转移、收购两种方式，2006年《刑法修正案（六）》在1997年《刑法》基础上加设了“以其他方法掩饰、隐瞒”作为兜底式规定。第一次的修改通过列举方式增加了法定行为方式，第二次的修改则通过列举规定与抽象规定相结合的方式扩大了处罚范围，既保障有效打击常见的赃物犯罪，同时填堵了立法漏洞。

《刑法》作为规范罪与非罪的特殊性法律，条文的明确性、精准性相较其他规范性文件要求更高，即必须准确地界定犯罪行为与非犯罪行为的范围，以保障没有被明文规定的行为不成为其适用对象。但是由于立法技术的局限和社会生活的复杂，明确性的条款往往在面对日益翻新的犯罪手段时显得极为尴尬。为维护成文法的稳定，同时适应社会生活的多变，立法机关往往采用“具体＋抽象”的行文方式。这样的立法模式能够适应日趋多样、隐蔽的犯罪行为，加大惩治力度，但如果不作出合理解释，也会给司法实践中的认定造成一定困扰，理论与实践中对于何谓“以其他方法”掩饰、隐瞒犯罪所得、所得收益并非没有争议。

明确“其他行为”的界限，首先，要坚持罪刑法定原则。罪刑法定原则已成为公认的刑法基本准则，任何司法活动均应在法律设定的框架内进行，正确解释法律就应当严格依据法律规定的内容，寻求立法者的本意。本罪的立法本意是通过打击掩饰、隐瞒犯罪所得及其收益行为来恢复和预防破坏正常的司法秩序。因此，只要能实际上起到对犯罪所得及其收益掩饰、隐瞒效果、妨碍正常刑事追诉活动的行为，都可以成立此罪。其次，要重视犯罪行为罪质的相当性。罪质的相当性，也作“同质性”，要求兜底性条款认定的行为必须与同一条款明文规定的行为类型在法律性质等方面具有相同或者类似的价值。如此进行解释，是基于刑法体系性解释的要求，也是刑法公正的基本价值追求。既然兜底性条款与明文规定的其他条款规定在同一法律条文中，设置相同的法定刑，故而推断立法者认为两者在刑法评价程度上基本相当。因此，掩饰、隐瞒犯罪所得罪中的“其他方法”应当是指与窝藏、转移、收购、代为销售四种行为方式相类似的方法，而非任何“其他方法”。最后，从因果关系来说，以“其他方式”掩饰、掩饰的行为与他人的犯罪行为难以被司法机关追诉具有因果关系。

2015 年 6 月 1 日，最高人民法院公布施行的《关于审理掩饰、隐瞒犯罪所得、犯罪所得收益刑事案件适用法律若干问题的解释》第十条第二款规定：“明知是犯罪所得及其产生的收益而采取窝藏、转移、收购、代为销售以外的方法，如居间介绍买卖，收受，持有，使用，加工，提供资金账户，协助将财物转换为现金，金融票据、有价证券，协助将资金转移、汇往境外等，应当认定为刑法第三百一十二条规定的‘其他方法’”。根据《解释》规定，关于“其他方法”的认定，必须坚持以下几点：一是行为人的目的是掩饰、隐瞒上游犯罪人的犯罪所得及其收益；二是所认定的方法与窝藏、转移、收购和代为销售在罪质上具有相当性；三是这些方法在客观上扰乱了司法秩序，妨害了司法机关对上游犯罪行为的追究。

本案中，被告人马帮勇明知处置的摩托车系杨春吉盗窃所得，处置目的是帮助杨春吉毁灭罪证、防止其盗窃罪行暴露，实质上就是妨碍司法机关对杨春杰的盗窃行为进行有效追诉，从侵犯的法益来看符合本罪立法本意。从具体行为方式来看，马帮勇采取了毁坏财物的方式，虽不同于本罪罗列的窝藏、转移、收购、代为销售的方式，但系基于妨碍司法追诉的目的，对犯罪所得采用的一种积极处置方式，使犯罪所得的形状、位置等发生了变化，使司法机关难以追查被盗赃物或者难以认定赃物价值，影响追诉活动的正常开展，故马帮勇的行为与前述窝藏、转移、收购、代为销售具有同质性，同样都应受到刑法的否定性评价。最后从行为效果来看，该行为客观上扰乱了司法秩序，对正常的司法追诉产生了妨碍，处置行为与处置效果间具有因果关系。因此，马帮勇毁坏财物的方式可以认定为本罪的“其他方法”。

（二）以故意毁坏财物的方式掩饰、隐瞒犯罪所得的，应认定掩饰、隐瞒犯罪所得罪

本案审理中，对于被告人马帮勇的行为定性，存在两种意见：

一种意见认为应认定故意毁坏财物罪，因为马帮勇主观上有毁坏财物的故意，客观上实施了毁坏财物的行为，行为结果导致他人财物受损，侵犯了他人的财产所有权。

另一种意见认为应认定掩饰、隐瞒犯罪所得罪，因为马帮勇的行为基于帮助杨春吉毁灭罪证的主观故意，毁坏财物对司法机关追诉杨春吉的盗窃行为产生了妨害。

我们同意第二种意见。《最高人民法院关于审理掩饰、隐瞒犯罪所得、犯罪所得收益刑事案件适用法律若干问题的解释》第七条规定："明知是犯罪所得及其产生的收益而予以掩饰、隐瞒，构成刑法第三百一十二条规定的犯罪，同时构成其他犯罪的，依照处罚较重的规定定罪处罚。"本案中，马帮勇的行为符合故意毁坏财物罪和掩饰、隐瞒犯罪所得罪的构成要件，系一行为触犯数个罪名，且规定该数个罪名的不同法律之间没有重合关系，即刑法理论中的想象竞合犯。例如，行为人基于杀人故意开一枪，造成一人死亡，一人受伤，触犯了故意杀人和故意伤害两个罪名，就属于想象竞合犯。想象竞合犯的形成是因切入角度不同，即一行为具有多重社会危害性，触犯不同罪名，侵犯了多个法益。但是毕竟只有一个行为，而行为是区分罪数最主要的依据，因此对想象竞合犯不能进行数罪并罚。通行的做法是从一重罪处罚，即选择其中一个法定刑最重的罪名进行定罪处罚，这是符合罪责刑相适应原则要求的。

根据我国《刑法》规定，故意毁坏财物罪的刑事责任是：数额较大或者有其他严重情节的，处三年以下有期徒刑、拘役或者罚金；数额巨大或者有其他特别严重情节的，处三年以上七年以下有期徒刑。掩饰、隐瞒犯罪所得、犯罪所得收益罪的刑事责任是：三年以下有期徒刑、拘役或者管制，并处或者单处罚金；情节严重的，处三年以上七年以下有期徒刑，并处罚金。显然，从入罪条件和法定刑设置来看，掩饰、隐瞒犯罪所得、犯罪所得收益罪的刑事责任更重，因此，云南省威信县人民法院认定被告人马帮勇的行为构成掩饰、隐瞒犯罪所得罪的判决是适当的。

（撰稿：最高人民法院刑四庭　杜军燕）

## 被告人齐观东盗窃、被告人宋跃凤等三人掩饰、隐瞒犯罪所得案

——帮助更换被盗电动轿车门锁、电锁的行为能否认定为掩饰、隐瞒犯罪所得罪的其他方法及电动轿车是不是机动车

### 一、基本案情

被告人齐观东，男，1964年12月6日出生，农民。2012年6月26日因涉嫌犯盗窃罪被逮捕。

被告人宋跃凤，女，1978年2月23日出生，农民。2013年7月2日因涉嫌犯盗窃罪被逮捕。

被告人陈凯，男，1989年12月16日出生，农民。2014年3月28日因涉嫌犯掩饰、隐瞒犯罪所得、犯罪所得收益罪被逮捕。

被告人武学安，男，1962年11月23日出生，农民。2013年5月31日因涉嫌犯掩饰、隐瞒犯罪所得、犯罪所得收益罪被取保候审。

山东省高唐县人民检察院以被告人齐观东、宋跃凤犯盗窃罪、被告人宋跃凤、陈凯、武学安犯掩饰、隐瞒犯罪所得罪向高唐县人民法院提起公诉。四被告人对指控事实无异议。

高唐县人民法院经审理查明：2013年1月至5月，被告人齐观东采取用T型别子别锁、剪刀剪断电线等手段，在高唐县城区内先后盗窃时风牌电动轿车11辆，涉案物品总价值人民币319680元，销赃后得赃款人民币87300元。被告人宋跃凤帮助被告人齐观东转移及卖出被盗车辆3次，涉案物品总价值人民币99300元；被告人陈凯明知涉案车辆系被盗车辆，仍帮助被告人齐观东更换被盗车辆门锁、电锁共计9次，涉案物品总价值人民币251080元，非法获利人民币1000元；被告人武学安帮助被告人齐观东卖出被盗车辆2次，涉案物品总价值人民币50600元。案发后，被盗车

辆被全部追回并退还各被害人。

高唐县人民法院认为，被告人齐观东以非法占有为目的，秘密窃取他人财物，数额巨大，其行为均已构成盗窃罪；被告人宋跃凤明知是犯罪所得而予以转移、代为销售，其行为已构成掩饰、隐瞒犯罪所得罪；被告人陈凯明知是犯罪所得而予以掩饰、隐瞒，涉案车辆多达 9 辆，其行为已构成掩饰、隐瞒犯罪所得罪且情节严重；被告人武学安明知是犯罪所得而代为销售，其行为已构成掩饰、隐瞒犯罪所得罪，公诉机关指控的基本事实和罪名成立。被告人宋跃凤、陈凯归案后如实供述罪行并自愿认罪；被告人齐观东、武学安自愿认罪；被告人陈凯退缴违法所得，被告人武学安积极缴纳财产刑保证金；涉案赃物被全部追回，对被告人宋跃凤、陈凯依法可以从轻处罚，对被告人齐观东、武学安可酌情予以从轻处罚。辩护人的该部分辩护意见，予以采纳。被告人齐观东因盗窃曾受行政处罚和劳动教养，可酌情予以从重处罚。根据被告人武学安的犯罪情节和悔罪表现并经判前社会调查，其没有再犯罪的危险，且宣告缓刑对所居住社区无重大不良影响，依法可以适用缓刑。据此，为保护公私财产权利不受侵犯，维护司法机关对刑事犯罪追究的正常秩序，惩罚犯罪，依照《中华人民共和国刑法》第二百六十四条、第三百一十二条第一款，第六十七条第三款、第四十五条、第四十七条、第七十二条第一款、第七十三条第二款和第三款、第五十二条、第五十三条、第六十四条之规定，判决如下：

一、被告人齐观东犯盗窃罪，判处有期徒刑八年零五个月，并处罚金人民币 10 万元；

二、被告人宋跃凤犯掩饰、隐瞒犯罪所得罪，判处有期徒刑一年，并处罚金人民币 4 万元；

三、被告人陈凯犯掩饰、隐瞒犯罪所得罪，判处有期徒刑三年，并处罚金人民币 6 万元；

四、被告人武学安犯掩饰、隐瞒犯罪所得罪，判处有期徒刑八个月，缓刑一年，并处罚金人民币 2 万元；

五、作案工具 T 型别子 1 个、剪刀 1 把、打火机 1 个、磨光机 1 个、自喷漆3瓶予以没收，被告人陈凯违法所得人民币1000元予以追缴；继续追缴被告人齐观东违法所得人民币87300元，上缴国库。

一审宣判后，被告人陈凯以“其不知道是盗窃车辆，没有故意犯罪，且已退缴全部违法所得，量刑重”为由提出上诉。

聊城市中级人民法院经审理认为，上诉人陈凯在侦查阶段及一审期间曾多次供述其一开始不知道齐观东让其换锁的电动轿车系盗窃而来，但后来每次都是车门锁被别坏，也就知道所修的车是盗窃来的了。根据上诉人陈凯的修车经验，其应当明知所修车辆是盗窃所得，其二审期间翻供，称不知道是盗窃车辆的理由不成立，不予支持。上诉人陈凯明知系盗窃车辆，仍提供帮助更换车门锁、电锁总计9辆，属于情节严重。应判处三年以上七年以下有期徒刑，原审判决综合考虑陈凯参与掩饰、隐瞒犯罪的次数、价值及积极退赃等情节，判处其有期徒刑三年，并无不当。故上诉人陈凯的上诉理由不能成立，不予支持。原审判决认定的事实清楚，证据确实、充分，定性准确，量刑适当，审判程序合法。据此，依照《中华人民共和国刑事诉讼法》第二百二十五条第一款第一项之规定，裁定驳回上诉人陈凯的上诉，维持原判。

## 二、主要问题

1. 被告人陈凯帮助更换被盗车辆门锁、电锁的行为是否属于其他掩饰、隐瞒方法？

2. 被盗电动轿车是否属于机动车？

## 三、裁判理由

（一）被告人陈凯帮助更换被盗车辆的门锁、电锁的行为属于其他掩饰、隐瞒方法

1979年《刑法》第一百七十二条规定，明知是犯罪所得的赃物而予以窝藏或者代为销售的，处三年以下有期徒刑、拘役或者管制，可以并处或者单处罚金。1997年《刑法》修正时在第三百一十二条规定，明知是

犯罪所得的赃物而予以窝藏、转移、收购、代为销售的，处三年以下有期徒刑、拘役或者管制，并处或者单处罚金。这两种规定对犯罪行为方式均采取了列举式立法模式。但随着经济的快速发展，新的犯罪手段层出不穷，上述封闭式的行为体系显然不能有效打击犯罪，故《刑法修正案（六）》在将原规定的赃物扩大为犯罪所得、犯罪所得收益的基础上，对犯罪的行为方式也采取了列举式加概括式立法模式，增加了其他掩饰、隐瞒方法进行兜底。那么对“其他掩饰、隐瞒方法”该如何理解？我们认为，其他掩饰、隐瞒方法是指以窝藏、转移、收购、代为销售以外的其他方法掩盖犯罪所得及其收益的来源、性质、存在等。认定一个行为是其他掩饰、隐瞒方法，必须同时具备下列要素：一是行为人的目的在于掩饰、隐瞒上游犯罪人的犯罪所得及其收益，且主观上必须明知是犯罪所得及其收益；二是该行为与窝藏、转移、收购、代为销售在罪质上具有相当性；三是该行为在客观上扰乱了司法秩序，妨害了司法机关对赃物及其收益的正常追缴活动和对违法犯罪案件的追查活动。

为了进一步严密刑事法网，《最高人民法院关于审理掩饰、隐瞒犯罪所得、犯罪所得收益刑事案件适用法律若干问题的解释》（以下简称《解释》）第十条第二款规定，明知是犯罪所得及其产生的收益而采取窝藏、转移、收购、代为销售以外的方法，如居间介绍买卖，收受，持有，使用，加工，提供资金账户，协助将财物转换为现金、金融票据、有价证券，协助将资金转移、汇往境外等，应当认定为刑法第三百一十二条规定的“其他方法”。必须指出，《解释》也无法列举穷尽其他掩饰、隐瞒方法，用“等”予以兜底，这就表明在上述列举行为之外，仍有未被涵盖的其他掩饰、隐瞒方法，这就需要结合案件事实进行判断认定。

具体到本案中，认定被告人宋跃凤帮助上游盗窃犯罪被告人齐观东转移及代为销售被盗车辆、被告人武学安代为销售被盗车辆的行为系掩饰、隐瞒犯罪所得毫无疑问，但被告人陈凯为齐观东更换被盗车辆门锁、电锁的行为是不是属于其他掩饰、隐瞒方法呢？答案显然是肯定的：其一，陈凯明知是盗窃犯罪所得车辆仍帮助更换门锁、电锁，其目的显然是为了掩饰、隐瞒上游犯罪人的犯罪所得；其二，陈凯更换被盗车辆门锁、电锁的行为与宋跃凤帮助转移、代为销售被盗车辆及武学安代为销售被盗车辆的行为罪质相当，均是齐观东销赃过程的重要一环，甚至这个环节更为关键，无可或缺。其三，陈凯的行为严重妨害了公安、司法机关的追诉活动，对齐观东继续实施盗窃犯罪起到了积极的助长、促进作用。故一、二审法院认定陈凯帮助更换被盗电动轿车门锁、电锁的行为系掩饰、隐瞒犯罪所得方法正确。

（二）被盗电动轿车属于机动车

《解释》第三条第二款规定，司法解释对掩饰、隐瞒涉及机动车、计算机信息系统数据、计算机信息系统控制权的犯罪所得及其产生的收益行为认定“情节严重”已有规定的，审理此类案件依照该规定。《最高人民法院、最高人民检察院关于办理与盗窃、抢劫、诈骗、抢夺机动车相关刑事案件具体应用法律若干问题的解释》（以下简称《机动车解释》）第一条第二款规定，明知是盗窃、抢劫、诈骗、抢夺的机动车，实施掩饰、隐瞒行为的，涉及盗窃、抢劫、诈骗、抢夺的机动车五辆以上或者价值总额达到五十万以上的，属于刑法第三百一十二条规定的“情节严重”。

本案中，被告人宋跃凤、陈凯、武学安掩饰、隐瞒的对象系时风牌电动轿车，电动轿车是否属于机动车？本案审判时，虽然《解释》尚未出台，但《机动车解释》已经开始施行，能否适用相关规定呢？

《道路交通安全法》第一百一十九条第（三）项明确规定，“机动车”，是指以动力装置驱动或者牵引，上道路行驶的供人员乘用或者用于运送物品以及进行工程专项作业的轮式车辆。同时，第（四）项规定，“非机动车”，是指以人力或者畜力驱动，上道路行驶的交通工具，以及虽有动力装置驱动，但设计最高时速、空车质量、外形尺寸符合有关国家标准的残疾人机动轮椅、电动自行车等交通工具。那么，电动轿车属于哪一类？我们认为属于机动车：其一，电动轿车是以电力装置驱动，上道路行驶的供人员乘用的轮式车辆，完全符合机动车的概念。其二，电动自行车虽被纳入非机动车范畴，但有严格限制，必须是设计最高时速、空车质量、外形尺寸符合有关国家标准的电动自行车，否则不属于非机动车。而且根据国家标准管理委员会在1999年颁布的《电动摩托车和电动轻便摩托车通用技术条件》（GB/T24158－2009）中规定，最高设计车速大于20*km*/h或整车整备质量大于40kg的电动两轮轻便摩托车已被划入机动车范畴，“举轻以明重”，电动轿车无论从设计时速还是整车整备质量上都大大高于电动轻便摩托车，理应归入机动车。其三，电动轿车的外形、整车尺寸、车速等与普通轿车基本相当，通常也是行驶在机动车道上。其四，实践中，电动轿车在交通事故处理中都被作为机动车辆对待。

综上，本案中的犯罪对象电动车属于机动车，根据《机动车解释》第一条第二款规定，被告人宋跃凤、武学安的行为未达到情节严重，而被告人陈凯掩饰、隐瞒被盗车辆达到9辆，属于情节严重。一、二审法院认定准确，量刑适当。

（撰稿：最高人民法院刑四庭　张勤）

## 宋延法等盗窃、杨岳松掩饰、隐瞒犯罪所得案

——明知是盗窃所得的农用车而切割后出售的如何定性

### 一、基本案情

被告人宋延法，男，1963年8月11日出生，汉族，农民，2012年3月30日被逮捕。

被告人王金梅，女，1952年12月20日出生，汉族，农民，2012年3月30日被逮捕。

被告人庄恒雷，男，1979年3月4日出生，汉族，农民，2012年3月30日被逮捕。

被告人冯飞，男，1973年9月4日出生，汉族，农民，1997年11月

因犯盗窃罪于被判处有期徒刑四年，2001 年 7 月 29 日刑满释放。2012 年 3 月 30 日因本案被逮捕。

被告人苗昌兵，男，1966 年 2 月 17 日出生，汉族，农民，2012 年 3 月 30 日被逮捕。

被告人杨岳松，男，1958 年 2 月 5 日出生，汉族，农民，2012 年 3 月 30 日被逮捕。

江苏省常州市武进区人民检察院以被告人宋延法、王金梅、庄恒雷、冯飞、苗昌兵犯盗窃罪、被告人杨岳松犯掩饰、隐瞒犯罪所得罪，向武进区人民法院提起公诉。

被告人王金梅当庭否认了起诉指控的犯罪事实，辩解称只收购被告人冯飞二辆车子；被告人宋延法、庄恒雷、冯飞、苗昌兵、杨岳松当庭供认了起诉指控的犯罪事实。被告人王金梅的辩护人的辩护意见为：无证据证明被告人王金梅与宋延法、冯飞事先约定，有盗窃的同谋、提供作案工具，宋延法、冯飞的供述属于孤证，且无阅读能力，其供述不能采信，认定被告人王金梅构成盗窃罪，证据不足；被告人王金梅构成掩饰、隐瞒犯罪所得罪，但指控收购 29 辆车的证据不足；价格鉴定结论程序违法、鉴定价格不合常理；证人朱国兴未当庭作证，其证言笔录不能作为证据使用；即使被告人王金梅的行为构成盗窃罪，其应属于从犯；被告人王金梅系初犯，无犯罪前科；建议判处有期徒刑三年缓刑四年。被告人庄恒雷的辩护人的辩护意见为：被告人庄恒雷系从犯、初犯、无违法犯罪不良记录、有坦白情节，建议对被告人庄恒雷减轻处罚。

武进区人民法院经审理查明：2011 年 4 月至 2012 年 1 月间，被告人王金梅与被告人宋延法、冯飞事先约定由其收购窃来的车辆，被告人宋延法、庄恒雷、冯飞、苗昌兵至江苏省常州市、丹阳市等地，盗窃作案 32 起，共窃得价值人民币 472691 元的拖拉机、农用车、轻型卡车、中型货车等各类车辆共计 32 辆。其中，被告人宋延法、庄恒雷盗窃作案 21 起，窃得价值人民币 376898 元的各类车辆 21 辆；被告人冯飞、苗昌兵盗窃作案 11 起，窃得价值人民币 95793 元的各类车辆 11 辆；被告人王金梅收购其中价值人民币358206元的28辆车，并交由被告人杨岳松切割后出售。

另查明，被告人宋延法、庄恒雷归案后如实供述了公安机关尚未掌握的本案部分盗窃事实，被告人冯飞归案后，如实供述了公安机关尚未掌握的本案绝大部分盗窃事实。

武进区人民法院认为，被告人宋延法、王金梅、庄恒雷、冯飞、苗昌兵以非法占有为目的，秘密窃取公民财物，其行为均已构成盗窃罪，系共同犯罪，且盗窃数额特别巨大；被告人杨岳松，明知是他人盗窃所得赃物，仍帮助掩饰、隐瞒，其行为已构成掩饰、隐瞒犯罪所得罪，属情节严重。在盗窃共同犯罪中，被告人宋延法起主要作用，系主犯，被告人王金梅、庄恒雷起次要、辅助作用，属从犯，依法应当从轻处罚；被告人宋延法、庄恒雷、冯飞均有坦白情节，依法可从轻处罚；被告人杨岳松能自愿认罪，可酌情从轻处罚。据此，判决如下：

被告人宋延法犯盗窃罪，判处有期徒刑十三年六个月，并处罚金人民币5万元。

被告人王金梅犯盗窃罪，判处有期徒刑十年六个月，并处罚金人民币3万元。

被告人庄恒雷犯盗窃罪，判处有期徒刑十年，并处罚金人民币3万元。

被告人冯飞犯盗窃罪，判处有期徒刑十年，并处罚金人民币2万元。

被告人苗昌兵犯盗窃罪，判处有期徒刑十年，并处罚金人民币2万元。

被告人杨岳松犯掩饰、隐瞒犯罪所得罪，判处有期徒刑三年，并处罚金人民币10万元。

一审宣判后，各被告人均未提出上诉，检察机关亦未抗诉，原审判决已生效。

## 二、主要问题

1. 如何区分掩饰、隐瞒犯罪所得、犯罪所得收益罪与上游犯罪的共同犯罪？

2. 切割农用车的行为是否属于掩饰、隐瞒行为？应如何适用司法解释？

**三、裁判理由**

（一）对于事前与上游犯罪分子通谋，实施掩饰、隐瞒犯罪所得及其产生的收益行为的，应以上游犯罪的共犯论处

本案在审理过程中，被告人王金梅的辩护人提出，王金梅与宋延法等人不构成盗窃罪的共同犯罪，而构成掩饰、隐瞒犯罪所得罪。如何区分掩饰、隐瞒犯罪所得、犯罪所得收益罪与上游犯罪的共同犯罪，是司法实践中遇到的普遍难题。为此，《最高人民法院、最高人民检察院关于办理与盗窃、抢劫、诈骗、抢夺机动车相关刑事案件具体应用法律若干问题的解释》（以下简称《机动车解释》）第四条规定"实施本解释第一条、第二条、第三条第一款或者第三款规定的行为，事前与盗窃、抢劫、诈骗、抢夺机动车的犯罪分子通谋的，以盗窃罪、抢劫罪、诈骗罪、抢夺罪的共犯论处。"2015年6月1日起施行的《最高人民法院关于审理掩饰、隐瞒犯罪所得、犯罪所得收益刑事案件适用法律若干问题的解释》（以下简称《解释》）吸收了上述规定的精神，在第五条明确规定"事前与盗窃、抢劫、诈骗、抢夺等犯罪分子通谋，掩饰、隐瞒犯罪所得及其产生的收益的，以盗窃、抢劫、诈骗、抢夺等犯罪的共犯论处。"我们认为，《解释》的该条规定明确了两者区分的关键在于，实施掩饰、隐瞒犯罪所得及其产生的收益的行为人与上游犯罪分子是否存在事前通谋。掩饰、隐瞒犯罪所得、犯罪所得收益罪中的掩饰、隐瞒行为是在上游犯罪既遂后实施的帮助行为，而非共同犯罪中的行为。对于事前与盗窃、抢劫、抢夺等上游犯罪分子通谋，实施掩饰、隐瞒犯罪所得及其收益行为的，主观上明知上游犯罪行为人的犯罪内容、危害后果而与其通谋，形成共同的犯罪故意，客观上对上游犯罪分子实施犯罪予以配合，其掩饰、隐瞒行为就成了上游犯罪的共同犯罪行为的组成内容，应当以上游犯罪的共同犯罪论处。当然，在共同犯罪中的地位、作用，还要根据掩饰、隐瞒行为人实际所起的地位、

作用认定。

关于“通谋”的认定，应当根据上游犯罪的具体经过，掩饰、隐瞒的方式、次数，上游犯罪被告人的供述及被告人本人的供述等来综合判断。本案中，实施盗窃的宋延法、冯飞均供述，偷车前就与王金梅联系，问能否收购偷来的车，“她（王金梅）说要的，还关照不要在附近搞，不要偷新的、大的车子”，冯飞、苗昌兵还供述“偷车用的摇把是从老板娘（王金梅）家拿的，偷车以后连摇把一起放在老板娘那儿”，案发后公安机关亦从王金梅家中查获了拖拉机摇把3把。上述证据足以证实王金梅与宋延法等盗窃犯事先存在通谋，王金梅共计收购28辆拖拉机、农用车等赃车，这些赃车均属于特殊物品，销赃困难，而王金梅在盗窃前与宋延法等人约定收赃的行为，对宋延法等人决定实施盗窃行为起到积极的促进作用，其在盗窃犯罪实施前已经与盗窃实行犯形成共同犯罪的故意，此后的掩饰、隐瞒行为就成为盗窃共同犯罪的一部分，对王金梅应以盗窃罪的共犯论处。同时，原审法院考虑到王金梅在盗窃共同犯罪中实际所起的地位、作用，认定其为从犯并依法从轻处罚是适当的。

（二）切割农用车的行为属于掩饰、隐瞒的“其他方法”

本案在审理中对于被告人杨岳松切割农用车的行为应如何定性存在争议，一种观点认为，切割车辆的行为不是《刑法》第三百一十二条规定的掩饰、隐瞒行为，故杨岳松的行为不构成掩饰、隐瞒犯罪所得罪，其行为导致车辆的毁损，可以构成故意毁坏财物罪；另一种观点认为，虽然《刑法》没有明确规定切割车辆属于掩饰、隐瞒行为，但根据《机动车解释》第一条第一款第（二）项的规定，切割行为属于“拆解”，应当认定为掩饰、隐瞒行为，杨岳松构成掩饰、隐瞒犯罪所得罪。

我们同意后一种观点，主要理由如下：

《解释》第十条第二款规定“明知是犯罪所得及其产生的收益而采取窝藏、转移、收购、代为销售以外的方法，如居间介绍买卖，收受，持有，使用，加工，提供资金账户，协助将财物转换为现金、金融票据、有价证券，协助将资金转移、汇往境外等，应当认定为《刑法》第三百一十二条规定的‘其他方法’”。《解释》所列举的“其他方法”虽然无法穷尽实践当中各种各样的掩饰、隐瞒方法，但是这些方法必须与《刑法》第三百一十二条所列的窝藏、转移、收购和代为销售这四种行为在罪质上具有相当性。本案被告人杨岳松实施的切割拖拉机、农用车的行为，主观上是为了将盗窃来的赃车进行分割，从而便于售卖零件，客观上扰乱了司法秩序，妨害了司法机关对上游盗窃犯罪赃物的追缴，“切割”虽然不是《刑法》和《解释》所直接列举的“其他方法”，但是与上列方法在罪质上相当，即都是为了扰乱司法机关的追诉活动，为了便于上游犯罪分子转移、销售赃物，应当认定为掩饰、隐瞒的“其他方法”。这样认定也与已经出台的《机动车解释》第一条第一款第（二）项的规定相符，即“切割”与“拆解”在本质上是相同的方法。

前述第一种观点认为被告人杨岳松的行为构成故意毁坏财物罪是不妥当的，故意毁坏财物罪属于侵犯财产类犯罪，杨岳松的行为虽然在客观上也造成了拖拉机、农用车毁坏的结果，但其切割车辆的主观目的不是为了使财物的效用丧失或者减少，而是为了便于将赃车转卖牟利，其行为主要妨碍了司法机关对上游盗窃犯罪的追查，而不是侵犯了财产权益，以掩饰、隐瞒犯罪所得罪追究其刑事责任是正确的。

（三）农用车属于机动车，应适用掩饰、隐瞒机动车的相关司法解释认定“情节严重”

《解释》第三条对掩饰、隐瞒犯罪所得及其收益的行为规定了“情节严重”的标准，同时规定“司法解释对掩饰、隐瞒涉及机动车、计算机信息系统数据、计算机信息系统控制权的犯罪所得及其产生的收益行为认定‘情节严重’已有规定的，审理此类案件依照该规定。”本案被告人杨岳松掩饰、隐瞒的赃车价值358206元，应如何适用司法解释来认定“情节严重”，关键在于判断涉案拖拉机、农用车是否属于“机动车”，如果不属于机动车应适用《解释》“十万元以上”的规定，如果属于机动车则应适用《机动车解释》第一条第二款“盗窃、抢劫、诈骗、抢夺的机动车五辆以上或者价值总额达到五十万元以上的，属于刑法第三百一十二条规定的

‘情节严重’，处三年以上七年以下有期徒刑，并处罚金”的规定。

根据《中华人民共和国道路交通安全法》第一百一十九条第一款第（三）项的规定，“机动车”是指以动力装置驱动或者牵引，上道路行驶的供人员乘用或者用于运送物品以及进行工程专项作业的轮式车辆。而“非机动车”是指以人力或者畜力驱动，上道路行驶的交通工具，以及虽有动力装置驱动但设计最高时速、空车质量、外形尺寸符合有关国家标准的残疾人机动轮椅车、电动自行车等交通工具。该法第一百二十一条还规定“对上道路行驶的拖拉机，由农业（农业机械）主管部门行使本法第八条、第九条、第十三条、第十九条、第二十三条规定的公安机关交通管理部门的管理职权。”由此可见，涉案的拖拉机、农用车等均属于机动车，对被告人杨岳松掩饰、隐瞒价值人民币358206元的28辆车的行为应适用《机动车解释》第一条第二款的规定，认定为“情节严重”。

综上，原审法院认定被告人王金梅犯盗窃罪，判处有期徒刑十年六个月，并处罚金人民币3万元；认定被告人杨岳松犯掩饰、隐瞒犯罪所得罪，属情节严重，但能自愿认罪，酌情从轻处罚，判处有期徒刑三年，并处罚金人民币10万元的判决是适当的。

（撰稿：最高人民法院刑四庭　杨华）

## 第二部分　案例点评

# 侯某某掩饰、隐瞒犯罪所得案

——大学保安将所抓获盗窃犯罪分子盗窃所得物据为己有的行为如何定性

被告人侯某某，男，1993年12月4日出生，某大学保安。2014年7月11日被取保候审。

某市某区人民检察院以被告人侯某某犯掩饰、隐瞒犯罪所得罪，向某区法院提起公诉。

某区人民法院经审理查明：2014 年 6 月 15 日 15 时许，被告人侯某某和张某某（另案处理）在位于某市某区的某某大学校区巡逻时，将实施盗窃的刘峰（化名，另案处理）抓获。在把刘峰带往保卫处的途中，被告人侯某某和张某某将刘峰盗窃杨某之的 1 部 iPhone5 16G 手机据为己有，经鉴定该手机价值人民币 3006.67 元。现赃物未起获。次日，被告人侯某某主动向公安机关投案，并如实供述了上述犯罪事实。后被告人侯某某在家属的帮助下赔偿杨某之人民币 7000 元。

某区认为，被告人侯某某明知系犯罪所得的赃物仍予以掩饰、隐瞒，其行为已构成掩饰、隐瞒犯罪所得罪，应予惩处。鉴于被告人侯某某犯罪后自动投案，到案后如实供述犯罪事实，系自首；且已赔偿失主的相关经济损失，本院对其依法从轻处罚并适用缓刑。依据《中华人民共和国刑法》第三百一十二条第一款，第六十七条第一款，第五十三条，第七十二条第一款，第七十三条第二款、第三款之规定，判决如下：

被告人侯某某犯掩饰、隐瞒犯罪所得罪，判处有期徒刑六个月，缓刑一年，罚金人民币 2000 元。

一审宣判后，被告人侯某某未提出上诉，检察机关亦未抗诉，判决已发生法律效力。

**【点评】**

**问题**：对被告人侯某某将刘峰盗窃所得的 1 部 iPhone5 16G 手机据为己有的行为如何处理?

第一种观点认为，侯某某的行为构成掩饰、隐瞒犯罪所得罪。第二种观点认为，侯某某的行为应依照贪污或者职务侵占处理，但由于数额不到法定标准，应以情节显著轻微而作无罪处理。

我们同意第二种观点。

（一）对侯某某的行为不能以掩饰、隐瞒犯罪所得罪处理

掩饰、隐瞒犯罪所得罪虽然在大多数情况下也具有一定的谋取利益的主观属性，但《刑法》却将该罪列在第六章“妨害社会管理秩序罪”的第二节“妨害司法罪”中，说明该罪侵犯的客观是司法秩序，具体地说是妨害司法机关对上游犯罪的刑事追究。因此，该罪的主观意图必须具有帮助上游犯罪人掩饰、隐瞒犯罪所得、犯罪所得收益的直接故意。本案中，侯某某将刘峰盗窃所得的 1 部 iPhone5 16G 手机据为己有的行为虽然客观起到了转移他人犯罪所得的效果，但是基于侯某某没有替上游犯罪行为人掩饰、隐瞒的主观意思，而仅仅是出于将手机据为己有，因而，其行为不构成掩饰、隐瞒犯罪所得罪。

（二）侯某某的行为属于贪污或者职务侵占性质，但属于情节显著轻微

侯某某身为大学保安，“看家护院”、维护大学校园的治安，是其基本职责。其在履行职责过程中，抓获盗窃手机的刘峰，按理应当将手机上缴，交由公安机关处理，但却伙同他人将手机据为己有，该行为侵犯的客体是公职的廉洁性。由于我国刑法根据行为人主体身份不同而将利用职务之便的行为分为贪污罪和职务侵占罪两种，因此，对侯某某行为的定性应当根据其主体身份、职务性质来确定。但是，不论该行为定性为贪污还是职务侵占，均因其数额不到构罪标准而只能以情节显著轻微而作无罪处理。

（撰稿：最高人民法院刑四庭　陆建红）

## 黄某某等人掩饰、隐瞒犯罪所得案

——如何区分洗钱罪与掩饰、隐瞒犯罪所得罪

被告人黄某某，男，1968 年 1 月 12 日出生。2000 年 12 月 8 日，因犯诈骗罪，被判处有期徒刑十年，2009 年 6 月 17 日被减刑释放。2013 年 12

月3日因本案被逮捕。

被告人郭某某，男，1969年12月8日出生。2013年11月1日被逮捕。

被告人黄某春，男，1965年2月3日出生。2013年11月1日被逮捕。

某某省某某市某某区人民检察院以被告人黄某某、郭某某、黄某春犯掩饰、隐瞒犯罪所得罪，向某某区人民法院提起公诉。

被告人黄某某、郭某某、黄某春对起诉书指控的事实无异议。被告人黄某某的辩护人认为本案不应区分主从犯，不构成情节严重。被告人黄某春的辩护人认为，黄某春在共同犯罪中系从犯。

某某区人民法院经公开审理查明：2013年8月以来，马庆、王蒙（化名，另案处理）为了从中国人民建设银行的手机银行中盗取他人现金，在互联网上以2000元的价格购买了200多万条个人身份证信息和网络登录密码。后马庆找到孙宇哲（化名，另案处理）由其帮自己破解个人信息中与建设银行卡绑定的联通手机号码和账户密码。马庆通过网上QQ上看到被告人黄某某留的帮人洗钱的信息，联系被告人黄某某，要求黄某某为其洗钱，并商定“洗钱”所得按30%至50%分成。

2013年9月上旬，黄某某通过与马庆的联系，认为马庆要求他洗钱的性质是“贪官”的钱后，联系上同乡被告人黄某春，告知其有一笔“贪官”的钱要洗，问黄某春在澳门赌场有没有关系，黄某春答应后又联系朋友被告人郭某某，将此情况告之，郭某某答应后联系上在澳门特别行政区太阳城娱乐有限公司（赌场）工作的陈建生，告知其自己有个朋友想去澳门赌博，希望在赌博前换点港币，陈建生为挽住这桩生意，同意了郭某某的要求。在孙宇哲破解了300余条个人信息交给马庆后，黄某某按马庆要求通过郭某某让陈建生从公司拿了两个建设银行的卡号，分别为：吴某汉621700＊＊＊＊＊138247；吴某林621700＊＊＊＊＊114284给自己。同年9月20日、21日马庆通过已经破解的账户信息，异地补办被害人裴某、姜某、冯某、韦某、吴某、陈震某、张某、肖某、许某、陈某、吴某明的联通手机卡，登陆他们在建设银行的手机银行，将共计309.75万元人民币转至吴某汉、吴某林的账号上，在太阳城娱乐有限公司确认钱到账后，由郭某某、黄某春从位于广东省珠海市拱北口岸附近的“嘉兴商行”老板李少某处，分三次提现了港币100万元、50万、100万元，交给了黄某某、王蒙。21日下午，吴某汉的账户被警方冻结。

案发后，被告人黄某某退赃42万元人民币。

某某区人民法院认为，被告人黄某某在其QQ上的代人洗钱的信息，被马庆获悉后，马庆通过网上与其联系，要求黄某某为其洗钱，黄某某答应后，通过被告人黄某春、郭某某联系澳门赌场，为马庆洗钱，其行为已构成洗钱罪。对公诉机关指控三被告人的行为构成掩饰、隐瞒犯罪所得罪的意见，审理认为，从公诉机关提供的相关证据来看，被告人黄某某在马庆与其联系后，认为马庆要求其转移钱财系“贪官”的钱财，这点从黄某某、黄某春、郭某某之间相互供述可以看出，他们都是把该笔财物作为“贪官”的财物，并通过他们提供账号将钱转移。这种被告人主观上认为系贪污贿赂犯罪所得，而为其提供资金账户，通过转账的方式协助资金转移的行为，符合洗钱罪的主、客观构成要件，应认定为洗钱罪。在共同犯罪中，被告人黄某某系犯意的提起者、利益的受益者，系主犯；被告人黄某春、郭某某为被告人黄某某联系洗钱途径，系从犯，依法可以从轻处罚。被告人黄某某在原判刑罚执行完毕后五年内再犯应当判处有期徒刑以上刑罚之罪，系累犯，依法应当从重处罚。案发后，三被告人认罪态度好，依法可以从轻处罚。据此，某区人民法院依据《中华人民共和国刑法》第一百九十一条第一款第一、三项、第二十五条第一款、第二十六条第一、四款、第二十七条、第六十七条第三款、第四十五条、第四十七条、第五十二条、第五十三条之规定，以被告人黄某某犯洗钱罪，判处有期徒刑三年，并处罚金40万元；以被告人郭某某犯洗钱罪，判处有期徒刑二年，并处罚金20万元；以被告人黄某春犯洗钱罪，判处有期徒刑一年三个月，并处罚金20万元。

## 【点评】

**问题**：三被告人的行为是构成洗钱罪，还是构成掩饰、隐瞒犯罪所得罪？

对于被告人黄某某、郭某某、黄某春的行为如何定性，有两种意见。

第一种意见认为应当以洗钱罪定罪处罚，理由如下：

1. 三被告人的主观犯意内容是洗钱。虽然三被告人的行为对象实际上是他人的盗窃犯罪所得，但是，三被告人都是把这笔钱作为“贪官的钱”，并通过他们提供账号将钱转移。三被告人主观上存在错误认识，随后转移赃款的行为是在这个主观故意支配下实施的。

2. 应当以行为人对犯罪对象的性质判断为依据确定行为性质。本案的定罪涉及是以被告人对行为对象性质的主观判断为标准，还是以行为对象客观性质为标准的问题。要认定犯罪所得及其产生的收益中的犯罪种类，实际上要求具有专业的法律知识，不得过高地要求被告人在主观上的判断与客观情况相吻合，应以被告人实施掩饰、隐瞒行为时的主观判断为准。

第二种意见认为应当以掩饰、隐瞒犯罪所得罪定罪处罚。理由如下：

1. 《刑法》关于洗钱罪与掩饰、隐瞒犯罪所得、犯罪所得收益罪的规定，是特别法与一般法的关系，特别法优于一般法。洗钱罪与掩饰、隐瞒犯罪所得罪的主要区别在于犯罪对象不同。根据《刑法》第一百九十一条第一款的规定，洗钱犯罪的对象只能是毒品犯罪、黑社会性质的组织犯罪、恐怖活动犯罪、走私犯罪、贪污贿赂犯罪、破坏金融管理秩序犯罪、金融诈骗犯罪等七类犯罪的犯罪所得及其产生的收益，而掩饰、隐瞒犯罪所得、犯罪所得收益罪的对象是任何犯罪的犯罪所得及其产生收益，而不限于前述七类犯罪，即后者的行为对象的外延要大于前者，两罪之间存在着包含与被包含的关系。也就是说，凡是洗钱犯罪，其必须也构成掩饰、隐瞒犯罪所得、犯罪所得收益罪。但是，根据一般法优于特别法原则，一般应以洗钱犯罪定罪处罚。同时，根据《最高人民法院关于审理掩饰、隐瞒犯罪所得、犯罪所得收益刑事案件适用法律若干问题的解释》第六条规定，明知是犯罪所得及其产生的收益而予以掩饰、隐瞒，构成刑法第三百一十二条规定的犯罪，同时构成其他犯罪的，依照处罚较重的规定定罪处罚。综合比较，洗钱犯罪的量刑重于掩饰、隐瞒犯罪所得、犯罪所得收益罪，因此，一行为既构成洗钱罪，又构成掩饰、隐瞒犯罪所得罪的，应以洗钱罪定罪处罚。

2. 认定一行为的性质属于洗钱罪还是掩饰、隐瞒犯罪所得、犯罪所得收益罪，关键依据行为对象，而不能仅依据行为人的主观内容。主观内容固然是区分此罪与彼罪的重要内容，如故意故意杀人罪与故意伤害罪（致人死亡）的区分，可以说主要就是看行为人的故意内容。但是，洗钱罪与掩饰、隐瞒犯罪所得、犯罪所得收益罪之间，行为人的故意内容对于定罪的意义并不大。因为（1）洗钱罪是随着刑法的不断修改变化而从掩饰、隐瞒犯罪不分离出来、并不断扩大犯罪对象，与行为人的主观故意是为洗钱还是掩饰、隐瞒犯罪所得、犯罪所得收益罪无关。在 1997 年《刑法》修订前并没有洗钱罪的罪名，洗钱犯罪和掩饰、隐瞒犯罪所得罪、犯罪所得收益罪都只共用一个罪名，即窝赃、销赃罪。1979 年《刑法》第一百七十二条规定：明知是犯罪所得的赃物而予以窝藏或者代为销售的，处三年以下有期徒刑、拘役或者管制，可以并处或者单处罚金。1997 年《刑法》修订时才规定将毒品犯罪、黑社会性质的组织犯罪、走私犯罪等三类犯罪的违法所得及其产生的收益进行洗钱活动的以洗钱罪定罪处罚，对其他犯罪所得及其收益进行洗钱或者掩饰、隐瞒的，仍然以掩饰、隐瞒犯罪所得、犯罪所得罪定罪处罚。《刑法修正案（三）》洗钱罪的犯罪对象扩大为毒品犯罪、黑社会性质的组织犯罪、恐怖活动犯罪、走私犯罪等四类犯罪，《刑法修正案（六）》再次扩大洗钱罪的犯罪对象，将毒品犯罪、黑社会性质的组织犯罪、恐怖活动犯罪、走私犯罪、贪污贿赂犯罪、破坏金融管理秩序犯罪、金融诈骗犯罪等七类犯罪的犯罪所得及其产生的收益均规定为洗钱犯罪的犯罪对象。也就是说，一行为该定洗钱罪还是掩饰、隐瞒犯罪所得、犯罪所得收益罪，是由犯罪对象决定的。（2）在洗钱罪与掩饰、隐瞒犯罪所得、犯罪所得收益罪之间，行为人的主观内容是一种模糊的概括的故意，对区分罪名的意义不大。行为上主观上认为是在洗钱，客观上却是在掩饰、隐瞒犯罪所得及其收益的行为，如何定罪，固然涉及是以主观判断为标准还是以行为对象客观性质为标准的问题，但是，正如第一种观点所说的，“要认定犯罪所得及其产生的收益中的犯罪种类，实际上要求具有专业的法律知识，不得过高地要求被告人在主观上的判断与客观情况相吻合”，被告人黄某某、郭某某、黄某春等人虽然认为自己是帮助贪官洗钱，但其犯罪对象却是盗窃犯罪所得，主观内容与客观行为不一致，在这种情况下，首先，无论是帮贪官洗钱还是掩饰、隐瞒盗窃犯罪所得，都不违背被告人的主观意志内容，被告人黄某某、郭某某、黄某春的目的就是为了获得30%至50%的分成。其次，既然“不得过高地要求被告人主观上的判断与客观情况相吻合”，那么，就应该按照有利于被告人原则，以刑罚相对较轻的掩饰、隐瞒犯罪所得罪定罪处罚。

需要说明的是，《刑法》虽然将洗钱犯罪列在分则第三章“破坏社会主义市场经济秩序罪”的第四节“破坏金融管理秩序罪”中，但并不表明洗钱犯罪不妨害司法秩序。洗钱犯罪既破坏金融管理秩序，又妨害司法秩序，同时还有牟利的目的，侵犯的是复杂客体。

（撰稿：最高人民法院刑四庭　陆建红）

## 谭某旗、谭某掩饰、隐瞒犯罪所得案

——如何区分掩饰、隐瞒犯罪所得罪的罪与非罪、此罪与彼罪

被告人谭某旗，男，1976年1月15日出生。2010年4月22日被逮捕。

被告人谭某，男，1976年10月12出生。2010年4月16日被逮捕。

某某省某某县人民检察院以被告人谭某旗、谭某犯掩饰、隐瞒犯罪所得罪，向某某县人民法院提起公诉。

被告人谭某旗、谭某对起诉书指控的事实无异议。

某某县人民法院经公开审理查明：

2010年3月12日上午，被告人谭某旗、谭某驾驶一解放牌货车从某某省某安市一家日化厂卸货后，在该厂门口遇到刘某锋（另案处理），刘告知二谭有货去杭州，运费为9000元。谭某旗询问刘某锋所运何物，但未果。因贪图高额运费，谭某旗仍应允。同月13日、19日，二谭依约驾车至一个停车场等待货主。货主开一辆面包车找到二谭后，并要求二谭到面包车内等候，并将他们的车开去装货。14日5时许，货主将装好货物的解放牌货车交给被告人谭某旗，同时预付了5000元运费，并交给谭某旗一部专门用于这次运货用的手机，告知二谭该手机只能与货主联系时使用，并要求二谭接到电话通知方可发车。15日18时许，谭某旗接到货主发车的电话后，遂与谭某驾车出发。路途中，货主通过专用了解谭某旗到达处所，谭某旗在查看路标后反馈给货主，货主便指示二谭按其指定路线行驶。16日3时许，二谭在高速公路某收费站被公安机关查获。经查，二人所运“苏烟”牌卷烟制品共计19350条。经鉴定，此批卷烟均为假冒注册商标的商品且为伪劣卷烟，此批卷烟商标值为人民币208万余元。

某县人民法院认为，被告人谭某旗、谭某明知所运货物为违法所得仍予以转移，且数额特别巨大，属情节严重，二被告人的行为均已构成掩饰、隐瞒犯罪所得罪。公诉机关指控的罪名成立。案发后，谭某旗、谭某能如实供述犯罪事实，并自愿认罪，可酌情从轻处罚。被告人非法运输的假冒注册商标的伪劣卷烟及其用于运输上述卷烟的车辆和非法所得应当没收。据此，依照《中华人民共和国刑法》第三百一十二条、第二十五条第一款、第六十四条、第五十二条、第五十三条、第六十一条以及最高人民法院、最高人民检察院、司法部《关于适用普通程序审理“被告人认罪案件”的若干意见（试行）》[①] 第九条之规定，判决如下：

一、被告人谭某旗犯掩饰、隐瞒犯罪所得罪，判处有期徒刑四年，并处罚人民币 4 万元。

被告人谭某犯罪掩饰、隐瞒犯罪所得罪，判处有期徒刑三年六个月，并处罚金人民币 3 万元。

扣押的假冒“苏烟”牌卷烟制品共计 19350 条予以没收，并销毁。

三、扣押的被告人魔族、谭某犯罪所用的解放牌货车一辆以及非法所得 4500 元予以没收，上缴国库。

## 【点评】

**问题**：被告人谭某旗、谭某的行为是构成掩饰、隐瞒犯罪所得罪还是构成非法经营罪还是生产销售伪劣产品罪抑或不构成犯罪?

对于被告人谭某旗、谭某的行为如何定性，有四种意见。

第一种意见认为应当以非法经营罪定罪处罚。理由是：根据 2003 年 12 月 23 日最高人民法院、最高人民检察院、公安部、国家烟草专卖局《关于办理假冒伪劣烟草制品等刑事案件适用法律问题座谈会纪要》第三条规定，未经烟草专卖行政主管部门许可，无生产许可证、零售许可证，而生产、批发、零售烟草制品，个人非法经营数额在 5 万元以上的，或者非法所得数额在 1 万元以上的，依照《刑法》第二百二十五条的规定，以非法经营罪定罪处罚。本案中，被告人谭某旗、谭某明知刘某锋无行政许可证而从事烟草贩卖活动，但仅为了运费而实施帮助运输的行为，应当以非法经营罪的共犯（从犯）论处。

第二种意见认为应当以生产销售伪劣产品罪定罪处罚。理由是：刘某锋的行为属于生产、销售假烟的行为，即以假“苏烟”香烟，冒充真“苏烟”牌香烟，且货值额达到 200 余万，根据《刑法》第一百四十条的规

---

① 该司法解释已被《最高人民法院、最高人民检察院关于废止 1997 年 7 月 1 日至 2011 年 12 月 31 日期间制发的部分司法解释和司法解释性质文件的决定》（法释〔2013〕6 号）废止。

定，应当对刘某锋以生产、销售伪劣产品罪定罪处罚。谭某旗、谭某仅为了运费而实施帮助运输的行为，应当以生产、销售伪劣罪的共犯（从犯）论处。

第三种意见认为应当以掩饰、隐瞒犯罪所得罪定罪处罚。理由是：根据专业鉴定意见，查获的“苏烟”牌香烟属于假冒注册商标的商品且为伪劣卷烟。因此，刘某锋的行为属于生产、销售伪劣商品犯罪。而谭某旗、谭某虽然经询问未能得知所运货物为何物，但从二谭收取高额运费、接受专用手机并按照货主要求使用手机、按照指定线路运输等事实看，二谭明知所运货物为违法犯罪所得，但二谭仍然帮助运输，属于《刑法》第三百一十二条规定的以转移犯罪所得的方式掩饰、隐瞒。

第四种意见认为从本案证据看，谭某旗、谭某的行为不构成既不构成非法经营罪，亦不构成生产销售伪劣产品罪，且不构成掩饰、隐瞒犯罪所得罪。理由如下：

（一）认定谭某旗、谭某的行为构成非法经营罪或者生产销售伪劣产品罪的证据不充分

此观点主要是基于建立在证据分析的基础上。从谭某旗、谭某二人在帮助刘某锋运输假冒“苏烟”时，接受货主的专用手机并按照货主要求使用手机、按照指定线路运输等事实看，谭某旗、谭某确实应该怀疑刘某锋所要求运输的可能是违禁品，但并不明知到底为何物，谭某旗曾经询问过所运为何物，但因刘某锋未告诉而无果。在此情况下，谭某旗、谭某仍然答应帮助运输货物，符合一般货物运输行业人员的正常心理，况且，跨省运输的情况下，9000 元的运费比正常运费是高一些，但还称不上是高额运费。因此，可以认定二谭可能知道所运货物可能是违禁品，但无法认定二谭知道所运具体为何物。在整个装货过程中，货主都避开二谭。如果明确知道是假冒香烟，从谭某旗曾经询问过所运货物为何物的情况看，二谭未必会帮助运输。因此，无论认定非法经营罪或者生产销售伪劣产品罪，二谭主观故意方面的证据都是不充分的。

（二）认定谭某旗、谭某的行为构成掩饰、隐瞒犯罪所得罪既缺乏充分证据，也缺乏必要的犯罪构成要件

如同前述理由，谭某旗、谭某可能知道所运货物可能是违禁品或者是犯罪所得，但无法认定二谭知道所运具体为何物。在整个装货过程中，货主都避开二谭。如果明确知道是假冒香烟，从谭某旗曾经询问过所运货物为何物的情况看，二谭未必会帮助运输。因此，认定谭某旗、谭某的行为构成掩饰、隐瞒犯罪所得罪，缺乏证据充分的前提条件，即二谭如果明确知道是假冒香烟，则可能不会帮助运输。

二谭行为不构成掩饰、隐瞒犯罪所得罪的更关键理由是，假冒“苏烟”并非犯罪所得，而是货主生产、销售伪劣产品犯罪的犯罪对象。只有假冒“苏烟”销售成功后所得货款，才是生产、销售伪劣产品罪的犯罪所得。根据《最高人民法院关于审理掩饰、隐瞒犯罪所得、犯罪所得收益刑事案件适用法律若干问题的解释》第十条第一款的规定，“犯罪所得”指通过犯罪直接得到的赃款、赃物。

我们倾向于同意第四种意见。就全案来说，如果有确实、充分的证据证明谭某旗、谭某可能知道所运货物为假冒“苏烟”的，那么则可将认定谭某旗、谭某的行为构成生产、销售伪劣产品罪的共犯，但由于货主生产、销售假冒“苏烟”的犯罪活动尚在进行中，犯罪尚未完全达到完成状态，犯罪所得还未形成，二谭的行为不可能构成掩饰、隐瞒犯罪所得罪。

（撰稿：最高人民法院刑四庭　陆建红）

# 第四编　法律、法律解释、规范性文件及域外规范摘编

## 一、刑法有关条文

**第三百一十二条**[①]　**【掩饰、隐瞒犯罪所得、犯罪所得收益罪】**明知是犯罪所得及其产生的收益而予以窝藏、转移、收购、代为销售或者以其他方法掩饰、隐瞒的，处三年以下有期徒刑、拘役或者管制，并处或者单处罚金；情节严重的，处三年以上七年以下有期徒刑，并处罚金。

单位犯前款罪的，对单位判处罚金，并对其直接负责的主管人员和其他直接责任人员，依照前款的规定处罚。

**第一百七十一条**　**【出售、购买、运输假币罪】**出售、购买伪造的货币或者明知是伪造的货币而运输，数额较大的，处三年以下有期徒刑或者拘役，并处二万元以上二十万元以下罚金；数额巨大的，处三年以上十年以下有期徒刑，并处五万元以上五十万元以下罚金；数额特别巨大的，处十年以上有期徒刑或者无期徒刑，并处五万元以上五十万元以下罚金或者没收财产。

**第一百九十一条**　**【洗钱罪】**明知是毒品犯罪、黑社会性质的组织犯罪、恐怖活动犯罪、走私犯罪、贪污贿赂犯罪、破坏金融管理秩序犯罪、金融诈骗犯罪的所得及其产生的收益，为掩饰、隐瞒其来源和性质，有下列行为之一的，没收实施以上犯罪的所得及其产生的收益，处五年以下有

---

① 本条经刑法修正案两次修改。1997 年《刑法》规定，明知是犯罪所得的赃物而予以窝藏、转移、收购或者代为销售的，处三年以下有期徒刑、拘役或者管制，并处或者单处罚金。《刑法修正案（六）》第十九条对其修改后，形成本条第一款规定；《刑法修正案（七）》第十条增加本条第二款规定。

期徒刑或者拘役，并处或者单处洗钱数额百分之五以上百分之二十以下罚金；情节严重的，处五年以上十年以下有期徒刑，并处洗钱数额百分之五以上百分之二十以下罚金：

（一）提供资金账户的；

（二）协助将财产转换为现金、金融票据、有价证券的；

（三）通过转账或者其他结算方式协助资金转移的；

（四）协助将资金汇往境外的；

（五）以其他方法掩饰、隐瞒犯罪所得及其收益的来源和性质的。

单位犯前款罪的，对单位判处罚金，并对其直接负责的主管人员和其他直接责任人员，处五年以下有期徒刑或者拘役；情节严重的，处五年以上十年以下有期徒刑。

**第三百零七条　【帮助毁灭、伪造证据罪】**帮助当事人毁灭、伪造证据，情节严重的，处三年以下有期徒刑或者拘役。

**第三百四十九条　【包庇毒品犯罪分子罪；窝藏、转移、隐瞒毒品、毒赃罪】**包庇走私、贩卖、运输、制造毒品的犯罪分子的，为犯罪分子窝藏、转移、隐瞒毒品或者犯罪所得的财物的，处三年以下有期徒刑、拘役或者管制；情节严重的，处三年以上十年以下有期徒刑。

缉毒人员或者其他国家机关工作人员掩护、包庇走私、贩卖、运输、制造毒品的犯罪分子的，依照前款的规定从重处罚。

犯前两款罪，事先通谋的，以走私、贩卖、运输、制造毒品罪的共犯论处。

## 二、治安管理处罚法有关条文

**第六十条**　有下列行为之一的，处五日以上十日以下拘留，并处二百元以上五百元以下罚款：

（一）隐藏、转移、变卖或者损毁行政执法机关依法扣押、查封、冻结的财物的；

（二）伪造、隐匿、毁灭证据或者提供虚假证言、谎报案情，影响行政执法机关依法办案的；

（三）明知是赃物而窝藏、转移或者代为销售的；

（四）被依法执行管制、剥夺政治权利或者在缓刑、暂予监外执行中的罪犯或者被依法采取刑事强制措施的人，有违反法律、行政法规或者国务院有关部门的监督管理规定的行为。

## 三、立法解释

**全国人大常委会2014年4月24日公布的《关于〈中华人民共和国刑法〉第三百四十一条、第三百一十二条的解释》**

全国人民代表大会常务委员会根据司法实践中遇到的情况，讨论了刑法第三百四十一条第一款规定的非法收购国家重点保护的珍贵、濒危野生动物及其制品的含义和收购刑法第三百四十一条第二款规定的非法狩猎的野生动物如何适用刑法有关规定的问题，解释如下：

知道或者应当知道是国家重点保护的珍贵、濒危野生动物及其制品，为食用或者其他目的而非法购买的，属于刑法第三百四十一条第一款规定的非法收购国家重点保护的珍贵、濒危野生动物及其制品的行为。

知道或者应当知道是刑法第三百四十一条第二款规定的非法狩猎的野生动物而购买的，属于刑法第三百一十二条第一款规定的明知是犯罪所得而收购的行为。

现予公告。

## 四、司法解释

**最高人民法院关于审理掩饰、隐瞒犯罪所得、犯罪所得收益刑事案件适用法律若干问题的解释**（法释〔2015〕11号）

为依法惩治掩饰、隐瞒犯罪所得、犯罪所得收益犯罪活动，根据刑法有关规定，结合人民法院刑事审判工作实际，现就审理此类案件具体适用法律的若干问题解释如下：

**第一条** 明知是犯罪所得及其产生的收益而予以窝藏、转移、收购、代为销售或者以其他方法掩饰、隐瞒，具有下列情形之一的，应当依照刑法第三百一十二条第一款的规定，以掩饰、隐瞒犯罪所得、犯罪所得收益罪定罪处罚：

（一）掩饰、隐瞒犯罪所得及其产生的收益价值三千元至一万元以上的；

（二）一年内曾因掩饰、隐瞒犯罪所得及其产生的收益行为受过行政处罚，又实施掩饰、隐瞒犯罪所得及其产生的收益行为的；

（三）掩饰、隐瞒的犯罪所得系电力设备、交通设施、广播电视设施、公用电信设施、军事设施或者救灾、抢险、防汛、优抚、扶贫、移民、救济款物的；

（四）掩饰、隐瞒行为致使上游犯罪无法及时查处，并造成公私财物损失无法挽回的；

（五）实施其他掩饰、隐瞒犯罪所得及其产生的收益行为，妨害司法机关对上游犯罪进行追究的。

各省、自治区、直辖市高级人民法院可以根据本地区经济社会发展状况，并考虑社会治安状况，在本条第一款第（一）项规定的数额幅度内，确定本地执行的具体数额标准，报最高人民法院备案。

司法解释对掩饰、隐瞒涉及计算机信息系统数据、计算机信息系统控制权的犯罪所得及其产生的收益行为构成犯罪已有规定的，审理此类案件依照该规定。

依照全国人民代表大会常务委员会《关于〈中华人民共和国刑法〉第三百四十一条、第三百一十二条的解释》，明知是非法狩猎的野生动物而收购，数量达到五十只以上的，以掩饰、隐瞒犯罪所得罪定罪处罚。

**第二条** 掩饰、隐瞒犯罪所得及其产生的收益行为符合本解释第一条的规定，认罪、悔罪并退赃、退赔，且具有下列情形之一的，可以认定为犯罪情节轻微，免予刑事处罚：

（一）具有法定从宽处罚情节的；

（二）为近亲属掩饰、隐瞒犯罪所得及其产生的收益，且系初犯、偶犯的；

（三）有其他情节轻微情形的。

行为人为自用而掩饰、隐瞒犯罪所得，财物价值刚达到本解释第一条第一款第（一）项规定的标准，认罪、悔罪并退赃、退赔的，一般可不认为是犯罪；依法追究刑事责任的，应当酌情从宽。

**第三条**　掩饰、隐瞒犯罪所得及其产生的收益，具有下列情形之一的，应当认定为刑法第三百一十二条第一款规定的“情节严重”：

（一）掩饰、隐瞒犯罪所得及其产生的收益价值总额达到十万元以上的；

（二）掩饰、隐瞒犯罪所得及其产生的收益十次以上，或者三次以上且价值总额达到五万元以上的；

（三）掩饰、隐瞒的犯罪所得系电力设备、交通设施、广播电视设施、公用电信设施、军事设施或者救灾、抢险、防汛、优抚、扶贫、移民、救济款物，价值总额达到五万元以上的；

（四）掩饰、隐瞒行为致使上游犯罪无法及时查处，并造成公私财物重大损失无法挽回或其他严重后果的；

（五）实施其他掩饰、隐瞒犯罪所得及其产生的收益行为，严重妨害司法机关对上游犯罪予以追究的。

司法解释对掩饰、隐瞒涉及机动车、计算机信息系统数据、计算机信息系统控制权的犯罪所得及其产生的收益行为认定“情节严重”已有规定的，审理此类案件依照该规定。

**第四条**　掩饰、隐瞒犯罪所得及其产生的收益的数额，应当以实施掩饰、隐瞒行为时为准。收购或者代为销售财物的价格高于其实际价值的，以收购或者代为销售的价格计算。

多次实施掩饰、隐瞒犯罪所得及其产生的收益行为，未经行政处罚，依法应当追诉的，犯罪所得、犯罪所得收益的数额应当累计计算。

**第五条** 事前与盗窃、抢劫、诈骗、抢夺等犯罪分子通谋，掩饰、隐瞒犯罪所得及其产生的收益的，以盗窃、抢劫、诈骗、抢夺等犯罪的共犯论处。

**第六条** 对犯罪所得及其产生的收益实施盗窃、抢劫、诈骗、抢夺等行为，构成犯罪的，分别以盗窃罪、抢劫罪、诈骗罪、抢夺罪等定罪处罚。

**第七条** 明知是犯罪所得及其产生的收益而予以掩饰、隐瞒，构成刑法第三百一十二条规定的犯罪，同时构成其他犯罪的，依照处罚较重的规定定罪处罚。

**第八条** 认定掩饰、隐瞒犯罪所得、犯罪所得收益罪，以上游犯罪事实成立为前提。上游犯罪尚未依法裁判，但查证属实的，不影响掩饰、隐瞒犯罪所得、犯罪所得收益罪的认定。

上游犯罪事实经查证属实，但因行为人未达到刑事责任年龄等原因依法不予追究刑事责任的，不影响掩饰、隐瞒犯罪所得、犯罪所得收益罪的认定。

**第九条** 盗用单位名义实施掩饰、隐瞒犯罪所得及其产生的收益行为，违法所得由行为人私分的，依照刑法和司法解释有关自然人犯罪的规定定罪处罚。

**第十条** 通过犯罪直接得到的赃款、赃物，应当认定为刑法第三百一十二条规定的“犯罪所得”。上游犯罪的行为人对犯罪所得进行处理后得到的孳息、租金等，应当认定为刑法第三百一十二条规定的“犯罪所得产生的收益”。

明知是犯罪所得及其产生的收益而采取窝藏、转移、收购、代为销售以外的方法，如居间介绍买卖，收受，持有，使用，加工，提供资金账户，协助将财物转换为现金、金融票据、有价证券，协助将资金转移、汇往境外等，应当认定为刑法第三百一十二条规定的“其他方法”。

**第十一条** 掩饰、隐瞒犯罪所得、犯罪所得收益罪是选择性罪名，审理此类案件，应当根据具体犯罪行为及其指向的对象，确定适用的罪名。

**最高人民法院关于审理洗钱等刑事案件具体应用法律若干问题的解释**

（法释〔2009〕15 号）

为依法惩治洗钱，掩饰、隐瞒犯罪所得、犯罪所得收益，资助恐怖活动等犯罪活动，根据刑法有关规定，现就审理此类刑事案件具体应用法律的若干问题解释如下：

**第一条** 刑法第一百九十一条、第三百一十二条规定的“明知”，应当结合被告人的认知能力，接触他人犯罪所得及其收益的情况，犯罪所得及其收益的种类、数额，犯罪所得及其收益的转换、转移方式以及被告人的供述等主、客观因素进行认定。

具有下列情形之一的，可以认定被告人明知系犯罪所得及其收益，但有证据证明确实不知道的除外：

（一）知道他人从事犯罪活动，协助转换或者转移财物的；

（二）没有正当理由，通过非法途径协助转换或者转移财物的；

（三）没有正当理由，以明显低于市场的价格收购财物的；

（四）没有正当理由，协助转换或者转移财物，收取明显高于市场的“手续费”的；

（五）没有正当理由，协助他人将巨额现金散存于多个银行账户或者在不同银行账户之间频繁划转的；

（六）协助近亲属或者其他关系密切的人转换或者转移与其职业或者财产状况明显不符的财物的；

（七）其他可以认定行为人明知的情形。

被告人将刑法第一百九十一条规定的某一上游犯罪的犯罪所得及其收益误认为刑法第一百九十一条规定的上游犯罪范围内的其他犯罪所得及其收益的，不影响刑法第一百九十一条规定的“明知”的认定。

**第二条** 具有下列情形之一的，可以认定为刑法第一百九十一条第一款第（五）项规定的“以其他方法掩饰、隐瞒犯罪所得及其收益的来源和性质”：

（一）通过典当、租赁、买卖、投资等方式，协助转移、转换犯罪所得及其收益的；

（二）通过与商场、饭店、娱乐场所等现金密集型场所的经营收入相混合的方式，协助转移、转换犯罪所得及其收益的；

（三）通过虚构交易、虚设债权债务、虚假担保、虚报收入等方式，协助将犯罪所得及其收益转换为“合法”财物的；

（四）通过买卖彩票、奖券等方式，协助转换犯罪所得及其收益的；

（五）通过赌博方式，协助将犯罪所得及其收益转换为赌博收益的；

（六）协助将犯罪所得及其收益携带、运输或者邮寄出入境的；

（七）通过前述规定以外的方式协助转移、转换犯罪所得及其收益的。

**第三条** 明知是犯罪所得及其产生的收益而予以掩饰、隐瞒，构成刑法第三百一十二条规定的犯罪，同时又构成刑法第一百九十一条或者第三百四十九条规定的犯罪的，依照处罚较重的规定定罪处罚。

**第四条** 刑法第一百九十一条、第三百一十二条、第三百四十九条规定的犯罪，应当以上游犯罪事实成立为认定前提。上游犯罪尚未依法裁判，但查证属实的，不影响刑法第一百九十一条、第三百一十二条、第三百四十九条规定的犯罪的审判。

上游犯罪事实可以确认，因行为人死亡等原因依法不予追究刑事责任的，不影响刑法第一百九十一条、第三百一十二条、第三百四十九条规定的犯罪的认定。

上游犯罪事实可以确认，依法以其他罪名定罪处罚的，不影响刑法第一百九十一条、第三百一十二条、第三百四十九条规定的犯罪的认定。

本条所称“上游犯罪”，是指产生刑法第一百九十一条、第三百一十二条、第三百四十九条规定的犯罪所得及其收益的各种犯罪行为。

**第五条** 刑法第一百二十条之一规定的“资助”，是指为恐怖活动组织或者实施恐怖活动的个人筹集、提供经费、物资或者提供场所以及其他物质便利的行为。

刑法第一百二十条之一规定的“实施恐怖活动的个人”，包括预谋实施、准备实施和实际实施恐怖活动的个人。

**最高人民法院、最高人民检察院关于办理危害计算机信息系统安全刑事案件应用法律若干问题的解释**

（法释〔2011〕19号）

为依法惩治危害计算机信息系统安全的犯罪活动，根据《中华人民共和国刑法》、《全国人民代表大会常务委员会关于维护互联网安全的决定》的规定，现就办理这类刑事案件应用法律的若干问题解释如下：

**第一条**　非法获取计算机信息系统数据或者非法控制计算机信息系统，具有下列情形之一的，应当认定为刑法第二百八十五条第二款规定的“情节严重”：

（一）获取支付结算、证券交易、期货交易等网络金融服务的身份认证信息十组以上的；

（二）获取第（一）项以外的身份认证信息五百组以上的；

（三）非法控制计算机信息系统二十台以上的；

（四）违法所得五千元以上或者造成经济损失一万元以上的；

（五）其他情节严重的情形。

实施前款规定行为，具有下列情形之一的，应当认定为刑法第二百八十五条第二款规定的“情节特别严重”：

（一）数量或者数额达到前款第（一）项至第（四）项规定标准五倍以上的；

（二）其他情节特别严重的情形。

明知是他人非法控制的计算机信息系统，而对该计算机信息系统的控制权加以利用的，依照前两款的规定定罪处罚。

**第二条**　具有下列情形之一的程序、工具，应当认定为刑法第二百八十五条第三款规定的“专门用于侵入、非法控制计算机信息系统的程序、工具”：

（一）具有避开或者突破计算机信息系统安全保护措施，未经授权或者超越授权获取计算机信息系统数据的功能的

（二）具有避开或者突破计算机信息系统安全保护措施，未经授权或者超越授权对计算机信息系统实施控制的功能的；

（三）其他专门设计用于侵入、非法控制计算机信息系统、非法获取计算机信息系统数据的程序、工具。

**第三条** 提供侵入、非法控制计算机信息系统的程序、工具，具有下列情形之一的，应当认定为刑法第二百八十五条第三款规定的“情节严重”：

（一）提供能够用于非法获取支付结算、证券交易、期货交易等网络金融服务身份认证信息的专门性程序、工具五人次以上的；

（二）提供第（一）项以外的专门用于侵入、非法控制计算机信息系统的程序、工具二十人次以上的；

（三）明知他人实施非法获取支付结算、证券交易、期货交易等网络金融服务身份认证信息的违法犯罪行为而为其提供程序、工具五人次以上的；

（四）明知他人实施第（三）项以外的侵入、非法控制计算机信息系统的违法犯罪行为而为其提供程序、工具二十人次以上的；

（五）违法所得五千元以上或者造成经济损失一万元以上的；

（六）其他情节严重的情形。

实施前款规定行为，具有下列情形之一的，应当认定为提供侵入、非法控制计算机信息系统的程序、工具“情节特别严重”：

（一）数量或者数额达到前款第（一）项至第（五）项规定标准五倍以上的；

（二）其他情节特别严重的情形。

**第四条** 破坏计算机信息系统功能、数据或者应用程序，具有下列情形之一的，应当认定为刑法第二百八十六条第一款和第二款规定的“后果

严重”：

（一）造成十台以上计算机信息系统的主要软件或者硬件不能正常运行的；

（二）对二十台以上计算机信息系统中存储、处理或者传输的数据进行删除、修改、增加操作的；

（三）违法所得五千元以上或者造成经济损失一万元以上的；

（四）造成为一百台以上计算机信息系统提供域名解析、身份认证、计费等基础服务或者为一万以上用户提供服务的计算机信息系统不能正常运行累计一小时以上的；

（五）造成其他严重后果的。

实施前款规定行为，具有下列情形之一的，应当认定为破坏计算机信息系统“后果特别严重”：

（一）数量或者数额达到前款第（一）项至第（三）项规定标准五倍以上的；

（二）造成为五百台以上计算机信息系统提供域名解析、身份认证、计费等基础服务或者为五万以上用户提供服务的计算机信息系统不能正常运行累计一小时以上的；

（三）破坏国家机关或者金融、电信、交通、教育、医疗、能源等领域提供公共服务的计算机信息系统的功能、数据或者应用程序，致使生产、生活受到严重影响或者造成恶劣社会影响的；

（四）造成其他特别严重后果的。

**第五条**　具有下列情形之一的程序，应当认定为刑法第二百八十六条第三款规定的“计算机病毒等破坏性程序”：

（一）能够通过网络、存储介质、文件等媒介，将自身的部分、全部或者变种进行复制、传播，并破坏计算机系统功能、数据或者应用程序的；

（二）能够在预先设定条件下自动触发，并破坏计算机系统功能、数据或者应用程序的；

（三）其他专门设计用于破坏计算机系统功能、数据或者应用程序的程序。

**第六条** 故意制作、传播计算机病毒等破坏性程序，影响计算机系统正常运行，具有下列情形之一的，应当认定为刑法第二百八十六条第三款规定的“后果严重”：

（一）制作、提供、传输第五条第（一）项规定的程序，导致该程序通过网络、存储介质、文件等媒介传播的；

（二）造成二十台以上计算机系统被植入第五条第（二）、（三）项规定的程序的；

（三）提供计算机病毒等破坏性程序十人次以上的；

（四）违法所得五千元以上或者造成经济损失一万元以上的；

（五）造成其他严重后果的。

实施前款规定行为，具有下列情形之一的，应当认定为破坏计算机信息系统“后果特别严重”：

（一）制作、提供、传输第五条第（一）项规定的程序，导致该程序通过网络、存储介质、文件等媒介传播，致使生产、生活受到严重影响或者造成恶劣社会影响的；

（二）数量或者数额达到前款第（二）项至第（四）项规定标准五倍以上的

（三）造成其他特别严重后果的。

**第七条** 明知是非法获取计算机信息系统数据犯罪所获取的数据、非法控制计算机信息系统犯罪所获取的计算机信息系统控制权，而予以转移、收购、代为销售或者以其他方法掩饰、隐瞒，违法所得五千元以上的，应当依照刑法第三百一十二条第一款的规定，以掩饰、隐瞒犯罪所得罪定罪处罚。

实施前款规定行为，违法所得五万元以上的，应当认定为刑法第三百一十二条第一款规定的“情节严重”。

单位实施第一款规定行为的，定罪量刑标准依照第一款、第二款的规定执行。

**第八条** 以单位名义或者单位形式实施危害计算机信息系统安全犯罪，达到本解释规定的定罪量刑标准的，应当依照刑法第二百八十五条、第二百八十六条的规定追究直接负责的主管人员和其他直接责任人员的刑事责任。

**第九条** 明知他人实施刑法第二百八十五条、第二百八十六条规定的行为，具有下列情形之一的，应当认定为共同犯罪，依照刑法第二百八十五条、第二百八十六条的规定处罚：

（一）为其提供用于破坏计算机信息系统功能、数据或者应用程序的程序、工具，违法所得五千元以上或者提供十人次以上的；

（二）为其提供互联网接入、服务器托管、网络存储空间、通讯传输通道、费用结算、交易服务、广告服务、技术培训、技术支持等帮助，违法所得五千元以上的；

（三）通过委托推广软件、投放广告等方式向其提供资金五千元以上的。

实施前款规定行为，数量或者数额达到前款规定标准五倍以上的，应当认定为刑法第二百八十五条、第二百八十六条规定的“情节特别严重”或者“后果特别严重”。

**第十条** 对于是否属于刑法第二百八十五条、第二百八十六条规定的“国家事务、国防建设、尖端科学技术领域的计算机信息系统”、“专门用于侵入、非法控制计算机信息系统的程序、工具”、“计算机病毒等破坏性程序”难以确定的，应当委托省级以上负责计算机信息系统安全保护管理工作的部门检验。司法机关根据检验结论，并结合案件具体情况认定。

**第十一条** 本解释所称“计算机信息系统”和“计算机系统”，是指具备自动处理数据功能的系统，包括计算机、网络设备、通信设备、自动化控制设备等。

本解释所称“身份认证信息”，是指用于确认用户在计算机信息系统上操作权限的数据，包括账号、口令、密码、数字证书等。

本解释所称“经济损失”，包括危害计算机信息系统犯罪行为给用户直接造成的经济损失，以及用户为恢复数据、功能而支出的必要费用。

**最高人民法院、最高人民检察院关于办理与盗窃、抢劫、诈骗、抢夺机动车相关刑事案件具体应用法律若干问题的解释**

（法释〔2007〕11号）

为依法惩治与盗窃、抢劫、诈骗、抢夺机动车相关的犯罪活动，根据刑法、刑事诉讼法等有关法律的规定，现对办理这类案件具体应用法律的若干问题解释如下：

**第一条** 明知是盗窃、抢劫、诈骗、抢夺的机动车，实施下列行为之一的，依照刑法第三百一十二条的规定，以掩饰、隐瞒犯罪所得、犯罪所得收益罪定罪，处三年以下有期徒刑、拘役或者管制，并处或者单处罚金：

（一）买卖、介绍买卖、典当、拍卖、抵押或者用其抵债的；

（二）拆解、拼装或者组装的；

（三）修改发动机号、车辆识别代号的；

（四）更改车身颜色或者车辆外形的；

（五）提供或者出售机动车来历凭证、整车合格证、号牌以及有关机动车的其他证明和凭证的；

（六）提供或者出售伪造、变造的机动车来历凭证、整车合格证、号牌以及有关机动车的其他证明和凭证的。

实施第一款规定的行为涉及盗窃、抢劫、诈骗、抢夺的机动车五辆以上或者价值总额达到五十万元以上的，属于刑法第三百一十二条规定的“情节严重”，处三年以上七年以下有期徒刑，并处罚金。

**第二条** 伪造、变造、买卖机动车行驶证、登记证书，累计三本以上的，依照刑法第二百八十条第一款的规定，以伪造、变造、买卖国家机关证件罪定罪，处三年以下有期徒刑、拘役、管制或者剥夺政治权利。

伪造、变造、买卖机动车行驶证、登记证书，累计达到第一款规定数量标准五倍以上的，属于刑法第二百八十条第一款规定中的“情节严重”，处三年以上十年以下有期徒刑。

**第三条** 国家机关工作人员滥用职权，有下列情形之一，致使盗窃、抢劫、诈骗、抢夺的机动车被办理登记手续，数量达到三辆以上或者价值总额达到三十万元以上的，依照刑法第三百九十七条第一款的规定，以滥用职权罪定罪，处三年以下有期徒刑或者拘役：

（一）明知是登记手续不全或者不符合规定的机动车而办理登记手续的；

（二）指使他人为明知是登记手续不全或者不符合规定的机动车办理登记手续的；

（三）违规或者指使他人违规更改、调换车辆档案的；

（四）其他滥用职权的行为。

国家机关工作人员疏于审查或者审查不严，致使盗窃、抢劫、诈骗、抢夺的机动车被办理登记手续，数量达到五辆以上或者价值总额达到五十万元以上的，依照刑法第三百九十七条第一款的规定，以玩忽职守罪定罪，处三年以下有期徒刑或者拘役。

国家机关工作人员实施前两款规定的行为，致使盗窃、抢劫、诈骗、抢夺的机动车被办理登记手续，分别达到前两款规定数量、数额标准五倍以上的，或者明知是盗窃、抢劫、诈骗、抢夺的机动车而办理登记手续的，属于刑法第三百九十七条第一款规定的“情节特别严重”，处三年以上七年以下有期徒刑。

国家机关工作人员徇私舞弊，实施上述行为，构成犯罪的，依照刑法第三百九十七条第二款的规定定罪处罚。

**第四条** 实施本解释第一条、第二条、第三条第一款或者第三款规定的行为，事前与盗窃、抢劫、诈骗、抢夺机动车的犯罪分子通谋的，以盗窃罪、抢劫罪、诈骗罪、抢夺罪的共犯论处。

**第五条** 对跨地区实施的涉及同一机动车的盗窃、抢劫、诈骗、抢夺以及掩饰、隐瞒犯罪所得、犯罪所得收益行为，有关公安机关可以依照法律和有关规定一并立案侦查，需要提请批准逮捕、移送审查起诉、提起公诉的，由该公安机关所在地的同级人民检察院、人民法院受理。

**第六条** 行为人实施本解释第一条、第三条第三款规定的行为，涉及的机动车有下列情形之一的，应当认定行为人主观上属于上述条款所称“明知”：

（一）没有合法有效的来历凭证；

（二）发动机号、车辆识别代号有明显更改痕迹，没有合法证明的。

## 最高人民法院、最高人民检察院关于办理盗窃油气、破坏油气设备等刑事案件具体应用法律若干问题的解释

（法释〔2007〕3号）

为维护油气的生产、运输安全，依法惩治盗窃油气、破坏油气设备等犯罪，根据刑法有关规定，现就办理这类刑事案件具体应用法律的若干问题解释如下：

**第一条** 在实施盗窃油气等行为过程中，采用切割、打孔、撬砸、拆卸、开关等手段破坏正在使用的油气设备的，属于刑法第一百一十八条规定的“破坏燃气或者其他易燃易爆设备”的行为；危害公共安全，尚未造成严重后果的，依照刑法第一百一十八条的规定定罪处罚。

**第二条** 实施本解释第一条规定的行为，具有下列情形之一的，属于刑法第一百一十九条第一款规定的“造成严重后果”，依照刑法第一百一十九条第一款的规定定罪处罚：

（一）造成一人以上死亡、三人以上重伤或者十人以上轻伤的；

（二）造成井喷或者重大环境污染事故的；

（三）造成直接经济损失数额在五十万元以上的；

（四）造成其他严重后果的。

**第三条** 盗窃油气或者正在使用的油气设备，构成犯罪，但未危害公共安全的，依照刑法第二百六十四条的规定，以盗窃罪定罪处罚。

盗窃油气，数额巨大但尚未运离现场的，以盗窃未遂定罪处罚。

为他人盗窃油气而偷开油气井、油气管道等油气设备阀门排放油气或者提供其他帮助的，以盗窃罪的共犯定罪处罚。

**第四条** 盗窃油气同时构成盗窃罪和破坏易燃易爆设备罪的，依照刑法处罚较重的规定定罪处罚。

**第五条** 明知是盗窃犯罪所得的油气或者油气设备，而予以窝藏、转移、收购、加工、代为销售或者以其他方法掩饰、隐瞒的，依照刑法第三百一十二条的规定定罪处罚。

实施前款规定的犯罪行为，事前通谋的，以盗窃犯罪的共犯定罪处罚。

**第六条** 违反矿产资源法的规定，非法开采或者破坏性开采石油、天然气资源的，依照刑法第三百四十三条以及《最高人民法院关于审理非法采矿、破坏性采矿刑事案件具体应用法律若干问题的解释》的规定追究刑事责任。

**第七条** 国家机关工作人员滥用职权或者玩忽职守，实施下列行为之一，致使公共财产、国家和人民利益遭受重大损失的，依照刑法第三百九十七条的规定，以滥用职权罪或者玩忽职守罪定罪处罚：

（一）超越职权范围，批准发放石油、天然气勘查、开采、加工、经营等许可证的；

（二）违反国家规定，给不符合法定条件的单位、个人发放石油、天然气勘查、开采、加工、经营等许可证的；

（三）违反《石油天然气管道保护条例》等国家规定，在油气设备安全保护范围内批准建设项目的；

（四）对发现或者经举报查实的未经依法批准、许可擅自从事石油、天然气勘查、开采、加工、经营等违法活动不予查封、取缔的。

**第八条** 本解释所称的“油气”，是指石油、天然气。其中，石油包括原油、成品油；天然气包括煤层气。

本解释所称“油气设备”，是指用于石油、天然气生产、储存、运输等易燃易爆设备。

**最高人民法院、最高人民检察院、公安部、国家工商行政管理总局关于依法查处盗窃、抢劫机动车案件的规定**

（公通字〔1998〕31号）

为依法严厉打击盗窃、抢劫机动车犯罪活动，堵塞盗窃、抢劫机动车犯罪分子的销赃渠道，保护国家、集体财产和公民的合法财产，根据《中华人民共和国刑法》（以下简称《刑法》）、《中华人民共和国刑事诉讼法》（以下简称《刑事诉讼法》）和其他有关法律、法规的规定，制定本规定。

一、司法机关依法查处盗窃、抢劫机动车案件，任何单位和个人都应当予以协助。以暴力、威胁方法阻碍司法工作人员依法办案的，依照《刑法》第二百七十七条第一款的规定处罚。

二、明知是盗窃、抢劫所得机动车而予以窝藏、转移、收购或者代为销售的，依照《刑法》第三百一十二条的规定处罚。

对明知是盗窃、抢劫所得机动车而予以拆解、改装、拼装、典当、倒卖的，视为窝藏、转移、收购或者代为销售，依照《刑法》第三百一十二条的规定处罚。

三、国家指定的车辆交易市场、机动车经营企业（含典当、拍卖行）以及从事机动车修理、零部件销售企业的主管人员或者其他直接责任人员，明知是盗窃、抢劫的机动车而予以窝藏、转移、拆解、拼装、收购或者代为销售的，依照《刑法》第三百一十二条的规定处罚。单位组织实施上述行为的，由工商行政管理机关予以处罚。

四、本规定第二条和第三条中的行为人事先与盗窃、抢劫机动车辆的犯罪分子通谋的，分别以盗窃、抢劫罪的共犯论处。

五、机动车交易必须在国家指定的交易市场或合法经营企业进行，其交易凭证经工商行政管理机关验证盖章后办理登记或过户手续，私下交易机动车辆属于违法行为，由工商行政管理机关依法处理。

明知是赃车而购买，以收购赃物罪定罪处罚。单位的主管人员或者其他直接责任人员明知是赃车购买的，以收购赃物罪定罪处罚。

明知是赃车而介绍买卖的，以收购、销售赃物罪的共犯论处。

**六**、非法出售机动车有关发票的，或者伪造、擅自制造或者出售伪造、擅自制造的机动车有关发票的，依照《刑法》第二百零九条的规定处罚。

**七**、伪造、变造、买卖机动车牌证及机动车入户、过户、验证的有关证明文件的，依照《刑法》第二百八十条第一款的规定处罚。

**八**、公安、工商行政管理人员利用职务上的便利，索取或者非法收受他人财物，为赃车入户、过户、验证构成犯罪的，依照《刑法》第三百八十五条、第三百八十六条的规定处罚。

**九**、公安、工商行政管理人员或者其他国家机关工作人员滥用职权或者玩忽职守、徇私舞弊，致使赃车入户、过户、验证的，给予行政处分；致使公共财产、国家和人民利益遭受重大损失的，依照《刑法》第三百九十七条的规定处罚。

**十**、公安人员对盗窃、抢劫的机动车辆，非法提供机动车牌证或者为其取得机动车牌证提供便利，帮助犯罪分子逃避处罚的，依照《刑法》第四百一十七条规定处罚。

**十一**、对犯罪分子盗窃、抢劫所得的机动车辆及其变卖价款，应当依照《刑法》第六十四条的规定予以追缴。

**十二**、对明知是赃车而购买的，应将车辆无偿追缴；对违反国家规定购买车辆，经查证是赃车的，公安机关可以根据《刑事诉讼法》第一百一十条和第一百一十四条规定进行追缴和扣押。对不明知是赃车而购买的，结案后予以退还买主。

**十三**、对购买赃车后使用非法提供的入户、过户手续或者使用伪造、变造的入户、过户手续为赃车入户、过户的，应当吊销牌证，并将车辆无偿追缴；已将入户、过户车辆变卖的，追缴变卖所得并责令赔偿经济损失。

**十四**、对直接从犯罪分子处追缴的被盗窃、抢劫的机动车辆，经检验鉴定，查证属实后，可依法先行返还失主，移送案件时附清单、照片及其他证据。在返还失主前，按照赃物管理规定管理，任何单位和个人都不得挪用、损毁或者自行处理。

十五、盗窃、抢劫机动车案件，由案件发生地公安机关立案侦查，赃车流入地公安机关应当予以配合。跨地区系列盗窃、抢劫机动车案件，由最初受理的公安机关立案侦查；必要时，可由主要犯罪地公安机关立案侦查，或者由上级公安机关指定立案侦查。

十六、各地公安机关扣押或者协助管辖单位追回的被盗窃、抢劫的机动车应当移送管辖单位依法处理，不得以任何理由扣留或者索取费用。拖延不交的，给予单位领导行政处分。

十七、本规定所称的“明知”，是指知道或者应当知道。有下列情形之一的，可视为应当知道，但有证据证明属被蒙骗的除外：

（一）在非法的机动车交易场所和销售单位购买的；

（二）机动车证件手续不全或者明显违反规定的；

（三）机动车发动机号或者车架号有更改痕迹，没有合法证明的；

（四）以明显低于市场价格购买机动车的。

十八、本规定自公布之日起执行。对侵占、抢夺，诈骗机动车案件的查处参照本规定的原则办理。本规定公布后尚未办结的案件，适用本规定。

## 最高人民法院、最高人民检察院、公安部、国家烟草专卖局关于印发《关于办理假冒伪劣烟草制品等刑事案件适用法律问题座谈会纪要》的通知

（商检会〔2003〕4号）

各省、自治区、直辖市高级人民法院，人民检察院，公安厅、局，烟草专卖局，解放军军事法院，军事检察院，新疆维吾尔自治区高级人民法院生产建设兵团分院，新疆生产建设兵团人民检察院，公安局：

现将最高人民法院、最高人民检察院、公安部、国家烟草专卖局《关于办理假冒伪劣烟草制品等刑事案件适用法律问题座谈会纪要》印发给你们，请参照执行。执行中有什么问题，请及时报告最高人民法院、最高人民检察院、公安部、国家烟草专卖局。

## 关于办理假冒伪劣烟草制品等刑事案件适用法律问题座谈会纪要

生产、销售假冒伪劣烟草制品等犯罪行为严重破坏国家烟草专卖制度，扰乱社会主义市场经济秩序，侵害消费者合法权益。2001 年以来，公安部、国家烟草专卖局联合开展了卷烟打假专项行动，取得了显著成效。同时，在查处生产、销售假冒伪劣烟草制品等犯罪案件过程中也遇到了一些适用法律方面的问题。为此，最高人民法院、最高人民检察院、公安部、国家烟草专卖局于2003 年 8 月 4 日至 6 日在昆明召开了办理假冒伪劣烟草制品等刑事案件适用法律问题座谈会。最高人民法院、最高人民检察院、公安部、国家烟草专卖局以及部分省、自治区、直辖市法院、检察院、公安厅（局）、烟草专卖局等单位的有关人员参加了会议。全国人大常委会法工委刑法室应邀派员参加了会议。与会人员在总结办案经验的基础上，根据法律和司法解释的有关规定，就办理假冒伪劣烟草制品等刑事案件中一些带有普遍性的具体适用法律问题进行了广泛讨论并形成了共识。纪要如下：

### 一、关于生产、销售伪劣烟草制品行为适用法律问题

（一）关于生产伪劣烟草制品尚未销售或者尚未完全销售行为定罪量刑问题

根据刑法第一百四十条的规定，生产、销售伪劣烟草制品，销售金额在五万元以上的，构成生产、销售伪劣产品罪。

根据《最高人民法院、最高人民检察院关于办理生产、销售伪劣商品刑事案件具体应用法律若干问题的解释》的有关规定，销售金额是指生产者、销售者出售伪劣烟草制品后所得和应得的全部违法收入。伪劣烟草制品尚未销售，货值金额达到刑法第一百四十条规定的销售金额三倍（十五万元）以上的，以生产、销售伪劣产品罪（未遂）定罪处罚。货值金额以违法生产、销售的伪劣产品的标价计算；没有标价的，按照同类合格产品的市场中间价格计算。货值金额难以确定的，按照国家计划委员会、最高人民法院、最高人民检察院、公安部 1997 年4 月 22 日联合发布的《扣押、追缴、没收物品估价管理办法》的规定，委托指定的估价机构确定。

伪劣烟草制品尚未销售，货值金额分别达到十五万元以上不满二十万元、二十万元以上不满五十万元、五十万元以上不满二百万元、二百万元以上的，分别依照刑法第一百四十条规定的各量刑档次定罪处罚。

伪劣烟草制品的销售金额不满五万元，但与尚未销售的伪劣烟草制品的货值金额合计达到十五万元以上的，以生产、销售伪劣产品罪（未遂）定罪处罚。

生产伪劣烟草制品尚未销售，无法计算货值金额，有下列情形之一的，以生产、销售伪劣产品罪（未遂）定罪处罚：

1. 生产伪劣烟用烟丝数量在1000公斤以上的；

2. 生产伪劣烟用烟叶数量在1500公斤以上的。

（二）关于非法生产、拼装、销售烟草专用机械行为定罪处罚问题

非法生产、拼装、销售烟草专用机械行为，依照刑法第一百四十条的规定，以生产、销售伪劣产品罪追究刑事责任

**二、关于销售明知是假冒烟用注册商标的烟草制品行为中的“明知”问题**

根据刑法第二百一十四条的规定，销售明知是假冒烟用注册商标的烟草制品，销售金额较大的，构成销售假冒注册商标的商品罪。

“明知”，是指知道或应当知道。有下列情形之一的，可以认定为“明知”：

1. 以明显低于市场价格进货的；

2. 以明显低于市场价格销售的；

3. 销售假冒烟用注册商标的烟草制品被发现后转移、销毁物证或者提供虚假证明、虚假情况的；

4. 其他可以认定为明知的情形。

**三、关于非法经营烟草制品行为适用法律问题**

未经烟草专卖行政主管部门许可，无生产许可证、批发许可证、零售许可证，而生产、批发、零售烟草制品，具有下列情形之一的，依照刑法第二百二十五条的规定定罪处罚：

1. 个人非法经营数额在五万元以上的，或者违法所得数额在一万元以上的；

2. 单位非法经营数额在五十万元以上的，或者违法所得数额在十万元以上的；

3. 曾因非法经营烟草制品行为受过二次以上行政处罚又非法经营的，非法经营数额在二万元以上的。

**四、关于共犯问题**

知道或者应当知道他人实施本《纪要》第一条至第三条规定的犯罪行为，仍实施下列行为之一的，应认定为共犯，依法追究刑事责任：

1. 直接参与生产、销售假冒伪劣烟草制品或者销售假冒烟用注册商标的烟草制品或者直接参与非法经营烟草制品并在其中起主要作用的；

2. 提供房屋、场地、设备、车辆、贷款、资金、账号、发票、证明、技术等设施和条件，用于帮助生产、销售、储存、运输假冒伪劣烟草制品、非法经营烟草制品的；

3. 运输假冒伪劣烟草制品的。

上述人员中有检举他人犯罪经查证属实，或者提供重要线索，有立功表现的，可以从轻或减轻处罚；有重大立功表现的，可以减轻或者免除处罚。

**五、国家机关工作人员参与实施本《纪要》第一条至第三条规定的犯罪行为的处罚问题**

根据《最高人民法院、最高人民检察院关于办理生产、销售伪劣商品刑事案件具体应用法律若干问题的解释》的规定，国家机关工作人员参与实施本《纪要》第一条至第三条规定的犯罪行为的，从重处罚。

**六、关于一罪与数罪问题**

行为人的犯罪行为同时构成生产、销售伪劣产品罪、销售假冒注册商标的商品罪、非法经营罪等罪的，依照处罚较重的规定定罪处罚。

**七、关于窝藏、转移非法制售的烟草制品行为的定罪处罚问题**

明知是非法制售的烟草制品而予以窝藏、转移的，依照刑法第三百一十二条的规定，以窝藏、转移赃物罪定罪处罚。

**八、关于以暴力、威胁方法阻碍烟草专卖执法人员依法执行职务行为的定罪处罚问题**

以暴力、威胁方法阻碍烟草专卖执法人员依法执行职务的，依照刑法第二百七十七条的规定，以妨害公务罪定罪处罚。

**九、关于煽动群众暴力抗拒烟草专卖法律实施行为的定罪处罚问题**

煽动群众暴力抗拒烟草专卖法律实施的，依照刑法第二百七十八条的规定，以煽动暴力抗拒法律实施罪定罪处罚。

**十、关于鉴定问题**

假冒伪劣烟草制品的鉴定工作，由国家烟草专卖行政主管部门授权的省级以上烟草产品质量监督检验机构，按照国家烟草专卖局制定的假冒伪劣卷烟鉴别检验管理办法和假冒伪劣卷烟鉴别检验规程等有关规定进行。

假冒伪劣烟草专用机械的鉴定由国家质量监督部门，或其委托的国家烟草质量监督检验中心，根据烟草行业的有关技术标准进行。

**十一、关于烟草制品、卷烟的范围**

本纪要所称烟草制品指卷烟、雪茄烟、烟丝、复烤烟叶、烟叶、卷烟纸、滤嘴棒、烟用丝束。

本纪要所称卷烟包括散支烟和成品烟。

中华人民共和国最高人民法院
中华人民共和国最高人民检察院
中华人民共和国公安部
国家烟草专卖局
二〇〇三年十二月二十三日

## 五、域外规范摘编

**《美国模范刑法典及其评注》（2005 年）**

**第 223.6 条　收受被盗财产**

（1）收受。明知是他人偷来的或有充分理由相信可能是偷来的动产，行为人仍蓄意收受、保留、处分的，除行为人的目的是为了将其返还给所有权人的外，均成立盗窃。“收受”，指获得财产的占有、控制或者所有权，或者以财产为担保进行借贷。

（2）明知的推定。存在下列情形时，推定交易人具有构成本罪所必需的明知或者相信：

（a）占有或者控制分别偷自二人或者多人的财产；

（b）在被指控的交易发生以前的一年时间里，曾在另一交易中收受被盗财产；

（c）作为与收受的财产同种类的财产的交易人，以其明知远低于合理价格的价格取得财产。

“交易人”，指包括当铺经营人在内的从事货物买卖的人。

**《俄罗斯联邦刑事法典》**（2009 年 9 月第 1 版）

**第一百七十四条副一条**　将行为人犯罪所得钱款或其他财产合法化（洗钱）

1. 行为人将其犯罪（除本法典第一百九十三条、第一百九十四条、第一百九十八条和第一百九十九条。第一百九十九条副一条和第一百九十九条副二条规定犯罪之外）所得钱款或其他财产，用于大宗金融业务活动与其他交易，或者使用上述钱款从事经营或其他经济活动的，——

应当判处数额为十二万卢布以下或者被判刑人一年以内工资或其他收入罚金刑。

2. 实施上述行为，数额巨大的，——

应当判处数额为十万卢布以上五十万卢布以下或者被判刑人一年至三年以内工资或其他收入罚金刑，或为期五年以下剥夺自由刑，可以附加或不附加判处数额为十万卢布以下或者被判刑人六个月以内工资或其他收入罚金刑。

3. 实施本条文第二条款规定行为，具有下列情形之一的：

（1）由事前测验的犯罪团伙实施的；

（2）行为人利用自身职务地位实施的，——

应当判处为期四年以上八年以下剥夺自由刑，可以附加或不附加判处数额为一百万卢布以下或者被判刑人五年以内工资或其他收入罚金刑。

4. 本条文第二条款或第三条款规定行为，如果为有组织犯罪团伙实施的，——

应当判处为期十年以上十五年以下剥夺自由刑，可以附加或不附加判处数额为一百万卢布以下或者被判刑人五年以内工资或其他收入罚金刑。

（注：本款规定依据俄罗斯联邦联邦法 2004 年 7 月 21 日第 73 号联邦法令于 2004 年 8 月 8 日颁布适用。）

（注：本条规定依据俄罗斯联邦联邦法 2001 年 8 月 7 日第 121 号联邦法令于 2002 年 2 月 1 日增补适用；依据俄罗斯联邦联邦法 2003 年 12 月 8 日第 162 号联邦法令于 2003 年 12 月 11 日颁布适用。）

**第一百七十五条** 购买或销售明知为犯罪所得的赃物

1. 无事前承诺购买与销售明知为犯罪所得财物的，——

应当判处数额为四万卢布以下或者被判刑人三个月以内工资或其他收入罚金刑，或为期一百八十个小时以上二百四十个小时以下义务性劳动刑，或为期一年以上两年以下矫正性劳动刑，或为期两年以下剥夺自由刑。

（注：本项规定依据俄罗斯联邦联邦法 2003 年 12 月 8 日第 162 号联邦法令于 2003 年 12 月 11 日颁布适用。）

2. 实施上述行为，具有下列情形之一的：

（1）由事前通谋的犯罪团伙实施的；

（2）专对原油及其转加工产品、汽车或其他大额财物实施的；

（注：本项规定于 2003 年 12 月 11 日丧失效力——俄罗斯联邦联邦法 2003 年 12 月 8 日第 162 号联邦法令），——

应当判处为期三年以下限制自由刑，或为期四个月以上六个月以下拘禁刑，或为期五年以下剥夺自由刑，应当附加判处数额为八万卢布以下或者被判刑人六个月以内工资或其他收入罚金刑。

（注：本项规定依据俄罗斯联邦联邦法 2003 年 12 月 8 日第 162 号联邦法令于 2003 年 12 月 11 日颁布适用。）

3. 本条文第一条款或第二条款规定行为，为有组织犯罪团伙或行为人利用自身职务地位实施的，——

应当判处为期三年以上七年以下剥夺自由刑，应当附加判处数额为八万卢布以下或者被判刑人六个月以内工资或其他收入罚金刑。

（注：本款规定依据俄罗斯联邦联邦法 2003 年 12 月 8 日第 162 号联邦法令于 2003 年 12 月 11 日颁布适用。）

**《德国刑法典》（1999 年 4 月第 33 版）**

**第 257 条（包庇）**

一、为确保犯罪人因其犯罪行为所得的利益而提供帮助的，处 5 年以下自由刑或罚金。

二、本罪之刑罚不得重于被包庇罪行之刑罚。

三、参与被包庇犯罪的人，不因包庇行为而受处罚，但教唆其他未参与被包庇犯罪的人进行包庇的，不在此限。

四、被包庇犯罪的主犯或从犯须告诉乃论的，包庇罪亦为告诉乃论。第 248 条 a 的规定。

**第 258 条（使刑罚无效）**

一、故意使他人因犯罪行为依法应受的刑罚或保安处分（第 11 条第 1 款第 8 项）全部或部分无效的，处 5 年以下自由刑或罚金。

二、故意使对他人宣告的刑罚或保安处分的执行全部或部分无效的，处与第 1 款相同之刑罚。

三、本罪的刑罚不得重于被其影响而无效的刑罚。

四、犯本罪未送的，亦应处罚。

五、为使对其本人所判处的刑罚或保安处分，或刑罚或保安处分的执行全部或部分无效的，不处罚。

六、为使家属免于刑罚处罚而为上述行为的，不处罚。

**第 258 条 a（利用职务使刑罚无效）**

一、参与刑事诉讼程序或宣告保安处分（第 11 条第 1 款第 8 项）的公务人员犯第 258 条第 1 款之罪，或参与刑罚或保安处分执行的公务人员犯第 258 条第 2 款之罪的，处 6 个月以上 5 年以下自由刑；情节较轻的，处 3 年以下自由刑或罚金。

二、犯本罪未遂的，亦应处罚。

三、不得适用第 258 条第 3 款、第 6 款的规定。

第 259 条（窝赃）

一、为自己或第三人的利益，购买、出售或帮助出售犯罪分子盗窃或其他财产犯罪所得赃物的，处 5 年以下自由刑或罚金。

二、准用第 247 条和第 248 条 a 的规定。

三、犯本罪未遂的，亦应处罚。

**第 260 条（常业性窝赃；结伙窝赃）**

一、具备下列情形之一的，处 6 个月以上 10 年以下自由刑。

1. 以窝赃为职业的，或

2. 作为为继续实施抢劫、盗窃或窝赃犯罪而成立的犯罪集团成员实施此等犯罪的。

二、犯本罪未遂的，亦应处罚。

三、在本条第 1 款第 2 项情形下，准用第 43 条 a、第 73 条 d 的规定，在本条第 1 款第 1 项情形下，同样准用第 73 条 d 的规定。

**第 260 条 a（职业性结伙窝赃）**

一、作为为继续实施抢劫、盗窃或窝赃犯罪而成立的犯罪集团成员，职业性地实施上述犯罪的，处 1 年以上 10 年以下自由刑。

二、情节较轻的，处 6 个月以上 5 年以下自由刑。

三、准用第 43 条 a、第 73 条 d 的规定。

**《法国新刑法典》（2003 年 12 月第 1 版）**

**第 321－1 条** 窝藏赃物罪是指明知物品来自重罪或轻罪而隐匿、持有或转移该物，或者充当中间人转移该物之行为。

无论采用任何手段，知情而故意从重罪或轻罪中获取利益之行为，亦成立窝藏赃物罪。

窝藏赃物罪，处5年监禁并科375000欧元罚金。

**第321－2条**　犯窝藏赃物罪，有下列情形的，处10年监禁并科750000欧元罚金：

1. 经常性实行此种犯罪，或者利用从事职业活动提供的方便条件进行此种犯罪；

2. 组织团伙进行此种犯罪。

**第321－3条**　第321－1条及第321－2条所指之罚金刑得加重科处超过375000欧元，直至达到被窝藏物品价值的一半。

**第321－4条**　如被窝藏之物品来源之犯罪本身当处的自由刑超过第321－1条或第321－2条所处监禁刑的刑期，犯窝藏赃物罪的人科处与其知情的犯罪相关之刑罚；如果此种犯罪有加重处罚情节，犯窝藏赃物罪的人，科处仅与其所知情节相关的刑罚。

**第321－5条**　从累犯之角度，窝藏赃物罪视同所窝藏之赃物来源之犯罪。

**英国《1968盗窃罪法》**

**第二十二条**：一个人如果在知道或相信某财物为赃物的情况下，为了或根据他人的利益，不诚实地接受了该财物或者不诚实地实施了或帮助实施了对该财物的存放、转移或变卖或者他准备实施上述行为的，均构成销赃罪，可以判处的最高刑期为14年监禁。

**《匈牙利刑法典》**（2008年5月第1版）

**接受赃物罪**

**第326条**

1. 任何人以获取非法利益为目的，对盗窃罪、侵占罪、诈骗罪、欺诈地违背委托义务罪、抢劫罪、以灌醉与恐吓手段实施的抢劫罪、敲诈勒索罪、非法侵吞罪、接受赃物所产生的物品，实施获取、隐匿、协助转让行为的，构成接受赃物罪。

2. 如果接受赃物行为的实施具有下列情形之一的，构成轻罪，处2年以下监禁、公益劳动或者罚金：

A）赃物价值数额较小的；

B）赃物价值微小，但以商业化经营的方式实施的。

3. 如果所接受的赃物价值数额较大或者属于文物的，构成重罪，处3年以下监禁。

4. 如果接受赃物行为的实施具有下列情形之一的，处1至5年监禁：

A）赃物价值数额巨大的；

B）赃物价值数额较大的，但以商业化经营的方式实施的。

5. 如果接受赃物行为的实施具有下列情形之一的，处2至8年监禁：

A）赃物价值数额特别巨大的；

B）赃物价值数额巨大，但以商业化经营的方式实施的。

6. 如果接受赃物行为的实施具有下列情形之一的，处5至10年监禁：

A）赃物价值数额极其巨大的；

B）赃物价值数额特别巨大，但以商业化经营的方式实施的。

C）（废止）

**《新西兰刑事法典》（2007年6月第1版）**

**第二百四十六条　收受赃物罪**

（1）明知财物为盗窃或实施其他犯罪所得，或对该财物是否为盗窃或实施其他犯罪所得的事实存在轻率的心态，而收受该财物的，构成收受赃物罪。

（2）根据制定本条的目的，对在新西兰境外实施的行为，根据本条第五款规定，该行为在新西兰境内构成犯罪的，因实施该行为所获得的财物视为本条所指的赃物。

（3）收受赃物的行为是指：行为人单独或伙同实施盗窃或其他犯罪的行为人持有，控制，犯罪所得的财物，以及帮助犯罪人隐匿，处理该赃物的行为。

（4）符合以下规定的，收受人即使明知该财物为实施盗窃或其他犯罪所得，也不构成犯罪：

（a）将盗窃或实施其他犯罪所得的财物送还所有人的；

（b）他人以该财物具有法定的请求权的。

（5）根据本条被指控犯有收受赃物罪的行为人，对所收受的赃物是从新西兰境外实施的犯罪所得的，应当推定获得该赃物的犯罪行为根据行为地法律也应当构成犯罪。

参见 1961 年第四十三号法令第二百五十八条第一款，第二百六十条，第二百六十一条。

**第二百四十七条　收受赃物罪的处罚**

收受赃物罪的，按照以下规定处罚：

（a）对所收受的赃物价值超过一千美元的，判处七年以下监禁；

（b）对所收受的赃物价值五百美元以上一千美元以下的，判处一年以下监禁；

（c）对所收受的赃物价值在五百美元以下的，判处三个月以下监禁。

**《意大利刑法典》（2007 年 1 月第 1 版）**

**第 648 条　窝藏**

除共同犯罪的情况外，为使自己或其他人获取利益为目的，购买、接受或者隐藏来自于任何犯罪的钱款或物品的，或者为使他人购买、接受或者隐藏上述钱款或物品而进行活动的，处以 2 年至 8 年有期徒刑和 516 至 10329 欧元罚金。

如果行为特别轻微，处以 6 年以下有期徒刑和 516 欧元以下罚金。

即使实施作为上述钱款或物品来源的犯罪的行为人是不可归罪的或者是不受处罚的，或者即使缺乏对该犯罪进行追诉所要求的条件，仍适用本条的规定。

**第 648 条 –2　洗钱**

除共同犯罪的情况外，对产生于非过失犯罪的钱款，财物或其他利益进行替换或者转移的，或者针对上述钱款、财物或其他利益进行其他活动，以便阻碍对其犯罪来源的甄别的，处以 4 年至 12 年有期徒刑和 1032 至 15493 欧元罚金。

如果上述行为是在从事职业活动中实施的，刑罚予以增加。

如果对于作为上述钱款、财物或其他利益来源的犯罪应判处最高不超过 5 年的有期徒刑，刑罚予以减轻。

适用第 648 条最后一款的规定。

**第 648 条 –3　使用来源非法的钱款、财物或利益**

除共同犯罪以及第 648 条和第 648 条 –2 规定的情况外，在经济或金融活动中使用来源于犯罪的钱款、财物或其他利益的，处以 4 年至 12 年有期徒刑和 1032 至 15493 欧元罚金。

如果上述行为是在从事职业活动中实施的，刑罚予以增加。

在第 648 条第 2 款规定的情况下，刑罚予以减轻。

适用第 648 条最后一款的规定。

**《丹麦刑事法典》（2011 年 5 月第 1 版）**

**第二百九十条**　任何人为自己或他人利益，非法接受、获取犯罪行为取得的利润的一部分，或为了他人利益，通过隐匿、保存、运输、帮助处置以及以其他相似的方式保护犯罪取得的利润的，构成接受偷盗物品罪，处罚金或一年零六个月以下监禁。

**第三百零三条**　任何人由于严重过失购买、收受或以其他相似的方式取得贪利型犯罪的赃物，处罚金或 6 个月以下监禁。

**《瑞典刑法典》（2005 年 3 月第 1 版）**

**第 6 条**　有下列行为之一的，以收受赃物罪处 2 年以下监禁：

1. 以使财产难以归还予他人的方式，占有他人被犯罪剥夺之财产的；

2. 从他人的犯罪收益中获取不当利益的；

3. 不当为他人提供利用来自犯罪收益的财产或者该财产的价值的机会的；

4. 意图隐瞒财产的来历，帮助搬运、转移或者变卖源自犯罪收益的财产，或者采取类似措施的；

5. 以要求、转移或其他类似手段主张由于犯罪引起的财产所有权的。

在商业活动或部分常规或大规模经营的商业活动中，以使财产难以归还予他人的方式，获取或收受可以合理推定为是从他人处盗用之物的，以收受赃物罪处罚。

犯前两款之罪严重的，处6个月以上6年以下监禁。（1993年207号法）

**第7条** 犯第6条之罪轻微的，以轻收受赃物罪处6个月以下监禁或罚金。

有下列情形之一的，以轻收受赃物罪处：

1. 除第6条第2款之规定外，以使财产难以归还予他人的方式，获取或收受可以合理推定为是从他人处盗用之物的；

2. 第6条第1款规定的情形，没有认识到但有合理理由推定涉及犯罪的；

3. 以第6条第1款第1项规定的方式参与从他人处盗用财产的犯罪，没有认识到但有合理理由推定已经实施犯罪的。（1991年第451号法）

**《瑞士联邦刑法典》**（2004年1月第1版）

**第160条 窝赃**

（1）明知或认为一物品是他人通过财产犯罪行为所获得之赃物，购得、接受赠送、作为质物、藏匿或者帮助转让的，处5年以下重惩役或监禁刑。

如果对犯罪预备的处罚较轻，则适用该处罚规定。

如果该犯罪预备行为告诉乃论，只有在具备对该预备行为进行追诉的告诉时，窝赃行为始受处罚。

（2）行为人以此为职业的，处10年以下重惩役或3个月以上监禁刑。

**《西班牙刑法典》（2004年6月第1版）**

**第298条**

第一项：明知某一侵犯财产或者侵犯市场经济秩序的犯罪事实，但并未作为主犯或者从犯参与该犯罪行为，为获取利益而帮助罪犯达到犯罪目的，接受、收取、窝藏赃物的，处6个月以上2年以下徒刑。

第二项：接受、收取、窝藏赃物以进行交易的，在法定刑幅度内，取较重半幅度处罚。如果在营业所、工商业机构进行交易的，将另处12个月至24个月罚金。法官或者法院亦可以视犯罪行为的严重性和罪犯的个人情况，剥夺其从事现有职业或者工业相关职业2至5年的权利；对工厂和营业所处临时的或者永久的停业处罚，临时性停业不得超过5年。

第三项：对窝赃犯所处的剥夺自由刑不得超过被窝赃的罪行所应受到的处罚。如果后者不受剥夺自由刑的，窝赃犯将改处6个月至24个月罚金。如果此处罚仍重于被窝赃的罪行应受到的处罚，在法定刑幅度内，取较重半幅度处罚。

**第299条**

第一项：明知某一侵犯财产的过失犯罪事实，为获取利益而多次为自己或者协助罪犯达到犯罪目的的，处6个月至12个月罚金。

第二项：接受或者要求赃物以进行交易的，处8个月至16个月罚金。在公开场所进行以上行为的，可以对该场所处临时的或者永久的停业处罚，临时性停业不得超过5年。

**第300条**

即使主犯或者从犯对于犯罪事实不负责任，或者对刑罚享有豁免权，本章规定亦有效。

**第301条**

第一项：明知为实施属于触犯重罪行为之所得，取得、改变、转移其赃物，或者为隐藏或者隐瞒赃物的不法来源而实施其他行为，或者帮助犯罪行为参与人改变赃物性质为合法所得的，处6个月以上6年以下徒刑，并处赃物价值3倍的罚金。

贩卖本法典第268条至第372条规定的贩卖毒品、麻醉品或者精神性物质取得赃物，在法定刑幅度内取较重半幅度处罚。

第二项：明知属于实施前项所列罪行或者参与以上罪行的所得，隐藏或者隐瞒其真实属性、来源、位置、目的、转移或者该物品产生的相关权利，将予以相同制裁。

第三项：因严重过失触犯本条的，处6个月以上2年以下徒刑，并处赃物价值3倍的罚金。

第四项：获得赃物的犯罪行为或者实施的窝赃行为，全部或者部分实施于境外的，亦同。

**第302条**

有组织地实施上条所涉犯罪行为，对其成员在法定刑幅度内取较重半幅度处罚；对该组织的首要分子、管理者或者负责人，加重一级予以惩处。

除处于以上制裁外，法官或者法院亦可以视其情节，剥夺罪犯从事现有职业或者工业相关职业3至6年的权利；而且可以另采取以下措施：

1. 解散该组织，或者永久性关闭公开性场所或者营业所。

2. 暂停该组织的活动，或者临时性关闭公开性场所或者营业所，但不得超过五年。

3. 5年内禁止该组织从事有助于或者可能隐藏犯罪行为的活动、业务、商务或者贸易。

**第303条**

如果以上各列诸条窝赃行为的实施者或者中间人属于金融财政、专业技术、政府机关、社会劳动或者教育机构人员，且利用其职权、职业或者职位所为的，剥夺其所在职位或者担任公职、从事职业或者行使原有任务、从事工商业行为3至10年的权利。官员或者警察实施以上行为的，完全剥夺其权利10至20年。

技术人员包括医疗和心理健康人员、拥有从事卫生、兽医学、药学及其分支学科行业资格人员。

**第304条**

唆使、煽动他人实施或者合谋实施触犯第301条至303条规定的犯罪行为，分别按各条规定减轻一至两级处以刑罚。

**《新加坡刑法》**（2006年12月第1版）

**被盗财产**

**第四百一十条**

（1）通过盗窃、敲诈、抢劫占有的财产、侵占的财产，或因背信、诈骗而得到的财产，称为“被盗财产”，不论该财产被占有或被非法获得是在新加坡境内还是在新加坡境外。但是，如果该项财产后来由法律规定有资格的人所占有，该财产的被盗性质即停止。

（2）“被盗财产”包括由被盗财产转换或改变而成的财产，或者由于这种转换或改变而获得的任何东西，不论是否立刻被转换或改变成其他方式出现。

**非法收受被盗财产**

**第四百一十一条** 任何人明知或有理由相信是被盗财产，而不诚实地接受或保留的，处5年以下的有期徒刑，或罚金，或两罚并处；如果被盗财产是第三百七十九A条规定的机动车或机动车上的任何元件，则应处6个月以上5年以下的有期徒刑，并处罚金。

**非法收受结伙抢劫所得的财产**

**第四百一十二条** 任何人不诚实地接受或保留任何被盗财产，且其明知或有理由相信该财产是通过结伙抢劫而取得的，或不诚实地从其明知或有理由相信属于或曾经属于抢劫团伙成员的人处接受或保留其明知或有理由相信是被盗财产的，处无期徒刑，或者10年以下的有期徒刑，并处罚金。

**一贯从事被盗财产的交易**

**第四百一十三条** 任何人一贯接受或经营其明知或有理由相信是被盗财产的，处无期徒刑，或者10年以下的有期徒刑，并处罚金。

**帮助隐藏被盗财产**

**第四百一十四条** 任何人故意协助隐藏、处分或携逃其明知或有理由相信是被盗财产的，处3年以下的有期徒刑，或者罚金，或两罚并处；如果被盗财产是第三百七十九条A规定的机动车或机动车上的任何元件的，则处6个月以上5年以下的有期徒刑，并处罚金。

**《韩国刑法典及单行刑法》（1996年10月第1版）**

**第三百六十二条（赃物的取得、介绍等）**

（一）取得、让与、运输或者保管赃物的，处七年以下劳役或者二百万以下罚金。

（二）介绍前项行为的，处罚同前项。

**第三百六十三条（常习犯）**

（一）常习性地犯前条之罪的，处一年以上十年以下劳役。

（二）前项情形下，可以并处十年以下停止资格或者二百万元以下罚金。

**第三百六十四条（业务上过失、重大过失）**

由于业务上的过失或者重大过失，犯第三百六十二条之罪的，处一年以下徒刑或者六十万元以下罚金。

**第三百六十五条（亲属间的犯罪）**

（一）犯前三条之罪者与被害人之间有第三百二十八条第一项、第二项的身份关系时，准用同条的规定。

（二）犯前三条之罪者与主犯之间有第三百二十八条第一项的身份关系时，减轻或者免除处罚，但无身份关系的共犯，不在此限。

**《日本刑法典》**（2006 年版）

**（收受赃物等）**

**第二百五十六条** 无偿收受盗窃的物品或者其他财产犯罪行为所得之物的，处三年以下惩役。

搬运、保管或者有偿收受前项规定之物，或者就该物的有偿处分进行斡旋的，处十年以下惩役及五十万元以下罚金。

**（有关亲属等之间犯罪的特例）**

**第二百五十七条** 配偶之间或者直系血亲、同居的亲属或者这些人的配偶之间犯前条罪的，免除刑罚。

对非亲属的共犯，不适用前项规定。

**《马来西亚刑法》**

**第 410 条 赃物**

（1）通过盗窃、勒索、抢劫方式转移获得的财产，或者通过非法侵占方式、违背信托或诈骗方式获得的财产，无论这种转移、侵占或者违背信托是否发生在马来西亚境内，都称之为“赃物”。但如果该财产后来由依法有权所有的人占有时，就不再是赃物了。

（2）“赃物”包括被用来兑换或者交易的财物，以及兑换或者交易即刻或随后获得的任何其他财物。

**第 411 条 收赃**

任何人，明知或者应当知道是赃物，而不诚实地接收或者保留的，应处以 5 年以下有期徒刑，或处罚金，或二者并罚。如果赃物是第 379A 条规定的机动车或者机动车的组成配件的，应处以 6 个月以上 5 年以下有期徒刑，并处罚金。

**第 411A 条 接受有组织犯罪团伙经团伙犯罪所获得的收益**

（1）任何人接受有组织犯罪团伙经团伙犯罪而获得的收益，应处 6 年以下有期徒刑，如该人：

（a）明知这一组织是有组织的犯罪团伙；且

(b) 明知或应当知道该收益为有组织犯罪团伙经团伙犯罪而获得的。

(2) 为实现本条之立法本意，有组织犯罪团伙经团伙犯罪而获得的收益是指直接或者间接的由团伙犯罪产生、实现或者直接获得的利益。

**第412条** 受托为抢劫集团窝赃 无论任何人，明知或应当知道是由抢劫团伙委托转移的赃物，而不诚实地接收或者保留的；或明知或应当知道其从一个属于或者曾经属于抢劫团伙的成员手中接收的财物是盗窃而来的财物，应处20年以下有期徒刑，并处罚金。

**第413条** 日常经销赃物 无论任何人，明知或应当知道是赃物，仍然经常性地接收或者交易的，应处20年以下有期徒刑，并处罚金。

**第414条** 协助窝藏赃物 无论任何人，明知或者应当知道是赃物，而故意帮助隐匿、处置或销毁的，应处以7年以下有期徒刑，或处罚金，或二者并罚。如果赃物是第379A条规定的机动车或者机动车的组成配件的，应处以6个月以上7年以下有期徒刑，并处罚金。

**《澳大利亚联邦刑法典》(2006年12月第1版)**

132.1 **收受赃物罪**

(1) 如果行为人明知或确信财产为盗窃所得，而不诚实地收受了该被盗财产，则行为人的行为构成犯罪。

处罚：10年监禁。

(2) 为了本法典的目的，违反第(1)款的犯罪为收受赃物罪。

(2A) 在对违反第(1)款的犯罪的诉讼中，无须证明被告人明知或确信该财产属于某一联邦实体。

**赃物**

(3) 为了本条的目的，财产应被视为赃物，只有：

(a) 它是原始的被盗财产(定义于第(5)款中)；或者

(aa) 它是先前收受的赃物(定义于第(5A)款中)；或者

(b) 它是污点财产(定义于第(7)款中)。

本款效力及于第(4)款和第(6)款。

（4）为了本条的目的，赃物不包括在违反第134.1条的犯罪过程中得到的土地。

**原始被盗财产**

（5）为了本条的目的，原始的被盗财产包括：

（a）财产，或财产的一部分：

（i）是在盗窃罪中被侵占（无论该财产或财产的一部分在其被侵占时是否仍处于先前的状态），而且

（ii）由实施侵占行为的人占有或保管；或者

（b）财产，或财产的一部分：

（i）是在违反第134.1条的犯罪中被获取（无论该财产或财产的一部分在其被获取时是否仍处于先前的状态）；而且

（ii）由实施获取行为的人占有或保管。

**先前收受的财产**

（5A）为了本条的目的，先前收受的赃物是指财产：

（a）在违反第（1）款的犯罪中收受；而且

（b）由在此犯罪中收受财产的人占有或保管。

（6）为了本条的目的，财产不再被视为原始的被盗财产或先前收受的赃物：

（a）在财产被返还给下列人以后：

（i）财产的原所有人；或

（ii）其他合法的占有人或保管人；或者

（b）在下列情况发生后：

（i）财产的原所有人不再享有任何要求返还该财产的权利；或

（ii）对被侵占或获取该财产的人主张权利的人不再享有任何要求返还该财产的权利。

**污点财产**

（7）为了本条的目的，污点财产是指财产：

（a）是（全部或部分）用于买卖下列物品的财产，或买卖下列物品中

所产生的收益：

（i）原始的被盗财产；或

（ii）先前收受的赃物；而且

（b）在（a）项（i）目中所规定的财产由下列人占有或保管：

（i）如果原始的被盗财产是盗窃犯罪中被侵占——侵占原始的被盗财产的行为人；或

（ii）如果原始的被盗财产是在违反第134.1条的犯罪中被获得——获得财产的行为人或受益人；并且

（c）在（a）项（ii）目中所规定的财产——由在违反第（1）款的犯罪中接收先前收受的赃物的行为人占有或保管。

资金转账

（8）为了本条的目的，作为第134.1第（9）款或和（10）款所适用的结果之一，如果行为人所持有的账户上的资金是在第134.1条所规定的犯罪中取得的财产：

（a）当资金的全部或部分处于账户之中时，财产应被视为由行为人占有；而且

（b）如果行为人未实施在当时情况下合理的措施以保证该账户被取消——行为人应被视为收受了该财产；而且

（c）该财产不能适用本条第（6）款的规定。

注释：第134.1条第（9）款和第（10）款是关于资金转账的规定。

**选择性判决**

（9）在对盗窃罪或违反第134.1条的犯罪的审判中，如果事实审理者不能完全证明被告人构成此罪，但排除合理怀疑的确信被告人构成收受赃物罪，那么事实审理者可裁定被告人不构成盗窃罪或违反第134.1条的犯罪，而构成收受赃物罪，只要在裁定被告人有罪的过程中保证了诉讼程序的公正。

（10）在对收受赃物罪的审判中，如果事实审理者不能完全证明被告人构成此罪，但排除合理怀疑的确信被告人构成盗窃罪或违反第134.1条

的犯罪，那么事实审理者可裁定被告人不构成收受赃物罪，而构成盗窃罪或违反第 134. 1 条的犯罪，只要在裁定被告人有罪的过程中保证了诉讼程序的公正。

在开始适用本条前收受赃物的行为

（11）为了本条的目的：

（a）第 131. 1 条和第 134. 1 条发生法律效力后，方能适用本条规定。

（b）在适用本条前被侵占或获取的财产不能成为原始的被盗财产，除非该财产是在违反联邦某一生效法律（a）项中所规定的法律以外）的犯罪中被侵占或获取的。

获取

（12）在第 130. 1 条中的获取之定义不适用于本条规定。

定义

（13）在本条中：

账户的含义与其在第 133. 1 条中规定的含义相同。

**我国台湾地区“刑法典”**

第三百四十九条第一项明确掩饰、隐瞒赃物犯罪是指明知为他人犯罪所得赃物而予以收受的行为。

第三百四十九条第二项规定：搬运、寄藏、故买赃物或为牙保者，处 5 年以下有期徒刑、拘役或科或并科 1000 元以下罚金。

第三百五十条规定：以收受、搬运、寄藏、故买、牙保赃物为常业的，处 6 个月以上 5 年以下有期徒刑。

第三百五十一条规定：直系血亲、配偶或同财共居的亲属犯本罪的，得免除其刑。

**《澳门刑法典》**（2011 年 5 月）

**第二百二十七条**

一、意图为自己或另一人获得财产利益，而将他人借符合侵犯财产罪状之不法事实而获得之物予以隐藏，在受质情况下收受之，以任何方式取得之，持有、保存、移转之或促成该物转移，又或以任何方式为自己或另一人确保对该物之占有者，处最高五年徒刑，或科最高六百日罚金。

二、按某物之品质、向自己提供该物之人之条件、或所提出之价钱，有理由使人怀疑该物系来自符合侵犯财产罪状之不法事实，而在未预先肯定该物之来源属正常之情况下，以任何方式取得或收受该物者，处最高六个月徒刑，或科最高一百二十日罚金。

三、(a) 第二百零一条之规定，相应适用之；及

(b) 如犯赃物罪之人与符合侵犯财产罪状之不法事实之被害人间有亲属关系，则第二百零三条 a 项之规定，相应适用之。

四、如行为人以犯赃物罪为生活方式，则处一年至八年徒刑。

五、由第一款及第二款所指之物而直接获得之有价物或产物，等同于第一款及第二款所指之物。

# 附录　新闻报道与答记者问

## 一、人民法院报新闻

最高人民法院公布《关于审理掩饰、隐瞒犯罪所得、犯罪所得收益刑事案件适用法律若干问题的解释》

本报讯　日前，《最高人民法院关于审理掩饰、隐瞒犯罪所得、犯罪所得收益刑事案件适用法律若干问题的解释》（以下简称《解释》）已由最高人民法院审判委员会第1651次会议通过，将于今年6月1日起实施。

《解释》立足于人民法院的刑事审判工作实际，针对掩饰、隐瞒犯罪所得、犯罪所得收益刑事案件的高发、上升态势，对此类案件具体适用法律中存在的普遍性的问题作出了明确规定，对于依法惩治掩饰、隐瞒犯罪所得、犯罪所得收益犯罪，维护正常的刑事追诉活动，加大对财产权的司法保护力度，具有重要的指导意义。

《解释》共十一个条文，从入罪标准、从宽情节、“情节严重”的认定、本罪与上游犯罪的关系、罪名的具体适用等方面做了规定。特别是对掩饰、隐瞒犯罪所得、犯罪所得收益罪的入罪标准和认定“情节严重”的标准，建立了以数额为主，兼顾行为次数、行为对象、行为后果等情节的多层次标准，避免定罪量刑的随意性和不公平现象。《解释》还规定了审理此类案件从宽处理的具体情形，既为司法实践中对具有特殊情节的案件予以宽大处理提供了明确依据和指导，有利于推进非监禁刑的适用，化解社会矛盾，同时又对免予刑事处罚和不认为是犯罪的适用条件做了严苛的限制，避免被滥用。（原载2015年5月30日《人民法院报》）

## 二、答记者问

# 贯彻宽严相济刑事政策，更加合理高效地打击掩饰、隐瞒犯罪所得、犯罪所得收益犯罪

——最高人民法院刑事审判第四庭负责人访谈

《最高人民法院关于审理掩饰、隐瞒犯罪所得、犯罪所得收益刑事案件适用法律若干问题的解释》（以下简称《解释》）于2015年5月11日，由最高人民法院审判委员会第1651次会议通过，将于今年6月1日起实施。为此，本报记者就《解释》的起草背景、主要内容和亮点等，采访了最高人民法院刑事审判第四庭负责人。

**问：请介绍《解释》的出台背景和制定过程？**

**答：**近年来，随着市场经济的发展和侵财犯罪数量的激增，掩饰、隐瞒犯罪所得、犯罪所得收益刑事案件一直呈上升态势，其犯罪形式、犯罪手段日趋多样化。但是，司法实践中，对该类案件的入罪、出罪和“情节严重”的界定，没有统一的标准，不利于法律统一实施。一方面，由于法律条文中没有规定相应的数额，有些法院认为只要存在掩饰、隐瞒犯罪所得、犯罪所得收益的行为即构成犯罪，对数额很小，情节显著轻微的，不敢依法宣告无罪，另一方面，因“情节严重”的标准没有明确，极少有罪犯被判处三到七年有期徒刑的刑罚，造成轻重失衡；有些案件，对本罪与其他犯罪的界限把握不恰当，等等。各地法院希望最高人民法院尽快出台司法解释，规范审理此类案件的相关问题。最高人民法院经过深入调研、广泛征求意见，在充分反映刑事审判工作实际的基础上，制定了本《解释》。《解释》的出台，对于依法惩治掩饰、隐瞒犯罪所得、犯罪所得收益犯罪，维护正常的刑事追诉活动，加大对财产权的司法保护力度，具有重要的指导意义。

**问：《解释》对掩饰、隐瞒犯罪所得、犯罪所得收益罪的构罪标准是如何规定的?**

**答：**《解释》明确了一个以数额为主，兼顾其他情形的标准，厘清了行政处罚法和刑法适用的边界，使打击犯罪的依据明确化、统一化，避免随意性和不公平现象。一是制定了本罪的基本数额标准。《解释》将掩饰、隐瞒犯罪所得、犯罪所得收益罪的基本数额标准设置为“三千元至一万元”，主要是考虑到本罪的构罪数额不应低于上游犯罪的构罪数额标准，并且参照了盗窃、诈骗等主要上游犯罪的入罪标准来确定本罪的构罪数额，同时也参考了最高人民法院已经出台的涉及掩饰、隐瞒犯罪所得、犯罪所得收益罪的司法解释及一些高级法院已经制定的数额标准。二是制定了本罪的特殊构罪标准。由于掩饰隐瞒犯罪所得、犯罪所得收益犯罪所侵害的客体不仅仅是财产权，还妨害了正常的刑事追诉活动，犯罪数额虽然在一定程度上反映了本罪的危害性，在多数情况下是确定罪与非罪的主要标准，但并不是绝对的唯一标准。为此，《解释》根据行为具体的社会危害性大小，对虽没有达到一定数额，甚至掩饰、隐瞒的犯罪所得、犯罪所得收益没有财产价值，但妨害正常的刑事追诉活动，应当作为犯罪处理的几种特殊情形作了没有数额限制的入罪规定。如，一年内曾因掩饰、隐瞒犯罪所得及其产生的收益行为受过行政处罚，又实施掩饰、隐瞒犯罪所得及其产生的收益行为的；掩饰、隐瞒的犯罪所得系电力设备、交通设施、广播电视设施、公用电信设施、军事设施或者救灾、抢险、防汛、优抚、扶贫、移民、救济款物的。三是设置了兜底条款。基于立法总是落后于司法实践的法理以及司法实践中确实存在少数难以适用前述基本标准和特殊标准的情形，《解释》遵循了一般的立法例，设置了兜底条款。另外，《解释》还进一步释明了全国人大常委会《关于〈中华人民共和国刑法〉第三百四十一条、第三百一十二条的解释》关于收购珍贵、濒危野生动物之外的普通野生动物的规定，要求收购数量达到五十只以上，才能构成掩饰、隐瞒犯罪所得罪。

**问：《解释》对掩饰、隐瞒犯罪所得、犯罪所得收益罪的从宽处理有何新的规定？**

**答：**针对本罪罪小刑轻的特点，《解释》对刑法第三十七条免予刑事处罚及刑法第十三条但书不追究刑事责任的规定予以具体化。《解释》规定，掩饰、隐瞒犯罪所得、犯罪所得收益行为适用免予刑事处罚必须同时具备二个条件。第一个条件即“行为人认罪、悔罪并退赃、退赔”。第二个条件即《解释》规定的三种情形，一是具有法定从宽处罚情节的，包括自首、立功、未成年人犯罪、又聋又哑的人或者盲人犯罪、犯罪中止、犯罪未遂、从犯、坦白等；二是为近亲属掩饰、隐瞒犯罪所得及其产生的收益，且系初犯、偶犯的；关于近亲属之间犯本罪的处理，既体现了对近亲属间的掩饰、隐瞒犯罪所得、犯罪所得收益的宽大、人道原则，又设置了初犯、偶犯的条件，防止被滥用；三是其他情节轻微的。这是兜底条款，规定的目的是为了司法实践中出现新的情况，确实需要给予行为人免予刑事处罚，但不符合前两项条件的。

《解释》还规定了为自用而收购的从宽处理原则。这一规定主要基于刑法谦抑性及这类行为人主观恶性小的特点。《解释》明确了为自用而收购不以犯罪论处，需要符合三个条件：一是购买赃物的目的是为自用；二是所掩饰、隐瞒赃物的价值，刚达到本解释第一条第一款第（一）项的规定即刚达到三千元至一万元；三是行为人认罪、悔罪并退赃、退赔。

**问：《解释》对掩饰、隐瞒犯罪所得、犯罪所得收益罪情节严重的情形是如何界定的？**

**答：**根据1997年刑法，构成本罪的，处三年以下有期徒刑、拘役或者管制，并处或者单处罚金。刑法修正案（六）对本罪增加了一个法定刑幅度，即情节严重的，处三年以上七年以下有期徒刑，并处罚金，旨在严厉打击此类犯罪。但由于司法实践中对何谓“情节严重”没有明确的标准可循，一方面使得法院轻易不敢认定情节严重，不利于打击某些严重犯罪，另一方面也造成量刑标准不统一，同样数额、情节的案件在不同地区判决结果差异很大。《解释》主要从犯罪所得、犯罪所得收益的数额、种类、次数、上游犯罪的性质及对司法机关追查上游犯罪的妨害程度等因素认定“情节严重”，规定了一般标准、特殊标准，并设置了兜底条款。关于一般标准。《解释》从犯罪数额上予以确定，设定为掩饰、隐瞒犯罪所得及其产生的收益价值总额达到十万元以上。“情节严重”的数额标准不宜设置过高，否则实践中很难用到，但也不宜设置过低，否则可能造成量刑大幅上升，十万元的数额标准参照了盗窃、诈骗、抢夺刑事案件的有关司法解释的数额规定，体现了本罪的社会危害性一般要小于上游犯罪的特点。关于特殊标准。包括三种情况：一是掩饰、隐瞒犯罪所得十次以上的，行为次数多，社会危害性大，应严厉打击；二是实施掩饰、隐瞒犯罪所得行为三次以上的，价值总额达到前项十万元标准的百分之五十（五万元）的；三是针对公用设备、设施及其他特殊财物，对情节严重的标准有所降低，不要求次数的限制，只要数额达到一般标准十万元的一半即五万元以上，就可认定为“情节严重”。另外，考虑到有的掩饰、隐瞒犯罪所得、犯罪所得收益的行为，虽然所涉及的犯罪数额不大，甚至很小，但上游犯罪的危害特别大，社会影响特别恶劣，甚至给国家和社会带来巨大的损失，《解释》规定，“掩饰、隐瞒行为致使上游犯罪无法及时查处，并造成公私财物重大损失无法挽回或其他严重后果的”和“实施其他掩饰、隐瞒犯罪所得及其产生的收益行为，严重妨害司法机关对上游犯罪予以追究的”的情况下，即使其犯罪数额不到十万元甚至不到五万元，仍然应当依法认定为情节严重。

**问：《解释》对掩饰、隐瞒犯罪所得、犯罪所得收益罪与上游犯罪关系的处理是如何规定的？**

**答：**本着掩饰、隐瞒犯罪所得、犯罪所得收益罪，应当以上游犯罪事实成立为前提这一基本原则，《解释》做了两方面规定，既坚持认定本罪应当以上游犯罪事实成立为前提，又明确指出上游犯罪尚未依法裁判，但查证属实的，或查证属实后因行为人未达到刑事责任年龄等原因依法不予追究刑事责任的，均不影响掩饰、隐瞒犯罪所得、犯罪所得收益罪的认定。

**问：《解释》中针对亲属间犯该罪以及为自用而犯该罪的从宽力度很大，会不会引起争议？**

**答：**掩饰、隐瞒犯罪所得、犯罪所得收益罪的社会危害性与上游犯罪相比相对较小，司法实践中适用非监禁刑的比例很高。而且《解释》对于从宽处罚的具体条件做了严格的限制，也考虑到了如何避免该规定被滥用。关于亲属间犯有关赃物的犯罪，世界上很多国家都在刑法典当中规定了处罚上的特例，我国古代也早有“亲亲相隐”的思想。从人伦和常理来看，亲属间犯罪以及为自用而犯该罪的社会危害性相对较小，对此类犯罪宽大处理容易被公众所接受，会取得更好的法律效果和社会效果。

**问：《解释》发布后，最高法院之前公布的涉及掩饰、隐瞒犯罪所得、犯罪所得收益罪内容的司法解释，是否还有效？**

**答：**《解释》公布之前，《最高人民法院、最高人民检察院关于办理危害计算机信息系统安全刑事案件应用法律若干问题的解释》（法释［2011］19号）、《最高人民法院、最高人民检察院关于办理与盗窃、抢劫、诈骗、抢夺机动车相关刑事案件具体应用法律若干问题的解释》（法释［2007］11号）等司法解释，对掩饰、隐瞒计算机信息系统数据、计算机信息系统控制权、机动车的犯罪所得及其产生的收益行为的构罪标准或者“情节严重”情形已有规定。为此《解释》专门作了强调，人民法院审理上述类型案件仍然依照上述司法解释。

**图书在版编目（CIP）数据**

《最高人民法院关于审理掩饰、隐瞒犯罪所得、犯罪所得收益刑事案件适用法律若干问题的解释》理解与适用 / 黄尔梅主编．—北京：中国法制出版社，2015.9

ISBN 978 - 7 - 5093 - 6731 - 5

Ⅰ.①最… Ⅱ.①黄… Ⅲ.①刑事犯罪 - 刑法 - 法律解释 - 中国 Ⅳ.①D924.115

中国版本图书馆 CIP 数据核字（2015）第 226641 号

策划编辑 胡斌　　责任编辑 陈兴　　封面设计 蒋怡

---

**《最高人民法院关于审理掩饰、隐瞒犯罪所得、犯罪所得收益刑事案件适用法律若干问题的解释》理解与适用**

《ZUIGAORENMINFAYUAN GUANYU SHENLI YANSHI、YINMAN, FANZUI SUODE、FANZUI SUODE SHOUYI XINGSHI ANJIAN SHIYONG FALÜ RUOGAN WENTI DE JIESHI》LIJIE YU SHIYONG

主编/黄尔梅
经销/新华书店
印刷/三河市紫恒印装有限公司
开本/710 毫米 ×1000 毫米 16　　印张/ 23.25　字数/ 281 千
版次/2015 年 11 月第 1 版　　2015 年 11 月第 1 次印刷

---

中国法制出版社出版
书号 ISBN 978 - 7 - 5093 - 6731 - 5　　定价：86.00 元

北京西单横二条 2 号　　值班电话：66026508
邮政编码 100031　　传真：66031119
**网址：http：//www.zgfzs.com**　　**编辑部电话：66065672**
**市场营销部电话：66033393**　　**邮购部电话：66033288**

（如有印装质量问题，请与本社编务印务管理部联系调换。电话：010 - 66032926）